西陲古地与羌藏文化

XICHUIGUDI YU QIANGZANG WENHUA

李文实·著

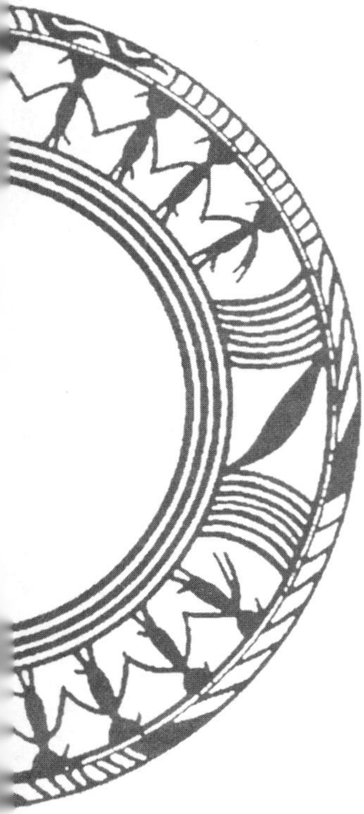

青海人民出版社

图书在版编目（CIP）数据

西陲古地与羌藏文化 / 李文实著 . -- 西宁 : 青海人民出版社 , 2018.11（2021.7重印）
ISBN 978-7-225-05709-5

Ⅰ . ①西… Ⅱ . ①李… Ⅲ . ①边疆地区—文化史—研究—西北地区—古代 Ⅳ . ① K294

中国版本图书馆 CIP 数据核字 (2018) 第 272984 号

西陲古地与羌藏文化

李文实　著

出 版 人　樊原成
出版发行　青海人民出版社有限责任公司
西宁市五四西路 71 号　邮政编码：810023　电话：（0971）6143426（总编室）
发行热线　（0971）6143516 / 6137730
网　　址　http://www.qhrmcbs.com
印　　刷　青海新宏铭印业有限公司
经　　销　新华书店
开　　本　720 mm × 1010 mm　1/16
印　　张　28.25
字　　数　370 千
版　　次　2019 年 3 月第 1 版　2021年 7 月第 2 次印刷
书　　号　ISBN 978-7-225-05709-5
定　　价　88.00 元

作者像

（1950 年秋摄于香港，时年 36 岁）

史念海先生序

文实先生远道赐书，谓其大著《西陲古地与羌藏文化》行将付梓问世，嘱撰序文。不佞不文，尤不娴于作序，惟文实先生雅约，又义不能推辞，谨握管书写，不复计其工拙。

文实先生与不佞同出于顾颉刚先生门下，订交在六十年前。在未识文实先生之时，已数数闻颉刚先生道及。颉刚先生门下学侣辈出，颉刚先生独多称道文实先生，已知其不凡。一日相晤于嘉陵江畔，获聆其娓娓言辞，仿佛泉涌，而又头头是道，不禁为之心折。人事倥偬，每苦于不常相过从。虽天各一方，时蒙见赐佳作，辄以先睹为快。颉刚先生教人，每因其特性，为订从事有关课题。文实先生籍隶河湟之间，命其钻研西陲，故其所撰文，亦以此方面为多。

颉刚先生这样嘱咐安排，盖有深意。西陲距内地虽稍辽远，然自汉唐以来皆已久隶版图。前代学人对此多有论述，即以清代来说，祁韵士、李光庭、洪亮吉、徐松、梁份，皆有撰著，各自名家。不仅考核一方地理，对于当代边防亦多有所补益。近百年来，能亲履其地，并能撰述成篇，为世人所称道的，不过黄文弼等数人而已。其间外籍人士却纷至沓来，率皆以其所得，捆载而去，并以之发为论著，国人乃为之迻译，作为考核西陲地理的蓝本。仿佛秦庭无人，致使绕朝不能不为之赠策，壮其行色。

西陲各处，历来民族复杂，古今亦多变化。各民族自有言语，有的还各有文字。言语文字既各不相同，对于地理的命名称谓，自亦各有其习俗和特征。相沿既久，有的还能辨其本义，有的就不免晦涩难明。今甘肃河西有祁连山，而武威旧名曾有姑臧的称谓。祁连为匈奴语，其意为天，因而祁连山就是匈奴的天山。姑臧城为匈奴所筑，本名盖臧，语讹为姑臧，原来盖臧的意义就不明了，姑臧也就难得做出恰当的解释。这样一些原来的地名，后来沿用的很多，有的还一直沿用到现在。若寻根究底，殊非易事。不仅此也，草原牧区的民族迁徙移动，极为纷繁。有些民族甚至消失，不复见于记载。正因为这样，不同民族前后所居却是同一地方。各民族既各有其习俗称谓，所居新地因之又有新名。迁徙不断，移居频繁，一地就可以有多名，若不细加检点，则一地多名就会变成不同的名称、不同的地方，宁非笑谈。

文实先生生长于河湟之间。河湟之间本为羌族往来游牧的地区。羌族居处广大，远至河源各处，皆在其范围之中。羌族之后，藏族也曾涉足其间。藏族于吐蕃时最为强盛。吐蕃盛时，羌族早已衰微，其部落当为吐蕃所融合，是以藏族语言之中就不免杂有羌语的音素。精通藏语，不仅可以洞晓吐蕃当年的往事，抑且能溯源于羌人的旧闻。河湟之间诚与羌藏有关，后来蒙古族徙入，亦有游牧的所在。蒙古族在此地的历史虽不如藏族长久，前后亦有数百年，因而不少地方也就与蒙古族有关了。蒙古族语言同样有所承受，可以因之上溯更远。文实先生既自幼长于河湟之间，耳闻目染，娴于蒙藏语言文字。文实先生语言能力极强，所精通者实不限于蒙藏两方。不过所论述的多偏于青海与河西，故所运用以蒙藏的语言文字最为频繁。

文实先生既能通晓一些民族的语言文字，对于钻研西陲古地实有其莫大的方便。以不同文字的对音阐释地理的方法，很早已为学人所运用，并非文实先生所新创，然文实先生所得殊为不少，这是应该称道的。西陲古地可以上溯到成书于战国时期的《禹贡》。文实先生论述西陲古地也就由《禹贡》所涉及的古地肇始。《禹贡》雍州章曾说过："织皮昆仑，析支渠搜，西戎即叙。"这是说西方的几个部落。前人多有解释，不一其说。这些部落名称当是其本来的称谓，《禹贡》的作者即因其本来的名称加以记载。欲为之解释，自当追本溯源，才能得到其近似的居处，以至于确实的所在。文实先生就是能够做到这一点。文实先生谦虚地说，这是他"个人新提法"，并说"兹事体大，尚须多方论证"。这是不错的。不过没有人能够提出新说，也难于引起多方的论证。

文实先生对于西陲的许多古地，都能提出新的解释。其中对于敦煌和九曲的解释，尤为新颖。敦煌的名称始见于汉代的记载。汉武帝置河西四郡，其最西的一郡即以敦煌为名。敦煌是什么意思？汉代的学者就曾做过解释，据说："敦，大也；煌，盛也。"近两千年来，皆遵循其说，莫能是正。也曾有人稍有怀疑，然亦未能提出新解。有之，应推文实先生。敦煌之音与安多藏语朵航相近，朵航之义为诵经处，也就是说寺院的所在。藏语虽晚出，其初当有所承受，可以追论其本初。文实先生就以之推溯，谓汉武帝时，佛教已传至西域，始置敦煌郡地，其地即已经有了寺院，并有敦煌的名称。汉武帝时置郡，即以之为郡名。这应和祁连山的名称相仿佛，只是当时已知祁连的语意，敦煌则令人猜度，难得洞悉其中曲折。

文实先生解释九曲，也是如此。黄河多弯曲，远古传说，即以之为九曲。然九曲作为地名，则始见于唐时。唐与吐蕃争九曲，自非黄河九曲全数。唐虽与吐蕃争九曲，唐人记载却未指出确地所在，仅称其水甘草良，宜畜牧。文实先生指出：九曲即今黄南的隆务河。隆务河又名保安大河。隆务是藏名，保安是汉名，都是后起的俗称。隆务河藏语为勾曲，汉译则为九河。因其上游由九条支流汇合而成，故以此相称，其名称与九曲相符，其地形势亦与唐与吐蕃所争执的相合，可以成为定论。这样解释对于治唐史者也有相当的助力。

治舆地之学者，所恃者除文献之外，还须遍历各地，从事实地的考察。司马迁撰《史记》的《河渠书》和《货殖列传》，郦道元撰《水经注》，即已导夫先路。司马迁曾遍游全国各地，故所撰《货殖列传》，于经济都会和货物流通的道路，皆历历如数家珍。司马迁又曾参与瓠子治河之役，故《河渠书》写得生动周密。郦道元能够搜渠问渎，故《水经注》中率能写得曲折翔实。但实地考察也不是轻易所可做到的。不仅途中车船皆需料理，而且有关资料也需相当熟谙，不然，徒事走马看花，未必就能有获得。西北各地，多高山大川，间有羊肠细径，也许步履维艰，不易就途。远在隋代，炀帝曾经西征，出湟水，过祁连山而至于张掖。这在当时为少有的大事，就在后世也不时为人所称道。文实先生为之还撰写了一篇《隋炀帝西巡道路中几个地名的考实》。所论述的地方有的就在文实先生家乡的附近。文中曾明白提出“自幼生长在这块地方”。距离较远的地方自然也相应去考察过，因而能够有力地批驳了一些学者的说法。由于隋炀帝西征的道路较为悬远，也有一时考察不到的地方。随后他又再做了考察，才确定了覆袁川、琵琶峡和隋炀帝渡过浩门水的地方，并补证和纠正了《隋书》的有关失误。若不这样的普遍考察，再逐一和文献记载相印证，是不会得到翔实的结论的。文实先生钻研西陲古地，殆都是运用实地考察与文献记载相结合的方法，这里提到的隋炀帝西巡的道路，只不过是略举例证而已。

西陲十分广阔，在这广阔的地区中，古往今来的民族极为复杂，语言不同，宗教各异，又加之以神话传说，表现在文化方面，自与内地不尽一致，以故不易为之董理。文实先生既探索西陲古地，就不能只限于古地，更不能与其他各方面了无关涉。文实先生的论著中曾有专文谈到西王母，西王母的故事早已传遍人间。其初还是神话，后来演变为故事，再后见于记载，竟成为历史。历来为之撰文论证者，前后络绎不绝。既以西王母相称，就与西陲有关。文实先生论述西陲地理与文化，也就不能避而不谈。文实先生说，他是本着神话归神话，传说归传说，历史事实归历史的这一轨迹来探讨的。这样的立论很好。简单地说，就是以其本来面目归其本来面目，不杂人言，不杂私见，都以具体事实为根据。文实先生不仅以这样的轨迹来探讨西王母，也以这样的轨迹来探讨民族和宗教等诸多问题，因而立论都相当翔实，也使有关的问题能够得到解决。这是可以令人效法的。

文实先生这部大著是受顾颉刚先生之命撰写的。颉刚先生仙游已久，不克展卷评阅。如颉刚先生长寿至今，文实先生大著是会受到特殊称道的。

史念海谨序，1996 年 10 月

自　序

我出生在今青海省化隆县甘都镇，这里原是古代羌族游牧地带。汉初在湟水下游置金城郡，初治允吾（yǎn yá），即今民和县下川口。汉宣帝时赵充国定湟中，置破羌、安夷、临羌三县，东南均与今化隆为邻。东汉光武帝建武九年（公元 33 年），以牛邯为护羌校尉，在今甘都镇筑亭，即以邯为名，于是有邯川之称。其后金城太守侯霸在东、西邯置屯田五部，东邯即今民和县官亭（厅）和马营地区，西邯即今甘都镇所在。自南北朝以迄宋、元，这里一直是羌、吐蕃和今藏族生息之地，故地名迄今仍多从羌、藏。我家所在的甘都镇在清初杨应琚任西宁道佥事时，在这里筑堡，称甘都堂堡，设千总。我家适在千总衙门对过。

这里自元初开始，即由移民撒拉族屯居。原居藏民，则已多移往今海南州共和、贵南地区。而千总衙门所在需有近卫，于是遂移来汉族和回族近百余户居城镇内外，称为上、下牌。设有红牌、农官，是屯田的地方头目；千总、把总则系驻屯军。当时移民屯垦，其分垦区都称工，如分在今循化地带的有八工，而分在化隆地带的有五工，当地习称撒拉内八工、外五工。我家所在的甘都工，即外五工之一。外五工中除仅有三个村操撒拉语外，其余不仅地名仍存藏语旧称，而语言也习用藏语。因此上、下牌的汉族和回族，也大都会藏语。我家所在的甘都堂堡，甘都是藏语噶木多的译名，藏文ཀ字是三条水会合的象形字，而甘都镇恰居厢噶昂、河郡和直噶昂三个峡来水汇合之处，同于现在广东的三水、四会。

地名从古是依“名从主人”的理据而来的。我生长在藏民原生息居住的地区，幼年时代，也稍懂得一点藏族和撒拉族的语言。后来在上高中时，学了两年藏文，等到上大学时，才发现《史记》《汉书》所载西徼古地名，多从音译，但还不知道这里还存在着个古今音之异读。解放初我到上海，顾颉刚先生正写有关古地的论文，我读了以后，得到新的启发，便提出《禹贡》雍、凉地名，多名从主人，而后世注家，多未晓其义，概以汉义为解，殊未得实。先生听了大喜，嘱为撰文，并勉励说：“筚路蓝缕，以启山林。只要开好头，以后便会得到做深入的研究。”不料我这个研究工作刚一开始，镇反运动便开始了，我竟被诬捕入狱，垂卅年未得平反。1978年原被押国民党县团级人员获释，我仍未得与。我写诗给史筱苏念海先生说：“闻到上林花发早，春风总不到天涯！”史先生在全国政协开会时，曾把这首诗反映给刘澜涛副主席，刘副主席专函加以催询，因为这本来是青海省公安厅和法院搞的假案，他们仍以正在审查作为搪塞。直到我写信给当时的国家副主席王震揭发这个假案，蒙王副主席亲加过问，并证明我在解放初的身份和行动，都是与他所指示相符合的。这样一来，法院便不得不释放并平反我了。

我出狱后，史先生关注我的旧业，频嘱撰文，借以完成旧业。虽然这时我有关西陲古地研究的专业，早已荒芜殆尽，但史先生的盛意，至为可感，因就西陲边地着手，试由其名义探求今地的所在，每成一文，史先生便布之于他所主编的陕师大《中国历史地理论丛》。此项研讨，虽颇得实，但因我在平反后，执教和公私活动任务丛集，先后只写了不多几篇，旋又以患面部神经麻痹而中止。原来青海人民出版社已约定为我拟写的有关西陲古地论文,印行一个专集，到了这时，他们频来催稿，我只好改变原来的计划，以先后所撰有关吐谷浑、吐蕃等论文，合编为《西陲古地与羌藏文化》付印。稿排好后送我校订，而我又终因老病，耽误了两年多时间，自然力不从心，未能略有所增益。

羌语迄无专著，而现在的藏文著作，音义又已多现代化，惟今青海地区仍间存安多方言，我的藏文和安多方言知识，经过数十年监禁的牢狱生活，也都已灰飞烟灭，兹所论列，只从本乡安多方言着笔。一般所谓方言，是指说话的人发声的流变不同，因以为异，实际上四方的语言，原都通为一贯，只是读音有所流变。其一直流传到今天的，大半传自几千年前，因此经传文字，特别是如《诗经》所载，多沿自当时各地的方言，这完全从后人的注解中看得出来。如我家乡的土话中把凡事物达到极致程度的都称为“胡都”，如胡都好、胡都大；说人厉害也说是胡都狠、胡都歹。1983年，我读到丁鼎丞（惟汾）先生所著《方言音释》,才恍然领悟到这是因古今音异而形成的异写,他随举扬雄《方言》所列的：“华荂，晠也（荂亦华别名，音誇）。齐、楚之间，或谓之华，或谓之荂。”并加以解释说:“华荂古音读胡库，为攫橐（古音渠，徒两音）之叠韵音转。《尔雅·释草》:‘攫荂含华荂也。华荂为叠韵，可合言，亦可分言。合言为华荂，分言则为华为荂。华荂两字，皆为鄂（古音读都，俗作突）之迭韵假借。”就此可见今青海汉语方言也有沿之于古的。

再就今天藏语安多方言中略加探究，同样发现很多词语的读音，完全与汉语相同或相近，这点我早在《华夏臆说》中就提了出来，近来已由有关藏语研究的专家，进一步加以引申了。藏、汉同属一个语系，但对它的分合同异，还很少有人从事探讨，我在这里略提一下，以便引起同好就此加以新的探讨，涓涓不塞，终成江河，期望对汉、藏语言的研究，打开一个新的局面。

我这部文稿初编就后，我就函请史先生为作一篇序。他向来不肯为人作序，而对我这次提出的要求，他欣然就写了一篇序文寄来，并附信建议最好再由他在序中提一下我蒙冤系狱的事，以便说明我这部书稿所以难产的衷曲。等到我最终准备交稿前函请他在序文中补提系狱这个事件，而这时他不幸因换置心脏起搏器而住院治疗，终至于不起！他一生为人淳朴谦和，为学淹雅弘通，著述等身，誉满士林；同时年高多寿，子女有成，自可无憾。惟就我来说，半生蒙他奖掖关注，几于无所不至，而今竟于迟暮之年，顿失此一良友，自不无梁木其坏，泰山其颓之感了！更所可念的是他在因病入院时，犹嘱人告我序文续笔，当于出院后写好寄来。我当即复信说序文请不再续写，可由我在自序中加以说明为是。此信我想他那时已不能省视了！

我所以最终以此断章残篇，付诸剞劂，则窃以为当今东西方有关学者，多通突厥、蒙古、藏甚或印地、梵文。设就此以为引端，则会激起他们更进一步疏通证明的兴致与资助。如此，则区区虽志有未逮，也就有所自慰了。

2001 年 4 月 6 日夜作者于民院

目 录
CONTENTS

一 古地之部

夏禹传说与大夏地理

今夏，我写了一篇《大夏与姬水》的文章，就这两个地名的声读，推求其古地的所在和名称的演变，从而得知大夏之名源于大月氏。其在周秦间活动地带，约当今甘南与川西之间。大夏一名的古读，应为大何（dǎhé）或杜曷（dùhé），其后的突厥、吐蕃诸译名，都渊源于此。姬水即今大夏河，它现在的藏语名称为噶曲，噶、何、曷，均一声之转，古音分在月、歌部。姬属支部，而支后变为佳，又十五部月、曷转入十六部支、佳，而支、佳又转入十七部歌、麻。这就使周秦古音与汉魏以下声韵多混。后人对此，一般称为音变或声转，而方言犹多存古音，噶曲一名，即其显例。不过，我那篇文章，于古音只以《诗经》为例，尚嫌不够周全，兹查近人有据甲骨、金文以考论帝喾的“喾”字的形声的。如吴其昌先生最先在论及传说中古帝“夋”时说：

故知经典以夋作喾，其所从之𦥑，亦自甲骨文字中来也。盖其字本从𦥑而夋声，其后夋声又转误作“告”声，故甲骨文中从夋作䝿，而经典群籍中则从告作“喾”也。

他又在论到“夔”字时说：

其古时的读音盖读见母而宵部。见母而宵部，则“古到反”kuo 也；则与“告”纽韵俱同矣。[1]

用知《诗经》声读，亦沿自殷契。又陈梦家先生释“夏”与“喾”两字云：

夏——喾 按卜辞之“夒”乃“夏”字也。……《广韵》祃部夏，胡雅切，上一字胡与诰喾之上一字古苦皆从古声，其发声同。[2]

亦同吴说。他又引《说文》以“夏”为中国之人，此自有说，容后再详。

我仅从文字的声读来探讨古史上这个问题，只不过是“小言詹詹”，尽己所知。但这个问题的更重要方面，尚须继续加以阐释，方能说得全面一点，因再草此文，研讨一下传说、文字记载和地理问题。

一、古史的神话传说与文字记载

中国古史上夏、商、周三代历史，惟商、周二代有文字记载和实物遗存，夏代只有神话传说，近年以来仰韶文化与龙山文化遗址的发现，都是氏族公社时期人类活动的遗迹，相当于传说中尧、舜、禹时代;神话是原始时代的产物，是原始人对大自然的蒙昧认识和野蛮生活的反映，一到传说，便把它历史故事化了。因此唐虞三代，揖让而升，垂拱而治，便成为中国历史上人所共仰的盛

①吴其昌：《卜辞所见殷先公先王三续考》，《燕京学报》，第十四期。
②陈梦家：《夏世即商世说》，《燕京学报》，第二十二期；又见《古史辨》第七册（下）。

世，这也可说是古人们希望过太平美好日子的理想反映，但可并不是真实的历史记载。历史是随着人类社会的发展而演进的，原始社会，自然不可能一下就达到太平、升平的境界，而这却是人类所共同希望的，因而这类美好的历史传说，往往会成为人类心目中的信史。

太史公司马迁作《五帝本纪》，首黄帝，盖以传说黄帝死葬桥山，有冢可据，而《左传》《国语》诸书，亦多有传说记载。这些虽并非真正的信史，但传说流传，也不一定完全无据，作为史家，信以传信，疑以传疑，遂整齐百家杂语，作《五帝本纪》和《夏本纪》，把见于记载的一些可靠传说加上他自己对有关山川的考察，都有系统地记了下来，说是禹在治水过程中劳身焦思，居外十三年，过家门而不入，薄衣食，卑宫室，而尽力于沟洫，连孔子也发出了“禹，吾无间然矣”的赞叹！其作为历史传说，则是有据的，起码可以说有当时历史的影子在内。从周秦时代的人开始，有一种人感于时事的动乱，向心往古，以为今不如古；另有一种人感到战国到秦汉间杀伐连年，社会动乱，便想借尧、舜、禹的故事，制造出一个唐虞禅让的故事，以托古改制，把乱世推进到升平世。这从社会发展历史进步的观点来说，也自有其深刻而迫切的历史意义，但历史的发展，本不以人的意志为转移，因而这种历史传说，便都成了伪史。要想了解真的历史面目，还必须避开这种空想。于是在五四运动革新思想的推动下，产生了顾颉刚先生的层累地造成的中国古史观，继刘知几、崔述、崔适诸先生之后，进一步具体地提出了层累地造成的中国古史观这个著名的古史观点。顾先生说这有三个意思：

第一，可以说明“时代愈后，传说的古史期愈长”。如周代人心目中最古的人是禹，到孔子时有尧、舜，到战国时有黄帝、神农，到秦有三皇，到汉以后有盘古等。

第二，可以说明“时代愈后，传说中的中心人物愈放愈大”。

第三，我们在这上，即不能知道某一件事的真确的状况，但可以知道某一件事在传说中的最早的状况。我们即不能知道东周时的东周史，也至少能知道战国时的东周史，我们即不能知道夏商时的夏商史，也至少能知道东周时的夏商史[①]。

顾先生这个卓见，首先得到钱玄同先生的赞同，以为精当绝伦。并说：

> 尧、舜这两个人，是周人想象洪水以前的情形而造出来的；大约起初是民间底传说，后来那班学者便利用这两个假人托古改制。[②]

后来胡适和郭沫若也都赞同这个见解。尧、舜、禹之为传说人物，便成为定论。但传说中继此以往，便更有了黄帝、伏羲和盘古、女娲等开天辟地的历史传说人物。因此顾先生说："汲黯说：'譬如积薪，后来居上。'这是造史的很好譬喻。"我这篇文章主要是要说禹的问题，而禹之前更有这么多传说人物，他们的出现，却比禹更后，说明古史的传说，像滚雪球，愈滚愈大。这正可借以说明传说中的禹原生于西羌石纽，而《国语》有禹致群神于会稽的故事；《汉书·郊祀志》有禹封禅于会稽和《墨子》有禹道死葬会稽的记载，实际上这只是故事的扩展与演变。鲧、禹本为戎族的宗神，戎即羌的华化者。顾先生说："由戎的宗神禹，演化而为全土共戴之神禹，更演化而为三代之首君。"[③]这可见是由神话传说转化成的历史。而在神话中，不仅黄帝是天神，就是禹的父亲鲧也是一位神。《山海经》说："鲧死三岁不腐。"又说："鲧复（腹）生禹。"就是说剖开鲧的肚皮，从那里跳出一条虬龙，这就是禹，说明在神话中禹也是一位尊神。

---

①见《古史辨》第一册，《与钱玄同先生论古史书》。

②见《古史辨》第一册，《答顾颉刚先生书》。

③见《九州之戎与戎禹》，载《禹贡》（半月刊），第六卷第六、七合期；又《古史辨》第七册（下）。

但《史记集解》引皇甫谧说："孟子称禹生石纽，西夷之人也。"不仅说明他是人王，而且是石纽的戎人。我们现在认为把尧、舜、禹都说成是神，是神话传说，而把他们尊为圣王贤君，则出于战国以来儒墨诸家的假借，如禅让和诸多发明创造，都是久经战乱的春秋战国诸家，想凭往旧造说以实现他们所向往的升平之治。这只是一种美好的意图和设想，是战国和秦末战乱的历史背景下的产物，并非真正的古史和人王。因此陈梦家以为夏代是商世的影子；顾先生与童书业合著的《夏史三论》，也明确地证明夏启与羿都是神话中人物，而太康又为启的分化。传说与史实相混，既有分化又有融合，有时甚至莫可纠诘。自秦汉以至于刘知几、崔述、崔适，都做了不少辨诘和考据工夫。从王国维《古史新证》到《古史辨》问世，加上考古发现，中国古史才有了新的面目。以上是关于夏民族历史传说产生的次第和演化，许多文字记载，由于出自后代，也多不尽可信；出土实物，虽可信据，却不完整，因此对古史的研究，主要还须依靠文字记载，去伪存真，去粗取精，这是今后我们要努力的方向。

二、夏民族的渊源

民族是现代通用的新名词，是根据社会发展史和民族学来的。这里所要说的夏民族，是指夏后氏而言，这个名称，源于它所居之地，是一个古代的氏族。《国语·周语》：禹平水土，"皇天嘉之，祚以天下，赐姓曰姒，氏曰有夏。"就现在来说，它是中国古史上部落联盟时代一个氏族，禹是传说中这个氏族的酋长。氏族古或称民，如夏民、殷民；或称众，如夏众、周众；或称人，如夏人、周人。现在一般称古代氏族为夏族、周族，或夏民族、周民族，我这里也称夏民族。严格地说，夏民族的历史，只是传说，仰韶文化，或以为即先商文化，于夏则无征。但商人之前有人类在这块土地上活动，自当为事实，此即陶唐、有虞、鲧禹传说的由来。按据传说中国古代先民有东夷、西夷、苗蛮（百越）三大系，夏、周两代，同属西夷，而西夷则即羌戎。颉刚先生《九州之戎与戎禹》，以禹为九州戎之宗神。古史上氐羌或羌戎并称，而“戎”字向不得其解。数年前我曾从几位精通藏语文的专家处得悉，戎即当时羌民之入于中原而改从农耕者的称谓，今安多藏语犹称农业区的藏民为“戎娃”或“戎斡”（也有译为隆吾的）。《潜夫论·五德志》称禹为戎禹，足证禹为西羌之宗神。羌在古代，不仅遍布今中国的西北与西南地区，而鬼方及九州之戎等，在商、周时即已入中原。《诗经·大雅·生民》说：“厥初生民，时维姜嫄。”《史记·周本纪》说：“周后稷，名弃。其母，有邰氏女，曰姜原。姜原为帝喾元妃。姜原出野，见巨人迹，心忻然悦。欲践之，践之而身动如孕者，居期而生子……初欲弃之，因名曰弃。”邰旧说谓在今武功县。钱宾四先生谓邰即台骀，居汾涑之间，则公刘故地，乃在山西，而不在陕西。姜嫄本羌女，为羌之早入中原者。足证陆浑之戎、九州之戎、阴戎等都在周兴之前，已入秦、晋，且都农业化了。其后的申、吕、齐、许，则又都华化了。而禹之为戎，则由于他是西夷神话传说中的山川神主，夏后即下后，是社神后土。传说中把他加以人化，便成了戎禹，是一位人王了。神话传说与古史记载，虽出现与形成有先后，但夏民族源于氐羌，则是无可怀疑的历史事实，不仅如此，它还是以后中华民族的主源之一呢！

上面提到申、吕、齐、许都已华化。《国语·周语》下云：“祚四岳国，命以侯伯，赐姓曰姜，氏曰有吕。”姜即羌；吕在周为大国。《周书·吕刑》云：“乃命三后，恤功于民；伯夷降典，折民为刑；禹平水土，主名山川；稷降播种，农殖嘉谷。三后成功，惟殷于民。”可见伯夷和禹，都是周民族传说中的祖先，与稷合称三后。后来的许多文字记载，都说禹生自西羌，实即是说禹为西方羌戎民族传说中的人物，也为周民族传说中的祖先。这个传说，到了后来更和尧、舜、黄帝连接起来，都属于历史传说。世界上每个民族的历史，都有神话传说，而现在有的人写中国民族史，还把这种传说当成真的历史，则是不可取的。我们说夏民族渊源于氐羌，也是由于鲧禹的传说来自西戎。氐羌与夏的关系，来自传说，但它与商的关系，则见于文字记载。《诗·商颂·殷武》说："昔有成汤，自彼氐羌，莫敢不来享，莫敢不来王。"而"羌"字又累见于甲骨文，说明它早就入于中原地区，因而与商人时有争战。《竹书纪年》还有武丁三十四年王师克鬼方，氐羌来降的记载。不仅是羌，甚至是戎，也早在后稷子不窋时就已定居于今晋陕间，因而不窋在失官后奔于戎狄之间。后来公刘在戎狄之间复修后稷之业，务耕种，说明戎已先他们在那里从事农耕了。以后古公去豳，逾梁山，止于岐下，才贬戎狄之俗，而营筑城郭室屋。这里有必要再把"戎"字的来历和音义，加以阐释。前面我已谈到这里所谓的"戎"字，是羌语的汉文音译，而历来的注家，却都以汉义作解。如《说文》以为从戈从甲，故释为五兵，又引甲为卒旅。《尔雅·释言》谓："戎，相也。"则又引申为交接。《释地》又引《风俗通》说："斩伐杀生，不得其中。戎者，凶也。"这些都是汉义，与"国之大事，惟祀与戎"的戎字相同，而所谓羌戎、戎狄，则是羌语农耕的译语，农耕为戎，而从事农耕者为戎娃，现在的藏语犹然。《后汉书·西羌传》中于人名、地名，多从音译，如对无弋爰剑，就解释说："羌人谓奴为无弋，以爰剑尝为奴隶，故因名之。"无弋(bu gyog)为羌语奴隶的音译，而爰剑(yabrgyal)就今藏语言，则是首领的意思。至于地名，如析支、渠搜、榆谷等，并可就今藏语求出其古读和今地来。既然有这么多史实，则说"戎"字在这里是羌语的音译，应当说是确然无疑的。

据以上记载，氐羌在汤和武丁时已入中原，殷末与姬周相婚姻，则不仅传说中的夏属氐羌，而周在族系上也属氐羌。《诗·鲁颂·閟宫》所谓："赫赫姜嫄"，"是生后稷"；"奄有下土，缵禹之绪"的颂歌，就是由此而产生的。姜即是羌，也就早已论定了。

古史上自从有了九州说，便把它周围所活动的民族，分称为东夷、南蛮、西戎、北狄，这种记载出现很晚，同时也是概括的说法。这种族称，一般地看，"戎夷”、“蛮夷”（或“夷蛮”）、“夷狄”，有时似是分称，而有时则似并称，一般属于笼统的称法。唯称戎狄，则似可确定为并称，如后之称元魏、蒙元、满清之例。又《左传》闵公元年，狄人伐邢，管仲说：“戎狄豺狼，不可厌也。”魏绛和戎，也戎狄并称，实际上前者是指狄而言，后者则指戎而言，是一个偏义复词。蒙文通先生以白狄为犬戎，而徐中舒先生以赤狄为隗姓，白狄为姬姓，因此李绍明先生等更举例说：“戎常常与狄互通。古本《竹书纪年》载：‘周王季伐西落鬼戎，俘十二翟王。’翟即狄，既说伐戎，又称其王为狄。又《左传》庄公二十八年载重耳之母为大戎狐姬，但僖公五年又谓重耳母之国为狄，可知戎狄二字又是相互通用的。因此，二者多联称。”[①]可见当时称谓还不尽一致，有时是分称，有时是统称。总之，戎是由各边夷之民入华夏华化者的统称，有时不一定仅限于羌。这是汉文记载的问题，犹蒙古称黄河以北的辽、金、西夏等族为汉人一样。

三、大夏地理

（一）关于九州说

《尚书·禹贡》首先提到九州说：“禹别九州，随山浚川，任土作贡。”这首见于《夏书》，因之后世以为这种分州是夏代的制度。《汉书·地理志》更把这种地理沿革远溯到黄帝时代说：

> 昔在黄帝，作舟车以济不通，旁行天下，方制万里，画壄分州，得百里之国万区。是故《易》称“先王建万国，亲诸侯”，《书》云“协和万国”，此之谓也。尧遭洪水，褱山襄陵，天下分绝，为十二州，使禹治之。水土既平，更制九州，列五服，任土作贡。

---

①李绍明、冉光荣、周锡银：《论羌与戎》，载《纪念顾颉刚学术论文集》。

这在《舜典》也说“肇十有二州”。孔颖达《尚书正义》以为禹治水之后，舜分冀州为幽州、并州；分青州为营州，始置十有二州。古人信从经典，总设法凑足其数，实际上是想当然的说法，这以九字最为典型。和《禹贡》先后出现的古代自然与行政区划，就有《尔雅》《周礼·职方》和《吕氏春秋·有始览》，三说互有异同，各有其时代的背景。我认为古代的九这个数字，是一个约数，一之所不尽，约以三；三之所不尽，则约以九。这在古代是个虚指的极数。古书上所谓九山、九土、九道、九泽、九河，以至于九天、九地，都不是确切的数字，早就由清代学者汪中的《释三九》所指出。因此我以为古代九州的原始含义，是约指传说中“禹域”的境界，也即是氏族联盟时代各氏族生息、狩猎、畜牧及耕作的圈子，略相同于后世牧民的帐房圈子。因此我对“禹域”的理解，似以九有（囿）为切近，因九州是行政区划，在氏族联盟阶段，只存在部落，那自然是一种自然地理区划。关于囿的具体情况，古籍中早有具体的记载。如《国语·鲁语上》说：

昔烈山氏之有天下也，其子曰柱，能殖百谷百蔬；夏之兴也，周弃继之，故祀以为稷。共工氏之伯九有也，其子曰后土，能平九土，故祀以为社。黄帝能成命百物，以明民共财，颛顼能修之。帝喾能序三辰以固民，尧能单均刑法以仪民，舜勤民事而野死，鲧鄣洪水而殛死，禹能以德修鲧之功，契为司徒而民辑，冥勤其官而水死，汤以宽治民而除其邪，稷勤百谷而山死……

加之以社稷山川之神，皆有功烈于民者也。及前哲令德之人，所以为明质也；及天之三辰，民所以瞻仰也；及地之五行，所以生殖也；禁九州名山川泽，所以出财用也。非是不在祀典。

这里历叙传说中自烈山氏之有天下，到共工氏之伯九有，筚路蓝缕，以启山林，并兴水利，修文教，重生殖，而归结于九州名山川泽的出财用。则所谓九有（囿），实部落社会的缩影，九州是一个假借的名词。在此以后，就进入了传说中的夏朝。《国语 · 周语下》说：

昔共工之弃此道也，虞于湛乐，淫失其身，欲壅防百川，堕高堙庳，以害天下。皇天弗福，庶民弗助，祸乱并兴，共工用灭。其在有虞，有崇伯鲧，播其淫心。称遂共工之过，尧用殛之于羽山。其后伯禹念前之非度，厘改制量，象物天地，比类百则，仪之于民，而度之于群生，共之从孙四岳佐之，高高下下，疏川导滞，钟水丰物，封崇九山，决汩九川，陂鄣九泽，丰殖九薮，汩越九原，宅居九隩，合通四海。故天无伏阴，地无散阳，水无沈气，火无灾燀，神无间行，民无淫心，时无逆数，物无害生。帅象禹之功，度之于轨仪，莫非嘉绩，克厌帝心。皇天嘉之，祚以天下，赐姓曰“姒”，氏曰“有夏”，谓其能以嘉祉殷富生物也。祚四岳国，命以侯伯，赐姓曰“姜”，氏曰“有吕”，谓其能为禹股肱心膂，以养物丰民人也。

这从文辞上来说，自然是战国儒家溢美之词，把夏代塑造成个理想国度，但疏川导滞，钟水丰物，殖九薮，越九原，居九隩，则都是开发自然，殷富生物，使部落得到安宁和发展的描述。看来当时的部落社会，川原、山林、湖泊等都有囿，相当于后世的牧场、林场、农场、猎场、鱼塘、池塘等的建置，当然也还会有道路，以便交通。在部落联盟时代，每个部落，都相当于一个囿，而每个囿又都由山泽林薮组成，如此则各囿中的塘、场，又是其小囿。《诗·大雅·灵台》:“王在灵囿，麀鹿攸伏。麀鹿濯濯，白鸟翯翯。王在灵沼，于牣鱼跃。”《毛传》:

“囿所以域养禽兽也，天子百里，诸侯四十里。”这是周初的事，传说或就缘此而产生。同时这种九囿，是自然地理，还不能把它说成州。《左传》襄公四年魏绛为晋侯引《虞人之箴》说：

> 芒芒禹迹，画为九州。经启九道，民有寝庙，兽有茂草，各有攸处，德用不扰。在帝夷羿，冒于原兽，忘其国恤，而思其麀牡。武不可重，用不恢于夏家。兽臣司原，敢告仆夫。

这里魏绛虽提到九州一词，但他说的芒芒禹迹，只是民有居处，牲畜有草场，互不干扰。而后羿只贪恋打猎，自然不能恢阔夏后氏的国家，因此引起主管牧猎的臣工的忠告。所谓九州，实际上仍是舜、禹时游猎社会的写照，与囿没有什么分别。州字原指水中的陆地，后加水旁为洲，以州作为地名，则见于《左传》；以州作为行政区，则始于战国，形成于汉。《禹贡》以之为九州，实亦假托之词，以囿为州，前人亦早论及。如《华阳国志·巴志》中说：

> 《洛书》曰：“人皇始出，继地皇之后。兄弟九人，分理九州为九囿。人皇居中州，制八辅。”华阳之壤，梁岷之域，是其一囿；囿中之国，则巴蜀矣。

这当然是古代巴蜀的传说，而州非禹时行政区划，则显然可见。华阳梁岷，正是传说中禹所出生之地，也即氐羌活动的一大中心，在那个传说时代，自然不会有州这样的建置，唯有囿才能得其仿佛。本师顾颉刚先生早有《州与岳的演变》《九州之戎与戎禹》之作，论证详确，此不再赘。

（二）大夏与台骀

我在《大夏与姬水》一文中，以姬水为今甘肃的大夏河。因姬字现属支部，而其古音则属十六部，汉以后支变为佳，且与十七部歌、戈合部，则是支与平声嘉、加、哥，上声可、苛、果同部。现藏语读大夏河为“噶曲”，噶既与嘉、加、哥读音相一致，又与大夏的古读 dɑt hɑi(大河) 或杜曷 (dɑ hɑt) 相同。大夏一名，最早见于《山海经》，其读音为“大河”，而自张骞使大月氏，即以其为大夏，“夏”字音读为 xiɑ̀，汉字阴阳声同类音近相转，古谓之旁转，如吓字本音为 hè，而旁转则为 xiɑ̀，hè 为周秦古音，而 xiɑ̀ 则为汉、魏、晋之间读音，今语言中犹存此音，而书面音则均读为 xiɑ̀。由此可以肯定汉代夏字读 xiɑ̀，而 hè 则为周秦音，此可由《诗经》叶韵加以证明。鉴于大夏与月支早见于《山海经》；同时夏字又见于《诗 · 陈风 · 宛丘》：“坎其击鼓，宛丘之下。无冬无夏，值其鹭羽。”下、夏音读均为 heɑ。又《诗 · 小雅 · 四月》：“四月维夏，六月徂暑。先祖匪人，胡宁忍予。”夏与暑、予为韵，暑读 sjiɑ，予读 jiɑ，韵母均为 iɑ。今方言下、吓均读 heɑ，而吴音读虾为 wō(蜗)，则只开口合口之别。据此则大夏初读 dɑ̀ hè(大河) 或 dù hè(杜曷)，盖源于大月氏，地因族名，或人以地名。夏字古读 heɑ，其来历当如此。以夏作为朝代名，则属后来之事。

夏、商、周三代的历史，夏代纯属传说，鲧、禹原先也都为神王。大概出于春秋战国之间诸家派之设想，便产生了尧、舜的禅让和禹的平水土，并由公天下而进入家天下的历史传说记载。因此传统的说法夏为中国史上第一个朝代，其活动中心在今山西、陕西、河南三省之间，可能即是中国奴隶社会的初步阶段，接着是商、周两代，便都有文字和实物可据了。

历史记载上把夏作为朝代有夏，据 20 世纪对河南省偃师县二里头和山西夏县汾水下游一带的发掘，已发现宫殿、城邑等遗址多处和鼎、盘、罐等器物及陶器、骨器等多件。据放射性碳素测定，其时间约当公元前 1900~ 前 1500 年。这种出土文物，表现了较高的工艺水平，同时与传说中夏代的纪年相接近。尽管后来的历史传说美化了这个社会发展阶段，并就后世社会的理想塑造了圣王贤相，但以它为商前奴隶社会的阶段，则确是可信的。这个被后人称为夏代的夏字，至此似再不读 hè，而读为 xià 了。据黄季刚先生《说文声母字重音钞》[①]，夏字有三种拼音：一为亥雅切；一为亥驾切；一为举下切。其一拼音即为 xià，依据古文字读音的变化，也可知文字所记载的夏代，是出于后人的拟想，顾颉刚先生“时代越后，知道的古史越前；文籍越无征，知道的古史越多”的论断，真是颠扑不破的真理。

就“夏”字古今读音的差异，假定其读河、曷的时代在前，而读下、暇的时代属后，则自《论语》至《左传》所载的大夏、夏墟以迄夏后、夏政，均应读 xia，这就产生了夏史。客观地说，夏史是传说的历史，传说周代是夏后氏之后，而《诗·大雅·生民》，只说到“厥初生民，时维姜嫄”。到《鲁颂·闷宫》，才说到“是生后稷……缵禹之绪”。直接和夏的传说连接了起来。

大夏这个地名，除了前面所述见于《山海经》的，其地域偏西，最初当指大月氏所活动的今川西及甘南一带，其名称即大月氏的别译，到了春秋时代，则大夏为传说中夏人活动地带，其地在汾、浍之间。《左传》昭公元年说：

> 晋侯有疾，郑伯使公孙侨如晋聘，且问疾。叔向问焉，曰：“寡君之疾病，卜人曰：‘实沈、台骀为祟’，史莫之知，敢问此何神也？”子产曰：“昔高辛氏有二子，伯曰阏伯，季曰实沈，居于旷林，不相能也，日寻干戈，以相征讨。后帝不臧，迁阏伯于商丘，主辰。商人是因，故辰为商星。迁实沈于大夏，主参，唐人是因，以服事夏、商。其季世曰唐叔虞……及成王灭唐而封大叔焉，故参为晋星。由是观之，则实沈，参神也。

①黄侃著：《黄侃论学杂著》。

古人言地理，以星象定其方位。辰、参俱指星象所在。从地理上说，杜预注以大夏为今之太原，而服虔以为在汾、浍之间。《左传》上接着说：

昔金天氏有裔子曰昧，为玄冥师，生允格、台骀。台骀能业其官，宣汾、洮，障大泽，以处大原。帝用嘉之，封诸汾川，沈、姒、蓐、黄，实守其祀。

台骀既宣汾、洮，封诸汾川，则其地当在晋南，亦即汾、洮之间。而实沈所居大夏，即在以今太原为中心的晋中地区。我这里所要说的，主要是台骀的所在。据以上子产所言，实沈与台骀，虽都是传说中山川之神，但所言地理，均在春秋时晋国所在。骀同邰。《史记·周本纪》："尔后稷播时百谷，封弃于邰。"《诗·大雅·生民》："即有邰家室"。均作邰，为后稷始封地。后稷封邰，地以人名。而后世注家，昧于此理，以邰为今之武功，不知此为后事。《左传》昭公九年：

周甘人与晋阎嘉争阎田。晋梁丙、张趯率阴戎伐颍。王使詹桓伯辞于晋曰："我自夏以后稷，魏、骀、芮、岐、毕，吾西土也。及武王克商，蒲姑、商奄，吾东土也。"

杜注谓："在夏世以后稷功，受此五国，为西土之长。"孔颖达《正义》对此怀疑说：

今案其地，芮在魏之西南百余里耳，岐在骀之西北无百里也。《诗》称后稷封邰，与岐、毕相近，为之长可矣。计魏在邰东六百余里，而令邰国与魏为长，道路太遥。公刘居豳，又在岐西北四百余里，此传极言远竟，而辞不及豳，并不知其故。

本师钱宾四先生考释说：

今考《正义》论后稷、不窋世次，姑勿详辨。至于后稷封邰，地本晋境。《正义》所谓“魏在邰东六百余里，而令邰国与魏为长，道路太遥”之疑可释。太王迁岐，文王居毕，乃后事，桓伯及言远竟，故连而及之，而公刘居豳，本在汾城，并不远涉扶风，则据桓伯之言，可推见也。①

地以人迁，钱先生举例不只此条。不仅是古代，就是后世，游牧部落，多踵此例。内地汉人的侨置，也相仿佛。台骀在传说中为周之先，邰字则加邑便成为其后裔的居地。

自有了实沈、台骀的传说，不仅在晋地出现了大夏、夏墟，而且延及今河南的阳城（河南登封）、阳翟（河南禹县），更东向进入今山东、河北，称为东夏，随后更逾江而至会稽，有了禹甸、禹穴，把夏王朝的传说，真正历史化了。实际上中国史上的黄帝、炎帝、蚩尤、三苗，都是原始社会氏族与部落共同体；尧、舜、禹可能是被后人美化的部族共同体时代的典型人物。这是考古学和民族学上的问题，我这里只不过约略地提一下线索罢了。

四、从“夏”字的音义看华夏民族的形成

“夏”字的音义，依我上文的解释，最初音读为hè，系译自氐羌语，其义则为氐族，是古老氐族氐族的名称。到姬周时，则读为xià，属匣母。《说文》作胡雅切，其义为中国之人，并引申为大。这里所谓中国之人，即我们后来所

①钱穆：《周初地理考》，见《燕京学报》，第十期；又见《古史地理论丛》（台北东大图书公司版）。

说的中原人。《说文》成于汉代，周代时当作亥雅切，同侠 (xiā)，浊声。关于中国之人的义释，今人又有所演绎。如范文澜说：

> 中国西部地区称为夏。郑大夫子西名夏，是夏有西义。夏又含有雅、正、大等义。宗周诗篇称雅诗，《秦风》诗篇称夏声，夏声即雅诗，就是用西方人的声音歌唱的诗篇。

旧疏以夏训大，谓中国有文章光华礼义之大。此又引申为西，均就汉义为解。我以为夏最初为氐羌语氏族名的音译字，古羌语与今藏语称右、上为牙 (yā)，从方位言，西北为上，东南为下。夏与牙为一声之转，此或在语言上有一定渊源。至于雅、正、大，则皆汉文字义，与此恐无联系。华夏连称，便成为中国的古名。《尚书 · 武成》篇有“华、夏、蛮、貊，无不率伸”的连称句，孔疏便以之为中国名，而章太炎先生以华为华山，以水为夏水，是华夏之得名，并谓华、夏、汉，随举一名，互摄三义：“建汉名以为族，而邦国之义斯在；建华名以为国,而种族之义亦在此。”[①]实际上无论是《尚书》《左传》所谓“华、夏、蛮、貊”，或“夷、蛮、戎、狄”，都是对四方诸族的连称。孔子说：“裔不谋夏，夷不乱华。”也是夷夏对举，说明华夏最初原是两个分立的氏族。太炎先生以汉代夏,建华为国之说,同样是汉（夏）华对举。我十年前曾写过一篇《“华夏”臆说》[②]谈论这个问题，我认为夏作为朝代是历史传说，而其原来的字义，是指黄帝族的姬姓；传说中黄帝与炎帝，同出于少典，以后黄帝族在姬水流域发展起来，炎帝族在姜水流域发展，后来经过互相通婚，便演变为姬、姜两族。这样，黄帝是夏族和周族的祖先，炎帝是四岳和姜族的祖先。这是传说中的事，

①《太炎文录 · 中华民国解》。
②见《中国历史地理论丛》，第二辑。

但到周朝之初，姬、姜两姓联姻，则又与黄帝族通婚。通过这么两重关系，黄帝族便在传说中成为夏族和周族的共祖。因此华夏族的夏，在这里指黄帝族，而华则指炎帝族，姜姓即炎帝后。近世西方史学家中，在掌握历史材料方面，有以语言学为考据方法的一派，我曾试用这个方法，以《禹贡》“西倾因桓是来”的“桓”为今藏语 wō（斡、倭）的对音。《水经注》在叙桓水时，引“和夷底绩”的“和”为释，桓、和为一音之转。今安多藏语读“斡”，而西藏蕃巴则读 bō（播），文字的写法却完全一致。这个“斡”（倭）及“和”即现在 wō 的对音，文字的读音古今差异很大，但方言仍多存古音。那么则周秦间所称的“华”是从商末周初入于中原的羌人，因他们入中原后改从农耕，便改称为戎，古时联称羌戎，羌谓无弋爰剑、烧当、先零、唐旄等仍在西陲诸部落，而戎则指姜戎、阴戎、九州之戎。戎之中如申、吕、齐、许，且早已被华化了。顾颉刚先生说：

姜戎亦姜姓，亦四岳之裔胄。知申、吕、齐、许者，戎之进于中国者也；姜戎者，戎之停滞于原始状态者也。①

原来，我以华、戎音近，但还分不清他们之间的区别，及后从藏学家官却才旦、吴均、谢佐诸位处，得悉戎为现在藏族所谓的戎娃，即羌、藏之从事农耕者。然后恍然醒悟，华夏乃炎、黄两族合体（共同体）之称。又今藏族称汉人为 jiǎ（贾），与前述“夏”古音举下切正合；同时和章太炎先生“建汉名以为族”的说法相同。他是以夏为汉，而这里是以夏为贾，都说明华夏古称乃炎、黄两族后裔的并称。这不重在民族的区分，而植基于共同的文化。顾颉刚先生早在

①《史林杂识初编·四岳与五岳》。

抗战期间在昆明某报发表《中华民族是一个》，首先从中华文化角度，谈到中华民族的形成，驳斥近代西方民族学家有意的分离说，而指出中华民族之为一体，全系于文化。当时有些承西洋人鼻息的专家，颇不以为然。抗战胜利后，我主持《西北通讯》编务，征得先生同意，重新发表了这篇文章和另一篇《我为什么写＜中华民族是一个＞？》。解放年后，顾先生写《昆仑传说与羌戎文化》，引我为助手。不幸我到上海不久，即遇镇反运动，我被误捕，从此一去几卅年，待我出狱未及平反，颉刚先生即去世。我写《"华夏"臆说》，虽仍承顾先生之绪，然已是强弩之末了！史念海先生不以我为老钝，坚嘱续为论证。私以为自传说以迄民国，中国迄为多民族共同体的统一国家，从传说中的炎黄起，至周、秦、汉均为统一的国家。南北朝时，南北多族并立，而至隋归为一统；唐代立国，声威所及，远迈前古；蒙古西征，威震亚欧；清定蒙古、西藏，收台澎，开新疆，终成统一的多民族国家的大业。孙中山先生创建民国，而首揭五族共和之义。中华人民共和国的建立，虽更汲马克思主义之旨，而民族团结，较前益为广泛而坚定，规模弘远，尤非前代所及。由此可以看见中国的立国，主根在于统一的文化精神，而不在于狭隘的民族主义。邓小平同志倡导有中国特色的社会主义，既取法于近代西方科学，又植根于中国优秀的传统文化精神，因此目前的世界局势虽很动荡，而我自岿然不动。

中国的立国，周、秦两代，融合夷夏，规模弘远；汉、唐开拓，沟通中外；元、清均以少数民族继承大统，而文化传统，仍本一体，康、乾盛世，文治武功，都超轶前代。因之在清季，虽屡遭帝国主义入侵，而仍能自振，我认为这就是中华文化和民族精神的所在，同时要追溯中华文化的远源，则是羌戎文化。中国所以几十年来始终保持民族团结、国家统一的长远而辉煌的局面，根源就在这里。博古通今，是所望于今日的专家和以后的来者！

大夏与姬水
——为史念海先生八旬寿辰作

今年五月间，我去苏州参加顾颉刚先生百岁诞辰纪念学术讨论会，匆匆写了一篇《西陲古地名义考释》。其中论及大夏名义和姬水所在，就古今音的变异求姬水的今地，以为姬水即今大夏河，惟尚未及详论。兹续撰本篇，专论这个问题，为史筱苏先生八旬大寿祝嘏。

一、大夏音义的演变

大夏一名，首见于《山海经》：

> 国在流沙外者，大夏、竖沙、居繇、月支之国。[①]

此流沙究竟指何地？据袁珂《< 山海经 > 校注》，谓此节应移《海内西经》“流

---

①《山海经》第十三《海内东经》。

沙出钟山”节后。按袁注在《海内西经》此句后引郝懿行《< 山海经 > 笺疏》，谓流沙在敦煌郡西八百里（引《吕氏春秋 · 本味篇》高诱注）；又谓“流沙地在张掖居延县东北。亦言出钟山、西行，极崦嵫之山，在西海郡北”（《水经 · < 禹贡 > 山水泽地所在》）。则知其所指流沙地在今甘肃河西走廊西北部及青海东北部，与《史记》《汉书》所载大月氏始居敦煌、祁连间者相合。这里是原大月氏所居地，迨张骞出使大夏，则大月氏已经由乌孙西迁大夏，都妫水北（今阿姆河流域）。《汉书 · 西域传》谓大月氏国治蓝氏城。这里应注意的是大月氏与大夏是同一名。月氏又作月支。《周书 · 王会篇》孔晁注：“大夏，西北戎”；《伊尹四方令》云：“正北大夏”；“正北月氏”。郝懿行谓氏、支同。这都说明大夏与大月氏为不同时代对同一名的异译，虽写法就今看来显不相同，但就古音读以求，则甚切近。溯大夏的名称，就时代先后应从大月氏说起。《史记》《汉书》都称大月氏，应是一个居敦煌、祁连间的部族。其后西迁，先击走塞王，塞王南君罽宾。这指的是乌孙地，随后乌孙联匈奴攻大月氏，大月氏便西走臣大夏。但到《隋书》《北史》《新唐书》，则称为吐火罗。《新唐书 · 西域传》说：

吐火罗，或曰吐豁罗，曰睹货逻。元魏谓吐呼罗者。居葱岭西，乌浒河之南，古大夏地，与挹怛杂处。

又，同传挹怛国说：

挹怛国，汉大月氏之种。大月氏为乌孙所夺，西过大宛，击大夏臣之，治蓝氏城。大夏，即吐火罗也。

按吐火罗，今突厥语作塔克拉 (Tukhara)；大夏作巴克特里亚 (Bactria)；大月氏作印度斯坦 (Indoscythae)。塔克拉又译塔屈拉，指古鄯善国所在的新疆大沙漠，所谓塔克拉玛干是也。吐火罗与塔克拉、大月氏均一名的先后异译，也是大夏的对音。大夏都城，《续高僧传 · 达摩笈多传》作薄佉罗；《慈恩法师传》作缚喝罗，均有尾音。而《隋书 · 西域传》则作钵和；《大唐西域记》作缚喝。大夏故地，自贵霜王朝势衰，继兴起者为𠿣哒、突厥。𠿣哒时，于阗、钵和诸国，均役属于𠿣哒，而𠿣哒在中国史上又被译为悒怛、悒阗，均为于阗的别译。怛、达古音属月部，与拔、钹同韵。於、邑同字，于、於双声。于、於古属鱼部，与土、吐同韵。而突厥的厥，魏晋以后音读如跛 (bǒ)，即古音中的蹶 (quē)，也即现在的方言中的瘸。突厥音同 Tū Bǒ，更可从突厥衰后，松赞干布统一青藏高原称为吐蕃 (Bǒ) 得到证明，因大月氏本氐羌属，为东方民族。《北史》谓𠿣哒为大月氏种，这就是吐火罗音同于𠿣哒、突厥、于阗、吐蕃的族系和语系的因缘关系，只是汉语的古今音自商、周至隋、唐凡四变，因而求对音很不易准确罢了。[①]

其次再说大夏这一名称的由来。根据汉文古史的记载，说是大月氏受匈奴与乌孙的合击，便西走“击大夏而臣之”。这指的是约公元前 130 年间的事。张骞西使时其首都汉文称为蓝氏城，而据希腊文则作 Bactriane，一般则作 Bactria。说明它并不叫大夏，而只能译为巴克特里亚王国。大夏是张骞回来所说的国名，其读音仍为大月氏或吐火罗，张骞在记述此地时省去尾音“罗”，而易“月”为“夏”，实际上“夏”字的古音仍读如火 (huǒ) 或活 (huó)，这从《诗经》的韵脚中可以得到证明。

大夏的“大”字古音属月部，既与达、带、怛、夺相叶，也与渴、葛、曷、蹶同部。例如：

---

①详见拙著《<禹贡>织皮昆仑析支渠搜及三危地理考实》，载《中国历史地理论丛》，1988 年第一辑；《吐蕃一名的由来》，载《中国历史地理论丛》，1990 年第二辑。

民亦劳止，汔可小愒。惠此中国，俾民忧泄。无纵诡随，以谨丑厉。式遏寇虐，无俾正败。戎虽小子，而式弘大。[①]

愒、泄、厉、败、大叶韵，同属月部。“大”字音读 dā，与达、怛同部；又读 dài，与待、带相叶。如厉、带相叶：

有狐绥绥，在彼淇厉。心之忧矣，之子无带。[②]

厉、揭相叶，则如：

匏有苦叶，济有深涉。深则厉，浅则揭。[③]

蹶、泄相叶，例如：

天之方蹶，无然泄泄。[④]

以上见于《诗经》的诸例，其音韵都属月部，而吐、乎、夏、下，则属鱼部；多、罗、何、和，则又属歌部。由此可见周秦鱼、月、歌三部本是分用的，按段玉裁《六书音韵表一》，这三部韵分属第五、第十五和第十七部。[⑤]这种例子，在《鲁颂 · 泮水》《鲁颂 · 闷宫》《商颂 · 长发》中表现最为具体。汉以后

①《诗经，大雅 · 民劳》。
②《诗经 · 卫风 · 有狐》。
③《诗经 · 邶风 · 匏有苦叶》。
④《诗经 · 大雅 · 板》。
⑤见《说文解字注 · 今韵古分十七部表》。

这三部韵相混，则由于音转。所谓音转，大体是上声、入声转为去声，而平声又多转为仄声，这在方言中最为明显。自晋、宋以至隋、唐，方音变异最大，表现在音学中，鱼、模转歌、麻，歌、戈转支、佳，特别是第十五部脂、微、齐、皆、灰也转入支佳，遂使原来分部的鱼、月、歌三部韵同用，所谓同声必同部，盖均取其谐声。语音古今变异很大，就以我们现在所用的宋人“平水韵”来说，已有很多字音读和语言互不相叶，因而按现在的普通话重编了一套《诗韵新编》，只有十八部韵目，比宋人一〇六部比较起来，可以说再简易不过，但古无去声，现又无入声，用它来读古诗，则无从欣赏吟诵了。我对语言和音韵，本是外行，但形声字取声，虽不与语音密合，亦有大致可求，这对我探求地名来说，也是相切近的。大夏是张骞西使后才见于史书记载的。《山海经》是神话传说的源薮，其事在先，而传写居后，后来居上，这又是顾颉刚先生层累地造成的古史观的规律。因此我认为大月氏一名在先，是部族名，在西迁到妫水上建国后，被往访的张骞称为大夏，实际上是一名的古今异写。大月氏是周、秦时代的译音，而大夏则是汉时的译音。晋、宋至隋、唐，译大月氏为吐火罗、覩货逻，尚有尾音，稍后则译吐豁、钵和或缚喝，均省去尾音 ra，仍与大夏的古读切近。《史记》《汉书》都在记大月氏西迁时说“击大夏而臣之”，则是当时在妫水上有个大夏国，为大月氏所占领。但西史译大夏为巴克特里亚(Bactriane 或 Bactria)，与大月氏音不相谐，且大月氏消灭了大夏，而又自称为大夏，也与理未合。应当说大月氏进据巴克特里亚后，即在那里建都，国号为大夏，而不是“击大夏而臣之”。大夏即“大月”的别译，也就是汉代人依张骞所言而译的新名，其读音为大河 (dɑt hɑi) 或杜曷 (dɑ hɑt)。显见汉代人的译音，是把古月、歌、鱼三部的音同用了。晋、宋而下出现吐呼罗、吐火罗、土豁罗、覩货罗、覩货逻、兜沙罗、兜佉勒、薄佉罗、缚喝罗及都佉、缚喝、钵和、吐呼、吐豁等译名，都随各时代读音而异写。外文则又或译塔克拉、塔佉拉。最典型的是塔克拉玛干(Taklamakan)，玛干是突厥语沙漠或沙海的译音（古译莫贺），塔克拉则是吐火罗、兜怯勒的叶音。其所以把现在新疆罗布泊所在的大沙漠叫作塔克拉，则由于这原是大月氏居敦煌、祁连间的故地。

就此看来，大月氏一名出现最早，是周秦音；大夏最早见于《山海经》和《周书 · 王会篇》，但前者首次流行版本，当为汉刘秀（歆）校本，不仅有秦、汉间人增补，其音训当更多依汉儒；《逸周书》晚出，其间亦多秦、汉间人改窜。因之其声读与张骞所言当一致。我的这种推断是据大夏一名省去大月氏的“氏”字音阶而言的，“氏”字古音属十六部，与是、斯、祇、只同声。但到了汉初，十七部歌、戈转入十六部支、佳、纸、置，则“氏”又与呙、和、禾、何同声，所以省去“氏”字的尾声，是为了它与和、河、曷等声相重。等到晋、宋以降至隋、唐间，则夏字读音已为 xiā，则译者复依梵文经典等读音译为吐火罗、覩货逻、缚喝罗等名称，但也有的仍只译为吐豁、钵和。据此这一名称译音的转变，大致可分为大月氏、大夏、吐火罗三个层次，其时代是周、秦、汉初和晋、宋以至于隋、唐，译名随时代音韵与语言的变迁而有异。我不懂语言学与音韵学，只能大致做这样一种推断。希望能得到行家们的订正！

大夏一名既来之于大月氏，而大月氏西迁后，汉代曾在今临夏回族自治州境内设大夏县，晋初废；前凉张轨复置；后来张骏与后魏均先后复置大夏郡。郡县名当源自大夏川。《水经注》在洮水条说：

> 滥水又西北流，迳注于洮水。洮水右合二水，右〔左〕会大夏川水，水出西山，二源合舍〔合〕而乱流，迳金柳城南。《十三州志》曰：大夏县西，有故金柳城，去县西四十里，本都尉治。又东北，迳大夏故城南。[①]

①《水经注》卷二《河水二》。

这个大夏川，即今之大夏河，郦书所记是对的。但接着他又说是“又东北出山，注于洮水”则是错误的。洮河发源于今青海黄南州河南蒙古族自治县境内的代富桑河，西南流合莫尔藏水，更北流入甘肃境称为碌曲，即洮水，今碌曲县即由此得名。而大夏河则发源于今夏河县西南邻黄南州河南县东端，北流经夏河县治，再东流折北经临夏县入黄河，所经刘家峡水库即古之漓水。洮水则由碌曲县东流经卓尼折北至临洮，再北向偏西至永靖刘家峡东端入河。二水都经今临夏回族自治州境入河，而一南一北，泾渭分明，而古籍记载偶有混淆，致论者各据一端，这是应该要判明的。

从大夏川、大夏县所引发的问题是大月氏在被冒顿与老上单于未攻灭前，今临夏回族自治州地区系属于大月氏活动地带。因汉初匈奴冒顿单于灭东胡，并西击走月氏，月氏便徙居敦煌、祁连之间。到了冒顿单于晚年汉高后五~六年(公元前182～前181年)，匈奴便数犯狄道，显已进入原大月氏故地。到老上单于元年(公元124年)，匈奴定楼兰，月氏与乌孙便又为匈奴所破，便西击塞王，居今伊犁河上游地区。由这个线索和大夏县、大夏川名称的由来，说明今临夏回族自治州地区，为大月氏早期牧地，与河西走廊为一体。而大夏读音应亦近“大河”或“杜曷”，与张骞归言一致。这我还有个新的依据，便是今临夏回族自治州积石山县所在地名，即叫大河家，即大夏古音的遗韵。若要更联系到十六国时，赫连勃勃在接连这一地区的宁夏建立以大夏为国号的政权时，其地域范围则不免更广，但大夏音读大河，可能也是符合这个族名渊源的。设再更进一步联系到禹生西羌，而大月氏原属氐羌，而今甘南、川西在古时俱为氐羌活动地带，今安多地区藏语，自称为斡(wō)，与河、曷音近，似也可作参证，但这已是神话范围了，不足以为典要，仅附及之罢了。

夏字后来的汉文释义是“大”，或谓中国之人，《春秋》“内其国而外诸夏”，则指外土(四方)的诸侯。但就羌藏语直解，则“河”“曷”为羌、藏人民自称。

以族名地，则即所谓大夏也，其古义可能就是作这样解的。

二、姬水新考

《国语·晋语四》记晋公子重耳出亡过秦，秦伯归女五人，其中包括有怀嬴。重耳想辞退不受，司空季子以历史事实作解说：

> 昔少典娶于有蟜氏，生黄帝、炎帝。黄帝以姬水成，炎帝以姜水成。成而异德，故黄帝为姬，炎帝为姜，二帝用师以相济也，异德之故也。异姓则异德，异德则异类。异类虽近，男女相及，以生民也。[①]

这里以地理关系说到姬、姜两姓的渊源，说明黄帝族和夏族是周族的祖先，而姜姓族则源自氐羌，再上溯就到了炎帝。从近年考古发现，不仅卡约文化、马家窑文化与龙山、仰韶文化有联系，而且更与四川西北部所发现的卡若文化及西藏拉萨北郊所发现的曲贡文化，其类型均属于同一个文化系统。我这里所以把大月氏联系到氐羌，原因是今甘南和川西，原是氐羌生息活动地区。而黄帝以姬水成，炎帝以姜水成，又都与这个地区密切相关。所谓以姬水成、以姜水成，是说这两支古代部族分别在这两条河流域成长发展起来。[②]姜水即羌水，也就是“西倾因桓是来”的桓水，桓即今藏语 འད (wō) 的对音；《尚书·禹贡》：“和夷底绩。”郑玄注：“和，上夷所居之地也。和读曰桓。”桓水出西倾山南，东南流合白水江，又称白龙江，再经昭化入嘉陵江。古代贡品经此入梁州。炎帝以姜水成，故后世有禹生石纽的传说。大月氏与氐羌的渊源甚古，其未西迁前，原是氐羌的一支，自为炎帝的后裔。惟黄帝以姬水成，姬水究竟指后世的哪条水，则很难定。去年见到刘起钎先生《姬姜与氐羌的渊源关系》一文[③]，

①《国语》卷十《晋语四》。

②《国语》卷十《晋语四》。

③见其所著《古史续辨》一文。

他在谈到姬水时说临夏境内有一条贯穿而过，注入黄河的大夏河，而姬姓族自称为夏，似又不寻此水为姬水，但它似与夏亡后西迁的大夏族关系更切。同时他又谈到今临夏境内有一个叫姬家川的地名，似与姬水有关。但他最后仍认为较足以代表姬姓族的似乎终当推渭水。今年五月，我去苏州参加顾颉刚先生诞辰一百周年纪念学术讨论会，他适前来与会，我想给他当面谈谈大夏河即是古姬水的问题，而他却耳患重听，即使带了耳机，也还是无法细谈，殊以为憾！

我说是古姬水即今之大夏河，除了上述的姬、姜族系因缘外，主要还是姬字古声问题。姬字现属支部，读如基。古音则属十六部，汉以后五支与十三佳同部，所谓支变为佳，成为一种变音。同时古代分用的第十七部歌戈也合入支部，又有了歌变为麻的情况。我以古姬水即今之大夏河，就其古声以求，则支与平声嘉、加、哥，上声可、苛、果同在十七部，也就是说同声。就现在来说，方言读“基”如给（gěi），吴音读“加”如嘎（gā），也是同样的道理。大夏河现在汉语虽读 xià hé，而藏语却名噶曲（Ga Qu），方言多保持重浊音，“噶”字喉鼻音较重，为古音之遗。与汉语音比较，则噶与上述加、嘉、哥读音相一致，也与河、何、曷、和相通。就语言学而言，汉、藏属一个语系，其相通并非是偶然的。

由大月氏、大夏的名义，我联系到了姬水的古读，虽然由于我既不懂语言学，更不懂古、今藏文，很受局限，但我的结论，则似乎是可信的。这是由于我发现《史记》《汉书》和《后汉书》所记的许多西陲地名，几乎完全和现在的安多藏语合辙，如无弋爰剑、大小榆谷、析支、渠搜、允吾、敦煌、姑臧、庄浪，以及落（乐）都、化隆等，都可从今藏语中得悉其音义。从而我对大夏一名的由来，做了如上的考察与论证。在初步弄清它的得名后，我推测它的含义是白水的意思。白水一名，初见于《左传》僖公二十四年：

及河，子犯以璧授公子曰："臣负羁绁从君巡于天下，臣之罪多矣，臣犹知之，而况君乎？请由此亡。"公子曰："所不与舅氏同心者，有如白水委，投其璧于河。"

这是记晋文公出亡的一段事，白水指今黄河而言。当时的黄河，下游尚不浑浊。白水是言水很清澈，我把大夏河译为白水，是依据和它同时出西倾山北麓的羌水，其上游称白水，其中段周曲汉文称白龙江，龙为古羌族图腾之一，而其水汉文称白水。羌水因色白而称白水，而今大夏河藏名噶曲，亦与羌水同义，水名噶曲，而族名则称大月氏，读音为大河，河、噶则一音之转也。

三、余论

我写这篇文章，可以说是很大胆的。但我之所以这样做，是有感而发的。大抵近百年来考论西北史地，尽管有很大收获，但也不免偏信西人和东邦的立论，如吐蕃和藏族非羌属，而是出于亚陇觉阿王系；白兰为巴隆对音；柏海为星宿海等，至今犹为人所倡言。我以为他山之石，可以攻玉，借人之长，本是正着，但仰人鼻息，以讹传讹，则既无味，且败学风。今西来说既已为考古发掘所粉碎，而卡若、曲贡文化的发掘与考察，又将证明藏族从古以来，就是中华民族组成不可分割的一支成员。考证古代文化、民族地理，对于加强中华民族的凝聚力和追溯历史渊源，有极其重要的现实意义。同时中国历史上匈奴与大月氏的西迁，丝绸之路的开通，法显、玄奘的西行，阿拉伯人与马可·波罗东来，蒙古的西征等诸多历史事件，都与西北的民族文化和中国国势的变化有直接联系。舍弃这样一些大课题，不随着当前改革开放的新潮流前进，而强调民族古今之间的差异，转贩西人的异测和妄说，则徒事纷扰，于同心同德，从事有中国特色的社会主义建设事业，无所补益，这是应该值得猛省的！

西王母通考

西王母神话，最早见于《山海经》。而其中《山经》一般都认为著录于西周末至东周初，其神话成分实甚浓厚，可说是中国最早的神话记录。西王母最早见于此书，自然是一位神话人物。什么是神话？据近现代人研究和理解，是原始社会人类对自然现象的一种认识和反映。茅盾在他的《神话研究》中，概括地说：

一种流行于上古民间的故事，所叙述者，是超乎人类能力以上的神们的行事，虽然荒唐无稽，但是古代人民互相传述，却信以为真。

原来原始人对自然现象如风云雷雨的变幻，太阳、月亮的运行，人类生死的递嬗，死生祸福的莫测，都惊疑莫测，以为冥冥中必有一种神的主宰，这样便产生了他们对宇宙和人生相关的种种故事。这种故事，便被后人认为是神话。中国人原来以此为古代的传说。神话一词，是源自希腊神话的。《山海经》中的西王母，便是属于神话中的一个西方最古的人物。这可说是社会发展的第一个阶段。

人类社会发展到阶级社会阶段，当时的原始人便对自然现象和人类活动，由惊疑畏惧，而渴求加以解答，于是人和动物都是怎样来的等问题，逐步在他们想象中寻求着解答，这便产生了种种故事，来加以解释他们所想象中的宇宙间自然现象和人的来历，这样便产生了传说，把神加以人化，如神农氏尝百草、盘古开天辟地、燧人氏钻木取火、女娲抟黄土造人，以及后稷从事稼穑、大禹治理洪水等。这些英雄人物，在原始人心目中就是人类和他们的祖先。当然这种英雄人物，虽也是由他们想象所编造而成的，但这中间也就有了原始社会的影子。历史上的人类到底是怎样来的，这到现在还没有完全得到解答，而把神加以人化，是原始人的一大创造，把神话演变成为传说，人类的历史便由此开始了。自从有了文字，把这些神话与传说统统记载下来，便成了人类最早的历史。在传说中的中国历史，到以后时代越说越长，人物越来越完美，西王母的故事，由神而人，由人而仙，便是一个最典型的例子。40多年前我在上海，顾颉刚先生正写《昆仑传说与羌戎文化》，他说《山海经》在保存神话传说和认识实际地理两方面是很有功绩的，它所存在的混乱与错误也是可以谅解的。用清代学者的话来讲，是以《山海经》还《山海经》，就是说不能以现在的科学地理知识来评判它。这对我很有启发，就是说把神话传说和历史事实区别开来加以对待，从而把传说中的古史，理出一个头绪来。近来谈这个问题的人多了，可说是异彩纷呈，而大体上把传说与历史混淆在一起，再加上今天的科学知识与观点，似乎把科学也有点模糊化了。

现在我还是本着把神话归神话、传说归传说、历史事实归历史事实的这一轨迹来探讨一下西王母。

一、神话中的西王母

关于西王母的神话，最早见于《山海经》。其《西次三经》说：

又西三百五十里，曰玉山，是西王母所居也。西王母其状如人，豹尾虎齿而善啸，蓬发戴胜，是司天之厉及五残。

这儿所述的西王母，只是其状如人，而她的职司是司天之厉及五残，据郭璞注是主知灾厉、五刑残杀之气的神，可以说是个凶神。

其次是《海内北经》上的记载：

西王母梯几而戴胜杖（按杖字衍），其南有三青鸟，为西王母取食。在昆仑虚北。

这里没说豹尾虎齿，而只说梯几戴胜，且有了三青鸟取食。

再次，又见于《大荒西经》：

西海之南，流沙之滨，赤水之后，黑水之前，有大山，名曰昆仑之丘。有神——人面虎身，有文有尾，皆白——处之。其下有弱水之渊环之，其处有炎火之山，投物辄然。有人戴胜，虎齿，有豹尾，穴处，名曰西王母。此山万物尽有。

较前二则为详，唯《西次三经》谓其状如人，这里则初谓有神，随之又说有人。从记载者所处的时代来说，是人神不大分的。

据古今研究《山海经》的专家们的意见，《山海经》不是一时一人所作或辑录，其时代大致从西周末东周初直至汉代，其中《五藏山经》可能出现最早，《荒经》时代可能最晚，其记载有歧义是可理解的。总之，上述三则有关西王母的记载，是属于神话范畴的。其更重要的一点，它属于昆仑神话系统。另外如《淮南子 · 览冥训》说：

羿请不死之药于西王母，姮娥窃以奔月。

羿在古代记载中既属神，而有的记载，则又作为诸侯，这里是作神记载下来的。因与西王母有关，则录之借供参考。

二、传说中的西王母

《山海经》中的西王母，到了汲冢出土的《穆天子传》，则说是周穆王西征曾会见了她。这是一部战国时人所作的伪书，已早进入历史时代了。那本书上说：

吉日甲子，天子宾于西王母，执玄圭白璧以见西王母，献锦组百纯，□组三百纯，西王母再拜受之。乙丑，天子觞西王母于瑶池之上。西王母为天子谣曰：“白云在天，山陵自出。道里悠远，山川间之。将子无死，尚能复来。”天子答之曰：“于归东土，和治诸夏。万氏平均，吾顾见汝。比及三年，将复而野。”天子遂驱升于弇山，乃纪其迹于弇山之石，而树之槐，眉曰西王母之山。

这便把西王母完全人化了，而且还能赋很雅正的古诗。不仅把远古的神话敷衍为具体的传说，甚至还历史化了。前面已经谈到传说到了后代，则愈放愈大，也愈来愈美化了，早已脱离了神话的圈子，这就是一个显例。其他的传说，也莫不如此。

到了托名班固的《汉武故事》，则把周穆王演变为汉武帝，王母乘安车，玉女驾驭，武帝迎拜，并请不死之药。求不死之药，从秦始皇开始，是入海以求，而西王母在神话中是昆仑之神，这里却把她拉到蓬莱海上来了。再到《汉武内传》不仅详细描绘西王母和武帝会见场面，而且王母自设天厨，丰珍上果，芳华百味，还有清香之酒，音乐更作九天之钧。大概汉武帝时所有的排场这里全具备了，这就是传说愈来愈具体美化的范例。西王母既衍化为一位“年可三十许”的美女，则必然又会产生其配偶，六朝时人托名东方朔作的《神异经》上有了“东荒山中，有大石室，东王公居焉”的记载。这位东王公是何许人呢？《吴越春秋 · 越王阴谋外传》云：

立东郊以祭阳，名曰东皇公；立西郊以祭阴，名曰西王母。

这就把传说更增饰而演化了。这种神话和传说，被记载到史书中，则大多以为西王母国在极西之地。如《史记 · 大宛列传》说：

安息长老传闻条支有弱水、西王母，而未尝见。

《后汉书 · 西域传 · 大秦传》也说：

或云其国有弱水、流沙，近西王母所居处，几于日所入也。

《魏书 · 西域传》也说：大秦“西有白玉山，玉山西有西王母山”。这是历史书对这个传说的记载，大概由于不能确知其地，便根据流沙、弱水等把它愈

说愈向西了。(这与西来说的兴起有关)

三、历史记载中的西王母

《汉书 · 地理志》说:金城郡临羌县“西北至塞外,有西王母石室、僊(应作僊)海、盐池。北则湟水所出,东至允吾入河。西有须抵池,有弱水、昆仑山祠。莽曰盐羌”。师古说:“阚骃云:西有卑和羌,即献王莽地为西海郡者也。”这确是具体的历史记载。又王充《论衡 · 恢国篇》也说:

> 孝平元始四年,金城塞外羌(豪)良愿等(种)献其鱼盐之地,愿内属汉,遂得西王母石室,因为西海郡。

汉平帝时王莽当政,以卑和羌内属,因在今海晏三角城设西平郡,便得知西王母石室,而其地即在今青海湖地带。其后《十六国春秋》又说:

> 前凉张骏酒泉守马岌上言,酒泉南山,即昆仑之丘也,周穆王见西王母,乐而忘归,即谓此山。有石室王母堂,珠玑镂饰,焕若神宫。(《史记 · 秦本纪 · 正义》引)

则因当时定酒泉南山(即今祁连山)为昆仑,便以此为神话中昆仑之丘。实际上祁连山为昆仑北走之支脉,而主脉则为今之阿尼玛卿也。《晋书 · 沮渠蒙逊载记》《隋书 · 地理志》也都有这类记载,卑和羌、金城郡、盐池、僊海、伏俟城和王母石室(或称寺),都在这一地区,虽在今天已找不到石室或寺、堂的遗迹,而历史明确记载王母石室就在这里,说明在王莽时代已把神话传说中的王母供奉在这里,则是无疑问的了。这也和我们现在祭黄帝陵是同样的事例,并不是把西王母完全历史人物化了。

四、余论——西王母与青海

就上所论述，知西王母神话来源于昆仑之丘，而这昆仑之丘，其地就在今青海地区。而这块地区，则是古氐羌生息活动地的主要所在。就现今仍活动生息在这里的藏族民间传说，说今青海湖周围，居住的先民有十万帐之众。而青海湖则是一片汪洋，比现在大好多倍，因为最早是湖眼上有个盖子，有一次来背水的一位女孩，取水后忘盖了盖子，致湖水漫延成为汪洋。幸好莲花生大师经过这里，用法力把海眼盖住了，这就是我们现在的青海湖。

最早在有十万帐之时，这里的女首领叫赤雪洁毛，其意是万翼（或万帐）王母。这个传说当然出现很迟，因为莲花生大师来吐蕃传教，已到了公元8世纪，也未到过青海，可以说他是一种后人的假借。倒是赤雪洁毛的传说来源很古，大致可说是原始时代早期阶段部落的女首领的一个缩影。我倒注意的是王母一词的来历，过去我曾假设西王母的西字是方位词，而王母则是译名，因为今天的藏语读音与古书上的汉语译名相同或相近。如青海过去的果洛阿什姜女王，藏语名花毛或巷毛，如现在果洛有位女政协委员译名就叫索南王莫，藏语仍叫花毛。而康区的有位女首领则叫德钦王母。就此以论，汉文记载中西王母，乃氐羌最早的女首领的称号，汉文音译为王母，便也被理会成神话中的女神，传说中的女王了。这个问题，我认为精通藏语甚至羌语的学者加以研究和考释，我在这里只作为余论附带提出，就有道而正焉！

《尚书 · 禹贡》雍州地理今绎

《尚书 · 禹贡》篇是收在世传《夏书》中的一篇有关中国古代地理的专著。其中包括山岳、河流、土壤、物产、交通和民族等内容。经2000年来中外学者、专家的考证和论述，谓其书虽托名“禹域”，甚或假定为夏禹或夏史官之作，然就其九州、五服之说和铁器等出现的时代而言，则其成书当在战国之际，是先秦儒家托古之作。

《禹贡》篇是以“禹敷土，随山刊木，奠高山大川”的总叙开头的，这自然是以传说中大禹治水与奠定“禹域”而立言的。接着记述的九州自然地理区域，是先秦时代华夏族生息活动的所在。其中以今之陕西、山西、河南、山东一带的地理为较具体而明晰，雍州的域外如今之青海、新疆、西藏三省区所在，则很浑括而简略。若依后来儒家所想象撰成的五服说，这些地方属于荒服地域。但就其中所列举的山川来说，如河源、江源、黑水、三危、昆仑、积石，则均有实地可指。经近世以来的实地考察，均不难加以疏通证明。我在数年前曾写过一篇文章探索过这个问题[①]，本篇则专就雍州西徼地理部分，继续加以论证，以就教于方家。

一、江河源地区诸水

《禹贡》：“黑水西河惟雍州。”这是说雍州地居黑水与西河之间。西河是指黄河流经今陕西、山西两省之间的地段，在当时是冀州的西界。那时尚无黄河的名称，统称河水，而把这段雍冀两州分界处的河水，称为西河。雍州东部的山水，已很清楚，这里重点是要据河水与黑水的记载，把昆仑中部的山川理出一个大致的头绪来，因为《禹贡》对此说得很简括，引起后人多端的揣测和异说来。首先从水系说起。从昆仑中部发源的水，自北而南有今黄河（河水）、雅砻江（古若水）、金沙江（或以为即赤水）、澜沧江（兰苍水）和怒江（古周水）。这五条水的源头都在今青海省境内，以下分别加以疏证。

（一）河源

《禹贡》共分九州、导山、导水、五服四个部分。就其雍州部分而言，导山、导水都有溯源的含义，到了中下游，似才有了治理水患、疏浚河道的意义。这里所指山脉的分支和江河的发源，都在雍州西境的荒服地区，其地即今青海省西南部所在。长江和怒江、澜沧江、雅砻江所经，更涉及今四川、云南和西藏地区。河源现进一步探明在今青海省玉树藏族自治州境内，而历史上旧说更涉及今新疆维吾尔自治区西境以迄帕米尔高原。就当时九州的区划而言，黄河与长江的源头，都在雍州西徼，其记载仍是很准确的。

关于河源，《禹贡》记载的最古根据，可能是来自《山海经》的传说。《海内西经》说：

①见拙著《<禹贡>织皮昆仑析支渠搜及三危地理考实》，载《中国历史地理论丛》，1988年第1辑。

昆仑之虚，方八百里，高万仞。……河水出东北隅，以行其北，西南又入渤海。又出海外，即西而北，入禹所导积石山。

这里的“渤海”，当为泑泽的误改或字误。《西山经》说：

又西北三百七十里，曰不周之山。……东望泑泽，河水所潜也，其原浑浑泡泡。

这个“泑泽”，后世注家多指为《史记》《汉书》所谓的盐泽，即今之新疆罗布泊，也即黄河潜源说的由来。至汉代张骞出使西域，穷河源，归谓：

于阗之西，则水皆西流，注西海；其东，水东流，注盐泽。盐泽潜行地下，其南则河源出焉。[①]

此为最早的黄河潜源说。此说至近代已被证明是前人的误解，也可以说是一种假说。潜源说既不能成立，则这个泑泽自不能解为盐泽（即罗布泊）。顾颉刚先生最早对此提出怀疑说：

《淮南·地形》记昆仑上，“北门开以内不周之风”，可见不周山在昆仑的北面。在不周山上可以望见河水所潜的泑泽，从张骞的话看来很像是盐泽（新疆的罗布淖尔）。不过我很疑心，这是不是汉人因为张骞的话而加进去的呢？如果不是，那么，这泑泽会不会是星宿海呢？[②]

①《史记》卷一二三《大宛传》。

②《<山海经>中的昆仑区》，载《中国社会科学》，1982年第1期。按此文初稿我见于1950年。

即今来说，顾先生的这个推断是可信据的。因为经唐刘元鼎，元都实、朱思本，清康熙时拉锡、舒兰以及乾隆时阿弥达等先后实地探察，由今海南贵德上溯至巴颜喀拉山麓的噶达素齐老峰（蒙古语意为北极星石），河水名阿勒坦郭勒（蒙古语意为黄金色河）。自此经鄂敦塔拉（蒙古语星宿海，《元史》又译火敦脑儿）至积石山（藏语阿木尼玛卿），再折而东北流，便至当时贵德堡（今贵德县），始名黄河。

上述是总的概况，实际上在唐太宗贞观八年（公元634年），吐谷浑侵凉州，唐以李靖为西海道行军大总管进行征讨，即有“靖等进至赤海，遇其天柱王部落，击大破之，遂历于河源”，“又达于柏梁，北望积石山，观河源之所出焉”的记载[①]。其后至唐穆宗长庆元年（公元821年）派大理卿刘元鼎为会盟使赴吐蕃，途经河源地区，在今同德县境渡河后，有“其南三百里有三山，山形如镦，河源在其间”和“河之上流，由洪济梁西南行二千里……，其南三百里三山中高而四下，曰紫山，直大羊同国，古所谓昆仑者也。……河源其间”的记载[②]。此后元、明、清三代都有继续考察的记录，并附有多种地图，见《元史·地理志·河源附录》、潘昂霄《河源志》及清齐召南《水道提纲》《钦定河源纪略》等专书。这是在河潜源说之后以今青海省西南星宿海上游为河源的考察记录，基本上查清了黄河的源头。

时代的进步，科学的发达，交通的便利，为进一步进行考察提供了更有利的条件。1952年黄河河源查勘队通过新的查勘，认定今玉树藏族自治州属曲麻莱县境内雅拉达泽山（藏语意为牛角虎峰或牛角形峰）东部的约古宗勒曲（藏语意为炒青稞的锅样盆地的河水），经星宿海便名为玛曲（此为藏语，同于汉语的黄河）。1978年，青海省人民政府、青海省军区邀请有关单位和专家组成考察组对两湖与河源进行了实地考察，并于同年8月17日至22日在西宁召开

①《旧唐书》卷一九八《西戎传·吐谷浑》。《新唐书》卷二二一《西域传·吐谷浑》略同。
②《新唐书》卷二一六下《吐蕃传》。《旧唐书》卷一九六下《吐蕃传》略同。

有中科院地理研究所、国家测绘总局、青海省测绘局等28个有关单位参加的扎陵、鄂陵两湖名称和黄河河源问题的科学讨论会，就考察报告进行了讨论，纠正了过去地图上以居西的白色长湖为鄂陵，而以居东的青蓝色长湖为扎陵的错误。扎陵、鄂陵都是藏语，扎为白，鄂为青，两名对调，才名实相符。其次，对河源的约古宗勒、扎曲和卡日曲三条河流，就长度、流量和流域面积进行了考察和对比，最终认定卡日曲为黄河正源①。

就此以观，《禹贡》于雍州西徼地理，虽很阔略，但其所提到的织皮昆仑、析支、渠搜；导黑水至于三危和西河黑水惟雍州；导河积石几条，在今都有实地可指，实是后世勘察的权舆。关于昆仑、积石、三危三山所在，容在下节别详。

（二）江源

关于江源，《禹贡》只说："岷山导江，东别为沱。"《汉书·地理志》："（蜀郡）湔氐道：《禹贡》峄山在西徼外，江水所出，东南至江都入海。"后人便以岷江为长江上源。《汉书》的记载，是秦汉间人的见解。似乎当时人对江源的了解，只上溯及今之岷江。按岷山是黄河与岷江、嘉陵江的分水岭，汉代人是以今嘉陵江为江源，因《禹贡》有岷山导江之说，所以后人便以岷江为江源。对此，顾颉刚先生曾说：

> 古人以嘉陵江为江源，所谓岷山，不是松潘的岷山，而是天水的嶓冢山。至汉代以岷江为江源，乃称嘉陵江为西汉水。于是将岷山移到松潘，将天水的岷山改为嶓冢，致使汉有东西两岷山，嶓冢也有两处②。

按顾先生此说与钱宾四先生说相一致，或即本之钱说。钱先生说：

---

①详见祁明荣主编：《黄河源头考察文集》，青海人民出版社1982年版。

②见侯仁之主编：《中国古代地理名著选读》。

按《汉志》：蜀郡湔氐道，崏山在西徼外，江水所出。泰汉湔氐道，今四川松潘县西北。然《禹贡》汶山，初不在此，昔人盖指今嘉陵江为江源。《汉志》：陇西氐道，《禹贡》瀁水所出。又：西县，《禹贡》嶓冢山，西汉所出。此实《禹贡》汶山之与江源也。嶓冢在宁羌，与汶山相近，故曰："汶嶓既艺。"江汉发源，计其大小长短，亦略相当。故曰江汉朝宗于海，亦不为之轩轾。自秦汉远迹，乃始以今之岷江为江源，以嘉陵江称西汉水，于是汶山移至松潘，而陇西之岐则改为嶓冢。故汉有东西而嶓冢乃有二处。①

观此便知《禹贡》"江汉朝宗于海"的江，乃指今嘉陵江而言。钱先生又说：

按嶓冢山，今陕西宁羌县北。《水经注》引《汉中记》曰：嶓冢以东，水皆东流；嶓冢以西，水皆西流。故俗以嶓冢为分水岭也。张守节《史记正义》：嶓冢山在梁州金牛县东二十八里。金牛废县，今宁羌东北。《汉志》陇西郡西县，《禹贡》嶓冢山，西汉所出，东至江州入江，此则在今天水西南六十里。西汉水即嘉陵江也。盖古人以嘉陵江为江源，则陇西嶓冢实即岐山，后人知江源不在此，乃以此为西汉水，而岐山遂改称嶓冢。《水经注》又以漾水之名亦归西汉，于是舛错逾多矣。②

据此则《禹贡》"岷山在西徼外，江水所出"的记载，前人归之嘉陵江，而秦汉间人误以为岷江，因而不惜把山水搬来搬去。《禹贡》谓岷山导江，乃浑括之辞，虽然《山海经》有赤水的记载，亦未能加以联系，说明《禹贡》的编定

①钱穆：《<禹贡>山水杂说》，见《齐鲁学报》第1号，又见《古史地理论丛》。
②钱穆：《<禹贡>山水杂说》，见《齐鲁学报》第1号，又见《古史地理论丛》。

者，只说是岷山导江，而秦汉间人也就以江源归之，亦未能追溯其滥觞。但汉代人并不是不知道有现在的金沙江。《汉书 · 地理志》：“越嶲郡……遂久：绳水出徼外，东至僰道入江。”《水经注》于此作注说：

> 绳水出徼外，《山海经》曰：巴遂之山，绳水出焉。东南流，分为二水：其一水枝流东出，迳广柔县，东流注于江；其一水南迳髦牛道，至大莋与若水合，自下亦通谓之为绳水矣。①

若水即今雅砻江，绳水即今金沙江，当时还未把它明确和江源联系起来，一直到明代的徐霞客，才第一个提出这个问题。他说：

> 江、河为南北二径流，以其特达于海也……而后知中国入河之水为省五，入江之水为省十一。计其吐纳，江既倍于河，其大固宜也。按其发源，河自昆仑之北，江亦自昆仑之南，其远亦同也。

他说的江发源自昆仑之南，已把江源追溯到了今通天河，这条河藏语现称治曲，汉译为牦牛河。徐霞客又接着说：

> （江源）发于南者，曰犁牛石……南流经石门关，始东折而入丽江，为金沙江。又北曲为叙州大江，与岷山之江合。②

①《水经注》卷三六若水条。
②《徐霞客游记 · 江源考》。

他把长江上源追溯到犁（犛）牛石，犁（犛）牛即牦牛，盖牦牛河的得名，即缘于在那段江流的今治多县境山头有石像牦牛而来的。自《禹贡》以来所未能阐明的问题，至此便得到了贯通和解决。

据当代的考察，长江、黄河分别发源于今青海玉树藏族自治州境内巴颜喀拉山南、北麓，其北为河源，其南为江源所自。长江源头大致也由三条主要的水汇成：它的正源现名沱沱河，藏名玛尔曲，亦有二源，均发源于青藏之界的玉树州境内的格拉丹东雪山西南侧冰川。其居北的一支原叫托克托乃乌兰木伦河，现名沱沱河；其居南的一支叫喀七乌兰木伦河（此河东行又汇合自唐古拉山口北来的两条水）。两河东流至东经 93 度与南来的当曲（蒙古名阿克打木）汇合（当曲即其南源）后，北、东流更汇然池曲和北麓河到曲麻莱境内，更汇合北源曲玛尔河（蒙古名那木七图乌兰木伦河）至治多便称为通天河，藏名治曲，汉译为牦牛河。当地藏民传说牦牛河的得名，来自正源沱沱河与北源曲玛尔河像从牦牛的两只鼻孔内流出似的汇为通天河，是最形象的取名。通天河由此经玉树再东南流，便入四川德格境，藏名布垒楚河，汉名金沙江。

长江正、南、北三源汇流为通天河后，陆续自东、西来汇的支流，还有色吾、巴曲等七八条。若依《水经注》例加以细列，则更为周密明晰了。

（三）黑水

《禹贡》“导黑水，至于三危，入于南海”的黑水，我认为即是今在唐古拉山口南侧发源的那曲，藏语称黑水为那曲，蒙古语名称为喀（哈）刺乌苏。那曲南流，被称为怒曲，是那曲的音转，再下才称怒江，一般以为那段水流湍急而云然，已不晓其本为音译而转为汉义了。至云南境内又称为潞江，怒、潞也是一音之转。直至其由藏入缅一段，才被称为萨尔温江，姜亮夫先生以此即三危的对音①。

①见拙著《<禹贡>织皮昆仑析支渠搜及三危地理考实》，载《中国历史地理论丛》，1988 年第 1 辑。

今按顾颉刚先生曾以屈原《天问》为例对此问题作解说：

（屈原）又问："黑水、玄趾，三危安在？"……"玄趾"是"交趾"的误文。……黑水的发源地离三危不远，据《禹贡》说，它流入于南海，则是离交趾也不远，三个地方一起问，就为着这个缘故。[①]

顾先生的此解，实为我上述的说法提供了有力的佐证。三危离黑水近，而黑水又与交趾相接，交趾在汉代为郡，即今日的越南。但《礼记 · 王制》说："南方曰蛮，雕题交趾。"则是指今天的中南半岛而言，今澜沧江入泰，萨尔温江入缅，则周时交趾，实包有今中南半岛地区。《天问》把黑水和交趾连接起来，适足证明《禹贡》雍州黑水就是今日的怒江了。

我持此说，那就是在友人中也还存有不同意见。上年底在青海师大举行的一次学术讨论会上，吴均先生即主雍州三危黑水为今之澜沧江说。历来主澜沧江说者多宿儒，顾祖禹、齐召南诸氏为其著者。我以为澜沧江在汉代称为兰苍水，其字义是青水或绿水，而现在藏语称为杂曲，汉义是清水。且以后也无蒙古语喀拉的称谓，而唯独今怒江一开头就称那曲，兼有喀剌乌苏之称。《禹贡》称黑水，当由于此。而前人中也早有主怒江说者，如陈澧《东塾读书记》说："昔人黑水之说不一，惟以今之怒江为是。其上源曰哈拉乌苏，出西藏拉萨北境，东流至喀木。盖《禹贡》雍凉二州界，三危即在其地。自此南流为梁州西界，至云南曰怒江。又南出云南徼外入南海也。"陈氏此说后出，最为得实，只是尚未言及萨尔温这一对音。我再查了一下《卫藏通志》，其中也说："澜沧之西，

---

①见《<庄子>和<楚辞>中昆仑和蓬莱两个神话系统的融合》，载《中华文史论丛》，1979年第2辑。

为哈拉乌苏，即《禹贡》之黑水，今云南所谓潞江也。其水自达赖拉嘛东北哈拉诺尔流出，东南入喀木界；又东南入怒夷界，为怒江。入云南大唐隘，名潞江。南流，经永昌府潞江安抚使境，入缅国。”[①]此书虽刻印较晚，但成于乾隆之末，或谓出自松筠裁定，则较陈氏说为更早，用并录出，以坚吾说，

（四）澜沧江

发源于昆仑区今玉树州的大水，而未为《禹贡》所提及的，还有今之澜沧江。此江汉时称兰苍水，也是亚洲的一条大水。它发源于唐古拉山口，地当今玉树州杂多县莫云乡扎那日根山，藏语称为杂曲，其正源东南流，至昌都与自其西南侧来的吉曲（或音译为解曲）相汇合后，便称为澜沧江。由此东南流入老挝称为湄公河，最终也入南海。

（五）若水

若水早见于《山海经》：“南海之内，黑水之间，有木名曰若木，若水出焉。”《史记》：“昌意降居若水。”《索隐》说：“江水、若水皆在蜀，即所封国也。”《水经》说：

若水出蜀郡旄牛徼外，东南至故关，为若水也。[②]

又，注文说：“若水东南流，鲜水注之，一名州江。大渡水出徼外，至髦牛道，南流入于若水。”今按若水亦发源于巴颜喀拉山南侧，源头名扎曲，东南流入四川石渠境名雅砻江，再南流入金沙江。至于《离骚》《天问》所言若木，则多涉神话，唯若水依“南海之内，黑水之间”去求索，实即今日的雅砻江，雅

①《卫藏通志》卷三《山川》。
②《水经注》卷三六若水条。

砻之名后起，似为藏语的音译。

以上疏证江源、若水，已涉及今云南与四川，这在当时是属梁州范围。连带附及，借明原委。只是按现在江、河的发源地和流向，自北而南，先是黄河，流向是自西北而东；其次是雅砻江，流向是自西北而东南；再次是金沙江，流向是自西而东南，源头最长；又次是澜沧江，流向是自西北而南；最后是怒江，流向是自西北而东南。这和《海内西经》与《淮南子 · 地形训》的源头出处和流向均不同或相背。《山经》是河、赤、洋、黑四水；而《海内西经》则于此四水之外，更加了弱水与青水。到了《地形》似加以规整化了，又去了黑水而加进弱水。但弱水是凉州的黑水，即发源于今青海省祁连县经张掖入于居延海的那条水，其上源现在仍叫黑水。关于这个问题，王引之早就指出《山海经》原文本子似多颠倒错乱并做了考订①。他对《海内西经》的四隅的方位的错乱，提出了订正的意见。以为《山经》有时两存其说，而后人或合并或删改，致更错乱不可复识。要是依据现在的实地考察来订正其方位和流向，可能把古书上的错乱改正过来，但这需要作新的研究，这里只能暂提一下。

二、 江河源地区诸山

《禹贡》导山，当为循山引流，平治水土之意。导岍及岐两山脉，虽也在雍州西部，但属今陇县迤西；其次是西倾、朱圉、鸟鼠，俱属雍州南山。这些虽冈峦绵亘，而所在脉络清晰，古今均无异议，都不属于荒服。这里所需要探讨的山脉，唯昆仑与积石。《禹贡》所言织皮昆仑，乃西徼一大地域内的山系，而实即昆仑山脉的主体。昆仑山脉依今所查勘，西起于葱岭，即今帕米尔高原昆仑山和喀喇昆仑山脉西部诸山的总称。自此东行，沿新疆、西藏界入青海西部，分为北、中、南三大支：北支起祁连山脉，迤东为贺兰山、阴山山脉；中

---

①〔清〕王念孙撰：《读书杂志》九之四转引。

支为巴颜喀拉山脉，迤东为积石、岷山、秦岭山脉；南支为唐古拉山脉，东南行为横断、南岭山脉。但这仅就山系而言，但所谓昆仑，本是一个译名，后来都又泛指中南半岛以迄南洋诸岛地区。其语源出自今阿尔泰语系，故凡言黑均谓昆仑，如昆仑国、昆仑奴皆是。《山海经》言昆仑，分东、中、西三部，同时还有昆仑丘、昆仑虚和昆仑三成等记述，包括地域本很广泛。《尚书·益稷·正义》引郑玄说云：

昆仑东南地方五千里，名曰神州。

顾颉刚先生据《尚书·中侯》郑注，以此为《括地象》遗文①。传说中的神州，在昆仑东南五千里，而昆仑居神州西北，则以今帕米尔高原迤东以迄青海、西藏之地为昆仑三区的所在，较《山海经》为具体，而与《禹贡》所述大体相符的。

昆仑区诸山，依《山海经·西山经》所次，是由华山开始自东而西的。到《西次三经》便说到了由不周之山东望泑泽的事，但这个不周山，在《大荒西经》中是在西北海之外，大荒之隅。则其所在地望，宜在河源之西，所以说是东望。又，不周山的得名，《淮南子·天文训》云：

昔者共工与颛顼争为帝，怒而触不周之山，天柱折，地维绝。天倾西北，故日月星辰移焉；地不满东南，故水潦尘埃归焉。

郭璞注说：“此山形有缺坏不周匝处，因名。”这本是神话。但我揣想不周可能是一个羌语的译名。今长江源通天河，藏语称 vbri-chu（治曲），汉译为牦

①见顾颉刚：《邹衍及其后继者的世界观》，载《中国古代史论丛》，1981年第1辑。

牛河，得名于江水流出的山口似牦牛的鼻孔，而藏语山口也有名治拉的。所谓不周当因被共工用头撞破一个缺口，不仅风自此出，而且因天倾东南，江河水都倾泻入东南归海。不周的释义便由此而来，成为一个富有造物意的神话。按照《大荒西经》的记载，不周山的所在，应该是在积石的西南。具体说是今唐古拉山脉。

就《西次三经》所叙，再西南行便到了帝之下都的昆仑之丘，是昆仑的本部所在。由此往西，便依次是玉山，是西王母所居；积石，是河水所出；三危，是为王母取食的三青鸟所居。

《禹贡》：“导河积石，至于龙门。”无论是指今大积石山或小积石山，均可指实。而《山海经》除《西次三经》言河水冒以西流一条外，另有三处提到积石。《海外北经》云：

> 禹所积石之山在其东，河水所入。

又，《大荒北经》云：

> 大荒之中，……其西有山，名曰禹所积石。

又，《海内西经》云：

> 河水出东北隅，以行其北，西南又入渤（泑）海。又出海外，即西而北，入禹所导积石山。

四处都说积石，而方位互不相同。禹所积石，清儒毕沅、王念孙都说当云禹所导积石之山。丁谦以为禹治水至此，特于小山之巅砌石成峰，以为导河经始的标识。虽然后世蒙藏人民有垒石祭天或作为草山经界标识的习惯，但不一定即禹所积石。积石山为昆仑山中支巴颜喀拉山在今果洛藏族自治州境内的山脉，今名为阿尼玛卿（沁）山，即《河源纪略》中的阿木尼玛勤占木逊山。其支脉东北行至今化隆、民和、循化间，称为小积石山，一般以为禹导河所至当即指此而言。清雍正时在今循化积石峡西口立河源庙以祭河神；民国初年曾改河州为导河，都是缘此而来的。按《汉书·地理志》金城郡条：

河关，积石山在西南羌中，河水行塞外，东北入塞内……

又，《后汉书·段颎传》载颎自张掖追西羌：

且斗且行……四十余日，遂至河首积石山，出塞二千余里……

《括地志》也说大积石在吐谷浑界，小积石在河州枹罕县西七里。可见分大、小积石，始自于唐。如《后汉书》李贤注：

积石山在鄯州龙支县（今民和县古鄯镇）南，即《禹贡》云“导河积石”是也。

杜佑《通典》也说积石在西平郡龙支县南。可见河出积石山西南羌中，在汉以前是确认无疑的。自唐人分大、小积石，便产生了歧异。清代学者如蒋天锡、毕沅、万斯同等都认为禹导河积石，即是小积石。实际上《汉书》与《后汉书》所载或谓西南羌中，或谓河首积石山，都指今果洛州地区而言，今循化积石，则为积石山东行的支脉，当时并无积石之名。

次说三危。我曾据《后汉书 · 西羌传》“及舜流四凶，徙之三危，河关之西南羌地是也”和《史记》“迁三苗于三危，以变西戎”的记载，认为三危是地域名，即泛指今藏族所在地区而言。河关西当指今青南，即所谓雍州西徼外；河关南则指今川西南及滇西北，即当时梁州边徼。这可从古书记载来加以论证。历史上在未弄清“导黑水至于三危”的黑水之前，三危所在，多有异说。如郑玄引证说：

> 三危之山，在鸟鼠之西，南当岷山。[①]

孔颖达不信此说，以为《地记书》妄说。他所信的是杜预的说法。《汉书 · 地理志》敦煌条：

> 杜林以为古瓜州，地生美瓜。师古曰：“即《春秋左氏传》所云‘允姓之戎居于瓜州’者也。”

《左传》昭公九年杜预注云：

> 允姓，允戎之祖，与三苗俱放于三危者。

①见《尚书正义》郑玄引《地记书》。

《地记》以三危在鸟鼠之西，南当岷山；《左传》杜注则以为在敦煌。而《水经注》卷四十既引《山海经》说“在鸟鼠山西”，又说“江水东过江阳县，雒水从三危道广魏雒县南，东南注之”。雒县是今广汉县，古时属梁州地域。《续汉书·郡国志》又说首阳有三危，三苗所处。近世以还，康熙帝以卫、藏、喀木（康）为三危，而《滇志》说：“三崇山，一名三危山，澜沧经其麓，其地有黑水祠，或以为即古三危山。”其中除了敦煌的三危，附会汉文音义为不可据外，其余或据古记，或依传说，都指雍、梁二州西南境而言。我据此以今怒江下游名萨尔温江定那曲为黑水，其所经地域为三危，加上陇蜀之间的古所谓三危，均包括在河关之西南羌地范围以内，不能不说是信而有征了。三危有时也称为三危之山，则属因地以名山，故其所在随地而异。

我说的这片三危地域，又可与三苗相联系。《尚书·舜典》有“窜三苗于三危”的记载；《史记·五帝本纪》说：

三苗在江淮、荆州，数为乱。于是舜归而言于帝，请流共工于幽陵，以变北狄；放驩兜于崇山，以变南蛮；迁三苗于三危，以变西戎；殛鲧于羽山，以变东夷：四罪而天下咸服。

这四桩大事，分隶于北、南、西、东四方，三苗所迁是在西方。三苗原来居住的疆域，由于古代洞庭所在，有所变迁，有些弄不清楚。据钱宾四先生考证，其初域正在河陕之间。钱先生说：

古者三苗疆域，盖在今河南鲁山、嵩县、卢氏一带山脉之北。今山西南部诸山，自蒲坂、安邑以至析城、王屋一带山脉之南，夹黄河为居，西起蒲、潼，东达荥、郑，不出今河南北部、山西南部广运数百里间也。《尚书》言窜三苗于三危。又称分北三苗，而吴起则谓禹灭三苗。舜禹事迹，正在河陕之间，与三苗疆土同域。《隋书》志党项即三苗。后分北三苗，别其部落，离其党类，以销其势也。①

这主要说明三苗的西迁，盖由河东而踰河西，与周古公的西迁同一条路线。《礼记·檀弓》："舜葬苍梧之野。"《淮南子·修务训》谓"舜南征三苗，道死苍梧。"这所云苍梧之野，《海内南经》说是："苍梧之山，帝舜葬于阳，帝丹朱葬于阴。"丹朱是葬在丹水之滨。又《大荒南经》："南海之中，有汜天之山，赤水穷焉。赤水之东，有苍梧之野，舜与叔均之所葬也。"两经同说帝舜事迹，而一说是丹水，一说是赤水，唯苍梧之山，两说一致。按《水经注》：

丹水又迳丹水县故城西南，县有密阳乡，古商密之地，昔楚申息之师所戍也。《春秋》之三户矣。

则其地在汉北，并不在今湖南、广西境。又《吕氏春秋·召类》说："尧战于丹水之浦。"而《水经注》卷三十一滍水条云：

滍水出南阳鲁阳县西之尧山，尧之末孙刘累，以龙食帝孔甲，孔甲又求之，不得，累惧而迁于鲁县，立尧祠于西山，谓之尧山。

舜的传说，当亦同此。《海内南经》是神话，但其传说也有其自来。传说常南北转移或融合，而地理也不免随之。钱宾四先生《屈原居汉北为三闾大夫考》

①《古三苗疆域考》，见《古史地理论丛》。

《战国时洞庭在江北不在江南辨》[1]，对此考辨很详。我以为《海内南经》所述，传说有自，即是就此而言的。这样也就不会把舜征三苗拉到广西去了。

迁三苗于三危，为的是以变西戎。当时在雍梁地区的西戎，是指古代炎帝之裔的氐羌，氐羌是自称，其种落殆有百数十种，古时中原部族与王朝则称他们为西戎。西戎在古代和西、东周时，是对中原的一大威胁力量。把在中原地区作乱的一部分三苗，驱逐到雍、梁西南徼外的羌地去，这样既安定了中原地区，又抑制了西戎的团结力量。因此《禹贡》说："三危既宅，三苗丕叙。"又说："迁三苗于三危，以变西戎。"当时河关西南徼外的氐羌生息活动地带，似乎是笼统地都称为三危。三危当是羌语，今藏语称前藏为卫，其义谓中部或中心，或即三危的对音。舜窜三苗于三危，而就《西次三经》言，过了积石，便到了三危之山，这正如昆仑山横贯中国，不为行政区所限一样，而在这里当指今唐古拉山脉而言。三苗的东边是昆仑虚，由昆仑虚往西南，即今之西藏，而后世怒江经西藏入缅的一段，称为萨尔温江，犹存三危的原称，这自然不能说是偶合的了。

最后再回过头来探讨一下西王母和玉山。按《西次三经》的叙列，玉山在昆仑虚之西、积石之东（而据《海外北经》，则禹所积石，其方位又在北）。但《海内北经》却说："西王母梯几而戴胜杖。其南有三青鸟，为西王母取食，在昆仑虚北。"关于这个方位问题，从王念孙、毕沅起，或疑传鸟有误（当代袁珂作校注，认为《海外北经》"海外自东北陬至西北陬者"，应是"自西北陬至东北陬"，东、西二字适倒。[2]把叙次与方位加以调整，古书字句多窜乱，或许这种调整是可从的）。玉山在积石东 300 里，由此再往西行 480 里，就到了三青鸟所在的三危之山。这自然就在今西藏境内。而玉山东距积石为 780 里。

---

①《先秦诸子系年》（上）。

②袁珂校注：《山海经校注》卷三《海经新释》。

这种里数，本只是个概数，不能与当前里程相核。但这里要说明的问题是西王母所在，不像后来《史记》《汉书》《后汉书》说的那样在大秦等极西之地了。我以为神话与地理虽亦有联系而不能牵强附会。就地理言，《汉书 · 地理志》说：

(金城郡)临羌：西北至塞外，有西王母石室、僊海、盐池，北则湟水所出，东至允吾入河。西有须抵池，有弱水、昆仑山祠。莽曰盐羌。

师古注：阚骃云西有卑和羌，即献王莽地为西海郡者也。

金城郡时在允吾，即今民和县下川口，现仍存古城遗址。临羌在今西宁市西湟中县多巴，亦有古城遗址，当为临羌新县所在。临羌县初置当在今湟水南镇海堡，盖因兵毁，现无遗址可查(近或谓临羌治在今湟源，其说不经，殊乏常识)。仙海为僊海字误，僊海即西僊海，后作西零或先零，先零羌时居今青海湖地区。先零东移后，所居为卑和羌，故又称卑和羌海[①]。则汉时以今青海湖地区为西王母所在。而今在此地区并无任何石室、堂、观、寺等遗迹存在，惟藏民传说谓青海湖海神为赤雪洁莫，所以汉译为万翅(翼)王母(也或译万方胜女)。从而东邦有人以为今青海湖藏语称 mtsho-sngon-po，是西王母对音，但藏语的这个名义是青色的海子，并不是拼音。倒是现代藏语中称女王为 dpal-mo，而有些女性的名字则叫 dbang-mo，如甘孜的德钦王母、果洛的索南王莫等，读音都近于王母。可能传说中的西王母，原为古羌族氏族社会阶段中的女首领，衍变而为神话中王母。戴胜而拄杖，则为其头饰与手杖。今藏族、彝族、傣族等妇女头饰，仍多此类花样。特别是土族妇女的扭达，有一种极似戴胜鸟的头冠(今青海西南部和柴达木地区山中，仍有戴胜鸟)。

---

①合详拙著《青海地方史札记 · 青海名义》，载《青海地方史志研究》，1984年第2期。

自汉以来，把西王母所在东移，也并不是完全由于人为。《西次三经》就在泰器之山下说：

观水出焉，西流注于流沙。是多文鳐鱼。

这个泰器之山，就在昆仑之丘的东部，在此山与昆仑丘之间，又有一条淫水，郭璞注说：“淫音遥也。”郝懿行说：

陶潜《读<山海经>诗》云：“落落清瑶流。”是洛洛本作落落，淫本作瑶，皆假借声类之字。

顾颉刚先生又引毕沅注说：

（“淫水”）当为瑶水。……《史记》云：“《禹本纪》言昆仑有醴泉、瑶池。”《吕氏春秋 · 本味篇》云：“伊尹曰：‘水之美者，昆仑之井，沮江之丘，名曰摇水。’”皆此也。[①]

则后世所传的王母瑶池，就在积石山地带，《汉书 · 地理志》说临羌西，本是有据的。而现在的瑶池在泾川，醴泉在咸阳西，那又是更后的事情了。

西王母故事，详见于《穆天子传》。《禹贡》是地理书，并未道及。但《山海经》所记和藏族传说却均与本地区地理有关，且也少有人论及这点，因不惮烦而附及之了。

---

①见《<山海经>中的昆仑区》。

三 、 民族、语言与地理的关系

《禹贡》所志除政区、山水、贡道、土壤、田赋外，尚言及民族，如岛夷、嵎夷，说的是东方民族，与雍州有关的，则有三苗、析支、渠搜和西戎。三苗是由东南方迁来的，析支、渠搜是西戎中的两大支，居今河首（果洛州和海南地区）。西戎不是一个族名，而是中原王朝对雍州西徼外群羌部落的总称。关于羌族的历史，顾颉刚先生早有详确的论证[①]，此不多赘。古书上氐羌连称，当为羌的别种，就其活动地区看，秦汉时氐的活动地区偏于梁州西南部，《汉书 · 西南夷传》说：西南夷君长以什数，其中以夜郎、滇、邛都、莋都、冉駹、白马为最大，“皆氐类也”。然白马又或称羌。又《史记 · 西南夷传》张守节《正义》引《括地志》说：“蜀西徼外羌，茂州、冉州，本冉駹国地也。”也称冉駹为羌。氐的活动地，除上述蜀西南及云、贵地带外，在武都有氐道水，陇西郡有氐道，张掖郡有氐池，其活动地带，不仅限于今蜀、黔、滇境内。可能氐本为羌的一种，其初居地在氐（如陇西、武都），以后发展至冉駹、白马、邛都等地，则衍称为冉駹、白马氐，也称为羌。这样解释的根据是《山海经 · 海内经》说：

伯夷父生西岳，西岳生先龙，先龙是始生氐羌。氐羌，乞姓。

郭璞注说：“伯夷父颛顼师，今氐羌其苗裔也。”又郝懿行说：“《周书 · 王会篇》云：‘氐羌鸾鸟。’孔晁注云：‘氐羌，地。羌不同，故谓之氐羌；今谓之氐矣。”[②]氐羌因地得名，此可为证。氐在《山海经 · 海内南经》中也有其地，如：

①《从古籍中探索我国的西部民族——羌族》，载《社会科学战线》，1980年第一期。
②袁珂《<山海经>校注》引郝懿行《笺疏》，于孔晁注多误。因手头无《笺疏》，此据顾颉刚先生引文并断句标点。

氐人国在建木西。

又，《海内西经》：

后稷之葬，山水环之，在氐国西。

《淮南子》说若木地建木西，而《山海经 · 海内经》说：

南海之内，黑水青水之间，有木，名曰若木，若水出焉。

若水即今雅砻江，说已见前。若木与氐人国都在建木西，则正当在今川滇之间，所谓白马氐、冉駹氐、夜郎氐等都因地而得名。这正与今西藏藏人称波巴、川西南藏人称康巴、甘青间藏人称安多巴（娃）一样，古今一辙，若合符节。

在新旧石器时代，今青藏高原，即有人类生息，在青海为卡约文化，在西藏为卡若文化，其创始者即为羌人。到殷商时期，《诗 · 商颂 · 殷武》已有这样的记载：

昔有成汤，自彼氐羌，莫敢不来享，莫敢不来王，曰商是常。

等到周时，则羌人入中原者，更不一而足。如西落鬼戎、燕京之戎、翳徒之戎、余无之戎，以迄大荔、绵诸之戎，所在皆是，到后来申、吕、齐、许，且都受封为诸侯。姬姜联姻，更合同为一家。而姜即羌，是则称入中原的羌人为姜姓的由来了。但把入中原的羌人称为戎，一般只解其为西羌的概称或总名，所以应劭《风俗通》说：

羌，本西戎卑贱者也，主牧羊。

《说文》也说：

羌，西戎羊种也。

西戎便成了西羌的通称。但为什么光把进入中原地区的羌人称为戎，而把仍然在牧羊的人称为羌，向来别无解释。到了当代，任乃强和贡乔泽登（官却才旦）两位先生释戎为藏语农区或农人，最为得实①。藏语称农业区藏人为戎娃，牧业区藏人为智化。而河谷地区称戎，如青海黄南保安河谷（即唐九曲）称戎吾或隆务；甘孜金川河谷称甲戎或嘉绒，均是其例。河谷宜农，所谓伊洛之戎，亦指河谷两岸农区而言，也正与此相同。我家化隆，汉时为羌居住地带，今藏语称洼羊或巴羊，而文字记载称为巴羊戎或摆羊戎格。我们到县城去，常说是到“戎”里去。它所以被称为“戎”，是由自元以后在今化隆上十族的支札地区（现第四区）设有昂贽土官，上十族藏语称隆卜族（或隆哇、戎务），这正和黄南同仁县隆务是同一样的称谓，支札昂贽也称戎务昂贽。隆务、戎务为农区，隆哇、戎哇为农民，羌语音义，迄未改变。说明古代以羌族为主体的西戎通称，对我们追溯今藏族远源，十分准确而有用。当前在民族学方面的风气，各逞异

①任著见《古羌族派分之民族》一文中《西戎释义》，载《民族研究文集》；贡乔文见《略谈藏族族源问题》，载《青海藏学会论文选辑》（一）。

说，而把自己隔离和孤立起来，这是很不利民族团结和国家安定的。须知民族是一个历史的范畴，它是随着时代而发展演变的，但不论演变和融合，其主要民族传统是历久长新的。如回族、满族改用汉语，仍不失其为回族、满族；蒙古族、藏族脱离游牧生活，也仍不失其为蒙古族、藏族和其文化传统。就是回族、满族虽通用汉族语言，但又保有其文字和一定的语汇。我从氐羌下穷到今藏族的分流，便是依据历史发展规律和民族地理和语言的，虽然限于实际条件根据还是并不完备的。

氐羌的分支，在《禹贡》上具体提到析支、渠搜，这我已专门做过考证，考定析支古音读“区克”或“溪可”，即今果洛州所在地的河首，河首现在藏语叫曲科乎，读音仍与区克同。渠搜现读为都受或都秀，即今海南藏族自治州恰卜恰西南、河卡西北地，唐代译都受，今译都秀。受、秀一音之转，今藏语译义为后裔，则所谓渠搜，是谓都秀氏族后裔所居地[①]。

最后有一问题，也需要说一下的，就是《后汉书 · 西羌传》说到无弋爰剑子孙时，有“发羌、唐旄等绝远，未尝往来”的记载。“发”古读“拨”。即今“波巴”，也即吐蕃之“蕃”。羌人谓奴隶为无弋，与今藏语 bu-gyog 音义俱同。而爰剑 (yab-vgyal) 义谓首领[②]，则藏语与古羌语只古今音相异，而意义全同。据此我想唐旄这一名称，也可依今藏语作 thang-mo 或 mo-thang，塘义为滩或原(今或写为塬)，而旄音同毛，可能为三苗“苗”字的音转。前面曾论及三苗移地的问题，其地包有今藏、卫、康及青南地区。按《山海经 · 海外南经》有云：

三苗国在赤水东，其为人相随，一曰三毛国。

①见拙著《<禹贡>织皮昆仑析支渠搜及三危地理考实》。
②此据黄奋生编著：《藏族史略》(吴均校订)。

郭璞注说：

昔尧以天下让舜，三苗之君非之，帝杀之。有苗之民，叛入南海，为三苗国。

三苗或称有苗，或称苗民。这个三苗国所在，当指西迁三危的三苗而言。而三苗国又称三毛国，“苗”为轻唇而“毛”为重唇，正与羌语唐旄之“旄”合辙。今西藏羌塘，或谓即唐旄旧地。记得章太炎先生曾说，今西南苗民为南蛮“蛮”字的音转，而与三苗无关，因之我颇疑羌语三毛即三苗的对音，同时汉以来唐旄，也似与三苗有一定因缘，用附及之，借供探索与商榷。

自汉以来，雍州地名，多存匈、羌之旧。除上所考论外，如河西走廊的敦煌、删丹、张掖、姑臧、合黎、庄浪、古浪、令居；青海的允吾、享堂、史纳、老鸦、一公、榆谷、乐都、化隆、热贡、溪哥、宗哥、宗曲、玛曲、巴颜喀拉、唐古拉、先零、西零、党项等，全是羌藏、突厥、蒙古语的译名，要弄清地名、山水，非通民族语言莫办。又西陲古地，以少数民族多迁移无定，因而时常出现地以人迁之例。我在考证渠搜时从古音查证出今共和县都秀即其地，而朔方渠搜则系地以人迁。又古龟兹在今新疆库车县，而汉代龟兹则在今陕西米脂县，也是因其时以龟兹人内迁而云然。我这篇文章，论据尚不全，似只是个引论，但在边疆史地研讨方面，立意自觉还是很切要的。

《禹贡》织皮昆仑析支渠搜及三危地理考实

《尚书 · 禹贡》雍州章云：

织皮昆仑，析支渠搜，西戎即叙。

伪《孔传》以织皮、昆仑、析支、渠搜为四国，谓系在荒服之外，流沙之内的羌髳之属。而郑玄《尚书注》则谓："衣皮之民，居此昆仑、析支、渠搜三山之野者，皆西戎也。"他说织皮是指衣皮之民而非地名，显然是对的，这与上文熊罴、狐狸、织皮（梁州）、织文（兖州）等同属各地所出产的贡品。今青藏高原游牧区，仍住用牛毛织成的黑帐篷，穿用羊毛织成的褐衣，其最高级者藏语称氇氇，略同于古代的贡品。

又，《风俗通 · 佚文 · 四夷》中说："槃瓠死后，（其女所生子女）因自相夫妻，织绩木皮，染以草实，好五色衣服，制裁皆有尾形。"这自然是神话，但织绩木皮，也略与织皮相同，因此我们认定《禹贡》在这里说的昆仑、析支、渠搜三地都是当时衣皮之民，而以毛织物为贡品的。织皮并非地名或部落名。

以下即就这三个地名的来历和其所在，试加阐释补订，借供研讨。

一、昆 仑

昆仑在《山海经》中夹杂了许多神话，故其所在飘忽无定，这是由于当时中原人对我国西部地理尚很模糊所致。到了《禹贡》成书时代，人们的地理知识和概念，较为充实和明确，因而昆仑的地望已大致可寻，虽后世仍有聚讼，那也只是各个时代的研讨或由远而近，或由合而分，或虚实交閧，或因地异名而已。总之，由于近世交通路线的开辟，科学仪表的发明，地理学科的进步，更通过中外学者的考察研究，这个问题，已基本获得解决。我这里所要考释的仅是个别枝节和遗留问题。

《禹贡》九州中，雍、梁二州地域最阔，其西极均接现在的青藏高原，因此所谓"荒服之外"，所谓"西戎""临羌西"，皆浑括言之，自不似现在的有区划经界可寻。(梁州与雍州相接，在本文有关三危问题的探研中，将涉及梁州地域，因略作比附。) 地理概念，与时更新，就现在的认识和历来实地考察的结果而言，汉代人的记述，还是为昆仑、析支、积石、三危等地的所在，提供了方位和一定的依据。更经自唐历元、明、清三代对河源的实地考察，不只河源问题获得基本解决，同时昆仑、积石等山脉的勘定，也相应地得到了落实。河源问题，在解放以后，终于彻底勘察清楚，不论是约古宗勒曲 (锅样盆地河) 或卡日曲 (铜色河，亦即红水河)，只是一个地理学上待定的问题罢了。就河源以求昆仑的所在，是自古以来的成规，现在河源定了，昆仑也自无须旁求了。

按近代以还的地理学上的划分，昆仑山脉自帕米尔高原蜿蜒东走，沿新疆、西藏间直入青海界，长 2500 余公里，其主峰巴颜喀拉和支脉唐古拉 (南)、积石山 (中)、祁连山 (北) 均在青海省界内。西汉时所谓"汉使穷河源，河源出于阗，天子按古图书名河所出山曰昆仑”的于阗南山，即今昆仑山脉的西梢。虽然把河所出也追溯到于阗，引起后人的訾议，但以于阗南山为昆仑，则与后世的考察不背。唐时刘元鼎为吐蕃盟会使，寻河源，逾紫山，蕃名闷摩黎山，即今之巴颜喀拉，为昆仑山的中峰。清康熙时侍卫拉锡奉命探河源，登鄂敦塔拉高山视星宿海之源，其回奏说：“周围群山，蒙古名库尔滚，即昆仑也。”同时戴名世《穷河源记》，则作“群山四周，土番名曰库而棍，即昆仑也。”（王树民编校：《戴名世集》，卷一〇）又齐召南《水道提纲》引阎若璩《书经地理今释》谓：“（枯尔坤）山在今西番界，有三山，一名阿克坦齐钦（按蒙古语谓骟马为阿尔坦，齐钦为牧马人，意谓牧骟马处），一名巴尔哈（按蒙古语谓小为巴哈或巴噶），一名巴颜喀喇，总名枯尔坤。”（蒋天锡《尚书地理今释》亦同）戴、阎两家的记载，盖均得之拉锡的奏报，在当时俱为新见。后经乾隆再遣使探察，便敕编《河源纪略》，为历代及清世探察河源的总结。其卷一、二《质实》四也说：“按鄂敦他腊诸山，自巴颜哈喇山东行，其北支莫大于阿克塔齐沁山，东北支莫大于巴尔布哈山，土人以此三山崇峻，俱呼为库尔坤山，即昆仑之转音也。”所谓库尔棍、枯尔坤、库尔坤，均昆仑一名的异译，也即是昆仑的音转。这里是以巴颜喀拉山为主体而言的。按阿尔泰语系蒙古、突厥语族，巴颜意皆为富庶，喀拉（或哈拉）意为黑，翻译成今汉语是富庶的黑山，如是则昆仑语源当来自阿尔泰语系。称黑为昆仑，在晋时已然。《晋书·后妃传》下云：

> 时后为宫人，在织坊中，形长而色黑，宫人皆谓之“昆仑”。（《晋书》卷三二《孝武文李太后》）

则“昆仑”之意谓黑，不独唐宋以来为然了。据我所见，青藏高原上大山，就是在晴天，多是黑雾迷漫，特别是草盛或有林木的高山，尤其如此。草盛林茂是游牧区人民之所依，故以其为富饶的象征，巴颜（巴燕、伯颜、巴音）这个冠词，就是缘此而来。巴颜喀拉为长江、黄河的分水岭，古所谓河出昆仑，若舍去潜源说，当以此为最确。今藏语犹或称为扣罗让卧，容是后起，但扣罗仍属昆仑的音转。

昆仑山脉至青海西界分为三支，北支为祁连山脉，贺兰山、阴山等属之，所以古人曾以祁连山为昆仑；中支即为巴颜喀拉山，积石、岷山、秦岭等属之，所以自唐以来又多以积石为昆仑，积石今俗称玛沁雪山，藏语阿尼玛卿山，《河源纪略》称阿木奈玛勒（勤）占木逊山。阿木奈今译阿尼，意为古老或远古；玛勒为玛勤之误，今译为玛沁或玛卿，意为黄河上之山；占木逊则连河源鄂陵、札陵海而言，现在的名称，则把这个缀词去掉，意译为古老的黄河上之山。又阿尼或译阿米，为一般山神的通称。

关于积石一名，我曾依据今小积石山北端有阿米吉日（或译吉里）的称谓，颇疑积石或为羌语，抑或为析支的异译，然此只属悬猜，并无佐证。今按《禹贡》积石与析支并列，则积石非羌语的音译，已很明确。后读顾颉刚先生《昆仑和河源的实定》（《历史地理》第三辑）引丁谦《积石山考》有云：

《山海经》言积石者四，……夫山称积石，玩一积字已有人力所成之意；而《提纲》（按指齐召南《水道提纲》）记噶达素齐老仅高四丈，正与人力所成情形相合。……意禹当时治水至此，特于小山之巅砌石成峰，以为导河经始之标识，犹今蒙古人积累巨石以分疆界，名曰“鄂博”是已。惟年代久远，土人不知古事，故以“落星石”呼之。然则噶达素齐老谓即《禹贡》积石，……殆无一不相合者。（《穆天子传考》）

噶达素齐老是否为禹所积石，兹姑不论，而积石原为汉语，则勿庸疑。所谓“鄂博”，藏名“拉泽”，为蒙藏民祭天和赛会之处，随处俱有，有时还以此为部落间草山的经界标志。因此我的看法是积石之名或即由此而来，唯所谓禹所积石之山，当概指这一地区的地理景观而言，而噶达素齐老为巨石，未必即为禹导河时所立的标识。昆仑南支为唐古拉山，横断山、南岭等俱属之。唐古拉即藏语当拉的蒙译，直译为当岭，“当”应即党项之“党”的别写，向无昆仑的称谓。

如上所述，则知《禹贡》昆仑，已脱其假想的神话色彩与朦胧状态，而有具体实地可指。根据《禹贡》把它与析支、渠搜并列，则通过对此两地的考实，更可证明上面说的不诬。

二、析 支

《禹贡》析支，汉时作赐支。《后汉书·西羌传》云：“及舜流四凶，徙之三危，河关之西南，羌地是也。滨于赐支，至乎河首，绵地千里。赐支者，《禹贡》所谓析支者也。”又，郦道元《水经注》引司马彪《续汉书》云：“西羌者，自析支以西，滨于河首左右居也。河水屈而东北流，迳于析支之地，是为河曲矣。”后世便把它的所在摆在今青海积石山一带，而《中国历史地图集》更把赐支河曲定在今共和县曲沟地区。

析支原为羌部落，因居赐支河曲，所以又叫河曲羌。现在所要首先考察的是析支这个名称。据我推断，析支是羌语地名，按游牧民族惯例，或以地名族，或以族称地，就此求析支名义，或即能得其解。今按陆德明《经典释文》卷三引马融注云：“昆仑在临羌西。”又说：“析，星历反。马（融）云析支在河关西。”当时临羌以西无地方建制，此所谓西即指昆仑山地区。汉河关县在今积石关外积石山县所在地。因析支地处黄河上游，所以由河关上溯，方位正合。其更可重视的则在它的注音。析字音读，《说文解字》段注作先激切、锡韵。

而《释文》作星历反，则其音古今有异。今按《集韵》“星”属青韵，桑经切。依古音无轻唇例，则星历切音当为起或区（黄侃《反切解释》上编，切语上字总目，溪母下列有去、丘、羌、钦、倾、起、绮、岂、区等字），起、区、去均同声；溪母音转，其切语上字并有康、枯、楷、苦、恪、去等字。按“支”古音属十六部，章移切。段玉裁《六书音韵表》说：“第十六部支佳韵，音转入于脂、齐、歌、麻；第十七部歌、戈韵，音转亦多入于支佳。”因此“溪”的声母，以注音字母为例，既有“丂”（可），又有“ㄑ”（起）。其从“丂”者，如《诗经 · 大雅 · 板》第七首：

天之牖民，如壎如篪，如璋如圭，如取如携。

圭，姑睽切，音闺，古音在十七部，而与第十六部篪、携同韵，是此二部音互转之例。圭字声母同于注音字母的“丂”和国际音标的“K”。依此音例，则析支古音应读如“溪可”（qī kě）或“区克”（qǔ kè）。至于注音字母“ㄑ”，则亦既可读“去”、“起”（今四川、甘肃、青海方言读“去”为“起”），又可读为“愢”（今宁夏及甘肃河西走廊方言均读“去”为“愢”）。可见今方言中犹存有古音。《诗经》中异读的字音不仅限于上例，如“歌”部中歌、加、过，可与施、仪、宜、猗、锜等同部，可证上述音转之说不诬。

我为什么从古今读音上面来证明析支的古读呢？这是因为西陲古地名多属羌语，如榆谷、乐都（落都）、化隆以迄享堂、史纳等地名，我均依据今藏语推考出其语源和名义来。但上述各地均有具体地点可指，而析支只说是在河曲，而后世河曲并无近于析支的地名可寻。我看到现在积石山之阴黄河流经之处，有几条支流藏语都叫 qǔkèhǔ，一般译音“曲科乎”或“曲可河”，义为河源。至于一般通行地图上所谓东科河、西科河，则为其演变的讹称。很显然，后世藏语所谓曲科乎或曲可河乃析支的对音，然则析支的名义，当缘之于曲可河，而所谓西羌“滨于赐支，至乎河首”；“自析支以西，滨于河首左右是也”，乃指今玛多县的黄河正源，即是河首，而曲科乎或曲可河流域则在今果洛州甘德、玛沁及甘肃玛曲县境内，这正是黄河自西屈曲向东南流，而在玛曲县唐克折往西北所形成的一个大弯曲，我认为这就是河曲，也就是古代析支羌的居地。现在玛曲县在县治南河曲内设有河曲马场；在西科河南设有西科河羊场。这里向以产马著名，过去即称河曲马，又习称南番马，历史相沿如此，并非今名。这样“自析支以西，滨于河首”这句话，便没扞格之处了。若依现在的历史地图，把赐支河曲作为一个点或段，定在今共和县曲沟至查纳之间，不仅无弯曲可言，而且河水至此已折向东流入龙羊峡，与《续汉书》“河水屈而东北流，径于析支之地”的记载不相合，我想现在历史地图所以把赐支河曲摆在这里，是惑于唐代之设九曲军，据我考察，九曲是藏语勾曲的汉译，即是九水，乃指今同仁县隆务河（其水源称曲库乎，即曲科乎的异译）。这里的“曲”乃是水或河的藏语名，并非弯曲之意。其地在今黄南州，并不在海南州（详见拙著《黄河九曲新考》）。

以析支为今藏语曲科乎（曲可河）的对音是我个人的一新提法。兹事体大，尚须多方面论证。我个人语言学知识贫乏，审音也不太准，但这个提法，似乎仍有讨论价值。

三、渠搜

渠搜与析支，同为西戎部落，但后世注疏家都少解绎。孔颖达《尚书正义》引《古文尚书孔氏传》云：“搜，所由反，《汉书 · 志》朔方郡有渠搜县。《武纪》云北伐渠搜是也。”孔颖达《尚书正义》云：“昆仑也，析支也，渠也，搜也，四国皆是戎狄也。或亦以渠搜为一，通西戎为四也。”他们对渠搜的名称也都弄不清楚，直到现在的50年代初顾颉刚先生在他所写《禹贡中的昆仑》

一文中就《大戴礼记 · 五帝德》中有："(西)鲜支、渠廋、氐、羌"的记载，加以考论说：

这是说舜德及于四方夷人，故以"抚"字总括下文。"鲜支""渠廋"，《史记 · 五帝本纪》引作"析支、渠瘦"，"瘦""搜"同音通假。《逸周书 · 王会》作"渠叟"，《穆天子传》作"巨蒐"，也并是同音通假。"渠搜"二字，古籍中凡有所见，总是连文，没有单称过"渠"或"搜"的，实在见不出该分为两国。所以伪孔《传》四国的说法是讲不通的。(《历史地理》创刊号)

颉刚先生虽也未谈到渠搜的所在和它的名义，但根据多种古籍的记载，考明渠搜是连文，是西戎国家之一。我向读朱子《昌黎先生集考异》，于《南海神庙碑》祝融条下注释说：

洪(按指洪兴祖)曰："太公《金匮》云：南海之神曰祝融，东海之神曰勾芒，北海之神曰颛顼，西海之神曰蓐收。"今按东海神名阿明，南海祝融，西海巨乘，北海禺强，亦见养生杂书。(第三十一卷《碑志》)

又，《礼记 · 月令》：

孟秋之月……其帝少皞，其神蓐收。

孔颖达《正义》云："少皞在西方金位。"上述三家所谓蓐收、巨乘，同为渠搜的异译，以蓐收为西海之神，此西海自然是西零海，也就是今青海湖。则渠搜之地，当就今青海湖周围求之。

今按渠搜部落国所在地，在析支之北，今海南共和盆地的“都秀”地区，唐以后译名为都受（同时尚有完受、他受）。搜，所由切；受，殖酉切；蒐，所鸠切。秀，息救切。受、搜，蒐、秀均同部，只声分平上而已。若以《诗经》古音证之，则更明切。其以“受”为韵者，如《陈风 · 月出》：

月出皓 (hu) 兮，佼人懰 (liu) 兮，舒忧受 (zjiu) 兮，劳心慅 (tsu) 兮。

其以“搜”为韵的，如《鲁颂 · 泮水》：

角弓其觩 (giu)，束矢其搜 (shiu)。

其以“秀”为韵的，如《大雅 · 生民》：

实方实苞 (peu)，实种实褎 (ziu)，实发实秀 (siu)，实坚实好 (xu)。

以渠搜之“搜”的古音对照后世“受”“秀”的转写，则可见现代的藏语，仍然保存有较多的古音。目前在海南、黄南藏区，尚有官秀、阿秀、才秀、年秀等所谓阿柔十八秀。“秀”即裔的意思，如官秀即官族后裔。

“搜”字的古读和名义即如上述，则“渠”和“都”古音，也就容易查明。按“渠”字古音属第五部，居叠切。《诗经 · 秦风 · 权舆》与余、舆同韵，属“鱼”部。而古音十七部，常有转音。段玉裁《古十七部音变说》：“鱼者，音之正也；虞、模者，音之变也。”（《六书音韵 · 表一》）他还加以注释说：

如都古音猪、荼古音舒之类。

“渠”字音转为现在的“都”，即是其例。“猪”，竹于切，属鱼韵；“都”，东徒切，又当孤切，则属模韵，即上所谓音变。这也可以《诗经》古音为例，如《郑风 · 有女同车》：

有女同车，颜如舜华。将翱将翔，佩玉琼琚。彼美孟姜，洵美且都。

“都”与车、华、琚为韵，均属鱼部。又《郑风 · 山有扶苏》：

山有扶苏，隰有荷华，不见子都，乃见狂且。

“都”与苏、华、且为韵，也属鱼部。然则我以“都秀”为“渠搜”的对音，不仅符合古今音转的规律，也从语言和名义上求出了名从主人之例，这是窃以为聊可自信的。

今都秀部族所在地，在共和县恰卜恰西南、河卡西北，旧为都秀百户所辖地。其地东南正好与古赐支河曲相接，古书上因而与析支羌并列。至于朔方渠搜县名的由来，则当与西羌东迁有关，游牧民族，族以地名，地因人迁，至今犹然。

《禹贡》说：“织皮昆仑，析支渠搜，西戎即叙。”《古文尚书孔氏传》解释说：

织皮，毛布。有此四国在荒服之外，流沙之内，羌髳之属皆就此叙，美禹之功及戎狄也。

可见今巴颜喀拉山、积石山等地区羌戎分布之广，西戎就序，这在当时实为大事。当时由于对今昆仑山西南部地理情况尚不清楚，因而浑括地以昆仑概之。昆仑全区，即就《禹贡》所言，当也不只一个部落国。

四、三危

《禹贡》雍州又有“三危既宅，三苗丕叙”的记载。《尚书 · 舜典》有“窜三苗于三危”的说法。《史记 · 五帝本纪》则说：“迁三苗于三危，以变西戎。”从文字上讲，西戎即叙，当是底定，其事在后。而以变西戎，则是移民以分其势，是早期的事。我们从西戎即叙的情况和它活动定居的地域，不难考察出三苗丕叙的三危地域来。《后汉书 · 西羌传》说：

> 及舜流四凶，徙之三危，河关之西南羌地是也。

这后一句话，极其重要。现在一般把河关位置定在今循化、尖扎之间。实际上据我实地考察，汉河关县在金城郡，而金城初置在今民和县下川口（当时是允吾县治，允吾羌语，以今藏语译之，义为左川，左为东，所以今汉名下川口）。允吾县居北，在湟水南岸；河关县居南，在黄河南岸，今临夏州积石山县所在。其地当积石峡东口，亦即隋炀帝所渡临津关（有临津渡，至今犹为孔道）。为什么以河关西南为界划分羌地呢？我们看《西羌传》和有关记载，知目前的甘肃临夏回族自治州、甘南藏族自治州，四川阿坝藏族自治州，青海黄南藏族自治州、海南藏族自治州、果洛藏族自治州以及当时湟中汉已有地方行政建置的地方，都是诸羌散居和活动的所在。至于今玉树藏族自治州境以至今西藏地区，虽由于当时中原势力尚未及而未能俱载，但所谓河关西南羌地，也无疑都包括在内。何以言之？这不难从历来所争论的三危地望看得出来：

（一）郑玄引《地记》书云："三危之山，在鸟鼠之西，南当岷山。"（《尚书正义》引）这概指的是甘肃南部地区，其地并连今川西。

（二）《水经注》说三危山在敦煌县东南。杜预《春秋左传注》说允姓之祖与三苗俱放于三危，即敦煌。《后汉书 · 西羌传注》并说："三危在沙州敦煌东南，山有三峰，故称三危山。"我尝曾至敦煌，观三危山，颇疑注文望文生义。三危当是译音，不能以三峰来妄作比附。但秦汉以来，天山南路，遍布羌国，敦煌与若羌相接，且其名也是羌语"诵经处"的译音，则其早为羌人活动的地区，亦自无庸疑。因此所谓三危，乃当时一地域名称，并非指某山、某水、某点。当在一定的历史时期内，凡三苗所流动地区，或都传留有同样地名，这就是"以变西戎"的结果。早在周、秦时期，有那样多的"诸戎"移居内地，并逐步融合，那么三苗与羌人仍留于今青藏高原者，仍游牧于上述地区并及于今西藏一带，自属必然的事。后人分别各据其所闻以为记注，其中除不免附会之处外，则都必有所据。

（三）《禹贡》又谓："导黑水。至于三危，入于南海。"历史上由于雍、梁都有黑水，加上这个地区荒远，交通不便，注家都各自为说，因而抵牾难通，这是可以理解的。从现在看来，以怒江为这条黑水，从地理位置与河流走向和文义来说，均甚切合。今怒江源于唐古拉山南麓，南流称其地为那曲卡，再下为那曲。那曲为藏语黑水之称，蒙古名喀喇乌苏。再下自元以来称怒曲，怒曲当为那曲的音转。再下称怒江，音义便全汉化了，以为水流湍急如发怒。至云南境内称潞江，又是怒江的音变（云南滨江有泸水县，又称潞江为查里江，泸水汉义为黑水，查里藏语义亦为黑，乃阿尔泰语喀拉的转写）。潞江以下以至缅甸境内入海，均称萨尔温江，前此则称萨尔乌音河（《西藏通览》）。"萨尔温"今人以为即三危的转音。

按近世以来，康熙帝以定西藏，首先提出西藏即古三危地。其康熙六十年二月上谕中说：

《禹贡》导黑水至于三危，旧注以三危为山名，而不知其所在。朕今始考其实，三危者，犹中国之三省也，打箭炉之西南，达赖喇嘛所属拉里城之东南，为喀木地方（原注：即康也）；达赖喇嘛为危（原注：乌斯与危、卫同音也）；班禅呼图克图为藏地。合三地为三危耳。哈拉乌苏由其地入海，故曰导黑水至于三危，入于南海也。（《卫藏通志》卷三《山川》）

对康熙帝以当时唐古特三部为三危的习称，《卫藏通志》曾加以解释说："今以布达拉为前藏，札什伦布为后藏，统名曰卫藏。"今按藏地唐称吐蕃，明称乌斯藏，至清称卫藏，清平定卫藏之乱才定名为西藏，谓在中国西部。乌斯即"卫"的转译，藏语读如"回"。危、回、卫当古今音转写之异。《诗经 · 采薇》薇、归同押；《常武》回、归同押（"徐方不回，王曰还归"）。又，古多假借，《大雅 · 大明》"回"，读与违同，乃即音求义之例。所以康熙以三危为唐古特三部，虽属不当，但危、卫音比，确属创见。因为古书"导黑水至于三危"的记载，证以今怒江下游称萨尔温江（或萨尔乌音河），且果入南海的实况，康熙帝的结论，便在修正后得到了证实。

提出萨尔温为三危的对音的是当代史家姜亮夫先生。其《楚辞通故》第一辑《地部 · 三危》说：

按胡氏（指胡渭《禹贡锥指》）以三危当在河南，不得以扶州之黑水当之，然仍以当在沙州，则仍未允。依《天问》说则三危、黑水、玄趾必在同一分域，申黑水既在西极，而三苗所窜之地，亦不得绕道北上抵

> 于肃州，则以上连黑水下通交趾，其地望必在此两地间无疑。怒山山脉，怒江经此，则为萨尔温河，萨尔温即三危之转音也。刘逢禄《尚书古今文集解》引《西藏总传》云：“卫在打箭炉西南，俗称前藏，藏在卫西南，俗称后藏，喀木在卫东南之处，统名三危，即《禹贡》导黑水至于三危也。”

按刘氏之说，本自康熙帝上谕，以今释古，间有未谛。但姜先生以萨尔温为三危的对音和考“玄趾”为交趾的字讹，疏通证明，则为前人所未及。所以我以为古籍以河关西南羌地为三危，而注家或言鸟鼠，或及敦煌，盖各尊所闻。证以《楚辞》王逸注谓“三危西方山名”。孔颖达《尚书正义》谓“三危山必是西裔”等记述，把河关西南羌地作为三危分域，可以说是信而有证。当代以《楚辞》证昆仑、三危地理，有顾颉刚先生《< 庄子 > 和 < 楚辞 > 中昆仑和蓬莱两个神话系统的融合》与姜先生《楚辞通故》，顾先生以窜三苗于三危等故事，都来源于昆仑；姜先生以萨尔温为三危的对音，都是在这个问题上新的突破。我以此断定三危为当时西南徼地域总名，北自青海、甘肃，南迄川藏、云南，均有一部分地方为当时羌人活动所在，周秦以来的羌人，当为三苗的混同体无疑。前人多以山、川或点求三危的所在，以点代面，所以很难会同了。

附记

1950 年春，我应顾颉刚先生之约到上海，尽读先生当时所著有关中国古代西北文化地理、历史地理诸文。先生并命我补论唐以后有关这方面的问题，而以昆仑、河源、民族为中心。但我不幸于次年被诬捕入狱，历三十年始得平反，遂不克承先生之教、完先生之命！今先生已逝世有年，缅怀旧游，勉草此篇，而所学久荒，疏漏綦多，幸与会诸前辈和国内外专家加以教正！

西陲古地释名

地名学和历史地理学，在晚近已发展成为现代地理学的两个组成部分。但在中国古代，地名和沿革地理，是从属于历史学的。沿革地理，自然是历史地理学的发轫或初级阶段，而地名学在中国却是源远流长，比西方的地名学创始更早，而且很富有特色。早在《春秋》三传时代，对一地数名和数地一名等均有记载。《禹贡》《山海经》记地名则多达数千，至《汉书·地理志》，则按州、郡县逐一作了记载。其得名或因山、水、原、谷，或以封爵、部落，或以祥端异征，或以王陵、神祠，均具有一定规律。其后注家，如应劭、颜师古等，注释均详其渊源和自然地理特点，可说是中国地名学的嚆矢。前修发轫，后哲踵起，遂有郦道元《水经注》的集其大成，不仅资料翔实，识断精审，而且对黄河上游山水川原，似乎都经过实勘。如湟水众多支流，记载几乎丝毫不爽，且对郡县的命名，均求出其规律，结合得名渊源，发皇了中国地名学的成果，继《尔雅》释地而更多创获。自此以往，直到清末杨守敬和熊会贞在完成《水经注疏》的基础上，更编绘出《水经注图》，不仅使中国的地名学有更进一步的发展，也是中国地理学研究方面的一大硕果。

地名学是指对地名的研究。这里自然是以释地、释丘、释山、释水为主要内容，但还有一项更应重视的内容，便是语言地名。语言不仅古今有异，而且有方言和民族语言的差别。如程廷祚《春秋地名辨异》所举例：

十九年，诸侯盟于祝柯，《传》作督扬。杜曰：即祝柯也。定十五年，齐侯、卫侯次于渠蒢，《传》作蘧，杜曰：即渠蒢。

这当是各国的方言地名，所以写法不一，读音也有异。类此的如祝其（定十五年）、姑蔑（定十二年），也都非杜注则莫解。最显明的方言地名，则见于《越绝书》。如卷三《吴内传第四》云：

治须虑者，越人谓船为须虑。

又，卷八《地传第十》云：

朱余者，越盐官也。越人谓盐曰余。

这是越人以方言名地的显例。与此相类的方言称谓，尚有句吴于越，吴太伯奔蛮，号曰勾吴，《史记正义》谓是太伯始所居地名。许慎注《淮安子》说这是吴人语不正，言吴而加以勾。颜师古解释说："句，夷俗之发声也，亦犹越，谓之于越也。"这都是中国古代研究地名称谓的著例，可以说地名学在中国的起源是很早的。我还认为颜师古夷俗发声之说，最早提出了有的地名，还源出于一个地区或一种方言。他所谓夷俗发声，是指的荆蛮人的口语，而现在的藏语（原本于羌语），仍存在这种发音。如马称为རྟ (rta) 而读音则为什达；汉人被称为རྒྲ (rgra) 而读音则为尔嘉。犹与句吴、于越同例。由此我意识到中国古籍上很多地名，都是循名从主人之例而加以汉译的。间尝寻绎，得榆谷、乐都、析支、渠搜等十数条，自以为尚能得实。现值顾颉刚师百年诞辰纪念，因忆 1950 年至上海暂寓先生处，朝夕得闻先生谈中国西北历史地理，有次偶被询及白兰的得名，我或以即今巴颜喀拉的节译为答。先生欣然。当以搜集自张骞以定河源问题资料见命，算是我从学中国历史地理的开始。但不幸我于次年便因故中辍。近十年来，教课之暇，间有所涉及，而甚零散，现汇为此文，并增益其新所考索，以示不忘所自，俾作纪念，兼以就教于方家！

《禹贡》是我国最早的一部地理专著。它的叙次首列九州，这个九州的范围，被后来人称为“禹域”。所谓禹贡，即是当时各州为禹所进的贡赋的记载。就其所载贡物，我们即可了解到“禹域”内地理和生产概况，并就其分州，得知其自然和政区的规划。这本专著分州据以山川定经界，纲领分明，为后人考证地理提供了重要线索，这是后来释地之作所以特别突出的依据。全篇首列九州，属自然区划，令我们看到春秋战国之际的疆域形势。次为导山，明“禹域”各州间山脉走向与形势。再次为导水，从弱水、黑水以迄长江、黄河及其支流并及于水功。最后为五服，则由治田、纳税终于文教。书虽晚成，而古代山川的演变、民族的移徙与分布，都由此不难考见，实是一部最重要的古代地理要籍。我这里只间释雍、凉及梁州部分民族语言地名，主要是羌语，间略及匈奴、突厥语的汉译地名。由于我并不通达羌藏和突厥、蒙古语言，此文只能作个引端。

一、部族与地域名

中国古代西部民族以羌族、匈奴为大。其见于记载者，部族有析支、渠搜、匈奴、大月氏、小月氏、卢水胡、吐谷浑、吐蕃等；地域则有三危、榆谷、莫贺川、九曲等。古时从事畜牧部族，有时地以人迁，族名也即为地名。兹略释为次：

（一）析支、渠搜

《尚书 · 禹贡》雍州云：

织皮昆仑，析支渠搜，西戎即叙。

析支与渠搜是当时在青海境内活动的两个属西羌的部族，他们所居就在今河源地区。当时汉文记载，即以其地名族。昆仑是地望，即今阿尼玛卿山。织皮是说他们穿的是牛羊皮，住的是牛毛织成的帐篷，在当时是属于雍州荒服之内。析支是羌语的汉译，或又译鲜支，其古读为“溪可”(gì kè) 或“区克”(gǔ kè)，而现在的藏语称河源为曲科乎 (gǔ kè hě)，今地图上或作曲可河。看来今藏语犹存羌语的古读。《西羌传》说“滨于赐支，至乎河首”不正是指今果洛藏族自治州河曲地带吗？[①]渠搜又或作“巨蒐”，说明也是译音，《礼记 · 月令》又有蓐收，今海南州共和盆地有藏族部落都秀，唐人译为都受。古音受、搜、秀同部；车、琚都为韵。则古所谓渠搜，即今之都秀。其地居今共和县恰卜恰西南河卡西北，东南正与古赐支河相接，因与析支并列，后世注家以朔方有渠搜县，便把它移到朔方，实际上那是地以人迁之例。[②]西戎是个统称，羌人在周、秦时陆续进入中原，从事农耕，概称为戎，从而也把留在牧区的羌人，统称为西戎。今藏族称藏族的务农者为戎娃（旧译隆务或戎若），而仍从事游牧者为智化。周、秦时的析支、渠搜，是居今河曲的戎部落，也是以地名族的显例。旧注以戎为凶，是就汉译为释，实误。

①详见拙著《<禹贡>织皮昆仑析支渠搜及三危地理考实》，载《中国历史地理论丛》，1988年第1辑。

②与注①同。

（二）大月支、大夏、吐火罗

大月氏，《史记》《汉书》等所记古西部地区部族名。《高僧传》作月支，都是音译名。今外文作 Indoscythe，原居大夏河流域，即古之漓水，今藏族称桑曲或柔科乎，发源于今青海省河南县，北流经夏河县至刘家峡入黄河，与《水经注》记载相合。后移至敦煌、祁连间以迄今婼羌一带，称大月氏或称吐火罗。再迁今伊犁河地区，以遭乌孙攻击，最终移徙今阿姆河流域，号大夏。今译为巴克特里亚（Bactria）。大月氏是部族名，而大夏则为国号。大月氏西迁后，仍留祁连间者被称为小月氏，即后来的卢水胡。卢水古称弱水或黑水，即今祁连的俄博河，流经张掖则又称张掖河，经合黎入居延海。这些史载都甚明，不须再赘。这里需要考订和阐明的主要是大月氏、吐火罗和大夏这三个名称的辗转译称。大月氏古读为 yuc zhi 或 rbu zi，今西方译为 Indcscythg。吐火罗佛经旧译又作兜佉勒、兜呿罗、都佉兜沙罗。《大唐西域纪》译覩货罗，并注说："旧曰吐火罗国，讹也。"西方据《希腊古地志》作 Tdchar，古今东西音译差别甚大。但就中国古音论，实即大夏一音之转。依《诗经》古韵，都、土、吐、杜与下、夏、暇、华同属鱼部，麻、沙、嘉、差与罗、何、河、和同属歌部。即此以求，则吐与火、兜、都音近，可谓只古今音之别。而火、货、豁、乎则与下、暇、沙音近。如此则吐火罗、覩货逻、佉勒、兜沙罗、都佉，都是大夏的对音。只是古今东西音互异罢了。夏字今音为"暇"。而现在的吴音犹读虾为 hǘ，就是青海地区汉人，也读"蛤蟆"为 hà mǘ。与河、何同音。而"下"口语又读吓，与夏的古读音一致。今甘肃临夏州积石山县所在地叫大河家。此地古属枹罕县，东与凤林县接壤，同属大夏河流域。后世记载误以为大夏河得名于赫连勃勃国号，实际上则源于大月氏和吐火罗。大河即大夏的音转，并没有汉义。由大夏音转为塔克拉、塔屈拉、吐火罗，直到现在犹把古鄯善国所在的大沙漠，叫塔克拉玛干（Taklalrmakan），玛干古译莫贺，所谓莫贺延碛尾是也。大夏最后迁今阿姆河流域，建立贵霜王朝，欧洲称巴克特里亚，当是其都城名。

（三）吐谷浑、沙州、伏俟城、伏罗川

吐谷浑本辽东鲜卑，永嘉乱时，西附阴山，逾陇而西，止于枹罕。后在今青海贵南县木格滩建都，称河南王。最后又迁海南州共和县伏俟城，并扩地到今新疆婼羌。吐谷浑本为族名，后亦作国名。阿豺时，自号骠骑将军、沙州刺史。这个沙州，即今之木格滩，木格为莫贺的今译，也即《宋书》的莫贺州。《魏书》《宋书》吐谷浑传和段国《沙州记》（《水经注》引）都称沙州。我向以为即今木格滩所在。城址已为黄沙所淹没，大风后偶或有显露。①其伏俟城遗址则在今青海湖西岸铁卜加发现，遗址中只存在宫室迹象，说明记载有宫室而不居是如实的。因为春夏在郭外庐幕，是符合游牧人习惯。城郭只是军事据点和冬间生活所在。伏俟为鲜卑语而今藏语称那个地区为石乃亥，可译为黑黝之处（指湖岸）。藏、蒙古语地区，多冠以黑，如黑河、黑城、黑站，所在多有。所谓鲜卑语伏俟，或即含有此意。其地我曾经过数次，夏间绿草如茵，色彩黝黑，今犹如此。

与吐谷浑史有关地名，近世有争议者为伏罗川。实际上这在《北史》《魏书》记载甚明。是由北魏晋王伏罗征吐谷浑据其地而名，以出征大将名地，古多其例，为今兴海县原阿木曲乎族住牧地，居赐支河曲西端。近年有人妄引日人臆说，徒乱人意。

（四）覆袁川

隋炀帝征伏允，地在今门源县永宁川，盖就伏允的败走为义。允古读如袁，覆音同伏。②

①见拙著《吐谷浑国地理考释》，载《文史集林》，第四期。

②见拙著《吐谷浑历史上几个问题的考察》，载《纪念顾颉刚学术论文集》；又，《吐谷浑国地理考释》，载《文史集林》，第四期。

以上略举部族（民族）与地名有联或混称之例，不一一详列。其中有些则作为地域表述，其最显著的例子是九曲和榆谷。

（五）九曲

黄河九曲的名称，始自河图，杨用修就《河图象纬》以汉义为释，是指黄河全流程而言的，并非地名。唐代以河西九曲地为金城公主汤沐邑，称为河西九曲。现《中国历史地图集》把它定在今共和县河水向东转弯处。实际上当时哥舒翰九曲军包有宁边、威胜、金天、武宁、昳武五个军；其领域东起临洮，西迄兴海，范围较汉时的河曲为广。而当时九曲的得名则本自羌语的水名，今流经同仁间的保安大河，藏语称“勾曲”。勾为九，与古汉语读九为勾同音；曲义为水。勾曲即九水河。据我实地查看，此河实由九条支河合成，与汉文黄河九曲义有异。因此按汉文释义定九曲地在共和、贵德间黄河转向东行处，是与《汉书》和《唐书》不合的。这是完全以汉文释义而误会[①]。

（六）大、小榆谷

《汉书》记羌地大、小榆谷，也是羌语地名。我曾就其地望所在，询诸通藏语的专家，认定为今藏语“热贡”的对音。这在唐代曾于今循化地区筑一公城，而明代地图的捏工川，即指包括今甘南黄河西部甘家滩和循化县全境及黄南州、同仁、泽库、河南、尖扎四县地，与其西的茫拉川相接。大榆谷以今同仁、泽库为中心。小榆谷则即今夏河甘家滩地带，历史上今甘南州夏河属西宁道和青海蒙古番子事务大臣衙门，在区划上与热贡地区联成一体。历史上汉兵进攻南移的迷唐、钟存诸羌时，多从今化隆多巴一带渡河。史称大、小榆谷土地肥美，又近塞内，为与汉军相持的重要地带。就地名而言，榆谷、一公、捏工、热贡古今音读差异不大。这给我们一个即语言探求古地的所在，提供了一

①见拙著《隋炀帝西巡道路中几个地名的考察》，载《唐史论丛》，第八辑。

条重要路子[①]。

二、山水名

本文所拟释地名，只限雍州，间稍涉梁州。雍州地除郡县外，山水则皆属荒服，即今之青藏高原。三危见于《禹贡》：“导黑水至于三危，入于南海。”后世注家，不下十说。而以西裔、鸟鼠与敦煌三种注解为较通用。我曾据姜亮夫先生以三危为萨尔温江对音说，并顾颉刚先生以屈原《天问》“玄趾”为交趾之误说，定《禹贡》黑水为今怒江，三危则系古人对西陲荒服地区的泛称。(敦煌有三危山，三峰险峻，难于登攀，此为后人所附会)当时俱为羌人所在。而舜迁三苗，旨在以变西戎。三苗后来盖被羌人所同化[②]。此外，如昆仑为阿尔泰语系突厥与蒙古语的黑山，巴颜喀拉为富饶的黑山。唐古拉藏语称当拉，即谓当山口。此皆不需多赘，只说明古代地名和国名，都名从主人。汉文记载，都属音译。需作解者，约有以下几条：

(一)积石山

《禹贡》云“导河积石”，《山海经》亦有此记载。后世考察河源，多及积石，稍后更有大积石、小积石之说。大积石今称阿尼玛卿山，即大雪山。古书谓禹导河始于积石，这个积石即今昆仑山的中支巴颜喀拉山。积石、岷山都属于这支。至唐把今青海湟中、化隆、循化的一段称小积石。其经化隆上十族的那一段山脉，藏语称阿米吉日(里)。我询之藏学专家谢佐同志，他倾向于羌语一说，我原也以汉义作解，至此想到此段山脉在《隋书》上称拔燕山，当代又称马场山，当以羌语为古之遗。其蜿蜒由化隆经循化及临夏的黄河渡口临津渡，今称积石关，而河南岸之县，今称积石山县。积石之为羌语，当无疑义。惟其名义所由，尚待译解。

---

①别见拙著《西陲地名的语言考察》，载《青海地名通讯》，1988年第一、二期合刊。
②与注①同。

（二）西倾山

《水经注》河水卷二：“河水又东，洮水注之。”后又云“《地理志》曰：水出塞外羌中。《沙州记》曰：水与垫江水，俱出嵹台山。山南即垫江源。《山海经》曰：白水出蜀（注焉）。郭景纯云：从临夏之西倾山东南流，入汉而至垫江，故段国以为垫江水也。嵹水同出一山。故知西倾、嵹台之异名也。”据《沙州记》这个嵹字是译音，字或作漒，垫江即漒水。亦即白水江，源出临潭，经武都入嘉陵江。这里需作解释的是西倾和嵹台的名义，按洮水今藏语称碌曲。河源有两水，一称莫尔藏河，一称代富桑河，均源于黄南州河南县，二水汇合后称洮河，经岷县、临潭、临夏、永靖入河。古人把羌水、洮水误合为一。惟郦注以为西倾是巍台的异名，说明西倾和嵹台是一山。因此我意会到西倾与嵹都是羌语名称。今河南县境内阿米夏群，即西倾的对音。阿米藏俗统指山神，夏群则大鹏鸟之称，可汉译为古大鹏山神，犹阿尼玛卿为古黄河上神山。藏俗以大鹏为神鸟，盖沿自佛经传说。我以为是羌语名，尚可以“西倾因桓是来”的“桓”字为羌人自称的音译为证，桓水即羌水，而藏人今自称为“斡”(bā)。桓、斡则古今之异写也。

（三）白兰山

白兰是羌的一支，因居白兰山而得名。顾颉刚先生据《北史·附国传》，考定其初居地在今青海、四川间，并由于境内有白兰山而得名，而这白兰山即今巴颜喀拉山的简称。这个考释是很精确的。但是近年有人根据吴景敖和日人佐藤长等人之说，以为今都兰布尔汗布达山下的巴隆，即为当年白兰国所在，依人作嫁，反自以为是新说。我进一步考定它北接吐谷浑，南界那鄂，左依党项，右接附国，正好居今果洛州班玛、久治、甘德之间。其后受吐蕃侵逼，逐步南移，遂偏于今果洛、甘孜之间。白兰一名，果为巴颜喀拉的缩写，则其义自为富饶的黑山了。

有关雍、梁间的江水作羌语名者，如长江上游通天河称周曲或治曲，而白龙江亦名周曲。“周”义为龙，而治曲今义则为牦牛河，或亦以白龙江为羌水。按桓水为古羌水，源出西倾，西流至城固县与白水江会，故亦称白水江。再下至昭化，则概称白龙江，即藏语周曲的汉译。《国语 · 晋语》说：“黄帝以姬水成，炎帝以姜水成。”姜水即羌水，姜姓始祖是炎帝，姬姓始祖是黄帝，再上溯为夏。那么这个姬水是指今哪条水呢？刘起釪先生曾谈到与今临夏姬家川有关[①]，姬家川地居大夏河过临夏市境内的川道，其地今犹多姬姓。惟今大夏河藏语名噶曲，与姬音相去甚远。姬今属支韵，支古音属十六部，原第十七部歌、苛、戈、箇独用，后多转入支韵，支变为佳，歌变为麻。而歌、戈音为正。今姬读为jī，即所谓支变为佳。藏语称大夏河为噶曲，正属古音十七部。古十七部音多转入支韵，见段玉裁《六书音韵表》。那么则古姬水即今大夏河，与姬水同出西倾，而一入黄河，一入长江，成为黄帝与炎帝的发祥地。饮水思源，是青海故地诞育了中华民族。刘起釪先生更把黄帝的祖源追溯到夏以至少典，把炎帝的祖源追溯到四岳以至有蟜。如果我以今大夏河为古姬水的说法尚可信的话，则地名和历史的关系真显得很巨大而重要了。下面就据此为这两条水名加以简释：

（一）桓水

又称羌水。是羌语名，义为羌地的水。羌入中原是为姜姓，而仍居羌地者，今称“斡”(bǎ)，即“桓”的音转。《禹贡》：“和夷底绩”，郑注读如桓，和、斡音近，犹存古读。

（二）姬水

今大夏河藏语称噶曲。大夏河得名，释已见前。

---

①见《古史续辨 · 姬姜与氐羌的渊源关系》。

（三）黑水

在青海省境内。藏语以黑名水者有多处，在历史上有名的则有两条：一为今源出祁连县的俄博河，入河西走廊经张掖叫张掖河。由张掖经山丹、高台间的合黎山（突厥、蒙古语谓黑为喀拉，古译合黎）称黑河，再经酒泉境入居延海，古又称弱水。另一为《禹贡》雍州黑水，即发源于今唐古拉山南的那曲，为怒江的上源，那曲是藏语的黑水。今怒江、怒曲、潞江，皆那曲的异译。蒙古语哈拉乌苏，流经西藏称萨尔乌音河或萨尔温江，盖三危的对音，南流经缅甸入南海。

三、州、县名

鄯、凉、雍三州，义不易解，疑均为古羌语。汉置凉州，治陇城（今秦安境），包有今甘肃省全境。三国魏移治武威，南北朝时便以河西为五凉，称武威为凉州，以为地气寒凉而名。到明人王士性《广志绎》也还说："凉州称凉者，以西北风气最寒而名也。"五、六月，白日中如雪皑皑而下者，谓之明霜。河西走廊，气候较冷，但本地俗语却有"凉州不凉米粮川"之说，而陇南天水地区，则还能种稻。说以凉州得名，恐未碻。唐鄯州治今乐都，而民和有古鄯，两地气候，在青海境内属最暖。则知鄯也是名从主人，当属羌语，这也有待通羌藏语者的考释。今能解者，惟西宁州，但这已属宋时。按青海古称西零海，西零为先零的别译，当时先零羌居西海，西、先一音之转，以西零羌居青海而得名。汉置西都县，唐置鄯城县，宋置西宁州，西宁作为县，历代多有，均为汉义。惟青海西宁，则语义双关，即为羌语西零的转译，又有西陲安定的汉义。

以下就例释甘青有关郡县名。汉武帝开河西走廊，设武威、张掖、酒泉、敦煌及金城郡，属凉州部。金城郡治允吾。

（一）允吾

允吾是羌语。《汉书 · 地理志》应昭注曰：允吾音鈆牙。鈆即古铅字，读 yǎn。今江西铅山，犹读 yǎn，而不读 qiān。赵盛世教授《允吾正音》据吴均教授说，释其义为左川水，是就藏文求出其义的。藏语以东为左，也即是下部。今民和县下川口，有允吾县古遗址，有谷水自南而北，至此入湟。谷今名隆治沟，其西亦有谷，名巴州沟，谷口为民和县治所在，俗称上川口。下川口即对上川口而言。藏语以下为左，因而以后在其南设的县，就叫左南。今广东地名犹有上水、下水之称。藏语中这类名称很多。

（二）令居

《汉书 · 地理志》注说：“涧水出西北塞外，至县西南入郑伯津，莽曰罕虏，孟康曰令音连，师古曰令音零。”据我体会，孟康是汉魏读音，属轻唇。如《诗 · 小雅 · 十月之交》，冷与腾、崩、陵、惩为韵。《正月》第五首，陵、惩、梦、雄为韵。《秦风 · 车邻》，邻与颠、令为韵，都无轻唇。而现今藏语，仍保持重唇浊音。以今藏语求古读，自南北朝至唐五代，则所设县，均为龙支，而无令居。至明末清初，《秦边纪略》则称令居为龙居，我请教藏学家王青山教授，他说“令”读为“lìng”，“龙”读“lóng”，“林”读为“lǐng”，则龙居仍为重唇，其义为谷或沟；居则是中之意。今连城属甘肃天祝藏族自治县，城堡居其地九道沟中的大沟之中，并无汉语连城之意。如是则当前的隆治，南北朝以还的龙支、龙居，与汉令居只是古今汉读之异，藏语则仍保持其古读，称罕虏，则以其地为罕、开羌所居云然。今临夏古称枹罕，其名尚待解。自南北朝在金城郡古鄯设龙支县，原令居县遂废。元代在原令居县境设庄浪县，明改为卫，清曰平番，即今永登县。庄浪也是个羌语的地名，义为野牛沟。庄浪河古称逆水，在今八盘峡入黄河。

（三）姑臧

姑臧为汉武威郡属县，其名亦为羌语，义为黄羊沟。今其县东南部仍名黄羊川，五十年前我曾取道永登去宁夏，沙碛中黄羊仍成群出没。

（四）张掖

张掖为汉郡，亦为羌语名，张与庄为古今音异，实皆指野牛。掖义则为处地，亦即所在或出没地。

张掖郡觻得、删丹、屋兰、日勒、骊靬，均为羌或匈奴语，尚待译解。

（五）敦煌

敦煌为郡名，治敦煌县，其名亦为羌语，而应劭以汉语作解，谓：敦，大也；煌，盛也。敦戎居于瓜州者也。顾颉刚先生考订瓜州在秦岭。敦煌虽产瓜，而得名并不由此。瓜州、瓜子为羌名，即瓜州之戎。后世以憨鲁者为瓜子，今西北犹然，非谓瓜也。我于80年代偶过敦煌，观千佛洞，恍然惊悟莫高窟即莫贺窟，谓沙漠中佛洞。突厥语沙漠称莫贺。莫何，今或译玛干。敦煌则藏语的诵经处。此说若得实，则永平求法，只言佛僧佛经入中土，而佛法东来，则早在文景之世。牟子《理惑论》和《魏书 · 释老志》所言，俱有所本。

四、青海古地释名

（一）林金城

《宋史》卷八十七《地理志》第四十陕西路西宁州条云：

> 崇宁三年收复，建陇右都护府，改鄯州为西宁州，又置倚郭县。……五年，罢倚郭县。东至保塞砦五十七里，西至宁西城四十里。

又，宁西城条云：

> 旧名林金城，改今名。东至汤厮甘二十里，西至厮哥罗川一百里，南至京雕岭二十里，北至金谷峗四十里。

按此所云林金城当为汉临羌新县的转译。唐名临蕃城，属鄯城县。唐中叶后吐蕃尽有河湟，至宋初就当地语音转译为林金城，实临羌城的音遗也。请试证之。

李远《青唐录》：

自青唐西行四十里至林金城，去青海善马三日可到。（此据《说郛》）

《宋史》卷四九二《吐蕃传》：

（鄯州）西有临谷城通青海，高昌诸国商人皆趋鄯州贸卖，以故富强。

此临谷城就方位道里言，即林金城的又一译名。“谷”盖“金”之形误，因一地不可能同时存在两名，当以《地理志》为正。我这样说，当然还须列出别的证据。按《宋会要辑稿》一九七册《拂菻国》有云：

（元丰四年）十月六日，拂菻国贡方物。大首领你厮都令厮孟判言：其国东南至灭力沙……次至旧于阗，次至约昌城，乃于阗界。次东至黄头回纥，又东至鞑靼。次至仲榅，又至董毡所居。次至林檎城，又东至青唐，乃至中国界。

又，同书《于阗国》亦载于阗贡方物时所取道路云：

（元丰六年）五月一日，于阗贡方物，见于延和殿。上问曰：离本国几何？曰：四年。在道几何时？曰：二年。从何国？曰：道由黄头回纥、草头鞑靼、董毡等国。（按：“草头”当为“黄头”之形误。）

按宋时拂菻指小亚细亚一带突厥族所统治之地，其来宋进方物，取丝绸之路南道，经于阗、高昌越当金山口入青海，再经青唐去宋京汴梁。当时高昌以东，沙州以西，居住着回纥、突厥、蒙古诸种落。这里只就仲榅、林檎城略加考证，借以证明林金即临羌故名的转译。

《宋史 · 高昌传》有云：

所统有南突厥、北突厥、大众熨、小众熨。

此“仲熨”显然即《宋会要辑稿》的仲榅。又《新五代史》卷七四《四夷附录 · 于阗》传引高居诲《使于阗记》云：

西至瓜州、沙州。……瓜州南十里鸣沙山，……又东南十里三危山……其西，渡都乡河曰阳关。沙州西曰仲云，其牙帐居胡卢碛。云仲云者，小月支之遗种也。

此“仲云”亦即仲榅，皆译名之异。仲云为小月支遗裔，魏晋南北朝时其居敦煌、祁连以讫湟中的叫卢水胡。而在西域者至宋时犹称仲榅，字虽异而音未变。仲榅地居沙州西，则由此经沙州，再前即入西夏境，所以折而南行，取道唃厮啰王城青唐城。按唃厮啰卒于治平二年（公元 1605 年），三子董毡嗣立。《辑稿》谓自仲榅至董毡所居，似乎是说进入董毡旧所驻地。唃厮啰三子，瞎毡居合龙谷，可能董毡居今大通、门源间。虽然这时他已移节，但外使仍从旧称。由大通取道今西纳川，其川口西纳水入湟水处即林檎城，再东即至青唐，即后此的西宁城。林檎也即林金的又一译名，实均是临羌故名的转译。盖当时去汉已远，加上本地区自唐中叶以后居住的大部是吐蕃遗裔，旧时地名，均留存于口语，汉文记载，各就口语记音，有的写为“林金”，有的写为“林檎”，更有的还写为“历精”。如宋张方平《乐全集》卷二二称：

（唃厮啰）见住青唐、历精、耶卑城。

“历精”即林金的对音，译名因人而异，可谓数典忘祖，亦见此地中原文化的中落。而耶卑城谓在廓州境。

自五代迄宋，河西走廊通道为西夏所阻，所以西来贡使商旅，均由敦煌取道祁连山北麓，由大通沿西纳川入西宁，林金城遂成为河湟地区一大贸易中心。明清时所以在今多巴设茶马市，即缘于此。今西纳川宋时称“洗纳”，南宋杨仲良《皇宋通鉴长编纪事本末》卷一四〇云：

《青唐录》所称，洗纳等族大首领阿厮结悉来降。阿厮结在青海住，连夏国、龟兹，羌之最远者也。

可见当时洗纳族是此条通道上的主人，林金城当为其中心所在。而这个名称不一的林金城所在，实即汉时临羌新县故址。汉武帝时继破羌之后在西平亭西设临羌县，初在湟水南岸今通海。后来大概因毁于兵，便把县治移于今西纳水西北岸，故称西纳水为临羌溪水，水以县名，而县称新县，并非当时并存两个县。现在这个遗址居多巴东北角，省考古队在文物普查中发现了它。就地理方位而言，这是无可疑的。

临羌县为什么被称为临羌城呢？这是因为以后废县的原因。临羌原属金城郡，为湟水上游第一县，面对青海湖地区的先零羌。后汉建安中分临羌县地置西都，并为西平郡治。当时既然在临羌县东四十里的今西宁市设郡县，临羌县必归废弃，它的名称也就成为临羌城。到唐代吐蕃势力伸入河曲，因改为临蕃城。及吐蕃入河陇，临蕃的名称，又不复存在，乃就口语写成林金、林檎或历精。其辗转致讹之由，不难由此考见了。

(二)化隆释名

北魏景明三年(公元502年)在今化隆群科置石城县。西魏废帝二年(公元553年)以境内有化隆谷而改名化隆县。历隋、唐、宋、元、明、清，改建无常。民国二年(1913年)改清初在原化隆所设的巴燕戎格抚番厅为巴戎县。民国十八年(1929年)青海建省改巴戎为巴燕县。民国二十年(1931年)又改巴燕为化隆县，恢复了旧名。

兰州大学汪受宽同志考证化隆谷，即今黑城子的挖龙(汉语称挖龙沟，实际上藏语称沟为隆)，化隆即“挖龙”的古音。(见《敦煌学辑刊》第四辑，《化隆县历史地理概略及考证》)这个推论我认为是符实的。根据今化隆藏民以查甫、昂思多、石大仓为化隆的三沟，则以查甫为中心的十族地区为上沟，以石大仓为中心的昂洼沟为下沟，挖龙居昂思多沟的下段，距古时化隆县城(在今群科尔)最近，而又适居东西两沟之中。藏语中沟，音同化隆。尽管现在的化隆藏族不直称东、西二沟为麻隆、多隆，但三沟之称，至今仍流于民间，其本义似当以此为正。当时则只取其音而义归双关，如落都之称乐都，既是音译地名，同时含有符合政治设施的义释，成为古今地名音义双关的通例。

在青海古代以“隆”“龙”的发声名地者，其例甚多，见于文字记载者如贺隆(在循化)、扎马隆(在湟中)；龙耆(今海晏三角城，汉为龙耆县)、龙支(今古鄯驿，隋为龙支县)，都以沟谷得名。龙耆、龙支义为大沟，“耆”“支”则一音的异译，今音为龙且或龙欠，而《乐全集》所云唃厮啰子瞎毡居合龙谷，当亦为化隆谷的宋译名。

与此相类，还有两个应译为“隆”或“龙”的地名，却因汉字化便失去了原义，即乐都的老鸦峡和贵南的龙羊峡。老鸦峡本地音读为老哇峡，而藏语为隆哇阳，其义为深谷。汉语译音以隆哇为老鸦（土语称乌鸦为老哇），本为译音，而一般不知，望文生义，便以为峡中盖多老鸦，因而得名。实际上老鸦峡无论冬夏均无老鸦群栖，而从来无人怀疑及此，且与之连及称峡口城堡亦为老鸦城。出峡的东口即为今之享堂，所谓享堂名称，盖起于明代李土司的墓园，前此唐平李轨，定名降唐。降唐之名，亦从羌语译音，但也音义双关。今藏语称沟口平滩为“阳塘”，降唐即羌语“阳塘”的音译，名从主人而又赋予政治含义。至明代李英立功西域，父子相继俱封伯爵，其后嗣即以降唐之阳为墓园，建立享堂，岁时致祭，此地名便转为享堂。隆哇阳，亦可省译为隆阳，故以峡口平滩为阳塘，其得名尚不难具考。龙羊峡盖亦同名，“龙羊”即隆阳，我曾详询博通安多方言和藏文的人士，他们多同意我的这个转译。其中有的同志也提出龙羊峡藏语似应读为“戎沃阳”，其义为农牧交界区。按唐睿宗时曾一度以今龙羊峡所在的九曲地为金城公主汤沐邑。后以吐蕃扰边，毁桥拔城，守河相拒，现在的龙羊峡便成了唐（农业区）、蕃（牧业区）天然界线。其说亦通。但此类俗名，起自民间，一时恐难构成农牧概念，揆诸老鸦峡的得名，当以从俗为较得实。至于“隆阳”与“化隆”的差异，犹峡谷与沟谷的有别，隆阳为峻谷，化隆为土沟，熟谙藏语文者，自可区别也。

（三）罕东卫

明初，在边远重地不设州郡而置卫所，统于五军都督府。其在西北诸部所置卫有六，即：赤斤蒙古卫、罕东卫、安定卫、阿端卫、曲先卫、哈密卫。永乐时又添置沙州卫。沙州、赤斤隶肃州，罕东、安定、阿端、曲先隶西宁，故《西宁府新志》称塞外四卫。《明史·西域传》（卷三三〇列传二一八）云：

罕东卫，在赤斤蒙古南，嘉峪关西南，汉敦煌郡地也。洪武二十五年，凉国公蓝玉追逃寇祁者孙至罕东地，其部众多窜徙。西宁三剌为书招之，遂相继来归。三十年，酋锁南吉剌思遣使入贡，诏置罕东卫，授指挥佥事。

永乐元年偕其兄答力袭入朝，进指挥使。授答力袭指挥同知，并赐冠带、钞币。

……正德中，蒙古大酋入青海，罕东亦遭蹂躏，其众益衰。后吐鲁番复陷哈密，直犯肃州，罕东复残破，相率求内徙，其城遂弃不守。嘉靖时，总督王琼安辑诸部，移罕东都指挥枝丹部落于甘州。

此所谓蒙古大酋指蒙古亦卜剌、阿尔秃厮。罕东固尝侵掠西宁隆奔族，至此为亦卜剌等部所残。但它最后的下落，《明史》只说到移徙甘州。实际上这应是指罕东左卫而言，罕东卫则移西宁。今按顾炎武《天下郡国利病书》卷六三《陕西》有云：

罕东卫西北去卫（西宁卫）三百里……正德四年，为北边阿尔秃斯、亦卜剌入掠西海，据其地，部落散徙。初，一百余口在乞达真，依申中族居牧，今依西纳族，为其所役，口仅五十，岁输马二十有奇。

又，同书卷六二《西宁卫》有云：

西至西石峡七十里。又西出塞外至罕东卫故地五十里。

据此则残破后的罕东卫孑遗流移到今西宁市西南川，仍存罕东卫之名。《秦边纪略》卷一在《西宁卫·西宁近边》条有云：

罕东卫在青海东北，有明置之，以处西羌别种。……卫无城郭宫室，以毡帐为庐舍，逐水草孳生处。于曲先、安定、阿端辅车相依，而各分地要不离乎青海左右，及亦不剌（刺），阿尔秃斯来侵，残掠其众，罕东之人，徙就西宁沿边，留为生番，为降夷，卫乃名存实亡矣。

另外，又在附注中说：

正德四年，亦不剌（刺）、阿尔秃斯据其地，罕东之人，皆徙近内地，卫遂虚。按罕东卫在青海，罕东左卫即沙州。在甘肃之西，相距二千里许。世之著书者以二卫合而为一，不知少一左字，相去悬殊。即留心边事如邱浚，二卫亦不能辨。以此言之，边地考据，岂易言哉！

本书作者所言，与顾氏说相表里，这就是罕东卫在西宁近边的由来。今湟中南川有汉东堡，为汉东公社所在地，北与西纳川相接，南与申中为邻，当是其故地。唯罕东被讹为汉东，益为人所忽略。过去西宁人见别人丧着脸便肯说："看你的那个汉东堡脸"，从这句流传于民间的俗话可以想见当年罕东孑遗的愁苦相。我起初也不理解这话的含义，现在感到很形象。

至于罕东左卫，实际上是从罕东卫分离出的奄章部，先逃居沙州卫境，至其子班马思结乘沙州卫全部内徙便入居其地。明王朝因其势已成，又为了利用他安定西陲，便就沙州卫故城置罕东左卫，以班马思结的孙子只克为都指挥使。到嘉靖时，吐鲁番东向掠地，只克徙肃州塞内，沙州遂为吐鲁番所有，罕东左卫亦虚。因罕东左卫居哈密之南仅三日程，吐鲁番既据哈密，罕东左卫便首当其冲，不得不内徙肃州，后又转徙甘州。《明史》把两卫的先后移徙，亦混为一谈，遂使后之著书者合二卫为一，致《秦边纪略》的作者有边地考据不易之叹了。

（四）青海名义

今青海省以境内有青海湖而得名。称“青海”为湖，乃沿一般地理学上的通称。若依其得名的原义，则殊有未协。且溯其名称的渊源，自《辞海》开始，即颇凌乱，引述者辗转抄袭，更觉莫衷一是。即使出诸当今本省人的论述，亦不例外。

今按青海在西汉时汉文称为西海。《后汉书 · 西羌传》云：

> 时先零羌与封养、牢姐种解仇结盟，与匈奴通。合兵十余万共攻令居、安故，遂围枹罕。汉遣将军李息、郎中令徐自为将兵十万人击平之。始置护羌校尉，持节统领焉。羌乃去湟中，依西海、盐池左右。

这是汉武帝初开河西，列置四郡之后，赵充国进军湟中之前的事。同书又说：

> 至王莽辅政，欲耀威德，以怀远为名，乃令译讽旨诸羌，使共献西海之地，初开以为郡，筑五县。

这是王莽尚未设西海郡之前的事。不仅此时如此，就是在东汉和帝永元时，汉文名称仍为西海。《后汉书 · 西羌传》说：

> 时西海及大、小榆谷左右无复羌寇。隃麋相曹凤上言：……所以然者，以其居大、小榆谷，土地肥美，又近塞内，其种易以为非，难以攻伐。南得钟存以广其众，北阻大河因以为固，又有西海鱼盐之利……

据此则汉文记载中西海之名，不仅先于《汉书 · 王莽传》所云“今谨案已有东海、南海、北海郡，未有西海郡，请受良愿等所献地为西海郡”之时早已存在，而且在王莽西海郡弛废之后青海（湖）仍名西海。显见西海得名之初义，原与唐尧横被四表，汉平帝时太皇太后“恩泽洋溢，和气四塞”无关。前人尝谓古人读“西”如“先”，而“先”“鲜”音近，就此而言，则西海之“西”字非方位词，当无疑义。如此则“西”者西零的简称（西零在西汉时则称先零），西海即西零海的简称。用知西海一名乃汉人译自羌语，以湖为海，今之藏语犹然。非仅藏族如此，现在的西宁、湟源等地，民间亦称青海（湖）为西海。这就说明西海一名的音义，都源自羌语，其双关汉义，则始自王莽设郡，但自郡废后其义仍在影响存没之间。

至于西零海称鲜海，则似始于西汉之末。《汉书 · 王莽传》载元始四年中郎将平宪等奏报说：

（平）宪等奏言：羌豪良愿等种，人口可万二千人，愿为内臣，献鲜水海、允谷盐池……

此“鲜水海”即上述西海的另一译名，所谓“鲜”“西”音近，即是指此而言。鲜水海即鲜海，或以《汉书 · 赵充国传》所言“令可至鲜水上”的“鲜水”为青海，则属非是，此所谓鲜水，乃指今黑河上游的俄博河而言。

从魏晋以迄南北朝，汉文记载中西海之名，又开始多所变迁。其所以变迁的原因，也大致可考。如郦道元《水经注 · 河水》篇云：

湟水又东南流，迳龙夷城，故西零之地也。《十三州志》曰：城在临羌新县西三百一十里，王莽纳西零之献，以为西海郡，治此城。湟水又东南迳卑禾（和）羌海北，有盐池。阚骃曰：县西有卑禾羌海者也。

以西海为卑和羌海，是以所居住的种族名地之例。西汉时先零羌居西海，故名先零水或西零海，其后先零别迁，先零别支卑和羌驻牧其地，所以当时便名西海为卑和羌海。此卑和羌海或又称为僊海，如《汉书 · 地理志》金城郡临羌县下注云：

西北至塞外有西王母石室、僊海、盐池。

班固《汉书》在东汉时有服虔、应劭两家注释，仅止音义。唐时颜师古采集隋以前二十三家注释，汇为集注，此所谓“僊”海，盖采自魏晋以后的注家，然此“僊”字，容为后世刻本刊刻致讹之例。清人钱大昕《十驾斋养新录》卷十一《青海》条云：

按古人读西如先，郦（道元）所云西零，即《汉书》之先零。元始四年，王莽诱塞外羌献鲜水海、允谷、盐池，置西海郡。先、鲜音相似，鲜水者，先零水；鲜水海，即今青海矣。晋隆安二年，后凉杨轨降于秃发乌孤，寻为羌酋梁饥所败，西奔㥏海，袭乙弗鲜卑而居其地，㥏即零之俗体，亦以先零得名也。

钱氏是乾嘉时文字、音韵学专家，同时也是史学名家，他提出“僊”为“㥏”字的形误，可谓发千载之覆。僊的俗体为仙字，所以有人以为仙海乃以海中有仙岛得名，更属望文生义。青海（湖）中有岛名龙驹，盖隋唐时以产马得名，并无所谓仙岛也。

大概从北魏时开始，西海才有青海之名，郦道元是北魏时人，他注《水经》，说阚骃所谓的卑禾羌海是“世谓之青海”。青海之名昉于此。《魏书》以下均称青海，以迄于今。盖隋唐以还，因中原与吐谷浑、吐蕃相继往来，兼多争战，青海之名，随之大著，且见诸诗人的吟咏，如“青海长云暗雪山”“运去不逢青海马”等名句，为后人所普遍传诵。但青海虽似属汉名，而以其地迄为各少数民族活动所在，故其地名语源，仍本之羌语，揆诸今藏语称青海（湖）为“措安泊”，其义即为青色的海，盖南北朝以还的青海，属汉文的义译，而此前的卑和羌海、西海，则皆属音译。其所以译“海”而不译湖，也从本义。至宋时蒙古族入青海，又以蒙古语转译为库库淖尔，此概为意译之例。综此三例，西海、鲜水海、卑和羌海，源自羌语，统属音译；仙海云云，出自后世史籍刊刻致误，以僊海为僊海，望文生义，谬种流传。“僊”本西零之简称，仍属音译，一旦讹误为僊，便全失其本义。唯青海一名，相传至今，妇孺尽知，然其为出之汉文意译，则迄未有言之者，用特表而出之，倘亦大雅之所乐闻欤？

青海义为青色的海子，取名十分形象。我初次经青海（湖），时属初冬，海水尚未完全结冰，车过倒淌河不久，突见海水拔地而起，与蓝天相连，碧澄清湛，上下一色，烟波浩渺，一望无际。海水高出地面，本属人的错觉，然此种景观，显属高原所特有，所以显得如此奇异。我曾有句诗云：“海水连天碧，长云接地平。翻疑银汉落，转教道心清。”可以说是实记。

青海名义的渊源和演变，略如上述。但在藏文中，仍有一个异名流传，这就是所谓赤雪洁莫，可意译为万翼王母。而另外还有许多拼法，或译万帐沉没女神王，或译万方胜女，等等。这来源于藏族神话传说，说的是在青海（湖）未形成前，本地区原居住着万帐居民，在这里有一眼碧水小泉，平常是用盖子盖住的。有一次，一个前来背水的小姑娘忘记盖上盖子，结果泉水涌出，顿时汪洋一片，淹没了万户人家。幸亏莲花生大师道经此地，用一座小山压住了喷水的泉眼，这座小山就是现在青海(湖)中的海心山云云。它虽然说的是青海(湖)形成的由来，但却来源于后起的宗教故事，所谓赤雪洁莫，亦犹湘灵之于洞庭，纯属美丽的神话，自不能当历史事实来看待了。

(五)乐都与老鸦

汉代四望峡，究竟指现在的什么地方，这个问题，当然可以讨论。但王子贞同志曾在一篇文章中用了那么多的笔墨，上下古今，旁征博引，从而确认它指的是今老鸦峡，可我认为离题过远，仍无助于这个问题的落实。考证之业，不藉泛论，现在我仅就乐都与老鸦两个地名的来由，来证明王子贞同志的所论，当属徒然词费。

乐都初名落都，见于《汉书·赵充国传》，而在落都地区设郡县，则始自破羌，其县治在今县城之东。后凉置乐都郡，其治所始在今县治所在，而乐都之名，亦从落都(或洛都、雒都)改译。其名原属羌语，自然毋庸置疑。今藏语称沟口为隆多，河边为玛多(玛曲边)、治多(治曲边)。此隆多之“隆”，即指今引胜沟，引胜沟古称乐都谷，而乐都水即指湟水。不论乐都郡设于何时，其治所即今县治所在，这也是无可置喙的。王同志却硬说什么“乐都水非流经冰沟堡则冰沟就不能叫落都呢？”须知冰沟堡之名始自明清，汉时那里非仅无堡，而且有无村落，尚在不可知之列。何况它只是一条山沟，又无河水流过，当然不能叫落都、隆多。同时落都在未设郡县前，其名称仅指今县治所在的引胜沟口，并不泛指冰沟、高庙、老鸦任何地方。

其次再说老鸦，这个名称，也出自明清时代的藏语，俗讹读为老鸦(按当地口语，应读为老哇)，实乃藏语“隆哇阳”的音译，义为险峻的深谷。今老鸦峡自古以来以迄清末，均不能通车马，行人往来及军行商运，在1917年前，都取道永登，经冰沟至老鸦城。自明初在冰沟设定西关，置驿站，其路线先后有二：一为自永登至窑街，从毛塔渡大通河进入冰沟，再经老鸦城上溯乐都；一从永登经大沙沟，渡大通河至马莲滩，上牛站大坡，过白崖岭，沿白崖沟至乐都。这两条路都不经老鸦峡，而王同志却硬要那位白发苍苍而向来持重的老将赵充国在2000多年前，教他的儿子印引支兵取道冰沟趋落都（实际上印引支兵是后来去令居的事），而自己却率大军出老鸦峡（他以为这就是汉时四望峡），这不仅在文献上无征，即在兵法上也没有主帅率大军趋险隘而令偏师走大道的事理。至于把赵充国进军湟中比拟为邓艾的偷渡阴平，尤属不伦。

《汉书·赵充国传》中明明说是“充国至金城，须兵满万骑，欲渡河，恐为虏所遮，既夜遣三校衔枚先渡，渡辄营阵，会明毕，遂以次尽渡”。这上万骑兵所渡河，显然是指黄河，渡河后才遣骑候四望峡。若把它说成是老鸦峡，则这万骑在渡河后必须趱行一百多里路程渡过大通河，又要在单骑狭路上一夜通过老鸦峡，还更上引兵至乐都，这支汉兵岂不都成了小说上的天兵天将？这样的论断，既无时间观念，又乏地理常识，这和王同志在另一篇文章中说今湟源的南古城为汉临羌城一样荒唐！考证历史地理，还能用移山倒海的手法吗？

因此，我的意见是《汉书》上所说的湟陿，当指今老鸦峡、大峡和小峡而言，缮修湟陿以西道桥，则泛指由今北川河以迄大通河诸河道桥梁而言，因为汉军这次会合地点是在鲜水（今黑河上游俄博河）弯曲处的句廉上，也并不包括今湟水上游的西石峡，这是由当时行军路线决定的。

（六）霍尔与乌鸽

韩鸿庵（儒林）先生《西北地理札记》第五节《乌鸽、Huiur及Hor》中说：

彭大雅《黑鞑事略》第四八节《其残虐诸国》条下，著录一国，名乌鸽。王国维注云：乌鸽即“回鹘”，而未加说明。“鸽”与“欲”字同音，同隶“喻”母，与“鹘”字的隶“匣”母迥异，故知“鸽”决非“鹘”之讹。

又说：

> 藏文 Hor 一字，意为突厥，为蒙古，故美国艾德噶 (J. H. Edgar) 曾主张西康东部雅楚河上流之霍耳 (Hor) 部，即秦、汉时代小月氏之苗裔。此说能否成立，兹姑不论。吾人所欲言者，藏文 Hor 一字，由突厥或蒙古部中何名而来乎？依吾人揣测，Hor 殆即 Huiur(乌鸹) 之西藏读法。换言之，Huiur、Hor 同出一源，同指普通译写之畏兀儿也。此说虽无旁证，但颇有可能，姑志于此，以待世之博雅君子论定焉。(见《穹庐集》)

今按，乌鸹当代或译写为 Ugars，同于回鹘。回鹘，《魏书》作袁纥、乌护、乌纥；《隋书》作韦纥、回纥；《唐书》作迴纥，后改称回鹘。《黑鞑事略》作乌鸹；《长春真人西游记》作畏午儿；《元秘史》作委兀、委兀儿；《元史》作畏吾儿、畏兀儿、畏吾而、畏兀；《玉堂嘉话》作外五，都指今天新疆的维吾尔族。王静安 (国维) 先生以乌鸹为回鹘，殆即本此。而鸿庵先生则以普拉诺 · 迦尔毕尼 (Plano Karpini) 所著《迦尔毕尼行纪》中的 Huiur 当之，从而推论 Huiur、Hor 同出一源，同指普通译写的畏兀儿，我以为他这个说法是难以成立的。

上文提到藏文 Hor，指突厥、蒙古，在吐蕃历史发展过程中，都确有过这种事例。但如艾德噶所指今四川甘孜藏族自治州所属霍耳三十九族，则既非小月氏后裔，亦非指蒙古，而是与今青海的土族同属吐谷浑族后裔。(见拙著《霍尔与土族》，载《青海民族学院学报》，1982 年第 4 期)。鸿庵先生更推测为维吾尔，则相去更远。鸿庵先生此文，初发表于《华西大学文化研究所集刊》，当时虽同在华西坝，尚未能献疑。去年初拙稿刊出，当即寄奉一份呈正，而先生突于是时作古，殊感憾恨也！

（七）囊家歹

我家世居化隆县甘都街，与回民同村，而四周又都杂居着撒拉族和藏族，是一个较典型的民族杂居地区。我们幼年时和回民儿童在一起厮混，有时他们骂我们为“囊噶娃”，似乎带有点轻蔑的口气。但大人们有时谈话，也用这个名称。如汉俗过了“腊八”以后，就要杀猪宰羊，炸油果，蒸馒头，准备过年（春节），于是他们便和汉人开玩笑说：“囊噶们吃了糊涂饭（腊八粥）以后便糊涂了起来，把柜里的面和缸里的油都要弄光了才算！”这里的“囊噶”一名并无贬义。同时，汉人们自己有时在和回民谈到伊斯兰教派时，也常说：“新教老教，不教囊噶睡觉。”自己也沿用这个名称。但“囊噶”究竟是什么意思？它的来历如何？则谁都不知道。

中国当代著名历史学家陈寅恪先生，精通英、法、德、俄、日、希腊诸国文字，兼习梵文、巴利文、满文、蒙古文、藏文，甚至已死的突厥文、西夏文等。他早年曾写过一篇《元代“汉人”译名考》，刊载于清华研究院《国学论丛》上。40 年前在成都曾听他对我说过，但这篇文章我迄今未能查到。前年陈先生遗著陆续出版，我从《金明馆丛稿二编》（《陈寅恪文集》之二）中才读到了这篇文章。就在这篇文章中陈先生广征博引地考证了我上面提到的“囊噶”这一名称的含义和来历，使我长期所怀的疑团，至此便涣然冰释。陈先生对此的译名是“囊家歹”，乃元朝人的旧译。元朝在灭金、西夏和宋后，分全国人为四等：蒙古人居首，色目人属二等，称辽、金旧族为汉人，居三等，称南方汉人为南人，属四等。而称南宋为“南家”，“囊家歹”即“南家”的音译，“歹”字是尾音，或译为“惕”“特”。这个元时蒙古人称黄河以南汉人的名称，在此后文字记载上逐步消失，而在民间语言中却传留了下来。更经寅恪先生考证，使我们获知其来历，是一件很有意义的事。

陈先生原文说：

明火源洁《华夷译语》蒙文编人物门，汉人曰乞塔。乞塔固为中国人之通称。然元初所谓汉人，疑尚有他译名也。海盐朱教授希祖所藏日本元禄十二年翻刻元泰定本陈元靓《事林广记》庚集卷拾《至元译语》人事门，汉儿曰托忽歹。蛮子曰囊家歹。今取旧史校之，知托忽歹为札忽歹之伪，而囊家歹之语，则本之金人故称也。

上面所说的"托忽歹"，据陈先生引证拉施特《蒙古史》波斯文与法文对译本和波斯文《史贯》两书中论中国一节中波斯人所谓的 Khatai，蒙古人所谓的 Djavkout，即是"札忽歹"一语的语源，从而也证明汉文"托"字实即"札"字的形误。同时拉施特《蒙古史》中说：

Khatai 国者，蒙古人称为 Djavkout，支那语谓之 Khanzi。以 Kara—monan(黄河)与 Matchin 国即支那人所谓 manzi(蛮子)者为界。

我们更可推知札忽歹国与蛮子国以黄河为界，即指宋元时黄河以北辽金旧疆(包括那里的汉人在内)，Khanzi 当为"汉子"(汉儿)的音译，蛮子国则指长江以南宋朝所统治下的地方而言。日本箭内亘博士在其《元代社会之三阶级》一文中说：

汉人亦有二种，尝在金治下之支那人曰汉人，在宋治下之支那人曰南人。(见陈先生引文)

汉人、南人的区分，即由此而来。这个称谓，大概到元朝统一全中国后，才为“乞塔”所代替，而成为汉人以至于中国人的通称（此仅就蒙古人立场而言）。所以陶宗仪《辍耕录》载汉人八种，有契丹、女真、高丽等，而并无汉人之名。当时汉人的名称，即是囊家歹，而囊家歹又是“南家”的音译，陈先生说：

又《至元译语》人事门，蛮子曰囊家歹，囊家即拉施特之 Nangias。法兰西伯希和教授（Prof.Paul Pelliot）谓即华语南家二字之音译。……而南字以与家字联接，故译音稍变。并引《三朝北盟会编》贰贰马扩茅斋自叙云：“粘罕云：‘你说得也煞好，只是你南家说话多捎空。’”金人称宋为南家，蒙古亦承用之，后遂为中国之通称。

金人居黄河北，称黄河及长江以南的人为南家，江南方言读“家”如噶，后人因之，转而失其原义。而“南家”被译为“囊家歹”，据陈先生考查，《蒙古源流》蒙文原本对“（阿勒坦汗）行兵中国，侵凌骚扰”一语中的“中国”二字，作 Nangiad—ulus。前一词正好是“囊家歹”的对音，这就是“囊家歹”的语根所在，只是现在的口语中已泯灭了尾音“歹”而已。

继陈先生之后，近年薛文波先生在《西北民族史料散介》（《西北史地》，1981 年第二期）中曾引沈曾植《海日楼札丛》谓：“和尔，唐古特语蒙古也。”“囊嘉特，蒙古语汉人也。原囊嘉带或南家解。嘉，唐古特语汉人也。”与拉施特、伯希和的记述或论证均不谋而合。沈曾植精通西北地理和元史，他的说法，更属信而有征。只是以“嘉”为汉人，在这里并不适合，因它只不过是“家”字的另一音译，“囊嘉”即南家，实是一个名词，不能分解。至于今藏语称汉人为“嘉”，则当是羌语之遗，实际上是“夏”的古音或音转，与“南家”在时代上不相联系。（说另详拙著《华夏臆说》）

据上述引证，元时蒙古族称辽、金治下的汉人为札忽歹，或译为“汉儿人”；称宋治下汉人为囊家歹，或译为“蛮子人”（均见《元典章》）。又把南宋朝廷称为“南家”（即是南方的赵宋官家），以后便以囊家歹代称南宋治下的汉人。中国虽由元朝重行统一了，而这种分割时代的称谓，不仅相沿未改，甚至成为此后在少数民族地区汉人的通称了。

（八）乞塔

近几年我常写一些急就的文章，对有些问题时有申论，但无暇或无从翻检查考旧籍，因而说或可采，而终乏确凿的证据。如陈玉书先生说辽末金初，耶律余睹等复国失败后，金廷借口追捕余睹余党，大规模地残酷镇压迫害，逼得留住在燕云地区的契丹人，大量向西北逃亡，河湟一带自然有可能成为他们藏身之地。因此他举出西宁一带有乞塔坪、乞塔堡、乞塔庄、乞塔城等地名为证，说现在青海土族的先民中有契丹人成分。（见《关于土族的来源问题》，载《历史研究》，1962 年第 6 期）我不同意这个说法，认为契丹人并未大量亡入青海地区，但我以“乞塔”为疙瘩或圪垯的异写（见拙著《霍尔与土族》等篇），有点以偏概全，除了与个别地名相适应外，推广到更多地区，便不完全适用。今据陈寅恪先生所征引明火源洁《华夷译语》蒙文编“汉人曰乞塔”的记载，则乞塔即为“契丹”的对音。陈先生又说：

> 至蒙古之称金人，姑就《元秘史》而论，札忽惕之外，或曰阿勒坛，即蒙文金字的意译。或曰主儿扯惕，即女真的对音。或曰乞塔惕，即与《华夷译语》之乞塔同一字也。（见《元代“汉人”译名考》）

大概元初尚分称辽金旧族为札忽歹（汉儿人），南人为囊家歹（蛮子人），待全国统一既久，这种区分，便逐步归于泯灭，而“乞塔”遂成为中原人的通称。然则所谓“乞塔坪”“乞塔堡”等地名，在最初来说，其中有些必然是“汉儿人”的居地，所以当地少数民族（即当时的色目人）称它为“乞塔”，但并不只限于契丹，应当是遍指居住在边地的汉人，以后便更衍为各少数民族对中原人的通称。民族间的相互称谓，其产生各有时代界限，这一点有时还难以弄得清楚。

（九）土语语源

现在青海土族语言中，有一部分与蒙古语相同的语汇，因而研究土族族源的学者们定土语为阿尔泰语系蒙古语族，我对此说尚持怀疑态度，以为土族有些语汇和今蒙古语相通，可能受后世蒙古语影响，也可能为东胡语系所本有。鲜卑语本属东胡系，在语组方面与后来的蒙古语容有差异，但从语源来说，也当有相通部分。（见拙著《唐五代以后的吐谷浑族后裔及其民族特征》）虽然如此，但我并不懂得语言学，很难“持之有故”。近读蒋天枢《陈寅恪先生编年事辑》（《陈寅恪文集》附录），其书附录有张为纲记陈先生讲《五胡问题及其他》一稿，其中有云：

> 或谓鲜卑人须发皆黄色者，想系指其别部丁零而言。**因鲜卑语与蒙古语近**，自不无同族关系。然其别部丁零，固有黄发者，则谓鲜卑为黄发儿，当即指其别部丁零而言无疑。

据此则吐谷浑本鲜卑支系，其语源出于东胡，殊无疑义。所以后来的语言学者，把它属于蒙古语组，但这是蒙古族形成以后的语言系统，吐谷浑早在公元 4 世纪时来河湟，当时此地区尚无蒙古语系的民族存在，若以今土语直属蒙古语系，且定今土族为蒙古族后裔，则显然反客为主，本末倒置。所以陈先生这里只说“鲜卑语与蒙古语近”，是极有分寸的，也是历史主义的，可作为我以前推论的历史根据和补证，用亟录出，借供通人参考。

甘青古地，以原居民族语名者甚多，有的今已不可解。今新疆地名从主人者更多。青海新设县，也多从藏语，如玉树、称多、囊谦、玛多、玛沁、班玛、甘德、久治、刚察、泽库等，都音译自藏语，其中唯久治义从双关。现青海省地名委员会正在作审定和释义工作，此不赘及。

本文在写作中，对一些地名的审音和转写，承邢海宁君帮助，附此志谢。

敦煌与莫高窟释名及其他

汉武帝时开河西四郡，首先是为了打开东西交通道路，所谓“以通西北国”，即是指此。其次是为了隔绝羌、胡交通，所谓“断匈奴右臂”，即是指此。但四郡建置年代，当时记载，颇不一致。据《汉书·武帝纪》：

> （元狩二年）秋，匈奴昆邪王杀休屠王，并将其众四万余人来降，置五属国以处之，以其地为武威、酒泉郡。

其后又云：

> （元鼎六年），乃分武威、酒泉地置张掖、敦煌郡，徙民以实之。

而同书《地理志》，却说武威郡，太初四年开；酒泉郡、张掖郡，均太初元年开；敦煌郡，武帝后元元年分酒泉置，与前说互异。司马光《资治通鉴》把置酒泉郡的时间，系于元鼎二年。按《汉书 · 西域传》说：“始筑令居以西，初置酒泉郡。”而据郦道元《水经注》卷一河水注，谓令居县，武帝元鼎二年置，则酒泉郡置于元鼎二年，就此可证。武威郡的建置，《通鉴》亦系于元鼎二年，按元鼎六年，使将军赵破奴出令居，乃分武威、酒泉地，置张掖、敦煌郡。这两郡的建置，正是为了隔绝羌、胡交通的需要。如此，则四郡的建置年代，似无大扞格了。

上述四郡的名称，一般都按汉语义解释，实际上武威、酒泉是汉语，而张掖、敦煌是译名。因其地既原属羌、胡杂处，地名也自当名从主人，这样才能通晓其得名的由来，甚有助于史事的解析。而自汉以来的注家，都望文生义，强自为说，致使两千年来，以讹传讹，失其真相，窃不自揆，愿申其说，以就正于当世的通人和专家。

先释敦煌。《汉书 · 地理志》注引应劭曰：“敦，大也；煌，盛也。”唐李吉甫《元和郡县志》卷四十沙州燉煌县条云：

> 隋大业二年，复为敦煌，敦，大也，以其开广西域，故以盛名。

由于以“大”“盛”解敦煌，因此唐代索性改敦煌为“燉煌”，二字皆从火，以示其盛明。这和解释张掖为“张中国之臂掖，以通西域，断绝匈奴右臂也”同样无稽。

我因为河西走廊的庄浪，今藏语义为野牛沟，因而得晤张掖的原义是野牛之乡，也就是野牛常出没的地方。今藏语原本自羌语，只是汉文或译为“庄”，或译为“张”而已。敦煌之为羌语译音，盖与庄浪、张掖、删丹等相同。我曾为此遍询深通藏语文的专家，他们根据我的提示和设想，最终由索南杰同志提出“朵航”的对音来，这在现代的藏语中是“诵经地”或“诵经处”的含义。

我认为这是得实的。敦煌的名称，既在汉武帝通西域时早已存在，那么佛法东来河西走廊西端，当在汉武帝以前，只是由于当时汉廷的州郡建置尚未及于这个地区，故一般都以佛法传入中国，当始自东汉，因此对见于牟子《理惑论》的永平求法，也存有怀疑。但若根据上述敦煌的得名，则《魏书 · 释老志》所谓“及开西域，遣张骞使大夏还，传其旁有身毒国，一名天竺，始闻浮屠之教”的记载，并非完全出于臆测。因佛法在汉初即已在天竺西北部盛行，大月氏西迁，早蒙佛化，而小月氏则仍留河西走廊，张骞初通西域，即远至大夏，大月氏虽未再东返，但佛法却因其传播于河西走廊，不难从敦煌的得名窥其梗概了。更由于汉武帝开河西四郡，佛法便随之传入内地，并与老庄之学相呼应，而黄老之学，又极盛于汉初，是佛法初入中土，或早在文、景之世，而正式传入，则始自张骞通西域后，不必等到明帝永平之世了。这个问题的探讨，原非本文主旨，但从敦煌名义推求出这个义蕴，也略可以见释名一事的重要了。

其次释莫高窟“莫高”的名义。敦煌千佛洞，本名莫高窟，它开凿在敦煌城东南 25 公里鸣沙山东麓的崖壁上。洞窟全长 1618 米，现存有洞窟 492 个，彩塑 2200 余身，壁画 4500 多平方米，唐、宋木构建筑五座，是我国石窟寺中最大的一座。就其艺术价值论，是世界艺术史上罕有的瑰宝，被称为敦煌艺术。

关于莫高窟的来历，敦煌卷子《莫高窟记》有如下记载：

右在州二十五里三危山上。秦建元中，有沙门乐僔，仗锡西游至此，遥礼其山，见金光如千佛之状，遂驾空镌岩，大造龛像。次有法良禅师东来，多诸神异，复于僔师龛侧，又造一龛：伽蓝之建，肇于二僧。晋司空索靖题壁号仙岩寺。自兹以后，镌造不绝，可有五百余龛。又至延载二年，禅师灵隐共居士阴祖等造北大像，高一百四十尺。又开元年中，僧处谚与乡人马思忠等造南大像，高一百二十尺。开皇年中僧善喜造讲堂。从初□窟至大历三年戊申即四百四年，又至今大唐庚午(辰)，即四百九十六年。时咸通六年正月十五日记。(伯希和三七二〇号卷子，此据王重民氏《敦煌遗书论文集》转录)

这篇《莫高窟记》。写于唐懿宗咸通六年(公元865年)，是一篇有关莫高窟的重要史料，莫高窟之名，始于隋时，而后著录于此。其最初称仙巖寺，可能尚未建窟室，以后又俗称千佛洞。关于莫高窟的名称，据说在隋代续开洞窟中业已出现，但“莫高”二字的含义，究竟是什么？则又人各一说：第一种说法是这个石窟建造在沙山崖壁上，而鸣沙山较之周围地形又高，沙漠的“漠”字与莫高窟的“莫”字，古语可以通用，在沙漠高处开凿的洞窟，即叫莫高窟。今按莫、漠、嗼、谟在音训上固可省借，而在义释上，则不能以漠为莫，所以这个解释，语涉牵强，并不能得其意蕴；第二种说法是在古代敦煌地名中有漠高乡，鸣沙山又名漠高山，窟名当由此演变而来。这个解释，已探故近真，但尚未得其义；第三种说法是最初开凿洞窟的乐僔和尚，道行高超，后莫能及，故以他所凿石窟为莫高窟。这就更望文生义了。

我起初虽不同意以上诸说，但自己也从未得正解。最近以偶然的机会一游敦煌，亲眼看见莫高窟开凿于鸣沙山崖壁的砂砾岩层上，便憬然省悟它得名的来由了。

原来“莫高”是译音，即突厥语沙碛的意思。请试证之：

《宋书·鲜卑吐谷浑传》云：

白兰土出黄金铜铁。其国虽随水草，大抵治慕贺州。

这个慕贺州不见于地志，但其地在当时或称莫贺川。这个地方就地理推求，即

段国所记的沙州。《魏书 · 吐谷浑传》云:

弟阿豺立，自号骠骑将军，沙州刺史。部内有黄沙，周回数百里，不生草木，因号沙州。

其地因有沙漠故名沙州。这与后来前凉以敦煌为沙州是一样的。这个当时吐谷浑王城所在的沙州，遗址即在今青海省海南藏族自治州所属贵南县境内的穆格滩。穆格即慕贺、莫贺的异译，其义亦为沙漠，今穆格滩纯为沙漠，与《沙州记》所云“荡然黄沙”，完全吻合。

莫贺或又作“莫何”。《晋书 · 四夷 · 吐谷浑传》云:

树洛干十岁，便自称世子，年十六嗣立，率所部数千家奔莫何川。

实际上这里所指的与上述沙州是同一个地方。现在青海省海西州乌兰县茶卡盐池西北有一莫何畜牧场，也在沙碛中。又海南州共和县切吉，古称莫合。歌、苛通韵，故何、河、合又可通读为苛或歌也。

莫高窟之名，约出现于隋唐之际。按《新唐书 · 吐蕃传》有云:

高宗时有司无状，弃四镇不能有，而吐蕃遂张。入焉耆之西，长鼓右驱，窬高昌，历车师，钞常乐，绝莫贺延碛以临敦煌。

又，《旧唐书 · 吐蕃传》记刘元鼎使吐蕃所见云:

东北去莫贺延碛尾，阔五十里，向南渐狭小。北自沙州之西，乃南入吐谷浑国。

按贺、嘉古同声，嘉，同加，古牙切，又读如葛，歌遏切，今江南语音犹然。《新唐书》“绝莫贺延碛尾以临敦煌”指的正是古称图伦碛今称为塔克拉玛干大沙漠的著名沙碛，“玛干”即是“莫高”“莫贺”“莫何”“莫合”的今译，而“绝莫贺延碛尾以临敦煌”的莫贺，即是莫高窟“莫高”的对音，通指的是沙漠，既不是说在沙漠高处所开凿的洞窟，更不是僧伽道行莫高于乐僔的褒义词，而是说在沙碛里开凿的洞窟，这可以说是肯定无疑的。

莫高窟的名义，既得到如上的正解，容再一述敦煌与莫高窟的地理位置与其地形地貌，更进一步阐明以上释名的碻然无误。

古敦煌是丝绸之路上的总枢纽，也是这条孔道上的一个门户。它地处在嘉峪关外鸣沙山与三危山之间的盆地中间，南来的党河水向东北流经古敦煌城，现只剩下一些残迹。今敦煌城建于清雍正年间，居党河东岸。由于党河河水的灌溉，使这片沙漠地带形成了一块绿洲。旅行的人，无论从河西走廊出嘉峪关，或是从祁连山南取道肃北，或是从当金山口通过阿克塞，然后进入敦煌县境，都是一片荡然黄沙。唯独敦煌县城所在的那一块地方，形成沙漠中奇特的绿洲。那里海拔只有1100多米，气候炎热，盛产瓜果、棉花和小麦等，而莫高窟又正深藏在县城东南约25公里的鸣沙山断崖和三危山的峡谷坡地中。在这个峡谷中，有一条大泉河由东侧绕过，由于它常年的冲刷，将鸣沙山东侧的砂砾岩冲刷成一断崖，而两崖峡谷中却形成了一片葱茏的小绿洲。莫高窟就开凿在这绿洲西侧的鸣沙山断崖上，绿树掩映，流泉清淙，飞檐凌空，金光灿烂，实是一块隐藏在砂碛里的佛国净土。断崖顶上，黄沙弥漫，即是鸣沙山峰，要是不入这河谷中，从鸣沙山上是望不到这段崖壁上的洞窟的。其初开时名莫高窟，便是缘此而来的。

这片断崖是完全由砂砾石构成的，黏度不强，质地松脆，易于开凿，而难于雕刻，故佛像均用泥塑，并在洞壁和顶棚里泥灰，遍绘藻井和千佛及飞天仙女、佛经故事等。其中以飞天为最有特色和活力，所谓“天衣飞扬，满墙风动”，的确给人以活跃飘逸的情致。据记载，莫高窟开凿始于前秦建元二年（公元 366 年），历北魏、西魏、北周、隋、唐、五代、宋、元至清，陆续开凿洞窟 600 多个。塑像中佛面含笑，慈祥宁静；金刚怒目，威武狰狞。特别是 96 窟的一尊倚坐弥勒佛像，高 33 米，宽 12.5 米，宏伟庄严，为一尊鲜见的泥塑大佛。据记载，这尊大佛始塑于唐证圣元年（公元 695 年），飞檐倚山，巍峨迤逦，具有盛唐风貌。楼阁原建为四层，晚唐时加修至五层，民国时重修，改建为九层，故俗或称九层楼，不仅七宝庄严，而且飞檐凌空，蔚为壮观。与 96 窟大佛像相辉映的是 130 窟的又一弥勒佛像，此像塑造于开元、天宝年间，高 26 米，为仅次于 96 窟的莫高窟第二大像，俗称南大像。塑像丰满圆润，庄严肃穆，而眼睑鼻翼清晰生动，具有高度艺术效果，充分流露着盛唐的时代气息。

比这两尊大佛更为奇特的造像，是 148 窟的释迦牟尼涅槃像，俗称睡佛。这尊大佛横卧在长方形窟室中的高台上，神情端庄安详，绝似一舒展安适的美女形象。头枕右手，侧面向众，在宁静自在中寓有德行圆满感。大抵佛、菩萨中的观音，乃代表西方女性美的典型，而唐人彩塑，非只形象优美丰满，其神采实仿自当时帝王仕女，缘人造佛，因而特富有精神感染力量。佛家向以生老病死为四苦，而以涅槃为解脱归真，我们看了睡佛圆寂时安详的仪态，诚有从化返本、永无生死的安然感觉。富有时代精神的唐代艺术巨匠们，冲破生死之关，扫除悲泣之相，为人们创造了一个无上的精神境界。这种艺术形象，无疑是中国古代文化兼容并包、浑涵一体的艺术结晶。其他各种影塑、壁画、藻井等，无不具有千姿百态、色彩绚丽的特点，这比一般石室中仅有壁龛的形式，就更丰富多彩了。

莫高窟集彩塑彩绘于一堂，是鸣沙山砂砾岩结构的产物。这类砂砾岩层上的洞门，经千百年来的风蚀雨淋，多有剥落残破，自敦煌艺术研究所成立后，迭经政府大力整修，所有洞容焕然一新，几与原貌无别。这在国家来说，是抢救和保护了古代佛教艺术，而自佛教信徒来说，却又是一桩无上功德了。

莫高窟的正门是一座牌楼，正面上方竖题“莫高窟”三字，下方横题“石室宝藏”，其背面是“三危揽胜”。两边古木参天，清流潆洄，自有一番洞天福地的风味。

莫高窟的艺术宝藏，除了上述的塑像、壁画等外，还有更重要的稀世瑰宝：历代经卷写本和绢画、刺绣等文物五六万件，深藏于第 17 窟中早被密封而未为人所发现的藏经洞中。这是研究西北史地、中西交通史、民族史、民族语言文字、美术音乐以及宗教发展等的极珍贵资料。公元 1900 年，为王道士在清理该窟积沙时偶然所发现。但这个无意中的重大发现，由于近代中国正处在受侵略压迫和军阀割据的苦难中，这些宝藏，竟先后为帝国主义分子斯坦因、伯希和、鄂登堡、华尔纳等所骗窃去或被破坏。而现在竟还有些外国人炫耀什么“敦煌在中国，敦煌学 (Tunhuanology) 在外国”。这实是一桩极为痛心的事件，也是我们中华民族的耻辱！

古代丝绸之路上的石窟寺，不只是莫高窟一处。即就是在敦煌周围，还有党河北岸的西千佛洞；安西的榆林窟（又名万佛峡）和小千佛洞，都是敦煌艺术的组成部分。至于其最早的来历，当源于印度的纪念释迦牟尼的石窟造像和壁画。不过，敦煌艺术又别具有中国民族文化艺术的特点，这是我们可引以为豪的。我因释敦煌和莫高的名义而附论及此，实际上对敦煌艺术，我还是莫测高深的。

附记

1948年夏，裴文中先生率北京地质调查所考察组来兰州，将往敦煌而苦于经费不足。时辛树帜先生任兰大校长，即力予赞助，由兰大历史系与裴先生考察组联合组成敦煌考察团，原定顾颉刚先生和我都参加，而最终顾先生和我均因事未能前去。因此顾先生在离兰前题张鸿汀先生敦煌卷子时，有“者回到得皋兰下，又赋高山仰止篇”之叹！时过卅余年，顾先生与辛先生均相继谢世，而我竟以偶然的机缘，于最近一揽莫高窟之胜，顿悟莫高窟得名之由，不能谓非一大快事！因思顾颉刚先生昔客渝州，某夜，自南岸海棠溪望大小梁子灯火高下，遂恍悟梁州名义，诚所谓读万卷书不如行万里路。对书本上的问题，仅矻矻于黄卷青灯，率不免望文生义，或百思不得其解。我这次区区的领悟，自不敢妄有所比附，然愚者之一得，实亦得自师门之教。史筱苏（念海）先生为《辛树帜先生九十诞辰纪念论文集》征稿，因匆草此篇，借以志生平师友因缘云。

隋炀帝西巡道路中几个地名的考实

历史上中西交通路线的开辟，当源自远古。周穆王西行的记载，非尽虚传，不过由于书阙有间，致暧昧不明。自汉开河西四郡，以迄南北朝，东西往来，遂重行以今河西走廊与新疆为通途，而远达于中亚甚至及于欧洲。但是到隋统一时，因中国西部突厥与吐谷浑两族兴起，这条通道，为他们所梗阻，直至隋炀帝时，东突厥臣属隋廷，才为隋王朝和西域及国外恢复和扩大联系，创造了有利条件。惟当时吐谷浑王正雄踞今青海，南起鄯州，西连鄯善，对促进中西文化经济的交流，仍是严重障碍。同时炀帝为了获得更多的珍宝，也急于彻底扫清存在于这条道路上的隐患。

在这种情况下，隋炀帝于大业四年（公元608年）开始了征服吐谷浑之举，次年又御驾亲征，开始了他西巡河右之行。

炀帝这次西巡，取道陇西，出临津关渡河，至西平，陈兵讲武。五月乙亥（九日），大猎于拔延山，长围亘二千里。庚辰（十四日），入长宁谷、度星岭。丙戌，至浩门河，发兵击吐谷浑，伏允率众保覆袁川。隋军以四面包围的态势进击，伏允以数十骑逃出包围圈，而以其所部名王诈称伏允保车我真山。六月丁酉（二日）遣光禄大夫梁默等追讨伏允，兵败，为伏允所杀。卫尉卿刘权出伊吾道征吐谷浑，至青海，虏获千余口，乘胜追奔，至伏俟城。癸卯（八日），过大斗拔谷。丙午（十一日），至张掖。壬子（十七日），高昌王麹伯雅来朝；伊吾吐屯设献西域数千里之地。于是炀帝便在这一带地方设置了西海、河源、鄯善、且末四郡（西海、河源即在今青海境内，鄯善、且末在今新疆境内），并在张掖修建了一所观风殿，接见高昌王等西域使者。隋帝此行，大获成功，西域各国"引领翘首，愿为臣妾"，加强了西域各国和隋王朝的文化、政治、经济方面的联系，这些已为众所周知，不再赘述。以下仅就此次西巡路线中几个地名的所在再加考释，试图予以核实。

一、临津关

《隋书 · 炀帝纪》："（大业五年）夏四月……癸亥，出临津关，渡黄河，至西平。"

按炀帝此次西巡路线，是由陇西经枹罕（今临夏）而在临津渡河的。临津溪水和临津关到底在什么地方呢？《资治通鉴》胡三省注说："临津关当在枹罕界，临河津。"津，指渡口，而这个黄河渡口，又适在临津溪入河之处。胡氏所注，是根据《水经注》而言的。《水经注》于河水过邯亭后接着说：

> 河水又东，临津溪水注之。水自南山北，迳临津城西，而北流注于河。河水又东，迳临津城北，白土城南。①

那么白土城又在什么地方呢？郦道元引阚骃《十三州志》说：

---

①《水经注》卷一《河水》。

左南津西六十里，白土城。城在大河之北，而为缘河济渡之处。

紧接着郦道元《水经注》又说：

河水又东，左会白土川水。水出白土城西北下，东南流，迳白土城北，又东南注于河。

这本清楚地注明了临津渡即指现在的临夏县积石山的大河家，但日本汉学家佐藤长却以邯川城而求临津溪，把现在循化县城以东的清水作为临津溪，并说临津城就在该河口东侧，而白土城也就在黄河对岸①。我自幼生长在这块地方，在黄河北岸的甘都川内（即邯川），那里根本没有白土城遗址及有关传说，在清水河口东侧，更难找出临津城的影子来。因为那儿恰好是积石峡西口，峡门上连点开阔地也没有，哪能筑起座城呢？若果是大军从积石峡东来，早就在孟大峡被守军挡住了。那里真是“一夫当关，万夫莫开”，而在积石峡西口筑堡，不仅无地可容，同时也没什么必要了。

至于他说在对岸的白土城，据《水经注》记述，还在临津城以东的黄河北岸，而这里却正是壁立千仞的积石峡夹岸，更无筑城的条件。佐藤氏的说法纯系臆测。

类似的说法，还有严耕望先生。他说：

由河州向西微南，循漓水（今大夏河）而上，八十里至凤林县（约今韩家集地区）北境，又折而西北行一百里至盐泉域（今循化县）。隋炀帝

①（日）佐藤长：《隋炀帝征讨吐谷浑的路线》，梁今知译，载《青海社会科学》，1982年第1期。

西征吐谷浑，取道临津关，盖即临津故城（盖今循化县），疑即此道。①

上面已说明临津故城不在今循化县境内，其实盐泉城故地也迄未经循化管辖。盐泉城址我虽未曾经过勘察，但少时曾偶过今科沿沟（沿当为盐字的误写），其地有盐泉，旧时对岸大小波利儿庄撒拉族人用土法过滤盐水，制成盐块（俗称盐椭）出卖，盐泉城当由此得名。其城应在北岸科沿沟内，唐宋以降，归鄯州（乐都）、化隆（巴戎）管辖，与循化迄无隶属关系。至于漓水，自齐召南《水道提纲》以还，多误以为即大夏河。实则漓水导源羌中，下游至河州北入河，而大夏河自河州南番地流经河州（今临夏市），其下游名为广通河，流至狄道（临洮）汇入洮河，严先生显然将之混而为一了。

关于佐藤氏白土城在今甘都的说法，《循化厅志》早已指出。那上面说："临津城在厅治西界。"接着引《水经注》"河水又东迳临津城北，白土城南"的记载后便推断说：

按临津县为晋时张轨所置。白土城疑即今西宁之甘都堂汛，临津又在其上。故址当在今查汉大寺工隆布诸寨间，临津溪水，疑即保安大河也。②

佐藤氏以今甘都为白土城所在，与《循化厅志》的说法相同。但《循化厅志》把临津溪拉到西界的保安大河，与佐藤氏所说清水东西相距约 40 华里。保安大河在今甘都古什郡峡以西入河，藏名勾曲，即唐时所谓九曲（此盖唐人音译，勾、九乃古今音之异，其义则为九河），亦即《水道提纲》的姑楚河。把这条水作为临津溪，完全是为了迁就白土城，实际上都是错误的。临津关实在今甘

①严耕望：《唐代青海河湟地区交通军镇图考》。

②〔清〕龚景瀚撰：《循化厅志》，卷二《古迹》。

肃省积石山县所在的大河家。在今大河家西侧，有自刘家集北来的水一条，河床甚宽，但现在水枯季节，只余细流或干涸，故名干河滩。从地理方位及距离言，此当为临津溪，而河对岸民和县官亭（厅）与中川之间，有自满坪南来水一条，今或称甘沟河。就在此处有古县城遗址一处，城址占地面积约 120 亩，有城门四个，断石残瓦，今犹多存。据《西宁府新志》记载，系“白土县故城，在县南近黄河，晋永宁中置”，其位置与这个遗址相当。唯这个遗址现在民间叫黑城，据有关人讲这是由于年代久远，城墙上长满了青草和苔藓类植物，远望一片黑色，黑城之名，盖由此起。而其北有山口名白土牙壑，白土城之名，当与此山有关。至于甘都川的原东西两荒滩中各有一城堡遗址，面积都很小，仅足供戍兵守望，并无县城规模，而且其地均属红钙土，所依北山，土质皆赤，几乎寸草不生，其非白土城所在，尤极显然。

根据以上考察，炀帝所出临津关，即今之积石山县大河家的积石关，殆无疑义。而临津关对岸，即《水经注》所记之唐述山，其北即今炳灵寺石窟，也即《水经注》所谓的唐述窟。

再就古代西北交通而言，自汉霍去病开河西四郡，行军率取道陇西、临洮，其黄河下渡在今莲花（永靖），而上渡即在今大河家。再溯河西上至循化有掌教坊渡（今乙麻木庄），至尖扎则有康家渡，最西则为贵德虎头崖渡。而古代大军则多上行至今贵南骑马乱流而渡。由此以观，古代行军路线，盖依河津的渡河条件而定，不是随处都可过渡的。

我肯定炀帝渡河的临津关，即在今大河家，还可从炀帝渡河以后的行止看得出来。《隋书》上记载炀帝渡河后至西平，在那里陈兵讲武，然后以拔延山为中心，展开了一次规模宏大的军事演习，显耀 40 万大军的威力，借以震慑吐谷浑。从他行动的日程和布置上，可以看出他这次行军，于渡河后分两路出发：炀帝自随东路军取道今民和县古鄯进抵西平郡治所在地的鄯州，即今之乐都。按古西平郡有二治，这里指的是隋西平郡。《大清一统志》说：

隋西平乃汉破羌县地，晋、宋时乐都，唐为鄯州，宋为邈川城，置乐州，即今碾伯县也。[①]

炀帝到鄯州后，即行准备大演习，到五月九日演习开始，至十四日到长宁谷，演习结束，便会合西路军北度星岭赴浩门川。

另一路大军在渡河后即沿今化隆县塔白家（宋有踏白城）一线，从今县治向西南经查甫、雄先，由贵德县属千户、亦札石直达今湟中大小南川，最后两军在今北川会合。这样两军一南一北均以拔延山为中心。所谓长围亘二千里（《礼仪志》谓南北周二百里，千字或有误），也大致相当。佐藤长氏猜测隋军在鄯州集结后，炀帝便往拔延山举行演习，这样便会把演习场所仅局限在化隆迤北这一段地区内，与亘二千（百）里的记载远不能相符。再从军事上来说，大军的运转和围猎，也只应在山两边川谷中进行，即是围绕拔延山展开演习，从拔延山脉南端拉脊山进入湟中南川，再北向就到了北川。要说隋炀帝亲自随军进入拔延山区指挥演习，则他所乘六匹马拉着的马车，实在无法运行[②]。他只能随东路军由鄯州大道西进，与西路军会于今北川的长宁谷了。

就上述阐述来看，炀帝也不是从今循化渡河的。因为那样他必须先到化隆，再到乐都，甚至如佐藤长氏所论，他还要由乐都再越南山到化隆，这在事实上是不必要的。以下再来考察一下拔延山的来历和当前的所在。

---

①嘉庆重修《大清一统志·西宁府》。

②《隋书》卷八《礼仪》三：“诏虞部量拔延山南北周二百里，并立表记。……诏四十道使并扬旗建节，分申佃令，即留军所监猎。布围，围缺南面，方行而前。……（帝）乘闟猪车……汉东京卤簿所谓猎车者也。驾六黑騟。”（按騟同骝）

二、拔延山

《隋书》所谓拔延山，《资治通鉴》胡注引《通典》说：“有拔延山，隋炀帝征吐谷浑，经此山。”[①]又《元和郡县志》廓州化城（避玄宗讳改）县条谓：“扶延山在县东北十里，多麋鹿。”[②]按“扶”当为拔之讹，盖形近所致，佐藤长氏则把它当成了两个不同的山。实际上这个山是大积石山的一个支脉，由共和、贵德蜿蜒而东，入化隆十族地区，藏语名阿尼吉里山，汉语叫八宝山。由此往北称马营山，近今县城北时尚存巴燕山旧名，再向东南，即和小积石山相接连。其间巴燕山为化隆与乐都的界山，乐都称之为南山。巴燕即拔延的今译，又或译巴音、伯颜，都是蒙古语，富庶丰饶之意。今化隆一名清代官书称摆羊戎格、巴燕戎格，《秦边纪略》称巴羊绒，本地俗称也叫巴羊戎。民国初年改名巴戎县，又改名巴燕县，后又恢复古名化隆县，但县治所在，今仍名巴燕镇，由此可知县名实来源于山，其来甚古，即上述《隋书》所志拔延山。巴燕、伯颜、巴音之名，青海所在多有，均取其富庶之义。那么，本文所述的拔延山，究竟富不富呢？这不难从现名八宝山有所意会。我在幼时，就听家人们说阿尼吉里山有黑金矿，但过去只偶然有所发现，近来才开始采挖，据说矿床甚富。而其最东段的科沿沟，据历史资料记载，在宋时就已进行开采。而在解放前，科沿沟金场归马步芳独家开采，收入归其家用，据说成色居全省之冠。如此则其名实十分相符。另外，就水草而论这段积石山支脉，也是在本地区较为肥美的，旧时在化隆设马场，即是由于这个原因。这也可佐证拔延山即今大积石山支脉。只是过去的记载和现在的有些论述，把这条大积石山支脉，分割成不相关联的群山，不免破碎支离罢了。

①〔唐〕杜佑：《通典》卷一七四廓州广威县；《资治通鉴》卷一八一。
②〔唐〕李吉甫撰：《元和郡县志》卷三九。

三、长宁川

炀帝于拔延山区演武耀兵以后，即由今西宁市北川西进。庚辰（十四日）入长宁谷。长宁谷即今西宁北川。长宁盖由西晋在此地置长宁县而得名（在建县前据谓筑有长宁堡，盖汉时平羌的遗迹）。《西宁府新志》说：

长宁谷，在县治西北，今谓之北川，有长宁堡。隋炀帝征吐谷浑入此。[①]

又说：

长宁川，在县治北。旧志谓本卜鲁川，一名斡尔朵川，今呼为北川。晋置长宁县于此，今有长宁堡。郦道元《水经注》云：水出松山，合养女川南入湟水，即隋炀帝所入长宁谷也。[②]

在长宁川有水向东南流，注入湟水。这就是现在的北川河。北川河上源诸水自祁连山支脉大坂山南，总汇为宝库（旧名拨科）、东硖二水，在今大通桥头汇合而南，经新城入长宁川，就称长宁川水。清代叫苏木莲河，今统称北川河，在后子河上下，还有从西来的几条水汇入。目前这种情况，基本上与古人记载相合。如《水经注》说：

湟水又东，长宁川水注之，水出松山，东南流，迳晋昌川，晋昌川水注之。长宁水又东南，养女川水注之，水发养女北山，有二源，皆长湍远发，南总一川，迳养女山，谓之养女川。阚骃曰："长宁亭北有养

①〔清〕杨应琚撰：《西宁府新志》卷四《地理志 · 山川 · 西宁县》。
②与注①同。

女岭，即浩亹山，西平之北山也。”乱流出峡，南迳长宁亭东……长宁水又东南与一水合，水出西山，东南流，水出南山上……其水东南迳长宁亭南，东入长宁水。长宁水又东南流，注于湟水。[①]

据此记载，现在虽不再称长宁川水而叫北川河，而古人的记述是十分精确的。养女岭仅指养女川水所经的那一段，其总山脉为浩亹山，西宁的北山，也即是浩亹山的东延部分。北川河水至今西宁市小桥注入湟水。为湟水的较大支流之一。佐藤长氏在考订长宁川时，兼论伯颜川与拔延山的关系，伯颜与拔延虽然是一名的两译，但历史上西宁南川与西川，都有伯颜这一名称的地段，而现在的湟源还有个乡叫巴燕，都是指较富庶的地段，与拔延山并无联系。佐藤氏把这些都联系起来，认为“说不定青海山脉就是拔延山”[②]，这是不合实际的。

四、金山

长宁川之南即是金山。《隋书 · 炀帝纪》云：“壬午（十六日）度星岭。甲申（十八日）宴群臣于金山之上。”根据《隋书》的这条记载，便出现了一个不解的问题，即按现在《中国历史地图集》第五册所标位置，星岭在长宁川东北，金山在长宁川西南。这样，要是度过星岭，必然又要回过头来大宴群臣于金山。而炀帝又是丙戌（二十日）到浩亹川的，前后时间只有五天。往来迂回，不仅时间紧迫，而且没有那种必要。果真金山的位置无误，则我颇怀疑《隋书》这条记载，似乎前后颠倒了。理应是壬午宴金山，甲申度星岭，丙戌到浩亹川，在行程上说，比较切近事实。

这里姑且就按这个行程来叙述一下金山。

金山，位于今大通县西南部，其山脉西北起黑林口，东南止西宁小桥，首

---

①《水经注》卷二《河水》。

②《隋炀帝征讨吐谷浑的路线》，载《青海社会科学》，1982年第1期。

尾约百里。山上危峰挂日，奇石撑云，上有湫池。原名金山，后因山上有金蛾，居民称为金蛾山。山腰有圣姥庙，故又称圣母山。由于山上翠屏横列，涧水成溪，颇具风景，炀帝当因此率文武官员及随从宫嫔在山上举行宴会。相传有一妃子死葬此山，故民间又称为娘娘山。按据《周书》记载：

> 宣帝杨皇后，名丽华，隋文帝长女。……开皇六年，封后为乐平公主。……大业五年，从炀帝幸张掖，殂于河西。年四十九。炀帝还京，诏有司备礼，祔葬后于定陵。①

则炀帝西巡，确有后道殂，有妃子死葬金山的传说，或即缘附会此而来。实际上娘娘山之名当后起，因金山北对元朔山，其上有关帝庙，明清称关帝为老爷，因名老爷山，娘娘山的得名，盖与老爷山相对而言。此事后起，当与炀帝妃无关。《大通县志》并列金山与金蛾山，犹含混不清。

隋军战覆袁川后，炀帝派内史元寿南屯金山，是防伏允由西纳川南遁，由此也可肯定金山的地理位置是确定无误的。

五、星岭

从今天的长宁堡北行往门源，无论是取道北大通，或沿现在的公路线走青石嘴，都要过达坂山，这个达坂山是祁连山的支脉，清代的县志上叫大寒山。炀帝从长宁出发度岭，除此别无大岭，无论走北段、中段或东段，都要过达坂山口。炀帝要趋中路，便要度中达坂岭口（炀帝所经，当即此口），若要走西路，便要过上达坂山口。达坂山全长100多公里，是今大通与海晏、门源、互助三县的分水岭，平均海拔4235米，最高处达4622米，冬季大雪封山，则冰滑不能通车，有冰达坂之称。度过达坂山口直下，便进入大通河谷，即古

①《周书·皇后传》卷八。

浩亹河（或称阁门河）。依据这个地理情况，炀帝所度星岭，非此达坂山莫属。即就星岭名义而言，也是言山之高，海拔 4622 米，在青海东部来说，是最高的山了。相对而言，与长宁堡相邻的元朔山，最高处只 2938 米，而当地民谚却有“上了老爷山，仰绊肚儿揣着天”（即是说仰面躺在地上，便可手摸着天了）的说法，则在达坂山上摘星，当更不足为怪了。

星岭所在，过去无人提到过。按《隋书》记载，《地图集》标在长宁谷左近，则似成了今元朔山，这不仅地望偏南，而且元朔山大道，系由其下东硖通过，无须度岭。入东硖北行数十里方开始越达坂，无论《隋书》记载日程是否颠倒，如确认达坂即星岭，则地图标注应移至长宁川水东北今中达坂山所在。我试提出这个看法，以资商榷。

六、覆袁川

覆袁川这个地名，史书上似仅此一见，后世志书上只说在大通县城西北，界于凉州。今以里程计，其地当在今门源县西北自大梁至俄博一段地带，以景阳岭为中心。而所谓覆袁川水，即是指从五间房经景阳岭来水。伏允其时盖自海晏退保门源境内，炀帝采取由四面包围的形势，而自率中路大军由门源北进，伏允便以数十骑遁出，而遣其名王诈称伏允退保车我真山，这个车我真山的位置，约当今门源县俄博至祁连间的祁连山支脉八宝山，其地当扁都沟（大斗拔谷）东口。这可从此后的隋军追击战，即在今祁连西北黑河流域及托勒南一带展开，不难看出，隋军曾两度失利，最后卫尉卿刘权出伊吾道，直至青海西的伏俟城（今共和县石乃亥），伏允遂南走客于党项（即今果洛藏族自治州）。

此次两军会战的车我真山，正当黑河自西南转向东北流的大弯曲处。这个地区恰是汉代赵充国伐先零羌时，期令居与张掖两路军会于“句廉”上的古战场所在，“句廉”即勾镰，示那段地带似镰刀弯曲状，在军事上利于守险。其地居车我真山北端，为祁连山主脉所在。

覆袁川与车我真山，均非汉名，而覆袁与伏允音正同。“允”《汉书·地理志》金城郡允吾下注引应劭曰：“允吾，音鈆牙”；又在允街下引孟康曰：“允音鈆”。鈆即铅，《说文》：“铅，青金也。从金，㕣声，与专切。”按铅原读沿，先韵。《说文》；“沿，从水，㕣声，与专切。”可知伏允音与覆袁同。炀帝于此地大败伏允，或即以覆袁名川，而覆字则含覆败的汉文字义，亦未可知。然此仅为推测，尚难遽定。车我真当为吐谷浑语，其义未详。

炀帝在覆袁川之役结束后，即于六月癸卯（八日）经大斗拔谷往河西，在谷中遇大风雪迷路，人马被冻死大半。于丙午（十一日）抵张掖。接受高昌王和伊吾吐屯设等献地。癸丑（十八日），以西域献地和伏允故地，置西海、河源、鄯善、且末四郡，调发天下罪人为戍卒守之。

大斗拔谷，即今扁都沟，为青海通张掖要道。西海郡址即在伏俟城；河源郡治在古赤水城，今兴海县；鄯善郡在楼兰，今罗布泊南；且末郡在古且末城，今新疆且末县治。西海、河源两郡，为王莽置西海郡之续及扩展，虽因隋末大乱而废弃，但其历史意义颇为重要。鄯善、且末两郡，则迄为丝绸之路上的重镇。就此而论，也可见炀帝西巡，其历史意义和影响。

西平郡与鄯州

顷读梁今知、马铭二先生译校日人佐藤长氏《唐代青海东部诸城塞的位置兼介绍〈玉树县志稿〉》(见青海省社会科学院编:《社会科学参考》,1980年第七期),其中他首先依据天水周子扬(希武)氏《玉树县志稿》(台北版),论述了自古以来有关西平故郡与鄯州治所的异说,得出"鄯州=碾伯;鄯城=西宁"的结论。佐藤氏以为"这是不可更动的",并把过去所以导致歧异的原因,归咎于顾祖禹的《读史方舆纪要》。他山之石,可以攻错。东邦学者的研讨,向为国内学术界所重视,但此说则很片面,把中国学者早已弄清楚的问题,又重搅混了,殊不可取。

这个问题的症结所在,系由于西平郡和鄯州的治所,自汉、魏至隋、唐以迄于宋,迭有变迁,并非固定在一地,从而常为人所误指或间有含混,但自清代修《大清一统志》,此项纠纷已基本不复存在。佐藤氏虽也参阅了嘉庆重修《大清一统志》,而其结论,仍背史实,诚不可解。不揣谫陋,试正其致误之由如次。

天水周希武氏，民国初年曾任职于甘边宁海镇守使署，其所著《玉树调查记》一书，初版印行于1919年，今在国内极其罕见。兹据佐藤氏所引，转引其说如下：

董祐诚据《元和郡县志》谓：西平故郡在唐湟水县西一百三十二里。据《西宁府志》：湟水即今碾伯县治，西距西宁县城一百一十里。是西平故郡在今西宁县附近矣。余考洪（亮吉）《补三国疆域志》，西平郡汉末分金城郡置，魏晋因之。领县四，曰西都、临羌、长宁、安夷（文实按：汉建安中西平郡领县为西都、临羌、安夷、白土，原均属金城郡，三国时始分置长宁，与前西都等四县俱属西平郡。此误）。西都首列，当为郡治。洪于西都〔条〕下注曰：魏分破羌县立云云。《晋书·地理志》，西平郡县，皆与魏同，〔在魏晋的书上〕均无破羌县，是西都县为破羌县所改无疑。据□（文实按：此当为“乐”的脱字）都志，后梁（凉）吕氏始置乐都郡。西凉有西都郡而无乐都郡，南凉、北凉有乐都〔郡〕而无西都（郡）。是乐都〔郡〕为西都〔郡〕所改，又可知也。《水经〔注〕》：湟水东迳乐都城南，又东迳破羌县故城南。《〔西宁〕府〔新〕志》：乐都〔县〕即今碾伯县治，破羌县即今碾伯县东四十里之老鸦城。是盖西都辖境即汉破羌县故地，而县治〔连同破羌之名〕则自老鸦城西而移于碾伯耳。《元和志》又云：湟水县本汉破羌县地。然则魏晋西平郡治之西都与唐鄯州治之湟水，同在汉之破羌县地，今之碾伯县治可断言矣。而《元和志》乃谓：西平故郡在湟水县西一百三十二里，误矣。（文中方括号〔〕均系佐藤氏所加）。

实际上是周氏自己先弄错了。他的大前提是汉末分金城郡置西平，其所领县中

“西都首列，当为郡治”，因此就西都之名来定郡治之所在，而在历史上今西宁与乐都均先后有西都之名，周氏对西都之所在，认为是由破羌县所改，于是把西平郡和西都县治所，都定在碾伯县（按：碾伯之名始于明代的碾伯卫及碾伯千户所。碾伯为藏语的译音，当始于宋唃厮啰时），并指出《元和郡县志》沿《水经注》之误。按郦道元《水经注》卷二河水“又东过金城允吾县北”条下注云：

湟水又东迳西平城北，东城即故亭也。……魏黄初中立西平郡，凭依故事，增筑南、西、北三城以为郡治。

此处所谓的西平城，乃西汉开湟中后所立的西平亭。亭是军事据点，非郡县建置，其地即今青海省治（亦即西宁市治）所在。汉昭帝时于今西宁市西川地区置临羌县（临羌旧县在今西宁市西川镇海堡附近，城居湟水之南；临羌新县故城稍偏东，约当今大堡子附近，城居湟水之北），属金城郡，今省治即在当时临羌县辖境内。大概稍后到了魏黄初中，才在西平亭东城的基础上增筑南、西、北三城以为郡治。总之，由西平亭改设西平郡与西都县，最初都在今省治所在，郦道元所指即此。而周氏却说：

余按：此西平城即今西宁县治，乃后凉吕氏之西平郡治，非汉魏之西平郡城也。汉魏以来之西平郡治西都县，实今碾伯，而今西宁县地，当时为临羌〔县〕、安夷〔县〕之地。〔后凉〕吕氏既以西都为乐都郡（原注，《〔十六国〕疆域志》：乐都郡领县一，曰苕藋，当即改西都为之）。同时又建西平郡，意此时始移郡治于汉之西平故亭（即西宁），郡城亦当此时所筑。而附郭之县，仍以西都名之。（原注，《〔西宁〕府〔新〕志》：西宁、碾伯皆有西都之名。）

他绕了个大弯子，最后仍回到原地，以为西都县一开始即设在碾伯（今乐都），西平郡亦治此。从而把东晋时后凉吕光置乐都郡，后魏废郡改置鄯州治西都县，周复置郡（亦治西都县）的事混而为一；复以“同时又建西平郡”的设想，把吕光时的建置移往西平亭所在，与原汉、魏时的西平郡混同起来。其所以如此，完全是由于未弄清楚汉、魏以来西都县就设在原西平亭这一事实，硬把西都移往今乐都。大前提错了，自然不会得出正确的结论。而佐藤长氏不察，竟然也说“西平亭自汉代就可能在西宁，但应考虑在西宁的西平郡治仍然是从吕光开始的”。这确实是个极大的疏忽！

为了更为明晰起见，我现在分别就西平郡和鄯州的建置沿革，来说明这个问题。

一、西平郡

西平郡的建置，按时代先后应分汉、魏、晋及隋、唐两阶段来分别加以说明。首先汉、魏、晋西平郡的郡治均设在今青海省治（亦即西宁市治）所在，魏、周时废郡并县（西都县），以其地为鄯州。嘉庆重修《大清一统志》西平郡故城条云：

今西宁县治，本汉临羌县地。后汉末，析置西都县，兼置西平郡。《魏志》：建安中，以杜畿为护羌校尉，领西平太守。魏太和元年，西平麴英反，杀临羌令，西都长遣将军郝昭、鹿磐讨斩之。崔鸿《十六国春秋》：吕光大安二年，西平太守康凝自称匈奴王，阻兵不从。秃发乌孤太初元年，自称西平王。三年，以弟利鹿孤为凉州牧，镇西平。既而乌孤死，利鹿孤代立，遂居西平，更称河西王。傉檀代立，还居乐都。永宏二年，沮渠蒙逊拔西平，执太守麴承。《水经注》：湟水迳西平城北，东城即故亭也。魏黄初中立西平郡，凭依故亭，增筑南、西、北三城，以为郡治。

魏、周时，郡县俱废。

又，同书西宁府建置沿革条云：

《禹贡》雍州之域，古西戎地。汉为金城郡临羌、破羌等县地。后汉建安中置西平郡，晋初因之。东晋隆安中，为南凉国都。（此下注云：隆安三年，秃发乌孤迁居乐都，其弟利鹿孤徙西平，傅檀还居乐都。西平即宋之西宁州，今之府治。乐都，唐鄯州，今碾伯县也。）

又，西宁县条云：

汉金城郡临羌县地。后汉建安中，分置西都县，为西平郡治。晋因之，后魏废。

以上均说明汉、魏、晋时代西平郡治，都在西都县，而此西都县自初设时即在今省治所在，而并不在碾伯县（今乐都）。

其次，隋、唐时又设立西平郡，其郡治均设于湟水县（今乐都），而不再在今省治。

《大清一统志》西宁府建置沿革条云：

（隋）大业初，复改州曰西平郡。

这个所改的州，就是后魏时所置的鄯州，后周又置乐都郡，州、郡治所最初都在西都县。开皇初废郡，十八年改西都为湟水县，西都之名，从此便不复存在。

汉、魏、晋西都，均在今西宁市（亦即省治所在），而隋初西都，则移于今乐都，后被改为湟水县。《大清一统志》乐都故城条云：

西平郡旧置鄯州，治湟水县，旧曰西都。后周置乐都郡，开皇初郡废，十八年改曰湟水。

又，同书碾伯县条云：

后魏初郡废，孝昌中改置西都县，为鄯州治。隋开皇十八年改曰湟水，为西平郡治。唐为鄯州治。

由此可知自吕光置乐都郡，西都县仍旧未变。后魏时初废郡为鄯善镇，孝昌二年改镇立鄯州；后周又复置乐都郡，州、郡均治西都县。隋初废郡置湟水县，大业三年罢州复置西平郡，郡治即在湟水。然则这个西都是湟水的前身，也就是沿后周之旧，并不是周氏所说那样：“后凉吕氏始置乐都郡。西凉有西都郡而无乐都郡，南凉、北凉有乐都〔郡〕而无西都〔郡〕。是乐都〔郡〕为西都〔郡〕所改。”乐都原是郡而西都是其所属县，并未改西都为乐都郡，而是改西都为湟水县，郡名则改为西平，此西平与汉、魏、晋时设在今省治的西平同名而异其地。佐藤长氏说“在西宁的西平郡治仍是从吕光开始的”。事实恰好相反，吕光设乐都郡的地方，到隋才有西平之名。

隋所置西平郡，唐武德时又改为鄯州。天宝初仍恢复西平郡，到乾元初又改为鄯州，其地都在今乐都。至宋元符二年，改置湟州，后又改乐州。设在西宁的鄯州，在宋崇宁三年始改为西宁州，并赐郡名曰西平。这算是最后一个西平郡，又回到汉、魏时原地去了。自隋以后，由于改来改去，西平郡名存在的时间不长，以致有时为人所弄不清楚。实际上《大清一统志》乐都故城条对此曾做过明确的辨证，而为周子扬氏和佐藤长氏所忽略了。兹移录如下，作为本节结语：

按古西平郡有二治：魏晋西平，本汉临羌县地，唐为鄯城县，宋为青唐城，置西宁州，即今府治也；隋西平乃汉破羌县地，晋、宋时乐都，唐为鄯州，宋为邈川城，置乐州，即今碾伯县也。参考《水经注》《元和志》《旧唐志》诸书可见。或混为一地，误。

按《宋史 · 地理志》：“乐州，旧邈川城。”大中祥符七年，唃厮啰自宗哥城（今平安县）更徙邈川，元符二年，王赡发兵取之，以为湟州。上面所说邈川，是唃厮啰时名称。此地在灭吐蕃前名鄯州，治湟水，大概唃厮啰徙居后改为邈川，宋兵收复后改名湟州。邈川与湟州、乐州，都是今乐都县所在。

二、鄯州

古鄯州先后亦有二治所：后魏鄯州与南宋再建鄯州均在汉、魏、晋西平郡所在地，即今青海省治，原西宁府（县）。北魏初废西平郡，改立鄯善镇。北魏孝明帝孝昌二年（公元526年），改镇置鄯州。唐鄯州治所即在今乐都。唐武德二年讨平薛举，改隋西平郡置鄯州。《旧唐书 · 地理志》：

鄯州，下，都督府：隋西平郡。武德二年平薛举，置鄯州，治故乐都城。贞观中置都督府，天宝元年改为西平郡，乾元元年，复为鄯州。上元二年九月，州为吐蕃所陷，遂废。所管鄯城三县，今河州收管。

据两《唐书》记载，武宗会昌中吐蕃以尚婢婢为鄯州节度使，说明其时鄯州之名仍未变。所云鄯城三县，即湟水、龙支、鄯城。鄯城县是唐仪凤三年分湟水县置。杜佑《通典》："鄯城县，汉西平郡，故城在西。"《元和郡县志》："县东至州一百二十里，仪凤三年分湟水县治。北枕湟水，西即土楼山。"

今西宁北禅寺，古称土楼神祠。所谓东至州，当时设在今乐都的鄯州。有时误把鄯城和鄯州相混淆，从而也把西平郡故城与唐初的鄯州相混淆，这对一般不熟悉地理沿革的人来说，是不足为奇的。即就是在《大清一统志》中，此处与彼处有时也眉目不清，需要仔细查对与分析。

唐初鄯州治所在故乐都城，这在唐书上是清楚的，但在上元初没于吐蕃后，情况就有了变化。武宗会昌中，吐蕃以尚婢婢为鄯州节度使；宣宗大中五年，沙州刺史张义潮以鄯州来降，指的都是故乐都城。其后唃厮啰徙治其地，便成了邈川城，显然唃厮啰把鄯州一名改称了。等到宋朝初次收复，便把邈川建为湟州，而把鄯州又移治于西平郡故城，即唐鄯城县所在地。《大清一统志》对此问题亦并未交代清楚。今按《宋史 · 地理志》乐州条云：

旧邈川城。元符二年收复，建为湟州。……宣和元年，改为乐州。

说明原鄯州所在地，已由邈川改为湟州、乐州，不再存鄯州名称。同时同书又在西宁州条云：

旧青唐城。元符二年陇拶降，建为鄯州，仍为陇右节度，三年弃之。崇宁三年收复，建陇右都护府，改鄯州为西宁州。

把邈川建为湟州，把青唐建为鄯州，都是元符二年的事。到过了六年以后，重收复鄯州，便改名为西宁州。西宁之名自此始，鄯州一名遂成为历史上的陈迹。

从这里我们可以发现宋代鄯州是青唐城的改建，而原来在故乐都城的鄯州，早为唃厮啰改为邈川城。《大清一统志》西宁府建置沿革条却说：

> 乾元初复为鄯州，属陇右道。上元二年，没于吐蕃。宋元符二年收复，复置鄯州陇右节度，三年弃之。崇宁三年收复，复置鄯州陇右节度，建陇右都护府，改鄯州为西宁州，赐郡名曰西平。

这就不免有把唐鄯州与宋新置鄯州均归在今乐都之嫌！因为没于吐蕃的鄯州，原在今乐都县，而宋在崇宁三年收复青唐城后即在其地复置鄯州，这并不是一件事。不过《大清一统志》的编者，也并非完全不清楚。如他们又在碾伯县条下云：

> 唐为鄯州治。上元后随州没吐蕃。宋初号邈川城，元符二年收复，置湟州。建中靖国元年弃之，崇宁二年又复，三年置倚郭县，五年罢。大观三年，加向德军节度。宣和元年，改曰乐州。

在这里便未再提重建鄯州事，眉目就完全清楚无疑了。

读书遇到问题而不能解决，确实是件苦事，若一旦弄清楚了，便感到如释重负，又变为乐事。佐藤长氏与我远隔异域，而竟由于他这篇文章的启示，使得我顺藤摸瓜，穷一昼夜之力，把这个复杂纷繁的小问题，理出个头绪来，也未始不是一件乐事了。

黄河九曲新考

一、河曲地理

河曲一名，初见于《春秋》文公十二年：“冬十有二月戊午，晋人、秦人战于河曲。”是古地名，春秋时晋地，在河东蒲坂县南，今山西芮城县西风陵渡地带。指河自风陵渡东流，在今永济县境内形成一大弯曲，当时称为河曲。此后至汉代又有赐支河曲，则属西陲古地。《后汉书 · 西羌传》说：

> 西羌之本，出自三苗，姜姓之别也。其国近南岳。及舜流四凶，徙之三危，河关之西南羌地是也。滨于赐支，至乎河首，绵地千里。赐支者，《禹贡》所谓析支者也。

析支当为羌语，析、赐古声通，故又译为赐支。按《尚书 · 禹贡》雍州有云：

> 织皮昆仑，析支渠搜，西戎即叙。

《史记 · 集解》引孔安国以织皮、昆仑、析支、渠搜为四个部落国。《索隐》引郑玄以为衣皮之人居昆仑、析支、渠搜三山，皆在西戎。又引王肃说谓昆仑在临羌西，析支在河关西，西戎指西域。司马贞以为王肃以昆仑、析支、西戎为地名，而不及渠搜，因此他补充说：

> 今按《地理志》金城临羌县有昆仑祠，敦煌广至县有昆仑障，朔方有渠搜县。

上述各家解释，除了织皮或以字义作解外，其他都解为地名或部落国。大致古地或以族得名，或以地名族，成为通例。此处昆仑是山名，其所在包括今青海、新疆、甘肃三省、区地域；西戎泛指当时在今甘肃与青海地区居住的羌族。所谓戎，是指羌族的已从事农业者。春秋时进入秦、晋各地的羌人，概被称为戎，如允姓之戎、姜氏之戎、绵诸之戎、大荔之戎，以至犬戎、条戎、奔戎等，都是早已进入中原农业地区的羌人。现在青海省境内居住在东部农业区的藏民，仍自称为“隆娃”，“隆”即戎的别译，汉人称为土房家。所谓土房，是与从事游牧业的帐房家相对而言①。

昆仑、渠搜，这里暂时不具论。本文重点先对析支与河曲所在，试加探讨。《西羌传》说羌人无弋爰剑后裔初居三河（黄河——此处指析支河、湟水、浩门河）间，“滨于赐支至乎河首”。

司马彪《续汉书》更较具体地指出：

---

①羌、戎之分，迄无确诂，近青海省委党校贡乔泽登先生著《略谈藏族族源问题》（稿本）以戎为今藏语“隆娃”（亦即“戎娃”）的对音，证诸史籍，其说甚确，可谓发千载之秘。同时，藏语文及藏史专家吴均先生亦同此说。

西羌者，析支以西，滨于河首左右居也。河水曲而东北流。迳析支之地，是为河曲。

据此而言，则今居巴颜喀拉山之阳的果洛州地区，当为河首。所谓滨于河首左右，即今果洛州东南部久治县居其南，黄南州河南蒙古族自治县居其北，而四川省玛曲县适居大河弯曲之中。玛曲与河南地区今仍称河曲，所产马名河曲马。那么河水曲而东北流经析支，则析支正当今阿尼玛卿山（大积石山）之阳。黄河流经这里，古称析支水；住在这里的羌人，也叫析支羌或河曲羌。这个析支非今阿尼玛卿山莫当。阿尼玛卿为今藏语名称，或称玛卿岗日，是雪山或冰川的意思。汉文记载古称为积石，有人推断积石或即藏语吉日的音译①，吉日、积石就对音言，确属音近，现在化隆、贵德间有山曰阿尼吉日，亦是积石山的支脉。我更以为析支与积石，当属一名之异译。中国古籍以山为积石，而以其所在地及所经水为析支，或赐支，实则均为今大积石山及其所在地带无疑。

仅从对音一面立论，很难使人信从。因为《禹贡》地理，除郑玄、马融、王肃、孔颖达诸儒的解释外，近世如阎若璩、顾祖禹、胡渭、蒋廷锡、魏源、陈澧以迄杨守敬等，均援古证今，闳博渊深。而当代历史地理学者如本师顾颉刚先生与辛树帜先生、谭其骧先生、史念海先生及日本饭岛中夫、内藤虎次郎等，又均有更进一步的论证与考释，较前人更为精审细密，一破汉儒与清儒的附会穿凿。然于西陲地理，众说纷纭，仍不免于局限或阙如。我现在从语言学角度试作新证，奢想对某些地理问题作一突破，因此以今藏语拟古羌语立题，

①此说发自青海省委党校谢佐同志，他曾写过一篇文章，署名吴民，我一时未能查出发表在哪一刊物上。吉日亦可译为吉里，如青海省农牧业区多有卡日岗地名，或译卡力岗，亦可译为卡里岗。江日堂在地图上又译结合里堂。又汉语古音职之合部，质日同韵。石属陌韵，则陌、锡、职古韵皆通。其异只在平、上、去、入之间。如此则析支（赐支）、积石的有别，也只是声调的微异罢了。

而更以史籍记载来加以证成。每一门学科，就其发展来说，都存在着传承关系，就前人启示的端绪，作后来应有的引申，这粗看起来似乎是游谈无根，实际上是从前人引发的端绪上，做出在当前时代必然的推阐与创新，这是继承与扬弃问题上应有之义。只是我这篇文章的论证，由于时间仓促，有些资料一时无从查考，所以只能作为引玉之砖，供通人方家们做更全面探讨时的参考。

析支河曲地望，目前《中国历史地图集》仍把它局促在今共和县曲沟河水转弯处，这一标识与我上述的说法大相径庭，我认为它与“河水曲而东北，流迳析支之地”的记载不符。因为河水自此流经今贵南与贵德，流向是迳向东行，不再往北。关于河曲地望的文字记载，最早是在秦献公时（公元前384~前362年），《西羌传》说：

> 至（无弋）爰剑曾孙忍时，秦献公初立，欲复穆公之迹，兵临渭首，灭狄獂戎。忍季父卬畏秦之威，将其种人附落而南，出赐支河曲西数千里，与众羌绝远，不复交通。

无弋爰剑及其子孙，原居地在湟中，他们这次迁徙的方向是南走，然后出“赐支河曲”西数千里，大致到了今青海西南部的巴颜喀拉山地区和西藏东北部地方。这里说他们由湟中地区南行而出河曲西，显然是与我上面所说的河曲地望相符，而与《地图集》及一般所指的河曲并不一致。又《水经注》卷二河水条引应劭曰：

> 《禹贡》析支属雍州，在河关之西，东去河关千余里，羌人所居，谓之河曲羌也。

汉河关县约在今黄南尖扎县境内，自此往西千余里，亦约当今以玛曲为中心的河曲，而不在共和县曲沟与贵南县龙羊峡之间。再从东汉时汉军与羌争战的地域来看，河曲所在，亦不在《地图集》所标地域范围之内。《西羌传》说：

（和帝永元五年）居延都尉贯友代为校尉……攻迷唐于大、小榆谷，获首虏八百余人，收麦数万斛，遂夹逢留大河筑城坞，作大航（船），造河桥，欲渡兵击迷唐，迷唐乃率部落远依赐支河曲。明年（永元七年），……和帝令迷唐将其种人还大、小榆谷，迷唐以为汉作河桥，兵来无常，故地不可复居，辞以种人饥饿，不肯远出。……明年（永元十三年）迷唐复还赐支河曲。

同年秋，迷唐又将兵向塞，护羌校尉周鲔与金城太守侯霸合湟中一带羌与月氏部众共 3 万人出塞至允川，大败迷唐，徙其种人于汉阳、安定、陇西。“迷唐遂弱，其种众不满千人，远逾赐支河首，依发羌居。”这里应特别注意的是以赐支、河首连称，而汉羌交战的地方允川，又恰好与今曲沟和龙羊峡谷地同在一个地区，自无所谓“远逾”；况且发羌、唐旄等绝远，向在黄河源头与今西藏接界的地方，当然距《地图集》标指的赐支河曲更不可以道里计了。

赐支与河首连称，并非仅此一处。《西羌传》随后还曾说：

自爰剑后子孙支分凡百五十种，其九种在赐支河首以西及在蜀汉徼北。

以河首当今札陵、鄂陵地区，则河曲必然居今大积石山东北的久治（青海果洛州）、玛曲（四川阿坝州）及河南（青海黄南州）三县境内，这也正是黄河东行后的第一大湾，可以称为右曲或南曲。而《地图集》所指河曲，乃是黄河北行而东折的第二大湾，可以称为左曲或北曲。秦汉以来所说的河曲，乃指前者而非后者，此不可不辨。

上述贯友于逢留河上作浮桥，其地在今化隆群科公社与尖扎县康家寨对河，至今一直为黄河渡口之一。当时汉军由此渡河进击大小榆谷，迷唐便远逾河首以自保。过去对大小榆谷所在，迄无确指，一般均漫谓在今贵德县境内，《地图集》亦从旧说。今按《西羌传》云：

> 隃麋相曹凤上言：……自建武以来，其犯法者，常从烧当种起。所以然者，以其居大、小榆谷，土地肥美，又近塞内，诸种易以为非，难以攻伐。南得钟存以广其众，北阻大河因以为固，又有西海鱼盐之利，缘山滨水，以广田畜，故能强大，常雄诸种，恃其权勇，招诱羌胡。今者衰困，党援坏沮，亲属离叛，余胜兵者，不过数百，逃亡栖窜，远依发羌。臣愚以为宜及此时建复西海郡县，规固二榆，广设屯田，隔塞羌胡交关之路，遏绝狂狡窥欲之源。又殖谷富边，省委输之役，国家可以无西方之忧。

据此以言，大、小榆谷土地肥美，向为迷唐所依恋。其地宜农宜牧，自不待言。我遍问故旧，并细按地图，始悉所谓榆谷，原系羌语，即今藏语所谓热贡的对音。今黄南州同仁、泽库（并包括尖扎南部、贵德东部）地区，藏语叫作热贡，热贡意译为上川，则其西南部泽库地区为下川或腹地。明清以还称这块地带为捏工川，捏工即热贡的旧译，亦即两汉时的大、小榆谷。这块地段，为高山草甸区，水草丰美，间多农田，今为热贡十二族栖息地，向称富饶。汉时西羌迷唐、钟存等部，原都在这里放牧兼务农业（今同仁县及黄南州治所在地叫隆务，隆务即藏语戎娃的音译），说明此地早为小块农业区。榆谷为热贡的对音，虽始发自我个人，但揆诸古今地理位置及生态环境、山川景观，均可作为对音的坚强旁证，敢以质诸通人！

与河曲有关的地理，待论者尚多，已不关本文主旨，于此暂不具论。

二、河曲与河西九曲

《中国历史地图集》第五册隋唐部分，明显地以汉时赐支河曲名为河西九曲，但并未说明其间递嬗之由及九曲得名的所自，使览者不能无惑。赐支河曲不在今共和、贵南之间，已如上述，而九曲的得名及其地域，也必须重新加以探讨，窃不自揆，请试为发其覆。

（一）九曲的名称与其地域

九曲一名，原来传说起自《河图》，那上面说什么“黄河水九曲，长九千里”。这是指黄河全流程而言，与我们所说河曲是两回事。正式提出河西九曲的名称，则始自唐代。《新唐书 · 吐蕃传》上云：

> （金城）公主至吐蕃，自筑城以居。拜（杨）矩鄯州都督。吐蕃外虽和而阴衔怒，即厚饷矩请河西九曲为公主汤沐，矩表与其地。九曲者，水甘草良，宜畜牧，近与唐接。自是虏益张雄，易入寇。

显然，这个九曲自有其特定的含义，与“黄河水九曲”的泛称相互异趣。为了弄清这个名称的由来和其地域范围，我们还必须看唐蕃双方以后在这个地区的争夺。《新唐书 · 吐蕃传》上曾接着说：

> 玄宗开元二年，其相坌达延上书宰相，请载盟文，定境于河源。丐

左散骑长侍解琬莅盟。帝令姚崇等报书，命琬持神龙誓往；吐蕃亦遣尚钦藏、御史名悉腊献载辞，未及定，坌达延将兵十万寇临洮，入攻兰、渭，掠监马。杨矩惧，自杀。有诏薛讷为陇右防御使，与王晙等并力击。帝怒，下诏自将讨之，会晙等战武、阶，斩首万七千，获马羊无虑二十万。又战长子，丰安军使王海宾战死。乘之，虏大败，众奔突不能去，相枕藉死，洮水为不流。帝乃罢行。

至此，唐宰相便建议：

吐蕃本以河为境，以公主故，乃桥河筑城，置独山、九曲二军，距积石二百里。今既负约，请毁桥，复守河如约。诏可。

此处所指桥，即洪济桥，在今共和曲沟附近。九曲军在今贵南西部，独山军在今同德南部。我们由此看到吐蕃以河西九曲为前进基地后，便马上以 10 万兵攻临洮，趋兰、渭，则所谓九曲，其地域实东起临洮，西迄兴海，范围远比原河曲为广，且其名称，也不再有曲或湾的含义。它的地域范围，还可从哥舒翰后来收复九曲之地后的全盘军事设施上看得出来。《吐蕃传》说：

（哥舒）翰破洪济、大莫门诸城，收九曲故地，列郡县，实天宝十二载。于是置神策军于临洮西，浇河郡于积石西，及宛秀军，以实河曲。

《元和郡县志》卷三九洮州临潭县条下云：

神策军，在州西八十里。天宝十三年哥舒翰置，在洮河南岸。

从洮州的神策军及洮阳郡到宛秀城的威胜军，东西千余里，都包括在九曲范围之内；而且《吐蕃传》更把九曲与河曲并列起来加以记载，说明在唐、宋人的概念中，九曲与河曲是有区别的，这一点至关重要。我们再看《新唐书·地理志》陇右道目云：

廓州宁塞郡，下。本浇河郡，天宝元年更名。……县三。西有宁边军，本宁塞军；西八十里宛秀城有威胜军；西南百四十里洪济桥有金天军。其东南八十里百合（谷）城有武宁军；南二百里黑峡川有耀武军。皆天宝十三载置。

又，《元和郡县志》卷三九廓州条亦云：

宁边军，在积石军西，黄河北。威胜军，在积石军西八十里宛肃（秀）城。金天军，在积石军西南一百四十里洪济桥。武宁军，在洪济桥东南八十里百谷城。曜（耀）武军，在州南二百里黑硖川。右宁边等五军，并天宝十三年哥舒翰奏置。

另外，还有个振威军，《元和郡县志》河州凤林县条下云：

振威军，在天成军西一百余里。天宝十三年哥舒翰攻吐蕃雕窠城置。

从哥舒翰在收复九曲故地的这些军事设施，完全可以指实九曲所包括的地区，它与原来的河曲是显然异致的。原来河曲的含义是河道弯曲之处，而九曲是说河水有九条，与《禹贡》九河相类，其非一地，就此可见。

（二）九曲释名

在古代大、小榆谷即后世所谓捏工川地区，有一条大河名保安河（或称隆务河），保安是因明初在这里筑保安堡而得名；隆务则因与保安相望的隆务寺而得名，二者为同一地区的异称。保安大河藏语今称勾曲，曲即汉语所谓水或河，如黄河称玛曲，湟水称宗曲一样。唯有“勾”字的义释，因载籍无征，尚须求之于语言，而语言又以音值近似者多，解释也颇不一致。综其大要，可概括为如下三说：

(1) 藏语“勾”为弯曲。保安河北行峡谷中，河道多弯曲，今西宁通同仁的公路，自尖扎滩而南，溯河上行，路也曲折多险。按这个解释，勾曲当汉译为曲水或曲河。

(2) 藏语“勾”，又有等待之义。因此有人以为当年迷唐避伏榆谷，待汉军至，在河谷险处设伏邀击。后世行劫者亦在河谷屈曲处隐伏以待往来客商。按这个解释，勾曲应汉译为隐俟河。

(3) 藏语数词“九”，读音亦为“勾”，因此有人以勾曲即九河。细勘勾曲上源，其东侧有角毛昂、江隆、阿羊昂、麦秀四水；西侧有昂哇（洛藏河）、古德噶仁（往北分为两岔，其分岔别称阿米玛藏，北流入唐乃亥）、唐乃亥（至鄯姜与阿米玛藏会）、索那庆四水，与古德噶仁分岔计，合为五水。此九条水至隆务寺再合玛巴、年都乎等三水，汇而北流，始称勾曲。如此则以勾曲为九河，系就其上源支流而言，而下游则概不计。大抵河水多源，其始则多因地为名，待成为干流后才有定名，几乎是江河名称的定例。因此我认为勾曲的得名，以九河的义释为能得其实，亦最允当。

勾曲既为以其上游九支流汇合后所得之名，则汉名九曲，既为意译，又属音译，音义双关，这又是一个巧合。汉文“勾”与“九”古同音，今粤语仍读

"九"为"勾"。藏语"曲"为水的通称，而今所谓九曲，并无曲折之义，自然与河曲之名不相干了。

今同仁、泽库地区，古称榆谷，其水或名榆水。自南北朝以迄隋、唐、明、清，其西陲交通路线，由江左逾葱岭，除丝绸之路的北道外，南道通由今松潘经洮州、河州沿今青海省黄河南缘，直达今贵南龙羊峡一带渡河，再分往西藏与新疆。此道约始通于吐谷浑时代，故或称吐谷浑道。唐人经略西陲，用兵多取此道，迨吐蕃并吞吐谷浑，河湟尤为唐蕃争战中心，观郭虔瓘、郭知运、王君㚟、张守珪、王忠嗣、哥舒翰等边将的经营，多以保九曲、靖河源为务。而九曲一名，亦在此时成为专门地理名词，其名称盖本藏语而汉译，殆无疑义。我们试看神策军起临洮，天成军居河州，振威军处同仁，威胜军驻贵德南，宁边、金天、武宁、耀武诸军设贵南、同德迄西，则保安河适居这一广大地域的中心。唐人以九曲一名概括这一地区，其用意至为明显，与汉时称河湟的名义，大致相同。而译名音义双关，且依名从主人之例，既非泛称，又与《地图集》的地区概念有异。山川古今不变，形势则因时而异，此又论历史地理者所不可不察也！

三、九曲与唐帝国的盛衰

中国古代文明，肇始于黄河流域，故追溯中国立国之基，自周以还，都立足于西北，以成国家统一之局。司马迁在其所著《史记·六国年表》序文中说:

> 秦始小国僻远，诸夏宾之，比于戎翟。至献公之后，常雄诸侯，论秦之德义，不如鲁卫之暴戾者；量秦之兵，不如三晋之强也。然卒并天下，非必险固便形势利也，盖若天所助焉！或曰：东方物所始生，西方物之成孰。夫作事者必于东南，收实功者常于西北，故禹兴于西羌，汤起于亳。周之王也，以丰镐伐殷；秦之帝，用雍州兴；汉之兴，自蜀汉。

太史公这段评论，从三代历史发展论中国古代统一的地理条件与趋势，归结为“作事者必于东南，收实功者常于西北”。他以三代和周、秦、汉立国的形势来阐发“东方物所始生，西方物之成孰”这个地缘政治观点，对我们读史实具有极大的启示。因为从战略地理言，在海通以前，不在雍、凉立国，则西不能拒西域通中亚；而东不能开东南，通海道。秦、汉、隋、唐立国的基础与规模，即为此战略地理概念所确定。本文着重要阐论的是有唐一代的立国形势，其他暂不具论。

从汉以来，关中地区的手工业与农业，已具有高度发达的水平，而关陇迤西的农牧业，也在历史上属兴旺发达时期。加上丝路畅通，中亚商贾往来络绎，使长安成为万国贸易中心，而文化交流，更使唐代长安文明居于世界前列。这是当时唐帝国的经济形势。同时自隋以来，由于运河的凿通，长江流域也进一步得到了开发，东南财赋的输入，更壮大了唐帝国经营西陲的政治军事力量。定突厥、回纥，置安西四镇，西疆从此巩固无忧。这就是唐前期的立国形势，为历史上大一统国家的形成与发展，做出了那个时代的贡献。

对于唐帝国鼎盛时期的情况，我国另一著名史学家司马光在他所编《资治通鉴》卷二一六《唐纪》天宝十二载条评论说：

是时中国盛强，自安远门西尽唐境凡万二千里，闾阎相望，桑麻翳野，天下称富庶者无如陇右。

这就是他指哥舒翰收九曲后兼河西节度使时而说的。立足关中，经营陇右与西域，以确保西陲的安全，而东南的进一步发展，也就绰有余裕了。

继此之后，元、明、清三代，都为中国西部的开发与建设，做出了卓有成效的贡献，使我们祖国的版图，从此得到了定型，即就是近代在西方帝国主义势力的东侵中，也基本上保持了金瓯无缺。元、明、清三代对西北的经营，无疑是汉、唐立国规模和精神的继续发展，这同样是与西北这个战略地理位置的因素相关联的。

唐代国势，至玄宗而极盛，然此时吐蕃崛起已久，据有河湟。中宗景龙三年，即以九曲地为金城公主汤沐邑，自开元二年起，玄宗便对吐蕃的进逼采取攻势。在青海方面，王君㚟屡出青海西；信安王李祎出陇西，拔石堡城，置振武军。天宝元年，皇甫唯明战青海，破莽布支；明年，破洪济城，战石堡，不克。又明年，哥舒翰拔石堡，置神武军于青海上。到天宝十二年，终于收复九曲故地，列郡县，置重兵，遏制了吐蕃的侵扰。不仅如此，吐蕃境内的苏毗部(今玉树地区)还来降唐。《新唐书 · 吐蕃传》说:

后二年，苏毗子悉诺逻来降，封怀义王。赐李氏。苏毗，强部也。

说明唐在此时国力尚足以抑制吐蕃。就在这时，安史之乱起，唐玄宗悉调哥舒翰河陇防军东守潼关，于是不仅九曲故地复失，而且接着吐蕃还曾以兵 20 万东略武功，入长安。因此我们可以说九曲的不守，实是唐帝国由盛转衰的关键。

九曲地区在唐来说，是秦汉长城的外延，天马龙驹的故乡，安西四镇的后冲，首都长安的前卫。设不具体弄清其地理区划、战略位置，则对当时唐蕃的攻守方略、利害关系，均不可能获得通盘的理解。为此，我于考释有关山水地理名称方位之外，兼论唐初经营西陲与秦汉及元、明、清立国的基础和方略，附于篇末，借供考史者的参考。

噶斯池与噶斯口

噶斯池与噶斯口，是出现于清代初年的两个地理名称。我们考察西陲古地名称和行政或军事建置时，常感到古今地名多所变迁，不易确指。这除了自然变迁和时移势异外，由于部族迁徙，译名多歧，也是一个主要的原因。噶斯池与噶斯口的位置所在，根据清初以来史书记载，乃在今青海省海西州茫崖行政委员会茫崖镇与新疆维吾尔自治区婼羌县接界之处。这个地区，在汉以前属诸羌游牧。汉时婼羌国，也因不当孔道，行旅往来，缺乏具体记载。南北朝时有吐谷浑道，但似多取径于今金鸿山或当金山口，今噶斯口是否已为通道，也尚不甚清楚。明初，在今柴达木地区设阿端、曲先、安定三卫，其中阿端、曲先两卫，地均在今芒崖、冷湖之间。当时阿端等塞外四卫，均归西宁卫直辖。清初，顾实汗和硕特部移牧青海，旋统一唐古特四部，为青海额鲁特驻牧地，据《清史稿》记载，其四至及道里如下：

青海额鲁特部，在西宁边外，至京师五千七十里。东及北界甘肃，西界西藏，南界四川，袤延二千余里，即古西海郡地。分左右二境，左境：东自栋科尔庙，西至洮赉河界，八百余里；南自博啰充克克河北岸，北至西喇搭拉界，四百余里；东南自喇拉山，西北至额济讷河界，四百余里；东北自永昌县界，西南至布隆吉尔河界，三千余里。右境：东自栋科尔庙，西至噶斯池界，二千五百余里；南自漳腊岭，北至博啰充克克河南岸，千五百余里；东南自达尔济岭，西北至塞尔腾、西尔噶拉金界，二千余里；东北自克腾库特尔，西南至穆噜乌苏河界，千五百余里。①

这是清初青海额鲁特蒙古牧地全境，其中噶斯池属右境，即后来编定青海蒙古29旗时的左翼盟所辖地。噶斯这个地名，初见于清代康熙时，当时蒙古族入青海已久，所有其驻牧地带的地名，都已改从蒙古语。噶斯，蒙古语苦咸或盐碱之意，汉文译名则又随人或因地而异，大凡咸水湖均可译为噶斯、噶顺，如今之尕斯库勒湖，清代称噶斯淖尔，而《河源纪略》却说：“色尔腾水之西有噶顺池。”②同时今尕斯库勒湖的西部和南部，在清代名噶顺的更不一其地，多指塘、沽所在，即咸水池，本地人则多习称为苦水。而有时也习称盐碱地为噶顺，如《清实录》说：“过噶斯口，过打布孙瀚海，有地名噶顺，可进色尔腾地方。”③又《镇西厅乡土志》：“城西……八十里至噶顺沟界牌二十里。……噶顺大板准语谓岭也。”④噶顺沟、噶顺大板，则指的都不是湖、塘，而是沟或岭。这都可说明是蒙古语一词的两译，有时还被译成噶秀或噶布逊，这既有古今音的差异，又有汉译上的各行其是。噶顺译名，在清代记载中多见，而噶斯淖尔、噶斯池，则专有所指。虽然如此，有时仍不免在一书中同时出现噶顺

①《清史稿》卷五二二《藩部五》。
②《河源纪略》卷十一《质实三》。
③〔清〕《清实录·圣祖实录》卷一八二。
④〔清〕阎绪昌、高耀南、孙光祖编纂：《镇西厅乡土志》疆域附坤郡道里。

淖尔的异名，也尚未能完全划一。

自明中叶以后，弃哈密及塞外四卫封闭嘉峪关，今柴达木西部地区，不再有地方或军事建置。这个地区后来所以又形成要塞，为人所重视，则由于清初顾实汗统一唐古特四部和准噶尔与西藏发生关系这个近因所促成的。因为准噶尔当时游牧于天山南北两路，在康熙二十一年(公元1682年)第五世达赖病卒，第巴桑结专权，他“既袒准噶尔以残喀尔喀蒙古，复唆准噶尔以斗中国；又外构策妄，内阋拉藏汗，遂招准兵寇藏之祸”[①]。因为准噶尔无论派兵入藏或赴拉萨熬茶，均必须通过今青海柴达木盆地西部南下，当时这一地区驻牧者为顾实汗和硕特部。若准噶尔欲派兵入藏，则当金山口和金鸿山口等要隘，因清军在嘉峪关、安西一带设防，难以偷渡，从而今噶斯口一路便成为由准噶尔入藏的重要通道，同时也是自青海赴准噶尔的一条捷径。这就是噶斯池、噶斯口这两个地理名称在清初能以突然出现于历史上的因由。

历来边防设备，都随时势为张弛，并视敌体为盛衰。正由于噶斯口与噶斯地区，在当时准噶尔与西藏和青海的争夺中，战略地位十分突出，清政府不仅组织青海和硕特部左翼严加防范，并先后派满洲防兵和汉军驻兵，分往噶斯口、布隆吉尔、得卜特尔和察汗乌苏等处驻守，一直到青海和硕特亲王罗布藏丹津叛清时，噶斯口始终是清军截拒罗布藏丹津西逃的要口。这条青海与准噶尔之间的防线，到乾隆二十二年荡平准部后才失去它的特殊战略地位。此后的历史记载上，一般不再提噶斯口，而在雍正于罗布藏丹津之乱后重新分划青海蒙古29旗牧地时，噶斯地区为和硕特部左翼盟西右中旗所属，即此后的台吉乃尔札萨牧地。当时清政府改西宁卫为西宁府，所有今青海省海南、海北、海西、黄南各州和甘南地带，统归新设立的钦差办理青海蒙古番子事务大臣衙门管辖。这次所设立的青海办事大臣，到民国元年(1912年)改称青海办事长官，民国

---

①〔清〕魏源撰：《圣武记》卷五《国朝抚绥西藏记(上)》。

四年裁撤长官公署，其职务改由蒙番宣慰使兼办。当时马麒是以甘边宁海镇守使兼任蒙番宣慰使的，即在今海西设都兰理事并驻军，青海省政府成立后，于1929年改都兰理事为都兰县。解放前马步芳任青海省主席兼82军军长时，犹在今新疆若羌县属红柳沟巴什考贡古卡驻军,其兵营旧址和哨所遗迹至今尚存。

根据上述史实，无论作为军事建置或放牧地区，从明代开始，这个地区一直为青海疆域的组成部分，而在其作为军事要道时，形势地位尤其显得重要，具体的行政建置，直到解放后才陆续建立起来。由于地区辽阔，其间很少甚至没有居民点，许多地名都因时因人而异，因此茫崖也只是个点的名称。现在的海西州茫崖行政委员会，是在过去的茫崖工委、茫崖镇的基础建立起来的，行委下辖茫崖、花土沟、冷湖三个镇，其中冷湖镇仍属县一级机构。茫崖镇即设在噶斯口茫崖石棉矿所在地。由于石棉的开采，经济效益取代了军事地位，这个由清中叶以后主要作为牧场的地区，现在又引起各方的注视了。

有关噶斯口地区的历史地理考察

上文已经提到噶斯口一名出现的历史时代和其背景，这与广大青海牧区开始进入统一国家的具体建制至关重要。明初曾在这里置西宁、河州等卫，“领以番酋，授以国师、禅师之号，不相统属，以涣其势。其后一并于套酋俺答，再并于厄鲁特固始汗（一作顾实汗），于是始变为蒙古”[①]。到了清太宗皇太极崇德年间，顾实汗控制西藏，遣使通贡。顺治入关后，他又引五世达赖入觐，封顾实汗为“遵文行义敏慧固始汗”，赐金册、印、弓矢、甲胄。这是清王朝通青海之始。

康熙三十五年（公元1696年）圣祖亲征噶尔丹，次年视师宁夏，宣谕青海；十二月，青海蒙古诸台吉入觐京师，诏封顾实汗子达什巴图尔为和硕亲王，青海便成清王朝近藩，同时也成为清王朝进一步统一西藏和准噶尔的前进基地。

---

①〔清〕魏源撰：《圣武记》卷三《国朝绥服蒙古记》三。

噶斯口和青海西部地区地位的突出于清代初年，便由于准噶尔部策妄阿拉布坦汗率师入藏，袭杀拉藏汗；又吞并土尔扈特、和硕特两大部，清圣祖遂于康熙五十八年（公元1719年）派皇十四子允禵为抚远大将军视师青海，以两路兵分屯巴里坤、阿尔泰防准部东犯南下；另以两路兵由四川、青海入藏，拥立达赖，破准部入藏的军队。此后青海和硕特部罗布藏丹津叛清，清军严密注视噶斯口，以堵截罗布藏丹津西逃准噶尔，因而噶斯口一地一再出现于当时文书和历史记载。现在对此约略加以排比论证，借以说明其自然地理和历史地理概况。

关于噶斯口的地理位置和自然概貌，当时的勘察报告是这样描述的：

> （康熙五十四年十月戊辰）銮仪卫銮仪使董大成疏言：臣至噶斯口巡查，并无来往人迹。噶斯地方，三面雪山，中有一线水草，皆系芦苇。其大路在得布特里地方，西南走藏；东南走青海、西宁、大通河，半月即到永固城；西北走柴旦木、吐鲁番等处，乃策妄阿喇布坦出入咽喉要路。[①]

这里他先指出并无来往人迹，足证过去此处并非通道。其次，按他所描述方位、自然景观和山川形势，所谓噶斯地方乃指今噶斯口外阿尔金山支脉阿卡腾能山和南部齐曼塔格山之间的开阔地而言，而噶斯池即在其间。这个噶斯池并非现在的尕斯库勒湖（或称格孜库勒湖），而是指现在的乌苏肖（或译乌曾学、乌宗肖、乌曾肖），这在清代的记载中作乌宗硕。清陶葆廉《辛卯侍行记》卷四记：“自今噶斯乡的跌里逊西行一百八十五里克里，六十里乌宗硕（即噶斯池），山势渐合，入新疆界。”跌里逊，《河源纪略》作察罕得勒苏，其注释说：“蒙古语，察罕，白也；得勒苏，草色如玉也，地有草如白玉，故名。”这里所谓草色如玉者即唐诗上常见的白草，也就是古书上的栖鸡草，现在一般被误写为芨

①《清实录 · 圣祖实录》卷二六五。

芨草。

我今年到阿拉尔草原上的得里生牧业队去访问，据那里的牧民说，蒙古语称栖鸡草为得里生。他们这个队正驻牧在这个栖鸡草滩上，所以队名也叫得里生。得里生是现在一般译音，即是清代的得勒苏、跌里逊。克里在得里生西北部，东距今茫崖镇10多公里，是一个淡水池，周围有草，为放牧点和行旅往来栖息处。距这里的左前方公路南侧是清代营汛所在，今尚有遗址可寻。由克里西行，经茫崖镇出噶斯口即为乌苏哨（乌宗硕），其里程今仍与《辛卯侍行记》所记相符。由此再西折北二百五十里，就到红柳沟古卡。同书又记自婼羌东南行的地名和里程时，也说红柳沟古卡东南行二百五十里噶斯池，为赴青海要道。他所记总里程是从栋科尔庙（今湟源县属）到布罗淖尔南岸阿不旦为三千三百一十五里，除去自乌宗硕西北行的五百三十五里，则从栋科尔庙到乌宗硕的路程二千七百里左右，这也与张穆《蒙古游牧记》的里程基本一致，而《蒙古游牧记》在其他方面的记载更为详细：

国初，顾实汗自西北侵有其地。……既据有青海，分部众为左右二翼，予十人领之。左境东自西宁边外栋科尔庙，西至嘉峪关边外洮赉河界八百余里。……右境东自栋科尔庙，西至噶斯池界二千五百余里。

何秋涛加以注释说：

噶斯池在黄河上流鄂陵海东（按此当为西之误）北固尔班蒙滚陀罗海山——在哈剌增呼次山西——东南六十余里，有三池：一名鄂博图噶斯池，周二十五里；一名多木达噶斯池——蒙语中池，周十五里；一名察罕噶斯池，周十余里，俱在黄河鄂博池之东，番名固尔班噶斯池。[①]

这座噶斯池自西北向东南，受一条自西南来注的河流和来自阿卡腾能山和小屈莽山（即齐曼塔格山支脉之一，屈莽、齐曼为古今异译）雨季汇流的山水而形成。最早可能只是一个湖，以后有些地方高出形成小洲，遂分为大小不同的三池，但大体上仍连接为一气。自西北而东南，首为察罕池，因四周结有白色盐盖而得名；中为多木达池，因居两池之中而得名；最东南接公路处为鄂博图池，因附近山头有鄂博而得名。我们登上池边小山用望远镜瞭望，所谓中有一线水草芦苇，十分明显；三面雪山，则当指北面的阿卡腾能山高峰，西北面的阿尔金山主峰和南面的齐曼塔格雪峰（我们去那里时，正当盛夏，仍可见到峰上积雪）；此外，这里所指出的固尔班蒙滚陀罗海山，《河源纪略》有古尔班蒙衮托罗海山同样一个名称，所指虽非同一山名，但它的注解说："古尔班，三也；蒙衮谓银电；托罗海，头也。峰头色白如银者三，故名。"[②]这是指河源地区噶达素齐老东南部的三个雪峰白如银，因此为名。

噶斯池西南的固尔班蒙滚陀罗海，现在蒙古语叫固尔班蒙滚托罗海，是指三个相望的小山头。其中在哈剌增呼次山（或译哈剌增合查）西北的一座白石山，当地蒙古族民众就叫作固尔班蒙滚托罗海。登上山顶，从南至北倾斜处，也可分出三个小山峰，我认为这比以附近另一红土山和西南部界限不甚清楚的又一山包合称三山，似较为得实一点。除了特有的银白色（有些白石中略带粉红）山石外，更显目的是那上面一连垒了几十个大小不等的鄂博群。据当地牧民说，这不仅是他们祭神和赛马的场所，也是蒙旗放牧草山的界标。

说起界标，当地群众中存在着一种古老的传说，就在噶斯池南头的哈剌增

①〔清〕张穆撰：《蒙古游牧记·青海和硕特（十一）》。
②《河源纪略》卷十二《质实四》。

呼次山梁的中间略凹陷处，垒有一个片岩鄂博，据说这是当年太吉乃王爷和若羌县长协议后所埋界石的地面标志，其时间据推算约在光绪末年。但根据另一传说，界山标志石还远在西面哈木日山梁的阴坡，那似乎又是罗布藏丹津以前的时代了。

依据上述资料和实地踏勘，无论山川道里或是地形地貌来看，这个名乌宗硕的噶斯池，并非今天的尕斯库勒湖，噶斯口的得名，也就由这个苦水或咸水池而来。大概后来由于避免和噶斯淖尔（即今之尕斯库勒湖）相混，故改称乌曾硕，而在注解中注明即噶斯池。陶葆廉同时在回述道程时，在立必契曼后，便说六十里噶斯池，并注解说：

一名削尔浣，回语潭日库尔，急呼之为浣也。东南通青海西宁。[①]

按乌曾硕是维吾尔语，又译乌曾尚肖，哈萨克语称乌曾所儿，都是小咸湖的音译。这段小字很重要，它的总面积不过十二三平方公里，而噶斯淖尔据《河源纪略》测算，周广300余里，根据目前测算，面积共计108平方公里。因此我认为孔恩阳、卢春厚两同志提出清代所谓噶斯池，即是今乌苏肖，是完全属实的。目前对于乌苏肖，蒙古、藏、维吾尔、哈萨克族群众同时有多种称谓，经我分析，他们或就山形言，或就颜色言，或就某种标志言，或就生长草木言，都偏有所指[②]。

噶斯池的所在，既由山川形势、道路里程、地理景观等，推定为今乌苏肖后，则噶斯口的位置和青、新历来分界线的划定，便厘然如画，既有自然地理方面的依据，又有习惯放牧的标志，这并不能随意更张或收缩的。

---

①陶葆廉著：《辛卯侍行记》。

②孔恩阳：《青海尕斯（茫崖地区）历史沿革及疆域考》（打印稿）及卢春厚同志有关噶斯地区的考察报告（稿本）。

其次，根据历史记载，这个地区的防务和界务（主要是草山），在历史上也曾两度出现过，但都以青海方面的有理、有据、有节的态度和交涉而获得解决和稳定。

关于防务方面，《清史稿》有这样一条记载说：

（康熙五十五年）会噶尔丹由沙拉袭青海，掠台吉罗布藏丹济卜等牧畜，复谋盗噶斯口官军驼马。①

查《清实录》康熙五十五年十月丙午有云：

侍卫阿齐图疏报：策旺阿喇布坦贼徒，来马厂偷盗马匹，官兵击败，贼徒遁去。臣随遣官兵，会同驻扎噶顺汛界之护军参领钦第由追缉踪迹，始知贼由山后过沙喇，于欲来盗马之时，先执青海台吉罗卜藏丹济布而去。②

又，同书康熙五十五年十月丁未续云：

谕议政大臣等：策妄阿喇布坦……若探听噶斯口兵势单弱，由噶斯口来犯，侵扰青海，亦未可定，不可不预为防备。朕意派西安满洲兵及督标兵二千名，著护理西安将军印务、总督额伦特带往西宁预备。如策妄阿喇布坦由噶斯口来犯，著西宁预备之兵与青海左翼台吉等会合；提督康泰带领四川之兵，与右翼台吉等会合，两路协守，策妄阿喇布坦断不敢来犯。③

①《清史稿》卷五二二《藩部五》。
②《清实录 · 圣祖实录》卷二七〇。
③《清实录 · 圣祖实录》卷二七〇。

清圣祖的这些调兵遣将措施，都是防范准部进犯的，而防务的重点，都在噶斯口。到康熙五十六年正月，噶斯驻军已达1000名，而清圣祖犹嫌单薄，谕议政大臣等说：

据青海多罗贝勒达颜奏称，噶斯路兵势单弱，应添兵驻扎。所奏甚是。添兵之处，尔等议奏。寻议：噶斯路驻扎兵止一千名，似觉稍弱。应将西安兵二千名及西宁镇标兵一千名，添派噶斯路驻扎。①

后来由于转粮饷困难，而又以“噶斯地方甚紧要，看守兵丁不可一日空缺”②，乃分两班更换。康熙五十五年(1716年)，策妄潜派兵入藏，攻杀拉藏汗，诏西安将军、总督额伦特率兵6000由柴旦木赴援，而其时驻扎噶斯口的侍卫阿齐图，也于康熙五十七年九月进藏，另调总兵李耀兵500名和都统阿尔纳驻西宁的满洲兵800余名，进驻柴旦木。并命皇十四子允禵为抚远大将军驻青海，分兵由青、川两路捣藏，青海蒙古王台吉等率兵1万多名随大军护送六世达赖入藏。清军击溃策零敦多卜等厄鲁特入藏之众，拥立六世达赖喇嘛，西藏平。于是允禵奏请将原驻守噶斯、得布特尔及驻防青海士兵等调回，康熙仍令大将军派兵2000人，驻扎于青海相近形胜之地，侦探防守。一直到康熙六十一年十二月，才谕总理事务王大臣等说：

噶斯遣兵驻扎，特为防范策妄阿喇布坦之人侵犯青海。今噶斯一路，

①《清实录·圣祖实录》卷二七一。
②《清实录·圣祖实录》卷二七二《侍卫霍善疏》。

官兵无事，可将驻扎年久之人撤回。[1]

以上清廷文告，都说明在青海噶斯设防，是为了防止准部侵犯或潜赴西藏，而在这份上谕中更为明确地指出了这一点。当时准部控制着天山南北两路广大地区，此后青海和硕特部亲王罗布藏丹津叛清，清军堵截与追击，也均止于噶斯口，青海蒙古与准部地域界线，原就明确显然的。直至乾隆荡平准部，戡定回疆，今新疆地区便重归统一，以后更进一步建为行省，巩固了中国西部边防。新疆行省疆域，一仍旧贯，到清末时，亦复如此。《新疆图志》婼羌县的记载上说：

其界东一百六十里至火石嫌子，接甘肃敦煌，南四百一十里至小屈莽山，接青海。……东南六百一十五里至中屈莽山，接青海。

又说：

光绪二十四年十二月于罗布诺尔西南之卡克里克置新平县县丞。二十八年九月置县曰婼羌，东接甘肃敦煌，南及东南皆接青海：南四百一十里小屈莽山，东六百一十五里至中屈莽山，皆接青海。[2]

又引《辛卯侍行记》记载说：

按乌宗额（硕）海子在密元河西，一百里噶斯山南口（一名屈莽山，一名

①《清实录 · 世宗实录》卷二。
②《新疆图志》卷三《建置三》。

羌开尔，东南地名得布特尔。康熙五十四年鉴仪使董大成戍此)，为青海边境。

上述先后记载，于此都明确无误。而解放前马步芳曾一度驻兵红柳沟古卡，修青新公路时青海段也止于红柳沟。这也自有其历史原因，但两省后来的界线，并未改动。

关于界务，早在康熙时即曾勘定。《清史稿》上记载此事说：

(康熙五十七年)先是哈密伯克额贝都拉献西吉木、达里图、西喇郭勒地，诏设赤金、靖逆二卫及柳沟所，听兵民耕牧。五十八年，以其地错青海左翼牧，遣官偕贝子阿喇布坦、台吉阿尔萨兰等勘定界。阿喇布坦等曰："青海众荷厚恩，何惜隙地？可耕者听给兵民，留我等牧地足矣。"因集所属宰桑等画地标识，议勿私越。时抚远大将军固山贝子允禵统兵驻西宁，请自索诺木至柴达木路设站五，站置青海兵十，别令左、右翼兵各三百屯近军地，防准噶尔贼，从之。①

按《清实录 · 圣祖实录》康熙五十八年五月辛卯下云：

议政大臣等议复：差往西吉木等三处定设疆界之理藩院员外郎巴福寿疏报：臣将厄鲁特贝子阿拉布坦并伊所属之台吉阿尔萨郎、贝勒额尔得尼额尔克所属之寨桑库鲁克、贝子车臣所属之护卫车臣藏布等传齐，会同西吉木等三处官员，将设立疆界等情由示知。据贝子阿拉布坦等称青海人等荷蒙圣恩，焉敢吝惜兵民耕种之地土，但于可以耕种之地外，

①《清史稿》卷五一一《藩部五》。

留我等游牧处所，并所属人等种地之处，足矣。臣查西吉木等三处种地之所，原系锡拉果尔蒙古人等游牧地方，蒙古不曾种地，而兵民业已耕种，所有空地，蒙古人等照常游牧。其达里图地方，有车臣贝勒属下人等，与兵民遵循水道，相杂耕种。因西吉木之水源，俱系淖泥草墩之地，不堪耕种，是以蒙古人等于此游牧。循水之下流，兵民与皮贝勒额尔得尼额尔克以及贝子阿拉布坦属下人等，业已在水之两岸交错种地，遂会同地方官员并台吉、寨桑等，将兵民蒙古人等见今交错耕种地边，立号为界，不令逾越。应行令巴福寿将所设之疆界，交明巡抚绰奇而回。从之（按这里所指巡抚绰奇是当时甘肃巡抚）。[①]

据此，清初对当时双方草山界务，曾进行过勘定，青海蒙古贝子等对此并无争执，而这段历史记载的青海蒙古族早期放牧地区，却与现在噶斯地区牧民中流传的一种古老的传说，并和解放前马步芳驻军红柳沟古卡及青新公路东段至红柳沟为止等事实，也似都有一定的联系。当然，我这样阐述历史上这个问题，并非想将现在青新分界线，恢复到清代初年那样，因为边境线有时总还有所变动；同时这毕竟是邻省之间的事，不能与国境线等同起来。但回顾这段历史过程，确实对现代人，特别是一些当政者来说，将会促使他们进一步明了这个问题的历史真面目，并借以澄清一些人的模糊观念。

至于清末以来所形成的两省区界线，则既与自然地理上山脉的走向和分水岭有所依据，也与传统放牧习惯有所联系。根据解放后的一篇调查报告，有位蒙古族老牧民说他在13岁那年（据推算当为清光绪三十二年，即公元1908年），婼羌县一位姓锡的县官曾来向当时太吉乃王爷要噶斯草原，被王爷当面驳回，

①《清实录 · 圣祖实录》卷二八四。

并为此补埋了界石[①]。从文字记载上查证，《辛卯侍行记》曾记述新疆候补县丞肖然奎探查这段路程的事，“锡”当为肖的音讹；又据《婼羌县乡土志》记载，婼羌县知县瑞山曾率人于1908年来西右中旗驻牧地和台吉图布登嘉木措会谈了界务，图布登嘉木措在会上驳回了瑞山改划草山的要求。后来瑞山在自己所修《婼羌乡土志》中接受了太吉乃方面的意见，青、新边界以小屈莽、中屈莽山为界，这已见前[②]。此后一直到解放前，虽有新疆哈萨克族胡赛音部被迫移牧海西，但迄无草山争端。

噶斯淖尔与阿拉尔草原

现在阿拉尔草原东部的尕斯库勒湖，在清代名噶斯淖尔，但译名有时也不尽一致。就是在《河源纪略》一书中，既称噶斯淖尔，也或称噶顺淖尔（见罗布淖尔图）。《纪略》在记罗布淖尔时提到噶斯淖尔说：

> ……又西为噶斯淖尔（原注：蒙古语噶斯地名，即以为池水名也）去罗布淖尔二百里。
>
> 罗布淖尔……又南有噶斯淖尔，周广三百余里，有三源，自西境碛中山流出来注之。噶斯淖尔极三十九度六分，去布罗淖尔东南二百里。[③]

这个方位里程，都是指今尕斯库勒湖，其自西而东来注的水较大的有两条，其中铁木里克河最大，上游分两股汇流入湖；另一条是卡尔马玲河。最南尚有一条汇流的河，合共为三条，与《纪略》所载及图相符。而乌苏肖却只有一条不断流的河水自西南方向注入池内。至于尕斯库勒湖周广三百余里，更是和乌苏肖不可同日而语的。

不过《纪略》解释噶斯是蒙古语地名，尚欠完满，而在解释噶顺时说是苦

---

①1960年柴达木工委、茫崖工委边界调查小组报告（原件复制本）。

②参看孔恩阳：《青海尕斯（茫崖地区）历史沿革及疆域考》（油印稿）。

③《河源纪略》卷十一《质实三》。

水，这正是其本义。至于库勒，我以为是“郭勒”或“果勒”的异译，蒙古语“郭勒”是河，这是习惯上以注入该湖的河水名湖。现在绘地图的人不查对原名，遂致噶斯淖尔又有了尕斯库勒湖和格孜库勒湖的新名，而有的人更借以指此为噶斯池（乌苏肖）了。

尕斯库勒湖在阿拉尔草原东部，这块草原据说面积约1万公顷，包括祁克里克、铁木里克共分成三部分。这都不过是一般习惯的叫法，实际上是噶斯口内的一整块大草原。其中铁木里克面积最大，维吾尔、哈萨克族都叫铁木里克，可以译为产铁的地方，而在蒙古语里据说是水中小洲的意思，因此阿拉尔云云，起初只指小洲所在的那一块地方，现在有时却以它来概括这一整块草原。另外还有一部分叫作祁克里克，我以为祁克里克，是维吾尔语（哈萨克语同）栖鸡草滩的意思，也就是前面提到的得里生，因语言不同而异名。这一块草原，赖齐曼塔格山雪水灌溉，水草丰茂，兼可耕种（以前曾设过农场），因而与尕斯库勒湖一齐成为一个有争议的地带。实际上噶斯池（乌苏肖）的方位既定，则这个草原完全在噶斯口以内，面积在 5 万平方公里以上，相当于欧洲的一个小国家，过去岂有随便放弃之理？当年的界石、界标和军事哨所，既都在噶斯口外，口内几万平方公里的宽广地带，自不会成为什么边界。从自然地理的角度来看，要是以尕斯库勒湖为噶斯池，则其边界线必须东展到老茫崖才能分出自然界线，这就更不可思议了！老茫崖、新茫崖这都是解放后随意命名，据我向蒙古族牧民和通蒙古文的学者们了解，茫崖是蒙古语额头的意思，这不过是取某一点地形或地物的特征作为一个点的名称，而这一块广大地区，则可概称为噶斯地区。铁木里克地区或阿拉尔地，其西极界标应以噶斯口和噶斯池（乌苏肖）为准，因为阿卡腾能山和齐曼塔格山的支脉到此自然衔接起来，而噶斯口内约 12 公里处，水开始西流，这些都是当初作为界线的主要依据。

目前青海省海西州茫崖镇即设在噶斯口东口，而新疆婼羌县也同时以此为依吞布拉克镇的治所。依吞布拉克，维吾尔语为孤泉，其泉在噶斯口外西北23公里处，原为西行商旅栖息地。噶斯口并没有孤泉，以孤泉名噶斯口，是地以人迁。现在的茫崖石棉矿就在这里，要是不身临其地，很难了解具体情况。解放后乱命地名，为地名规范化工作造成混乱。随着茫崖石棉矿的开采，这个地区的繁荣已遥遥在望，不久将来的现代化工业，会彻底改变这个地区古老的面貌，它将从过去的青海边防要冲而跃居中国西部的新兴工业基地。

民和访古录

1986 年 7 月，应民和县政协之约，在该县参加县政协召开的文史资料工作会议。会后由县长马福海同志、县政协副主席狄呈麟同志及县志办赵存禄、张士全、汪沛等同志，引导并陪同考察了汉金城郡允吾县故址和巴州、古鄯、满坪、黑城、临津渡及鸿化寺等古迹，顺便也游览参观了官亭（厅）、中川等名胜与风光，对民和在古代交通路线上的历史作用和重要性，有了更进一步的实地验证，也饱览了自然美景和其在历史发展新阶段中所取得的建设成就。

兹就考察与见闻所及，对以下几个问题，试加论证与考订。

一、汉金城郡所在

汉金城郡始置于昭帝始元六年，其治所在允吾县。允吾古读为鈆牙（yǎn yà），鈆古铅字，铅一音读 yàn，今江西铅山仍读为 yàn，而不读 qiān，犹存古音。赵盛世先生有《允吾正音》（见《青海地方史志研究》1984 年第 2 期）可供参看。由于汉时尚有金城县，为前凉金城郡治所，西秦亦曾建都金城，其地在今兰州市西，约当今西固城地区；又金城郡治所晋时曾迁榆中，北魏时仍之，而辖境略小；西魏后迁治子城，在今兰州市；隋大业初改子城县为金城县，后又改名五泉县；隋大业及唐天宝、至德间又改在今兰州市置金城郡等原因，金城郡与金城县所在地，颇滋异说。本文所论，仅就汉郡、县而言，当时郡治在允吾，即今民和下川口，其故址犹在，为我这次所考察者。惟何以知此故址即为汉时金城郡治允吾所在地，这可以从此地名的音义来加以审定。古代雍凉地名，多名从主人，如析支、渠搜、龙耆、榆谷，皆为羌语之汉译；而乐都、化隆，则兼用音义双关之例。羌藏原属一语族，允吾羌语读铅牙，今藏语义为左川①。方位以左为东，又以东为下，西为上，如此则左川即为下川，今民间以古允吾所在地称下川口，以今民和县治所在地为上川口。如此定今下川口为古金城郡允吾县故址，则确然不移了。

以上系就郡治名义与方位而言，以下尚可就故址所见来加以论证。汉金城郡故址，郡城原坐落在今隆治沟口湟水南岸台地上，背山面河，河谷下切极深，城址巍然高耸，略可想见当年边城雄伟的气势。惟原城垣现已颓毁殆尽，仅余残迹，供人凭吊。城根一带，属马家窑、齐家文化陶片，几于俯拾即是，我当即拣得石斧二柄、彩陶片数片，由此不难推知此城原建筑在原始社会初民聚居点上，其来甚古，为本省彩陶文化遗址之一。城内现辟为瓜田，占地约百亩。城南较开阔，均为果园，结实累累，一片富庶景象。城东为下川口村，居隆治（古龙支、龙耆的异写）沟口，入沟沿公路西南行，为去古鄯大道。湟水北岸属甘肃永登红古区，沃野一片，绿树成荫。

据谓原城址外有汉墓一座，已为省考古队所发掘。台地上尚有一高土堆在望，据赵存禄君言也系汉墓。城南山顶有一墩台耸立，一般称烽火台。据我所知，民和地区，从西汉开始，即成为河湟通道，因而在现在民和有关通道的山顶上，都遗有自汉以来的烽火台。最完整的一条是由临洮取道今永靖县莲花（古凤林

①此据吴均先生说，见《允吾正音》引。

下渡）渡河，经转导、马营、古鄯、柴沟、峡门以通乐都的中坝、瞿昙、洪水，直达碾伯镇的这条路的山头上，都可以望见耸立的墩台。这充分说明古代无论在凤林或临津（今大河家）渡河，都是取此道入湟中，而现在的有些历史研究者们，却以今例古，把它硬拉到今甘青公路上，是显然背离历史事实的。在下川口南山顶上所见的这座墩台，则又可说明由汉金城郡通过允吾城西湟水（至此已与大通河合流）上郑伯津渡口北上，以达令居并进而入河西走廊的当时交通路线，而由隆治沟西南行即达古鄯。这条古道的东下临洮，西上河湟，北通西域的交通枢纽作用，益显出允吾古城在当时军事与交通方面的重要性。其所以成为当时战略据点的另一原因，则是它正扼湟水上郑伯津这一重要的渡口。须知当时今靖远与兰州黄河上均尚无渡口，欲入河西走廊，必须取道今庄浪入永登，而从临洮一路无论从凤林、临津渡河后，都必须由古鄯北上允吾，再由郑伯津渡湟去永登。历史上霍去病、赵充国的大军都是取道于此，霍军随后由今宁张公路线通过今扁都口入湟中，赵军则通过令居以趋乐都的。后世的隋炀帝西征吐谷浑，从临津渡河后，也是经古鄯由民和西沟、峡门、瞿昙、洪水到达乐都的，这虽然已是几百年以后的事，但他也并未取道今老鸦峡，因为老鸦峡成为骡马和人行通道，乃是晚近的事。清末陕甘总督沈兆霖来西宁，回程时犹取道今冰沟赴兰，在永登沙沟遇洪水被冲没，也说明那时冰沟有驿站，而享堂以下仍无驿站，就此亦可破近人以赵充国所经四望峡为老鸦峡之谬说了！

近年来还有人以民和县治南桦林嘴的北古城遗址为金城郡址，我虽未前去察看，但从其出土文物中有唐代钱币及城址遗迹等推断，民和县志办的同志们认为，似为唐龙支或北金城县所在。至于其非允吾故址，则我可以断然肯定了。

从金城郡允吾故址回上川口时，于归途顺便察看了一下马聚（驹）垣古窑遗址，附近多彩陶盆等残片，其设色与纹饰，与柳湾及上孙家寨出土彩陶盆略似，并有石臼残底等遗存。据同行者谓此原系一古窑，因未加保护而塌陷云。

据以上实地考察和论证，足可补证《秦边纪略》和杨应琚《西宁府新志》允吾即今之下川口这一推断的精确不移了。

二、巴州

巴州在上川口南约15公里处，现为乡政府所在地。先是民和县志办汪沛君以县志初稿给我，在巴州条下录有明御史杨益美《过巴州》诗一首，他问我这是否即指今民和巴州而言。我看诗内有“趋海舞暂停”及“水面黑山分”语，概与本地无涉。且查杨氏《明史》无传，其事迹行止亦无从详考，所以我以为他所咏当为巴郡地，亦即《三国演义》所云张翼德收严颜所在。但这只是我事先的推想，尚待考实。因此我这次到民和，便首先请求狄呈麟主席趁午后休息之便，去巴州一游。此地明清时为巴州驿所在地，南去古鄯，北达上川口，有南北向长街一条，既为往来通道，亦为本县一大集市，川原较广，有灌溉之利。两边山坡，俱为旱田，且南依小积石山，水草丰美，为明时临川监巴川苑所在。《秦边纪略》所谓三川十八堡，平原筑堡，临壑附岩则置寨，可耕可牧可守之地。我们在街市上小憩后，即步登西山腰看古文化遗迹，彩陶片亦多残存。我拣得小石斧一个，甚精致，当系殉葬物，等于是今之装饰品。据近年考古发掘，这里所出土的陶器，多属新石器时代马家窑文化和铜石并用时代齐家文化及青铜期时代卡约文化遗存。山顶上也筑有堡，借以瞭望并守护。

集市上有重兴寺，原建于明正统间，嘉靖与清康熙间均重修，“文化大革命”时被毁，仅存佛殿三间及近年补悬“无上三尊”古匾一方。这里古迹之重要者当为石佛遗址。佛寺在集市西南侧，今已废为农田，只在丛莽中残存石雕佛像九尊，居中一，左右各四，而半埋入土，未加移存并保护。其雕刻颇古朴庄重，当系明时所立而无记载，亦未引起人们的重视。当地人方在原城隍庙新建大殿，除塑立城隍像外，更于两壁绘十殿阎君，以比石佛之雕塑，则显得十分庸俗，无艺术和古迹价值可言。

我所以这次专去巴州考察，主要是想探讨一下巴州的得名。自汉到唐，这里分别是由鄯州和凉州先后所管辖，而并无巴州的建置。那么为什么又出现这样一个地名呢？我设想这也和允吾一样，是一个汉译名，其起源当在吐蕃统一青藏高原以后。据史载，这里原是罕、幵羌故地，自吐谷浑、南凉、西秦等在本地区建国后，由此及于河南，都成为鲜卑族活动地带。自吐蕃兴起以至其分裂变乱，吐蕃人多移居今青海境内，今贵南、黄南、化隆等地区藏族，据谓多渊源于吐蕃。现贵南木格滩有巴、茫拉两聚落，巴居西北部，茫拉居东南部，有河横贯其中，也名茫拉河。巴地今为巴仓农场所在，茫拉则为县治所在。按巴原为吐蕃氏族之一，分布于西藏与康巴地区，今西藏与四川甘孜，犹多以巴为地名，盖属地随人迁之例（川地三巴，则起源甚古，当与此无关）。而今民和巴州，本与隆治、米拉并称三沟，揆之于今贵南的巴地与茫拉，又称巴沟与茫拉沟，沟字是汉族人所加，藏语只称巴，亦合称巴茫拉。因此我推想民和巴州之称，或即为巴沟的音变，州、沟在汉文中同属尤韵，有相互转化的可能。我所以援贵南巴沟之例，也不是贸然的，而是在今民和巴州沟南面的前河乡，同样也有一个茫拉的地名，这并不可能是偶合，而是确有吐蕃巴氏族曾居留此地。民族的迁徙与同化或融合，虽代有变迁，而地名则仍被保留下来，这也是不鲜见的。我的这个推论，虽尚不足以为典要，但似可供研讨古地和编修方志者的参考。同时，巴字在藏文中的拼音有སྤག(pag) 这样一种拼法，同于汉语的巴札，这可能更近于巴州的对音。

三、古鄯

古鄯今为镇，居民和县中部，南去官亭（厅）达临津渡，西北经硖门去乐都，东北经隆治去下川口，东南经马营、转导去永靖，西越积石毛洞、本炕两山口去化隆，可谓扼四塞之险，当南北之冲，自汉以来，即为军事重镇。公元前 2 世纪时汉武帝建元中遣张骞出使西域，以迄开河西四郡，均取道于此。东汉时在此筑龙耆城，前凉时为晋兴郡，北魏改设北金城县，西魏改称龙支县。龙耆、龙支、煖支及今之隆治，皆属羌语的不同汉译名，其义为大沟，今古鄯正居大沟旁川原上，其得名即由此。后周时属凉州，唐属鄯州，宋属西宁州。明设千户所，归西宁卫管辖，并设置马苑，所谓宗水监四苑，即包括此处和黑城、美都等地。后又设巴煖三川营，其辖区及于南山后（今化隆），清初仍之。乾隆间移营于巴燕戎格厅。

今古鄯城惟北面墙尚略有保存，据《碾伯所志》载："古鄯城在所治西南一百六十里。西汉龙支县，晋小晋兴城旧址。明万历二十四年，增建敌楼。城高三丈四尺，下宽二丈八尺，周围六百六十丈。门二，城楼二，角楼四。池深一丈五尺，宽二丈。"《碾伯所志》与《甘肃新通志》，都把龙耆误为龙支，实际上龙支一名，初见于南凉时龙支堡，西魏改称龙支县，唐因之，属鄯州。明缮修城楼，当在唐城旧基上。只是这里有两个问题，向来纠缠不清。一是王莽时西海郡治龙耆，那现已查明是今海晏县的三角城；一为东汉时的龙耆，即今古鄯，但这又或写为龙支，与南凉时龙支堡及西魏时龙支县相错杂，前面我已说明这都是古今译名的歧异所造成的混乱。与此相同的还有一个龙夷（今平安，宋时为宗哥城），而耆、支、夷，都是一音的异写，其义均为大。就现在藏语而言，则读为龙且、龙千，如大蕃之读为蕃千等，今化隆二塘北大沟之名为隆千，均是其例。另一为东汉时龙耆所在，晋及前凉建晋兴郡。如《晋书》云:

永宁中，张轨为凉州刺史，镇武威，上表请合秦、雍流移人于姑臧西北置武兴，……又分西平界置晋兴郡，统晋兴、枹罕、永固、临津……左南等县。[1]

---

①《晋书 · 地理志上》。

今知当时晋兴所统各县中，如枹罕、大夏、永固、临津、罕唐、左南，均在今古鄯临近地区，所以西晋与前凉均于此置郡，当属可信。而《碾伯所志》与《甘肃新通志》谓晋为小晋兴城，殊不可据。《晋书》明载晋兴郡下有县，自是郡县同城。小晋兴只是一个城堡，《西宁府新志》谓“允吾西四十里有小晋兴城，今之古鄯也”。我看这个说法不准确，小晋兴城当在今上川口，说详后。

另外，在古鄯北柴沟乡桦林嘴有一北古城，我此行未到。据同行者谈，城仅存遗址，东西长 119.2 米，东宽 25 米，西宽 22 米，中宽 38.5 米，成椭圆形状。遗址曾出土原始社会文物与唐代钱币。其原名无考，或即北魏改设的北金城县遗址，但这须待发掘有实物证明后方可确定，北魏时金城郡治榆中，则以此为北金城，大抵相称。

四、满坪

满坪在古鄯之南，居美都沟东去永靖、南下官亭的要冲，现为乡政府所在。古代自长安西来，如不取道黄河南经今同仁、贵德、贵南渡河，则凡从凤林、临津渡河的均于此交会北往古鄯。由于它所居的这个地理位置，我以为即是古左南县的故址所在。

满坪是今名，就其地处沟口迤北漫坡上而言，满当为漫的异写。现在的村庄中心，正在漫坡上，而古城址在沟口当东、南两条路线的交会处。我根据与当地一位年已 84 岁的张定邦老人的面谈，去故址察看遗迹。这里虽已辟为农田，但当地仍称作集场，并隐约有遗迹，称作衙门前、衙门后。此所谓集场、衙门，当系指明清间城坊建置而言，到清末则逐步毁弃而沦为农田，而其东面山顶上尚有营堡残迹，据老人谓清末尚于此有驻军云。此其一。

在古城故址西北方有一座古寺叫瑞昙寺，我去寺中看了一下，系新修复的。殿中供南无三尊（观音、文殊、大势至菩萨）并关圣、三官、龙王及十殿阎君等牌位，均系一般神道设教，惟其中城隍据旧匾记载，谓系唐玄宗时左南知县陈程，并谓满坪即西晋时左南县所在。按中国民间故俗，凡有功德于民者则祀之，陈程仅一知县，古籍自无可查，而既为本地城隍，则当地故老相传，实为口碑，可资依据。同时，前已提到西晋时晋兴郡下设左南县，则是取义于允吾之汉译名左川，左南者左川之南也。今满坪地居隆治沟之南，而旧匾记载与故老相传，又均与此吻合，这均可为我说法的佐证。此其二。

另外，由于后人对《水经注》记载的理解不一和前人著述的字误等原因，又往往做出错误的论断，且自以为是。如《水经注》卷二河水记漓水说：

河水又东历凤林北。

河水又东，与漓水合。……漓水又东，白石川水注之。……漓水又东北，出峡北流，注于河。《地理志》曰：漓水出白石县西塞外，东至枹罕入河。

现在的大夏河，就是古之漓水，东流入于黄河，《水经注》说得很清楚。《明一统志》误以今广河县境内的广通河当漓水，而广通河下游入洮河，于是与《水经注》入河的记载不相符。我们认为漓水入河的记载是对的。察看一下现在的地图，大夏河今藏名桑曲或桑科乎，发源于今夏河县西南邻近黄南州河南蒙古族自治县东端处，北流经夏河县治，再东流折北经临夏入刘家峡水库，而并不入洮。洮河发源于今河南县境内的代富桑（生）河，东北流与莫尔藏河汇合后经碌曲，称碌曲河，自此东流经卓尼折北至临洮，由临洮北向偏西至永靖刘家峡东端入河。洮河古名洮水，而大夏河之名，则起自十六国时赫连氏夏国，现在的临夏、夏河都缘此而得名[①]。弄清楚漓水与洮水入河之处，就可以定河水经左南城的问题。《水经注》在记述漓水入河后即说："河水又迳左南城南。"郦道元注说：

①可参看王树民《陇游日记》，见《甘青闻记》。

《十三州志》曰：石城西一百四十里，有左南城者也，津亦取名焉。

这个石城，《水经注》继续在下面说：

逆水又东迳枝阳县故城南，东南入于湟水。《地理志》曰：逆水出允吾东，至枝阳入湟。湟水又东流，注于金城河，即积石之黄河也。

此所谓金城河，乃由于它流经金城县，就也把黄河叫金城河。而此时的金城县即在兰州市西固城地区。逆水即今之庄浪河。接着《水经注》又说：

河水又东迳石城南，谓之石城津。阚骃曰：在金城西北矣。

就现在而言，这个石城的位置，正好在今之八盘峡西口，这里原有个渡口，当即郦《注》所说之石城津。我在 50 多年前，曾于此渡过一次河，40 年前，又曾遇雨夜宿塔加川，于河北岸并未见有石城遗迹。因思这个石城位置，自在此川无疑，而其名则或取自北岸断崖石壁而为防者。

现在我们再回头来看左南津所在，可以很明确地说它在刘家峡水库南端，其对河即为炳灵寺（古唐述窟），大夏河也在此附近入河，而洮河则在其北端永靖县治处入河。这个左南津在隋唐时名凤林渡，此前又或名临津下渡，现在则名莲花渡。从莲花渡渡河后即入当年的左南县境。据此则以左南县故址在今美都沟中的满坪，容勿可疑。近来有人考证它在漓水与洮水之间的黄河北岸①。

如上所述，漓水和洮水均于东岸入河，而河自刘家峡起转向东北流，至永靖又转向西北流，至孔家寺又转向东北流，至塔（达）家川会湟水再东流。那

①聪喆：《左南白土两地考》，载《青海民族学院学报》，1988 年第 4 期。

么左南在漓水与洮水之间北岸，似到了西北岸的杨塔，而永靖又虽当北岸，而又不在漓水与洮水之间。无论怎样说，都是与《水经注》的记载相违的。因此我认为今满坪即是左南县故址，而左南之名即取义于左川之南，而把它摆在今永靖，与左南之名义是不符的。

五、白土城

早在几年前，因日人佐藤长氏主白土城在今化隆县甘都境内，近人崇外卑内，都纷纷作文响应，似是一桩新发现。我因为自己是甘都镇人，那里的山山水水、沟沟洼洼，几乎都熟悉无遗，可并没见过什么白土城。那里东西滩，原来虽也各有过一座古城遗迹，但却又都是最标准的红土，那种土是一种黏性很强的红胶土，故俗有“墙上打墙墙不倒”之谚。那两个古城遗址，我们小时去逮兔子，城墙还部分存在，都是用红土筑成的。但一查记载，《西宁府新志》和《循化厅志》也均作如是说。《中国历史地图集》在晋代部分，也把它画在今甘都境内。因此我在一篇文章中曾加以纠正，说它应在今民和县中川境内，现在名为黑城。

这次去民和，我便向马县长和狄主席提出，想专程去中川察看一下，承他们支持，事先通知中川乡何乡长和老人辛怀智作为向导。我们自古鄯取道甘沟更由大马家沟直到中川乡，这里是沃野一片，为民和县最富庶之地。午餐后即由何乡长带领去镇北察看黑城。我们从东南城角登城，城墙大致尚完好。远看城墙确然多呈现黑色，黑城之名当由此而来。但细察之，则系全用当地白壤土筑成，因年久杂草丛生并多苔藓，致使表面呈现为黑色。此种苔藓我们幼时称作喜鹊艳,因它的颜色在未枯萎前很像喜鹊颈上那一圈翠绿光亮的绒毛而云然。秋冬间枯萎，便成为一块块黑斑，因而当地人把它叫作黑城。实际上在这西面的一个小山坡，却仍叫白土坡。我当时就曾告知同行的县志编辑汪沛和张士全两位，这就是白土与黑城不同得名的由来，而其为晋白土县故址，则尚须于下面加以论证。

城东西长235米，南北239米，占地约合80亩。城基厚11米，高约8米。设南北二门，有瓮城。从东南城角南望，河北岸中、下两川，绿树成荫，麦浪翻滚，而河南岸甘肃临夏回族自治州积石山县山川村堡，也俱收眼底，一览无余。因此城居中川台地最高处，背山面河，又当东西南北来往之冲，形势极为开阔而险要，景观也最佳。

我们从城北门下，循北门入城，何乡长已约同当地辛怀智老人在城中道旁相候。城区现俱辟为麦田，无居民。据辛老谈，当地人不知此白土城，而称为黑城或丹阳城。但他们所以称黑城，又由于传说杨家将当年据此，夤夜筑城，故其名云云。其所谓丹阳城，则因其城正背依凤凰山，呈丹凤朝阳之势。此凤凰山为红土山，居中川北，两翼向东西延展，其形势恰与南凉古城相同。南凉都城故址在今乐都县西，亦名凤凰山，相传因有凤来仪而得名[①]。由于有丹阳城之名，民间便又有丹阳公主、双阳公主的传说。民和三川本土族世居之乡，而现在三川土族女子衣裙服饰，犹谓是丹阳公主所遗。我查了《宋史》，在兵制《蕃兵》中，有这样的记载：

> 为首领者，父死子继，兄死弟袭。家无正亲，则又推其旁属之强者以为族首，多或数百。虽族首年幼，弟其本门中妇女之令，亦皆信服，故国家因其俗以为法。

而《宋会要辑稿·蕃夷·吐蕃》中有崇宁三年西番妇人瞎比牟蔺毡兼卒助官军作战，被封为安化郡夫人。又政和五年唃厮啰族孙女蔺毡兼卒夫人亡，由其侄女阿坚承袭邑号的记载。当时宋廷既有以唃厮啰家族中女子加封授的成法，

①详见拙著《南凉故都遗址的发现》，载《青海史志研究》，1985年1—2期合刊。

则当时鄯州多吐谷浑和南凉遗族，而唃厮啰部又多与吐谷浑相混，或许土族所传此两位公主，为安化郡夫人与其侄女的化身，亦未可知。传说本身，率多转化或失实，然其自有一定来历，可为考察之据，故为史家所不废。据说城外有壕三道，我在北门外，即见有城壕遗迹，其守甚固。南凉故城，有内外城，而此则有壕三道，凭以据守，或即吐谷浑遗制，因而可以推断此古城当为唐宋间在晋白土县遗址上所重建，犹有吐谷浑遗风。

白土城东南有泉，据传说西夏兵围此城，城中无水，于是在城东南角穿地道通于泉取水，为夏兵所发觉而破城云。城南大路旁有大泉一眼，水甘美，为村镇民取饮水处，而东城根泉很小，穿城偷取较近便，也不易发现。

以上为我在白土城的见闻，接着当据记载以论证此即白土县故址的所由。按白土城记载，早就见于《三国志 · 魏志 · 郭淮传》：

(正始)九年，遮塞等屯河关白土故城，据河拒军，淮见形上流，密于下渡兵据白土城，击，大破之。

此时的白土城尚只是以一个军事城池而存在，至《水经注》成书时，仍称作城：

河水又东，迳临津城北，白土城南。

并引《十三州志》说：

左南津西六十里有白土城，城在大河之北，而为缘河济渡之处。北魏凉州刺史郭淮，破羌遮寒(一作塞)于白土(《魏志》作遮塞)，即此处矣。[①]

①此据王国维:《水经注校》。

按临津渡在今官亭西南积石关，汉设河关县，其故址即今临夏州积石山县属大河家，河水自此东流，即过白土城北而下左南。登白土城，大河家即在望，古今并无异致。《水经注》又接着说："河水又东，左会白土川水。"此水当为我们南来时所经的大马家沟水，其水正出今中川西北，也与古记载相合。自晋于此置县，十六国时，便多有记载，只是到了近代，便错误地把它移到了上游的甘都堂。如《循化厅志》说：

其白土城，疑即今西宁甘都堂汛也。今自循化至西宁，皆由掌教坊渡口过河，至西宁之甘都堂，所谓缘河济渡也。

这还没有完全肯定，至《西宁府续志》则肯定说：

白土城，在城东黄河岸北（按此城指巴燕戎格厅城）。《水经注》云：河水又东，迳临津城北，白土城南，即今之甘都堂堡也。

《循化厅志》既以甘都堂汛为白土城，所以便把今隆务河（保安大河）为临津溪。而佐藤长则又以今循化城东清水河为临津溪；同样地，严耕望以今循化县城为临津故城。[①]殊不知今循化城始筑于清雍正八年，怎么能以之当古临津城呢？但因为佐藤与严氏都是当代海内外知名专家，因此目前此间考察历史地理的学人们，不免多据此立论，向声背实，反而把问题弄混乱了。

对白土城我虽然早就认为在民和官亭（厅）附近，但一直未能去访查过。这次有机会到实地进行考察，不仅获取了实证，还听到了一些有关的传说，可

①按佐藤长文《隋炀帝征讨吐谷浑的路线》，见《青海社会科学》，1982年1期。严耕望说见其《唐代青海河湟地区交通军镇图考》。

谓是一大收获。于此对民和县政府、县政协和同行诸位及何乡长、辛老等均表示深切的谢意。(已往记载，均以今甘都川为邯川，实际上此仅系西邯，而东邯则指今民和官亭及马营地带而言。)

六、官亭(厅)

官亭地居中川乡西，为由临津渡河北来的首站，所以近世就于此设接官厅，其后字讹为亭，迄今因之未改，盖所谓约定俗成，实际并非长亭也。

官亭地居中川西南端，当现所艳称的丝绸之路的要冲，现在为镇公所所在。历史上自汉武帝开河西走廊，打开中西交通的新局后，民和地区即自始为丝绸之路自临洮西行的惟一通道。凡是从临津渡河的使者、商队或军队，在今青海境内的首站，就是官亭。开初是由此经允吾入令居，再分赴河西或湟中，以后则多取道古鄯沿柴沟、峡门经乐都至西宁。历史上如东晋高僧法显、南朝宋时僧人法勇、北魏时比丘惠生及宋云、隋炀帝及唐高僧道宣等，都曾先后取道于此，或往西域，或往印度(经西藏)，都是走这条道的。因此现在一般把这称为丝绸之路南道。特别是在河西走廊中的武威有中阻时，这条南道便成了丝绸之路的惟一通道。其后唐蕃古道和元代驿站，都是沿此而建立的，其历史意义和作用，目前在大谈丝绸之路时，仍不免有所忽视，我在这里有必要提醒一下。官亭现在虽只是个小镇，而在历史上地位是赫然的，文化是灿烂的。

官亭距古临津关与临津渡(今积石山县大河家；临津关亦即积石关，为积石峡东口)约十公里，自官亭西南行，过杏儿沟河即达渡口北岸。历史上似多次在这里搭过浮桥，近世以来，则多用船渡，由于此间河水平缓，过去一般系撒浪船，码头或上或下，随季节水势而异。现在则用轮渡，码头为横贯南北的钢丝绳所固定，既渡人畜，也渡汽车，非常便捷。我们去时，还正准备开工兴建钢筋混凝土大桥，此桥一竣工，自来的天堑，又将变为通途了。

我们渡河至大河家，主要是想察看一下临津溪。我以前写文章，把溪水定为今积石关口的干河滩，因为这是河出关后所会的第一道水。这支河水因长期以来上源植被与森林遭到破坏，河水早已干涸，所以现叫干河滩。但我看到这个河床很宽阔，设想古时水量殊不小。《水经注》说：“水自南山北，迳临津城西，而北流注于河”，因此我又去东边看了看刘家集河，这条河还有水。《水经注》接着说：“河水又东迳临津城北，白土城南。”则是古临津城还在今刘家集河迤东，设以城定水，则以今刘家集河为古临津溪水，亦无不当，只是我们已无从知道古代这两条河水大小，不敢妄断，仅述所见如上。

由于轮渡定于下午8点左右停渡，未及去察看一下古临津城是否尚存有遗迹。据我读书所及，自汉代至宋代，从长安西来的通途是取道陇西——临洮——枹罕（河州）一路的，渡河则或由上渡临津，或由下渡凤林。自明初有了今靖远和兰州的浮桥和渡口后，才既可经一条山，亦可循庄浪到永登。山川古今异势，未可执一而论。自宋时起，在临津渡河后，不去官亭而取道杏儿沟，西北向越小积石山经踏白城（今化隆塔家、民和白家）赴化隆，在军事上颇为频繁。而此路早在隋炀帝西巡时，似就有一路军队取道于此入化隆，与炀帝所率的右路军（民和、乐都一路），在拔燕山（今乐都南山、化隆北山）区进行了联合演习。这虽在《隋书》上未作记载，但隋军当时既在这一地区作了大规模地震慑吐谷浑的演习，不可能在大军到乐都后，才分军去化隆作演习的。我于此叙述这条路线，是为了较全面地说明古临津渡口在军事和交通方面的作用。

在官亭我们只待了半天，并在那里过夜。这里川原广阔，气候温和，是民和县最富庶的地区，而且盛产瓜果，又是“三川杏雨”的风景胜地。镇公所院内有一棵槐抱榆古树，树龄约在百年以上。所谓槐抱榆，是当初在槐树上嫁接了一枝榆苗，槐树生长快，而榆树生长较慢，所以后来形成了槐荫浓密，枝干高大，而榆只成为其一旁枝，为槐所抱持。全树左为槐，右为榆，而又浑然成为一体，也是平生所仅见的。院内尚有银杏树二，据说是解放后移植者。这种树在四川多见，俗称白果树，而青海东部农业区也向无栽植，其在官亭能成长，足证当地气候的温暖。民和地区地形较复杂，山岭起伏，沟壑纵横，海拔最高山区达 3500 米至 4000 米；一般浅山地区海拔在 2000 米至 2700 米；川水地区海拔则在 1500 米至 2000 米左右。其中惟有在河湟谷地的川水地区最为富庶，而官亭所在的中川地区，是全省海拔最低和气温最高的点之一。我这次旅行所见，全县以南大山（小积石山支脉）为南北分水岭，所有松树河、李二堡河、巴州河、总堡河等，均北流入湟水；马营河、前河、甘沟河、吕家河、银洞河、杏儿河等，皆南流入于黄河，显出地势中高而两边低下。而湟水自老鸦峡入境，东会大通河至塔家川入黄河，好那里海拔则只 1600 米左右，为全境最低处，但北岸自享堂以下早已是永登县属了。所以与中川、官亭能相比的，只有积石峡西的循化川地和化隆属的甘都镇两地，从这里不难看出官亭在交通、气候、水利、农业以至于文化等各方面的典型意义了。

七、鸿化寺

鸿化寺在转导乡后坪下阳台，一般写为弘化、宏化、洪化，都是同音异体字，有的写为红化，则是别字。我在这里仍从原文，以存其真。

鸿化寺是明王朝建立的。青藏高原地区，自元代开始，不仅重行纳入了中央统治政权范围，巩固了国防，而且更重要的是根据地区特点，逐步地建立了以藏传佛教政教合一相适应的制度，以西藏政教领袖八思巴为国师，加强了中央与地方的联系，促进了蒙藏关系，为祖国的统一，做出了贡献。明王朝在此基础上，也采取了“因其教不易其俗，齐其政不易其宜”的政策，特别是通过宗教渠道，加强中央与地方的联系，并未即把内地所统一制定的十三省制硬套在青藏高原地区人民的头上，而是因地制宜，因利乘便，按具体条件分阶段进行政区建制和设施，从而取得了地方安定、民族和睦的效果。对青海地区和西藏所不同的一点，就是多封众建，按地区、教派分布的情况，加封了比西藏还分散的许多法王、国师等（这种多封众建，也带来了一些朝觐频繁、赏赐耗费的弊病，但明廷并没有考虑这些），具体地贯彻了“因其教不易其俗”的政策，正因为这适应了当时的具体情况，便起到了积极的作用。鸿化寺的出现，也就是在这个历史背景下产生的。

据《循化厅志》记载说：“有僧世袭。香火地百顷，赐銮驾及金印、珍珠伞、孔雀匾。国朝颁赐敕印。”这是清朝人记载，较为笼统。明刊《河州志》则说：

弘化寺，州西北百二十里。正统六（七）年奉敕建。规模壮丽，金碧交辉。有僧世袭佛子，常住地百余顷，官兵五十五名守之。内有钦赐銮驾。

原来这个寺，后来虽属于西宁府管辖之下，但在明清时，它是先后属岷州和河州管辖的。明洪武时，因西宁所属角仓地区三罗喇嘛安定地方有功，便赐匾建立了瞿昙寺，建立了西宁僧纲司和河州番汉二僧纲司。《明史》上说：

初，西宁番僧三剌为书招降罕东诸部，又建佛刹于碾伯南川，以居其众。至是来朝贡马，请敕护持，赐寺额，帝从所请，赐额曰瞿昙寺。立西宁僧纲司，以三剌为都纲司。又立河州番、汉二僧纲司，以番僧为之，纪以符契。[①]

瞿昙寺在塔尔寺未兴起前在青海地区的作用，已广为人所知，此不备述。而这里提到的河州番汉二僧纲司，便是管理鸿化寺的都僧纲，它与岷州大崇教寺，是洮岷与河州政教系统中的两大寺院。智观巴 · 贡却乎丹巴绕吉著《安多政教史》（吴均、毛继祖、马世林译），对此有较为详尽的记载。在这本书里他

①《明史》卷三二九《西域二 · 西番诸卫》。

以一位宗教信徒的身份和立场，对鸿化寺的缘起和重要性，作了地理方位、教法传承和寺观建造等方面的记述。原来这寺成为圣地，是由于宗喀巴大师的弟子释迦也失在二次进京回藏途中，圆寂于鸿化寺。他当时已是被敕封为“万行妙明、真如上胜、清净般若、弘愿普慧、辅国显教至善大慈法王、西天正觉、如来自在大圆通佛”（一般简称大慈法王），因此明王朝特为他在这里建立了灵塔，建修了城池，不仅是一个政教中心，而且还成了有纪念意义的圣地。这里所藏的经典法物和塑像等，都是文物中的精品。《安多政教史》有一段记述说：

依止的佛经、佛塔、佛像等圣物，有大慈法王的灵塔、皇帝塑建的身像、金汁书写的《甘珠尔》大藏经、金银相间书写的《甘珠尔》大藏经、朱印本《丹珠尔》大藏经、大慈法王的本尊像、檀香木的双身胜乐金刚像、胜乐画像、尊胜塔、大慈法王的帽子为首的全套袈裟、罗甸嵌镶的床、长柄杯子、珍奇的镀金火炉、全套鞍具辔头等。应该寻找一位转世化身系统。①

从此段记载我们不难看出鸿化寺当时在传播藏传佛教文化中的地位和作用。要是这些文物至现在还存留着的话，那不也和前几年在陕西扶风法门寺考古发现的珍贵文物而东西相辉映吗？那么我就下面记述一下我这次访查的见闻吧！

鸿化寺城廓现在还大致完好，在南门上题有“鸿化寺”三个墨色大字。城南北 150 米，东西 260 米，占地约百亩，规模较大。但寺被毁于“文化大革命”，今仅起屋数楹，供宗喀巴佛像。其仅存文物，为永乐间所赐飞龙檀香木螺钿护

①原书第六章《论湟水南岸与黄河北岸地区政教发展情况》。

法神床架和都纲之印，可以说是吉光片羽，弥足珍贵。永乐殿仅存遗址，残砖断瓦，触目惊心，但因破坏不久，其规模遗迹尚依稀可辨。横卧在瓦砾中的柱础，有宽至二尺五寸者；另存残壁座三处，均没于丛莽中。古人说铜驼荆棘，荒烟落日，相差仿佛。因正值农忙，寺僧仅二人，年事尚轻，为新近出家者。引导我们参观了东面的原尚书院所在，尚存老屋数处。其院内是花园，略有花木，其中菩提树一株，据说是清初所植，作为佛地象征，这也是弥足珍贵的。城东南角据介绍原为监狱所在，因为这里原是藏传佛教政教中心，所以寺主也兼管行政与司法，监狱就是由此而来的。

城墙尚多完整，我们便由北面登城，见东城外有一条宽平的麦田，据说这原是本寺僧舍所在，原有僧众三百余人云。再东望以迄山根，是当年本寺的坟场。另外尚有山场牧地，当时都是钦赐的香火地。城外原有市场店铺等，现虽都辟为农田，而店铺等名称，仍还存留着。

鸿化寺过去有无属寺，我尚不清楚，只知马营灵藏寺与它有关。而民和境内藏传佛教寺院竟达 61 座，其中除鸿化寺外，大多都是莲花台寺、弘善寺、龙合寺、喀的喀寺的属寺。喀的喀寺规模宏大，也有城池一座，经堂 13 座，大小佛像 50 余尊，其中相传的宗喀巴自画像，现仍被保存，如鲁殿之灵光，岿然独存，为四方膜拜的圣品，驰名远近。我这次因时间与路线关系，未能前去。只以文家寺在中川乡附近，顺便去看了一下，寺新修复，由热贡画师画壁，四大金刚等法像庄严，充分表现了热贡艺术特色。

我借写鸿化寺篇幅，不惜把本地区宗教寺院都连类而及，以见历史上本地区宗教文化的兴盛和影响，俾考历史者有所了解和取资云。

八、史纳与享堂

史纳与享堂两镇，地居湟水北岸，且当老鸦峡东口和享堂峡南口，并为兰青公路和兰青铁路的主要客货站所在，在交通上处于枢纽地位，而在历史地理沿革上，近年来异说纷纭，更需要加以考察和论证。

关于史纳，近年多有异说。按《西宁府新志》说：“廉川城，在县东，近庄浪界。晋太元二十七年，鲜卑秃发乌孤击降乙弗、折掘等部，筑湟中廉川城都之。”此说后起，但亦只说近庄浪界，并未指实今何地。新编《辞海》继之，便说在今民和县西北。有人更进一步，遂肯定今民和史纳为历史上的廉川城。今史纳有城旧址，但并非甚古，今人所以以此当之，也基于当前的兰青公路、铁路线都经此的地理概念。而在晋时，这里并非通道。时不论古今，设地不当孔道，自无建都的条件。这种以今例古的方法，大为背实，自不可从。据《晋书》载记二十六记载说：

乌孤讨乙弗、折掘二部，大破之，遣其将石亦干筑廉川堡以都之。

接着还说乌孤登廉川大山而泣的事。这座大山无疑是祁连山支脉的今乐都北山，而由青海过了乐都北山，则就进入今永登和天祝地区。前已说过隋唐以前西进路线是临洮、枹罕、临津（或凤林）、古鄯、允吾至令居，无论如何再不能经今天的史纳去乐都。那时今老鸦峡和享堂峡均未开通，从而史纳与享堂无从居于廉川与浩亹的地位。那么晋时的廉川城究竟在何处呢？这当然还无法决定确指，但依当时形势，应在今永登以西连城地区。据汉以来当地郡县建置，永登为广武郡，与浩亹、令居成三角形，相互为犄角。而乌孤旋又为广武郡公，吕光又进封他为征南大将军、益州牧，在吕光之意，想把他调离本地区，以减少其威胁，而乌孤之意在觊觎凉州，待其谋不酬，在转而降乐都、湟河、浇河三郡后，便迁都乐都，最终也还曾一度入踞凉州。由此不难看见他由廉川迁乐都，是退出河西走廊，而不是由今史纳移乐都，因为史纳当时并不成为军事政治据点。根据廉川这个地名，是指一条河谷，廉与令（居）古同音，这都没有汉义。

川既可名水，又可名原。但从令居、广武、浩亹这个三角地带说，该处并没有大的称为川的原，而有几条水或入大通河，或入庄浪河。若以史纳为廉川，则湟水与大通河，不论是汉名或译名，向均不称廉。廉川并不在今史纳，就此已可证了。

史纳是个后起的名称，最早也当在吐蕃王朝解体到宋唃厮啰时期，因为史纳是个藏语地名。藏语以黑色为纳亥，如今海南州就有唐乃亥、石乃亥的地名，唐乃亥汉译为黑滩，石乃亥汉译为黑云（雾）。石乃亥在青海湖西北。史纳即石乃亥的别译。石乃亥的得名盖因地处青海湖西北岸，常有乌云笼罩，而山原夏秋间草色青绿，亦显黑黝色而云然。史纳山色近灰，无黑土，但藏语石乃亥，石读如舍，其义则近于汉语的黝黑。如青草色及森林颜色，多称黑而不云绿。据《西宁府新志》卷五地理志碾伯县目下有云：

阿剌古山，在县东一百里，有林木，山顶平坦，可以耕牧。

阿剌古土语，未知其义，即史纳北山。志载夏秋之际，雨后云雾缭绕，烟雨苍茫，山峰隐约，绝似一幅天然水墨山水画。林木早已被伐无存，但山田广袤，可供农牧，其得名当即由此，而与老鸦峡和湟水均无关。地名本为代表一地方地理位置或地形的符号，有时亦可考见古代人类迁徙、居住、征战等痕迹，据此以揆史纳的得名，也与廉川和秃发氏无涉。

享堂镇即在史纳东邻，东西密迩，故民歌也说："享堂带（和）史纳连着哩，海石湾隔河者哩。"自老鸦峡和享堂峡开通，享堂便成为青海的大门，日形繁荣。迨兰青铁路通车，史纳改成为大站，这是古今所不同的情况。

享堂镇居享堂峡南口，大通河（古阎门水）一出峡，便把湟水北岸自史纳至海石湾的这块扇形台地切为两半而与西来的湟水汇合，南岸是上川口，北面原来大半都是砂石滩，解放后兴修了水利灌溉，才成为一片沃野。这是目前的情况。海石湾现属兰州市红古区，北可通窑街，西可通乐都，和过去已古今异势了。

几年前我偶然在一次翻阅资料中，发现了一条唐初平李轨时，唐军至此时把此地名为降唐，我因而领悟得享堂之名，原之于“降唐”，而“降唐”则似本之于藏语“阳塘”，因为“阳塘”在藏语中义为峡口滩地，盖唐军当时取其叶音写为降唐，而又音义双关，犹隆多之为乐都，洼隆之为化隆，早就有其义例了。由此我援例获解老鸦峡与龙羊峡也是由藏语译出的同一名词，龙羊峡在今藏语中全称为“龙哇阳”，省读为龙羊；老鸦峡本地口语读老哇峡，老哇即龙哇的别译，其义统为沟峡。而享堂之得名，既可来之于老鸦峡，亦可取之于享堂峡，而以得之于后者为近。[①]

自明代后期起，因会宁伯李英墓葬于此地阿剌古山之阳，春秋致祭，理应有祀亭、享堂（解放前尚留有翁仲，俗称享堂石人），享堂之名，当始于此。此本原地名的叶音，同时取音义双关，所以后来遂皆以为源于李土司墓园，后来居上，晦其原义，所谓新鬼大而故鬼小了。

就此看来，享堂藏语名，当起于吐蕃王朝时代，因其时西宁地区已羌浑杂处，唐军至此，其名已在，不然唐军不会把这弹丸之地，张皇其辞地名为“降唐”了。后来由于李土司墓园成为古迹，其地更名闻远近，但自蒙古麦力汗、达尔加诸部窜扰东部农业区时，又名此地为巴原川，古老记忆犹存。巴原、巴燕、巴音虽书写各异，而其义同为富庶。蒙古族后皆归套，这个名称也就随之而泯没，鲜为人知了。

享堂古为浩亹县地，西汉时置。县治旧在浩亹水（时称阁门）出峡处，其

①见《大清一统志》青海厄鲁特第23页湟河条：“西宁河，即湟水也。又东南流三百余里，至庄浪卫降唐堡，入大通河。”

峡门应为今朱固峡南口，当今河桥驿地区。而近年多有人主享堂峡口说，因以今享堂为古浩亹县所在，与古代实际情况完全相背。试问当时今享堂峡既非通道，由长安西去道路于金城郡郑伯津渡湟水后即取道今红古区往令居，然后北去武威，西往乐都，而在今享堂设县，究有何用？且遍查享堂、史纳地区，并无古城遗迹，近人立说，岂非向壁虚构，以此自炫？难道金城郡、允吾县近在肘腋，忽又于此设县，究为何因？其意何在？谬说流传，乱人耳目，贻误后学，莫此为甚，我不能不在这里加以批驳。至于古浩亹县址是否即在今河桥驿所在，我还并未亲去勘察过，有待进一步查勘和研究，但享堂并非其地，这是我可肯定的。

九、上川口镇

上川口镇现为民和县治所在，原有城，现已被拆除。镇上县政府大楼、招待所、女子中学、县医院等均系新修，市镇甚为繁荣。镇东西二山头，有东山城、西山城、里长城等遗址，我曾登两山头察看，城基尚有遗存，城区内则全已辟为农田，东山城且已辟为公园，有暇登览，则湟水河谷，一望无余，享堂、史纳，俱在眼底。东垣（塬）原为荒滩，解放后引湟水修建了东垣渠，广开农田，亩产平均达 500 斤左右，最高达千斤以上。在东山头东望，一片沃野，成为民和主要粮食产地。

东山城原为东伯府李土司衙门所在，而在明以前，则当为军防哨所。而在古代，据《水经注》记载说：

> 湟水又东南迳小晋兴城北，故都尉治。阚骃曰：允吾县西四十里有小晋兴城也。湟水又东与阁（浩）门河合。

这里所记的方位与距离，均与后世以及现在的实际情况相符。小晋兴城建于前凉，晋时金城郡治迁榆中，十六国时前凉又迁回允吾，即在今下川口所在。当时晋兴郡治在今古鄯，于此别筑城堡，为都尉治所。两汉边郡多设都尉，掌佐守，典兵事，而属国都尉，则主管少数民族事务。小晋兴既名小又称城，则相对于晋兴郡治和太守而言，因其并非郡县治才称为城。这个小晋兴城之所以置于此，当着眼于军事而与金城、晋兴成掎角之势。如此则今上川口在十六国时已为要地，后世李土司治此，民和县成立后不久，也由古鄯迁治于此，而且那时老鸦峡已成为通道，形势较昔已大有变化，原来金城郡下川口的地位，便为它所代替了。

我这次去民和，看了许多想要看的地方，还游览了七里寺（原慈利寺）药水泉，喝了能治疗胃病和有消食杀菌作用的矿泉水。还到县档案馆翻阅了李土司家谱，世系、家传、图像俱备，序跋则多出于清初，当为其时所续修者，当代名人如于右任、居觉生（正）等均有题识。本来还想去炳灵寺石窟，因路不好走，当天不能回来，因而未能成行，留此不足，以待方来！

最后，我谨对中共民和县委、县人大、县政府和县政协各位领导同志及县志办诸位同志的热情关注和接待，表示深切的感谢！

门源访古录

我在几年前曾写过一篇《隋炀帝西巡道路中几个地名的考实》，其中有的地方我当时并没有亲历过，光凭文献记载和历来有关地图的标识，还不容易弄得一清二楚，因此心上总还有些不踏实。

1988 年 7 月间，恰好《门源县志》编委会约我和赵盛世教授及陈希夷、魏明章二同志去门源进行一次座谈。其间承县上领导和有关同志分别引导参观了古大通城遗址，察看了覆袁川方域与地势地貌，巡视和踏勘了卡子沟口古浩门水（今大通河）上桥墩遗址、克图口古骨龙城遗址、永安滩永安城遗址及老虎沟口唐威戎军遗址，并游览了照壁山、花海子和仙米寺。河山带砺，雪峰触云，不仅印证了书本上一些模糊认识和疑问所在，也饱赏了山水形胜，可以说是获益匪浅。因而在回来之后，分别把它记录下来，征诸记载，间参己意，作为前文的续篇[①]。

---

①拙著《隋炀帝西巡道路中几个地名的考实》，见陕西人民出版社《唐史论丛》，第 4 辑。

一、覆袁川与覆袁川之役

覆袁川是吐谷浑王伏允退保之地，这个地名，在史书上仅此一见。我在前文中把它的所在，定在今门源景阳岭至黑河一线，方位自是不错，但还不够确切明白。通过这次实地考察，证实乃指今景阳岭下由打柴沟滩到永安滩这一片谷地而言。《大通县志》虽还没有说得这样清楚具体，但其方位，即指这块地带。该志在北干诸山覆袁山条下说：

> 去县城西北一百八十里，界于凉州武威。[①]

又，在北干山水条覆袁水下说：

> 去县城西北一百五十里，即覆袁山下之川也。水注浩门河。[②]

由于当时把覆袁川的含义理解为水，便把水所出的山称为覆袁山。《中国历史地图集》又从而把黑河下游今称张掖河的那段水称为覆袁川[③]。

自来以山水名地，是一条通则。但结合实地讲来，这个川字，并不作河水来解，而是指谷地和平原而言的。这就西北地区说，如勇士川、大非川、茫拉川、捏工川等，皆是其例。而关中盆地俗称八百里秦川，更非哪一条水所能代表的。这种所谓川，又或称原，如五丈原、乐游原等皆是，今或写为塬，如现今陕甘之交的屯子塬、和尚塬，都是一马平川。因此，《中国历史地图集》以今黑河中游的张掖河段为覆袁川，那不仅非山间平原，更越过了今八宝山（约

---

①《大通县志 · 地理志 · 山水》。
②《大通县志 · 地理志 · 山水》。
③《中国历史地图集》第5册“隋河西诸郡”图。

当《隋书》所谓车我真山所在）。不论以水名川，或是以川名河，均脱离了当时会战的中心地带，这是我首先要讲明的一点。以下再来对这个地段就考察和史实加以论证。

（一）考察所经和“覆袁水”

此次考察，我们从浩门镇乘车出发，西行至青石嘴折而向北，便进入门源盆地，但见沃野宽阔，菜花金黄，一望无际，是门源农牧业精华所在。解放后此地被辟为浩门农场，为青海主要农场之一。再北行过盘坡又入门源马场界，是另一片开阔地，由此直至景阳岭下干柴滩；更由这里西北至俄博，西南至永安滩，平原弥迤，苍茫敞豁，时有起伏。这里有一条大河，由祁连山北坡景阳岭下直贯永安滩，俗称永安河，西南流汇入浩门水。永安之名，始于清初，县志则称为“覆袁水”，若把流经古覆袁川的这条河叫作覆袁水，无论当初有无此名，都是合适的。也就是说，把今天的张掖河当作古代的覆袁川，则是不符合实际的。

我们由干柴滩继续前行，直到狮子口，这里有一条小河流至此穿岩洞流出，洞口有喷水一处。在这条河东侧岭上有一块岩石矗立，望之绝似两只狮子并肩坐立而南望，所以本地称此为狮子岩，而把岩洞吐水口叫作狮子口，也可以说是塞上胜景。这里已到景阳岭山腰，岭巅已为云封，似已在下雨。自此上行，即至俄博，由俄博北上过扁都口（即古大斗拔谷口）去张掖；西北行去祁连，即《汉书》所谓的句廉（钩镰）上。

我们由狮子口折回，即离宁张公路沿干沙河谷往永安城。出干沙河谷即见永安河自北来，再折向西南行，过沟口门即入永安滩，川原开阔，河水经永安城西南流入浩门水，对岸为苏吉滩，也是门源一大草原，它与永安滩原属一块草滩，由于浩门水横穿被切割为二。永安城在清代雍正初年在九道湾与西风山之间筑城设立永安营而得名。就军事形势而言，在狮子口东南的沙金城，为扼西北上俄博过扁都口的要塞，而此城则为防北来之敌东南下大通的堡垒，是一处要冲之区。1930 年马仲英屠湟源后，即由大通取此道，由老虎沟入武威，纵横河西走廊与宁夏，可见地理形势古今并不相殊。

永安城尚较完好，我们登上西门城头，见城墙很厚固，城内杂草丛生，惟北面有马场某队居住。东、西门有瓮城。《大通县志》记载说：

> 清雍正三年筑。始设游击于此。其城高二丈，基厚一丈八尺，顶厚一丈二尺。周围六百丈。城楼二，月城及楼如之，角楼四。壕宽三丈，深五尺。炮台四座，每座设炮□尊。[①]

今炮楼、城楼等遗迹俱无存然，据此尚可想见当年军营的雄姿。县志又记此城的位置形势说：

> 去县城（指大通县城，原白塔城）二百一十里，居北大通（今门源县城）之西北，据张掖县之东南。东倚雪山，西藩俄博。沙金、覆袁围其后，察汉鄂博绕其前。亦邑中咽喉右臂之区也[②]。

这与我前面考察所见的记述可相互印证。

永安滩内遍生夏枯草，其时花开如锦，棕红色，绝似平铺的地毯。今永安滩西南改置皇城乡，实系解放后把原祁连山北的皇城滩改划归武威，而将其地牧民辗转迁移来此而然，可说是地以人迁，徒有皇城之名。

---

①《大通县志 · 建置 · 城池》。

②《大通县志 · 建置 · 城池》。察汉鄂博为蒙语，即大通中干诸山的察汉鄂博图山。察汉谓白蒙古，鄂博即俄博的异写。

由永安滩渡浩门水至苏吉滩，西南行即为去海晏、刚察的通道，可直达当时吐谷浑王都伏俟城。所以认定今永安滩与打柴沟滩这一宽阔草原即是当年隋军与伏允交战中心，是确然无可疑的。对此，门源县志办同志们的意见也是一致的。

（二）从隋军四路合围看覆袁川所在

据《隋书》记载，炀帝自度星岭（即《西宁府新志》所谓大寒山，今俗称达坂山。炀帝所度为今中达坂山口，一般臆度为元朔山，实误），即采取四路合围的策略。此四路即杨义臣所率的东路军，《隋书·杨义臣传》说：

……从征吐谷浑，令义臣屯琵琶峡，连营八十里，南接元寿，北连段文振，合围浑主于覆袁川。①

琵琶峡在何地呢？《中国历史地图集》标在今浩门镇西侧；《吐谷浑史》标在今甘肃天祝县南部②。根据我这次考察，从浩门镇东行，经东川孔家庄，浩门水便入山峡，两岸遍山皆为森林。再东经仙米、珠固始入天祝县界，相去百余里路。约计自峡西口的克图西北行至盘坡，100多里路，而由天祝东南界往西南至金山，路程在200里以上，这与南接元寿连营八十里的记载不合，也与隋军进军路线不符。《中国历史地图集》的标志，约在今青石嘴上下，则是炀帝大本营所在，且去盘坡太近，过于偏西。所以琵琶峡应即为今孔家庄以东的浩门水峡谷，既不偏东在天祝界，更不偏西在青石嘴，而且青石嘴正当门源盆地南端，并不在山峡口。（关于琵琶峡，后面另详）

西路军是张寿所部，他屯兵泥岭。泥岭所在，《吐谷浑史》指为今大通山，

①《隋书》卷六三；《北史》卷七三《杨义臣传》同此。

②周伟洲著：《吐谷浑史》之《炀帝西巡路线示意图》。

似嫌笼统；《中国历史地图集》标在大通山西头，约当今刚察县西北部沙柳河上源地带。大通山多有红土山谷，天雨路滑泥深，祁连山地带，也有滥泥沟这样的地名（见《秦边纪略》）。泥岭之名，当由天雨时道路泥泞而来。这条路我也未走过，但就方位言，《中国历史地图集》的标示是可以信据的。

北路军是段文振所部，《隋书》上说：

> 从征吐谷浑，文振督兵屯雪山，连营三百余里。东接杨义臣，西连张寿，合围浑主于覆袁川。[①]

可见他这一路军屯驻在今西雪山地带。西雪山是祁连山西部冰川地带，藏语称岗什卡，也是冰峰之意。其东部冰川在景阳岭以东，俗称冷龙岭，与岗什卡东西相望，其地正当泥岭东北。

南路军是元寿所部，他屯兵金山。《隋书》上说：

> （大业）四年，拜内史令。从帝西讨吐谷浑，寿率众屯金山，东西连营三百余里，以围浑主。[②]

今大通县境内，有金山两处，一称金娥山。二山同为南山的二峰，均在原大通县城南 40 里处，实际上应是一山的异名。

从上述四路军在会战前的屯驻方位点粗计，所谓连营三百余里，大致相当。这四路军分进合击的态势是：南路军顺今宝库河谷北进，过达坂山口，从今青石嘴上下进入门源盆地；西路军由大通山西麓东北进至苏吉滩渡河入永安滩西

①《隋书》卷六〇《段文振传》；《北史》卷七六本传同。
②《隋书》卷六三《元寿传》；《北史》卷七六本传同。

南端；东路军由门源东川沿北山根西北进入打柴沟滩；北路军由俄博南下，阻断敌逸走扁都口的道路，而与东路军会师于景阳岭下。从这里完全可以看出这四路军攻击的目标，最终都集中在这一块平原地带，则所谓覆袁川便非此莫属。而川之为原，亦由此可以断定了。

按隋军这次作战方略，意在全歼敌军于覆袁川，但从会战结果看，由于吐谷浑西路后防并未被隋军切断，以致伏允在覆袁川受创后，即收军退保车我真山，并在此以假王作替身迷蒙住隋军，而他本人率一部分兵民，脱离战场。这个车我真山，当即今祁连县境的八宝山。伏允则似即由祁连西出托勒南山，再南下退入青海湖南部。他在退军时，似仍保持有一定的战斗力，致使隋军一部分追兵中伏受挫。《隋书》记载此役时说：

> 时吐谷浑主与数骑而遁，其名王诈为浑主，保车我真山，帝命（张）定和率师击之。既与贼相遇，轻其众少，呼之令降，贼不肯下。定和不被甲，挺身登山，贼伏兵于岩谷之下，发矢中之而毙。其亚将柳武建击贼，悉斩之。[①]

这虽只是一小股吐谷浑军，却折了一位左屯卫大将军。于是炀帝又遣左光禄大夫梁默、右翊卫将军李琼等追伏允，又均兵败被杀[②]。炀帝这次出征，志在灭吐谷浑，开拓西境，遂又遣银青光禄大夫刘权出伊吾道逐伏允余众：

> 五年，从征吐谷浑，权率众出伊吾道，与贼相遇，击走之。逐北至青海，虏获千余口，乘胜至伏俟城。帝复令权过曼头、赤水，置河源郡积石镇。

①《隋书》卷六四《张定和传》；《北史》卷七八本传略同。
②见《隋书》卷三《炀帝纪》。

大开屯田，留镇西境，在边五载，诸羌怀附，贡赋岁入。吐谷浑余烬远遁，道路无壅。[1]

从刘权出伊吾道来看，我在前面说伏允取道托勒南山是有据的。这条道在唐宋河西走廊遇阻时，西域使者和商队多由敦煌取道当金山口入柴达木盆地，或由玉门取道金鸿山口入托勒地区，然后取道西平去长安。伏允当时所以由此道回青海湖南部，即由于汉魏以来有所通道而然。等到刘权由伊吾道追击，伏允便无法再在海南老巢立足，只好再退入党项（今果洛州地区）匿居。因为据当时另一记载，还有观德王雄出浇河道（今化隆、贵德地区），左武卫将军周法尚出松州道，两支策应的军队进入青海湖地区[2]，几乎使他无处安身，只好遁入党项。这是覆袁川之战的尾声，也可见炀帝声威所及之广和伏允穷蹙之状了。

（三）从历史上中原王朝与本地区民族争夺情况看这次隋帝的西巡

覆袁川所在，虽经上述考察和论证加以确认，但隋、吐两军何以必在此地会战，则是由这个地区的战略地位所决定的。这里所谓战略地位，乃包括隔断羌胡联络和打通中西交通路线两端而言。汉武帝置河西四郡，初步保证了上述两项任务的实现。但匈奴当时并不甘心，屡诱羌人共攻张掖、武威。汉宣帝时先零羌杨玉便进入浩门地区，与枹罕地区的罕幵羌相呼应，于是便有赵充国进入河湟之役。赵充国当时的战略是期与酒泉、敦煌的防军会歼羌人于鲜水北句廉上。这正是这次炀帝会战和用兵的地区。这北句廉上的鲜水，就是今俄博河至张掖河的弯曲地段[3]。这个地段，正是羌人越祁连山进入张掖的孔道，若再稍向东移，便又是取道老虎沟进入武威的孔道，同时也是西域各国和中亚商队由敦煌、酒泉进入今祁连、门源、西宁而往中原的通道，不仅在军事上两方所必争而已。

---

①《隋书》卷六三《刘权传》。

②《隋书》卷三《炀帝纪》。

③俄博，为蒙古语祭天和赛会之所，或译鄂博，或译阿博（《秦边纪略》）或译俄堡。

其次，到了南北朝时期，当时在今青海和鄯善地区活动的吐谷浑，也与中原王朝在这一地区展开争夺。如在北魏明帝正光末，凉州于菩提、呼延雄等执刺史宋颖，强他响应秦州羌人莫折大堤父子起义。宋颖秘密求救于吐谷浑，吐谷浑王伏连筹即由此道进兵凉州，并再进而至河州。到了夸吕时代，北魏凉州刺史史宁和突厥木杆可汗分兵进攻吐谷浑，木杆可汗也即由此道进军，合攻夸吕于树敦、贺真二城（均在今海南共和县境）。这说明无论是中原王朝向青海地区进兵，或是本地的羌、胡兵进犯内地，这块兵家孔道地区，都是在军事上双方所必争。

再次，隋炀帝此次西巡，不仅要征服吐谷浑，且要打通隋王朝与西域的交通。吐谷浑在隋初经铁勒莫何可汗和宇文述征讨后，势力大损，退处今大积石山果洛地区。待隋军退走后，伏允又把他的部众集结到今海北州和凉州以南地带，对当时国际通道的河西走廊又形成威胁，而裴矩这时又盛言胡中多宝，炀帝便把通西域的重任，委托给他。为解除吐谷浑对这条国际通道的威胁，炀帝才有西巡之举。我们若把这些历史上的大事和这次覆袁川战役联系起来，更可以说明此地区在军事上的战略地位，是古今并不相殊的。

（四）炀帝在大斗拔谷遇风雪的时间问题

我在前所写炀帝西巡的这章中，对炀帝在大斗拔谷（今扁都沟）遇风雪遭损失事，虽有所怀疑，但仍依《隋书 · 炀帝纪》排列在当年六月八日他的车驾去张掖的途中。此记载的可疑，《通鉴》首先做出了更正，把它移在炀帝回长安时，因此我想司马光一定是会有依据才做如此处理的（按《通鉴》系从《略记》）。这给我以如下三点启示：一是炀帝在张掖接见高昌王和西域各国使者时，威仪很盛，高昌王等献地，炀帝置河源、于阗等四郡，大赦天下，并御观风殿，盛陈文物，奏九部乐，设鱼龙曼延，宴高昌王伊吾吐敦于殿上，毫无“从官相失，士卒冻死者大半”的迹象；二是炀帝过大斗拔谷时，正值六月，即有风雪，也不至那样严重。而他回长安时，时间已至八月底九月初间，“胡天八月即飞雪”，偶然有大风雪，人马遭到大损失，则是很可能的；三是当时炀帝若取道武威回长安，仍必须从庄浪绕道由临津渡河。按当时车驾的要求言，仍以循原道西平由临津渡河为宜。就此我再查了查有关记载，果然在《隋书》上找到了确实依据：

及从征吐谷浑，还至大斗拔谷。时从官狼狈，（杨）玄感欲袭击行宫。其叔慎谓玄感曰：士心尚一，国未有衅，不可图也。玄感乃止。①

这就很清楚地记述了炀帝车驾遭这次风雪袭击的时间和炀帝回京的路线，甚感古人著书的不苟和求实态度。

二、琵琶峡

杨义臣军屯于琵琶峡，其地在于何处，前面已经谈到了，但还未及论证。我原设想峡形当似琵琶，或在峡内流水似琵琶声，抵峡门后，我回头看河面，也略似琵琶腹端，但继续前进，峡谷一直很狭长，完全不称。而流水浩浩豁豁，间尚多奔腾之处，并无清淙叮咚的音声。于是我请教余书记，他真不愧是门源通。他对我说此峡内有一种白花，人称琵琶花，群众称为杜鹃。峡当以此得名。他的这个说法，在记载上是有据的，因为在古书中，琵琶与枇杷通用，无论是作为植物的枇杷，或是作为乐器的琵琶，在古书中是两用的。据说枇杷本出胡中，而琵琶也由胡中传入中原。在汉文中枇杷又名卢桔，英文译名即作Loquat。枇杷的得名，原于其叶的形似琵琶，那么琵琶峡的得名，则由于其形似枇杷叶。刘熙《释名》说：

①《隋书》卷七〇《杨玄感传》。

枇杷本出于胡中，马上所鼓也，推手前曰枇，引手却曰杷，象其鼓时。因以为名也。[①]

原来这还是个域外语名词，因此还有几种译名，字体生僻，此不具引。刘熙《释名》，当本之刘劭，《风俗通义》作批把，并解释说：

谨按：此近世乐家所作，不知谁也。以乎批把，因以为名。长三尺五寸，法天地人与五行，四弦象四时。[②]

这里“批把”两字，后世引用，多作琵琶，《释名》则作枇杷。所谓“以手批把”及推手引手，《旧唐书》谓：“推而远之曰琵，引而近之曰琶。”[③]两名的同异，解释都很清楚。

至于说琵琶花，《柳亭诗话》也有记载：

骆谷有琵琶花，形似杜鹃。后人不知，遂改“琵琶花下闭门居”之琵琶花为枇杷花。[④]

实际上也不是由于后人不知，而是由于枇杷叶形似琵琶而然。

据此，余书记所说既是亲见亲闻，又见诸多种记载，可谓信而有征。

杨义臣东军在琵琶峡集中后，才通过东川西北上的。这支军队当是在长宁川会合后，才取道今下达坂巴哈沟渡河至现在的克图口的。这里既是渡口所在，

---

①此据〔清〕王先谦：《释名疏证补附》。

②《风俗通义》卷六《声音》。此据王利器校注本。

③《日唐书 · 音乐志》。

④〔清〕宋长白撰：《柳亭诗话》。

又是一个三角形地带，所以北宋时为防堵西夏自北来犯，便在此设震武军，并筑有古骨龙城，是一处险要关隘。我在前面说琵琶峡既不可能远在今天祝连城界，更不在今浩门镇以西地带，即是根据这条军事路线和琵琶峡所据险要形势来推定的，这还要在下面谈到古骨龙城时加以论证的。

杨义臣部在此集结后，便由东川西北向而合击伏允于覆袁川的。

三、隋炀帝渡浩门水处

《隋书》上说炀帝度星岭后便渡浩门水而北，并因桥坏还杀了监造桥梁的官员，但他究竟取道哪一条路和在何处渡河，并没有具体说明。我在以前写炀帝西巡道路一文中，仅估计他度星岭时走的是今中达坂路，而由卡子沟渡河的。由于炀帝是中军，是车驾所在，不似步骑兵那样轻捷。上、下达坂在当时来说，路径是狭隘险峻的，他由中达坂行进，东边既有杨义臣军作侧卫，西侧又有元寿作翼护，安全可靠。同时直到抗日战争开始时，上达坂公路才开始修建，一般行军和商旅往来河西，都取道中达坂山口。这次虽然由于这条公路正在改建，我们没能通过，但我们却在卡子沟口的南岸，同行者为我们指点了尚留在那里的桥墩遗址。这里看来既可建木石桥，亦可搭临时浮桥。炀帝当时所造的桥被称为梁，当是木桥。据记载说：

> 景（丙）戌，梁浩门，御马渡而桥坏，斩朝散大夫黄亘及督役者九人。①

这座桥当是木桥，从现在遗有的桥墩看，虽不一定就是当时所造桥的遗迹，但后人踵修，当有所依。

隋时造桥，颇有巧匠，但也有因军事紧急，造桥费时，军不得济以致造成损失的事。据我所知，这已是第二次。《隋书》记载：

---

①《隋书》卷三《炀帝纪》。

辽东之役，摄右屯卫将军，领御营孥手三万人。时工部尚书宇文恺造辽水桥不成，师不得济，右屯卫大将军麦铁杖因而遇害。帝遣（何）稠造桥，二日而就。[①]

麦铁杖是桥还未成，他先上岸陷阵而死的。何稠当时是少府监，黄亘兄弟都是出于他的手下，在当时以巧思闻名：

大业时有黄亘者，不知何许人也，及其弟衮，俱巧思绝人。炀帝每令其兄弟直少府将作。于是改创多务，亘、衮每参典其事。凡有所为，何稠先令亘、衮立样，当时工人皆称其善，莫能有所损益。[②]

这确是两位能工巧匠，但由于是御马渡而桥坏，车驾不免受惊，便也不免追究其事故责任。这在此役来说是一件大事。实际上炀帝的车是驾六马的，这对临时所造的桥来说，也是难以承受的。

炀帝在渡河后，其大本营当坐镇在今浩门镇境内，待前军在覆袁川克捷，便北行取道今扁都沟去张掖。

四、古骨龙城

古骨龙城北宋政和六年筑。城即在琵琶峡西口内北岸，北扼克图口，南隔河与巴哈沟口相望，东则控河峡通道，形势极为险要。隋时是否即筑有城，已无可考，但就宋所筑城来看，它从汉魏直至隋唐，一直是中原与羌、吐谷浑、吐蕃、党项等争战之地。宋由于与西夏争夺河湟地区，特在此设震武军。《宋

①《隋书》卷六八《何稠传》。
②《隋书》卷六八《何稠传》。

史》上记载说：

震武军，政和六年建筑古骨龙城，赐名震武城。未几，改为震武军，不见四至。据童贯奏：古骨龙元属湟州。[①]

在这里的浩门水上还搭有一座浮桥，赐名通济桥，过桥南岸又筑有善治堡。当时湟州在今乐都县治，元符二年以邈川城改置湟州，宣和元年改为乐州。宋自置震武军后，除了善治堡外，还一连在此周围建筑了大同堡（原为古骨龙城应接堡）、德通城（本辖令古城）和石门堡，成为震武军的卫星城。这里地处冲要，由此可见。

由于此地是南北东西四路的要塞所在，所以宋与西夏曾多次恶战于此，双方损伤綦重。如赵隆、刘法西讨之役：

帅刘法西讨，隆以奇兵袭羌，羌溃，城震武。[②]

（政和）五年春，遣熙河经略刘法将步骑十五万出湟州。……法与夏人右厢军作战于古骨龙，大败之，斩首三千级。[③]

最大的一次战争，是刘法战死之役：

宣和元年，童贯复逼刘法使取朔方。法不得已，引兵二万出。至统安城，遇夏国主弟察哥郎君率步骑为三阵以当法前军，而别遣精骑登山出其后。大战移七时，前军杨惟忠败入中军，后军焦安节败入左军。朱定国力战，自朝及暮，兵不食而马亦渴死多，法乘夜遁。比明，走七十里，至盍朱峗，

①《宋史·地理志三》陕西。

②《宋史》卷三五〇《赵隆传》。

③《宋史》卷四八六《夏国传下》。

守兵见追之，坠崖折足，为一别瞻军斩首而去。是役死者十万，（童）贯隐其败而以捷闻。[①]

这里记载说是出朔方至统安城，但《童贯传》却说是薄于萧关、古骨龙：

将秦、晋锐师深入河陇，薄于萧关、古骨龙，谓可制夏人死命。遣大将刘法取朔方，法不可。贯逼之曰：君在京师时，亲受命于王所，自言必成功，今难之，何也？法不得已出塞，遇伏而死。[②]

用知朔方是指夏国而言，宋军当由秦凤路过萧关以至古骨龙。此事观下文即可了然：

察哥见法首，恻然语其下曰：刘将军前败我于古骨龙、仁多泉，吾常避其锋，谓天生神将，岂料今为一小卒枭首哉！其失在恃胜轻出，不可不戒。遂乘胜围震武，刘仲武、何瓘等赴之，乃解去。震武在山峡中，熙（河）、秦（凤）两路不能饷，自筑三岁间，知军李明、孟清皆为夏人所杀。初，夏人陷法军，围震武，欲拔之。察哥曰：勿破此城，留作南朝病块。乃自引去，而宣抚司受解围之赏者数百人，实自去之也。诸路所筑城砦皆不毛，夏所不争之地，而关辅为之萧条。果如察哥之言。[③]

可见古骨龙城在宋夏交争中地位与形势之重要。但其孤悬塞外，转饷困难，所

①《宋史》卷四八六《夏国传下》。
②《宋史》卷四六八《童贯传》。
③《宋史》卷四八六《夏国传下》。

以察哥有“病块”的说法。实际上由于它居形势险要之区，要攻取必须花很大代价，这也是察哥所以不硬攻的主要原因所在。

正由于这个城堡如此险要，使我对这个城的名义产生了兴趣，想由此来旁证一下其地的险峻的形象。

在今互助县境内有一座著名的藏传佛教寺院二骨龙寺，清世赐名佑宁寺。二骨龙是藏语寺儿沟的意思，“龙”或译隆，是指山沟而言，亦可译为寺沟，沟因寺而得名。藏语名寺为贡巴，或译为官巴，藏文 དགོན་པ，口语拼音，语首常带音ɑ，因此有二骨龙或骨龙的拼音出现，实际二骨龙寺早就有译为郭隆寺的。那么古骨龙是什么意思呢？这还没有人探究过。在古骨龙所在的峡内有一个较著名的仙米寺，但因它远在滗北的陶赉沟（讨来）内，而且是在明代才建立的，城名自然不会缘此而来。据同行者说附近山间还有寺的遗迹，这也不足为据。因此我认为古骨龙这个名称的“古”字，既不是字首的语气词，也不是汉文，自不能像二骨龙那样解为寺沟。那么它的含义应该是什么呢？我想从对音的角度，找出它的本语来。按现在藏语的语音来考查，有以下两种对案：

(1)མགོ་དགུ་བ།尖端弯曲似头向下垂。

(2)མགོ་སྒུག་བ།尖端若钩曲。

其义皆谓尖端弯曲，这两个字的拼音，都可读如“古骨”，再加上沟字，就成为古骨龙。关于这个“古”字的译音，在循化、化隆间黄河上有一条石峡，汉名说古什群峡，又名拱北峡（最近报纸上误为公伯峡）。这是藏语མགོ་སྲུང་的音译，意谓守护者。本来 མགོ 字为头，亦可作首领解，所以古什群这个词中的“头”便成为守护人了。这说明这个峡口是关隘所在。它的两山夹水和石崖险峻是与琵琶峡相类的，汉、唐间这里曾是中原王朝与西羌、吐谷浑及吐蕃争战的要冲，也有古桥址和堡址的遗迹。通过这两个峡口地理形势、军事设施和名称的对比，似可以把古骨龙城译成河关城，而藏文原义又表述了关津所在地的地势形相，这个形相，又完全有可能是因此地附近河道弯曲处，北岸有一段山崖突入河床，使河流绕了一个大弯，从而俗称为骆驼脖子。目前也只在这里通过炸石开了一条公路。设想当年刘法在今珠固峡中坠崖伤足的情事，要通过这段曲颈似的山峡，其险阻是不言而喻的。假使我上述以音来释古骨龙城名义的说法，差能不悖其实的话，则古骨龙城得名的由来，即说明了它的形胜所在。

在古骨龙城以东的浩门水北岸，有一座山叫古古拉掌，所谓掌是当地人对山头宽平地带的称谓，夏间一般上掌放牧。这个“古古拉”是汉文译写的词，“古古”亦即“古骨”，是指河水流过此座山处山峡形状，“拉”是山岭的译音。古骨龙城就其在峡中的沟而言，古古拉就河水所经的山岭而言，汉文再加上一个“掌”字，相同于把当拉（意为当岭）译为当拉岭，把青海译为青海湖一样的叠床架屋了。正由于还有一个古古拉的名称相并存在，益发使我坚信古骨龙与二骨龙并非是一义了。

最后，我再来谈一下我个人考察了古骨龙城遗址的一点看法。我们这次东下时，我们所乘的车先行，过克图口时，宿雨虽停，天尚未霁，城区道路泥泞，因而先去仙米。待归来时，天已放晴多时，便下车入城参观，城区只城西北部有居民户，我们由北门入（似乎仅此一门），看到北城墙版筑层次和椽孔均甚清晰，城东南部全已垦为麦田，麦穗正扬花结实。我们登北面城墙，浩门水即在面前流过，对岸为巴哈沟口，东面即现修公路自东南来会，北面为克图沟口。一上城头，三口在望，而这座城，也为一三角形城。王莽在今海晏置西海郡，其形即为三角，因此名为三角城。门源境内据说有几个三角城遗址，我都未去看，现在看了这座古城遗址，陪同参观的余书记问我城形三角的道理，我根据其形势，认为这是因险设防、互为犄角的一种军事设施。可以看出就当时北宋面对西夏由西宁州北来的巴哈沟口一路；由湟州西来的仙米峡一路；由庄浪、武威北来一路的三路攻击军合围下，这一孤城只有西面大通城为它的奥援外，其他三面均有同时受攻的危险，因此他把此城筑为三角：南面一角面对巴哈口；北面一角面对克图口；东面一角面对由湟州沿峡西上之敌。设三面受敌，各当一面，一方受敌，则两方支援，互为犄角，呼应灵通，且尚有一面退路。这可能就是在军事上因地设险制宜的具体措施。若我的这种测度尚能不背实际，则这种军城形势，可以说是典型尚存了。

同时，我还在这里看过宋代大通城、唐代威戎军城和清代永安营城，它们又都是方城或长方形城。同为军城而形制迥异，这就为它所在的地理位置所决定了。古骨龙城局促于峡中，它的滩头阵地很狭隘，因此在筑城后在浩门水上搭桥而在南岸筑堡作为外围，万一站立不住，则撤回本城，而拆去浮桥，仍可拒守。其他两面，也有大同堡、石门堡等的构筑，布置不能说是不严密了。

五、威戎军

唐初在边地驻防的军队，有大小不同的编制。《新唐书》上记载说：

> 唐初，兵之戍边者，大曰军，小曰守捉，曰城，曰镇，而总之者曰道。①

今青海地区属陇右道，共设有十个军的建置，威戎军即是其中设在今门源老虎沟口的一个军，也是防吐蕃由此进入河西走廊的一座要塞。在唐设威戎军之前，这里即筑有城名曰新城，不知筑于何时。《新唐书》上说：

> （开元）二十六年，（吐蕃）大入河西，（崔）希逸拒破之。鄯州都督杜希望又拔新城，更号威戎军。②

①《新唐书》卷五〇《兵志》。
②《新唐书》卷二一六《吐蕃传》。

这个威戎军,《旧唐书》作威武军,《通鉴考异》说:“旧传作威武军,今从《实录》。”当以《新唐书》和《实录》记载为是。《元和郡县志》鄯州威戎军条说:

州西三百五十里。开元二十六年杜希望置。管兵千人,马五十匹。

杜希望当时任鄯州都督,崔希逸任河西节度使。新城是由王忠嗣攻下的:

杜希望谋拔新城……诏追忠嗣赴河西。既下新城,忠嗣之功居多。[1]

由于这座城为吐蕃进入河西的孔道所在,吐蕃即在当年秋大举反攻,想夺回这座要塞,经过恶战,最后仍由王忠嗣杀退了吐蕃军:

是秋,吐蕃大下,报新城之役,晨压官军,众寡不敌,师人皆惧焉。忠嗣乃以所部策马而前,左右驰突,当者无不辟易,出而复合,杀数百人,贼众遂乱。[2]

这段史事,《新唐书》记载,字句颇多错乱。如新城先作“新罗城”,随后又作“当新城”等等,显是后世抄、刻致讹。

总之,从上述几次战役,可以看出此城在唐蕃争夺河西走廊时期中的重要战略地位。为了具体地了解唐代军城的建置和遗址情况,我们于28日由余书记、王主席引导陪同去北山乡老虎沟口察看了威戎军遗址。城当老虎沟南口,西凭

---

①《旧唐书》卷一〇三《王忠嗣传》。
②《旧唐书》卷一〇三《王忠嗣传》。

老虎沟河崖，高约两三丈，因而不起墙，以河岸作天然屏障。北、东、南三面，城墙虽多颓坏，但遗迹宛然，北墙版筑痕迹，显然可辨。祁郁春、魏明章二同志用卷尺走量了一下四至距离，东西为180米，南北为200余米，全城略呈长方形。面山依河，雄踞谷口，略同于明代卫所，扼入河西的门户。自老虎沟北去，出沟即为皇城滩，约130余华里，今归甘肃。本世纪20年代，冯玉祥部国民军进入西北，当时凉州镇守使马廷勷、宁海镇守使马麒在皇城滩会商对策，马麒即取道老虎沟赴会；一说马仲英自湟源、大通北走，也是取道老虎沟入永昌。显出这条道路无论是在古代与现代，在由青海入河西走廊方面，一直是一条兵家要道。这座军城，虽已归颓废，但仍为我们了解历史情况，不失为重要而可信的见证。

六、大通城

我们于抵达门源的次日下午，由余书记、王主席陪同，参观考察了浩门镇东门外浩门水北岸的古城。此城颓废已久，然基址犹在。城为方形，约占地50亩许，南城墙即就河边山梁筑成，至今仍高踞河岸，只一南门面河，是一座背水拒战的城堡。河对岸有山，林木葱茏，正对南门，似一照壁，今俗名照壁山。城内丰草弥望，间多野花。而最堪注意的是尚多陶瓷瓦片残留，其初基当为时甚古。

考诸记载，浩门故城，建于东汉，其故址尚待考定。而此城为宋崇宁时所收复，旧名达南城，其初筑最迟亦当在宋初。《宋史 · 地理志》河州下云:

大通城：旧达南城，崇宁二年收复，改今名。别见乐州。东至通津堡界十五里，西至菊花河六十里，南至扑水原二十一里，北至宁塞堡界十五里。

乐州下所记同此，惟宁塞堡作宁川堡，不知孰是。其所记四至，今亦无从考定。但就北宋时宋与西夏在此地区的争夺与城名为大通言，则后世以浩门水为大通河，即因城而名，而宋夏交争，又多在此。所以此古城遗址即宋时大通城，应无可疑。但就城内残留遗物看，宋城当是在前代故城遗址上所建成。

清雍正三年所筑北大通卫城，即在此城近侧，略偏西北。大通卫城，俗名北大通城，因大通县治后来南迁白塔而云然。原城墙因解放后门源县治和海北州治均建置于浩门镇，已全被拆除，而宋代大通城遗址却得以保留。将来有机会试掘，或可有古物出土，对研讨古史，当不无裨益。

以上我仅就管见所及，对本地区一些历史地理和风土，作了极为粗疏的记述和论证，未必均能得实，但对我自己来说，此行却大大开阔了眼界，启发了思路，所得不仅限于上面所述。用亟录出，作为门源县志办的参考，并借此对门源县党政领导和志办诸同志表示感谢之忱。

二 民族文化之部

“华夏”臆说

从文字记载来看，自春秋时代起称古代中国为“华夏”，但对“华夏”一名的起源和它的含义，历来史家和注释家却各异其说，丛脞纷纭，迄无定论。去年读顾颉刚师和王树民先生合写的《“夏”和“中国”——祖国古代的称号》[1]，颇受启发。窃不自揣，欲继顾师与王先生之后，对这一问题，补作探讨。只是这种探讨，仍不免有所臆测，故题为“臆说”。

一、历代“华夏”释名综述

在中国古史的传说中，以夏、商、周为三代，“夏”字起源最早。《国语·周语（上）》说：

昔我先王世后稷，以服事虞、夏。

当时周朝自称是夏文化的继承者，而《左传》定公四年有“分唐叔以大路，……

①载《中国历史地理论丛》，第一辑。

命以《唐诰》，而封于夏虚（墟），启以夏政”的记载，这和《尚书·康诰》“用肇造我区夏”，均为夏代或夏地的称谓。“华夏”连称，也见于《左传》襄公二十六年：“楚失华夏，则析公之为也。”顾师云：

“华夏”指中原诸侯，和诸夏的涵义相同。①

而现行版《辞海》“华夏”条却说：

“华夏”连称出现较迟，何晏《景福殿赋》：总神灵之贶祐，集华夏之至欢。

犹不免失于检索。

“夏”字来源于三代中的夏朝，但战国以前的史书，对禹尚不称夏，到禹的儿子启才称“夏启”，或“夏后启”，可见这个“夏”字是由地名再转为国名和族名的。

至于“华”字，亦见于春秋时成书的《左传》：

裔不谋夏，夷不乱华。（定公十年）

获戎失华，无乃不可乎？（襄公四年）

我诸戎饮食衣服不与华同。（襄公十四年）

这都以“夏”“华”与“戎”对举。“夏”又泛称“诸夏”，“华”也泛称“诸

①顾颉刚、王树民：《“夏”和“中国”——祖国古代的称号》，载《中国历史地理论丛》，第一辑。

华”，一般通作为族名。“夏”字至战国时又复为地名，如《荀子·儒效》篇所谓：“居楚则楚，居越则越，居夏则夏”，即是其例。而“华”字作为地名，则是战国以后事。

“华”“夏”二字来历，大致如此，而历来解释，或从造字起源立说，如《诗·小雅·苕之华》郑笺说：

陵苕之干，喻如京师也，其华犹诸夏也，故或谓诸夏为诸华。

“华”即“花”，《诗·小雅》：“棠棣之华”“裳裳者华”，“花”均作“华”。郑玄以干喻京师，以花喻诸夏（周的诸侯国），是经学家的说法，但他释“华”为“花”，是从文字立论的。就“花”字引申，其义则更繁。如《国语·鲁语》：“以德荣为国华。”韦昭注：“华，荣华也。”《说文》：“华，荣也。”朱骏声《说文通训定声》：“开花谓之华，与花朵之华微别。”段玉裁《说文解字注》卷六说：“木谓之华，草谓之荣。引申之为《曲礼》：‘削瓜为国君华之’之华字，又为‘光华’‘华夏’字。”

以上均就字的音义为解，望文生义，均属后起，与“华”字的名义无直接关涉，所以都不足为训。

“夏”字的有关解释，与“华”字同样，也是从文字构造作解的。如《说文》：

夏，中国之人也，从夊，从页，从臼。臼两手，夂两足也。

顾师与王先生文说：“后面几句自是附会，但说‘夏，中国之人也’还是正确的。因为在西周时‘夏’与‘中国’确是一个含义，《说文》在这里保存了古义”[①]。按《说文解字》段注说：

谓以别于北方狄，东北貉，南方蛮闽，西方羌，西南僬侥，东方夷也。

这就是对“夏”与夷、狄等对举，“夏”居中原，夷、狄等居四方的解释。所谓中国之人，指居中原的夏民族。至于“从夊，从页，从臼”云云，则是属于望文生训，不足为信了。

历来对“华”“夏”二字的单独解释，仅仅可说是言之成理，但未必皆得其实。等到“华夏”连称，说更出奇。如《尚书·尧典》：“蛮夷猾夏。”伪孔《传》说：“夏，华夏也。”而《尔雅·释诂》便释“夏”说：“夏，大也。”孔颖达《正义》接着说：

夏者，训大也，中国有礼义文章光华之大。定公十年《左传》云：“裔不谋夏，夷不乱华。”是中国为华夏也。

按前引《荀子·儒效》篇：“居夏则夏”句，杨倞注云：“夏，中夏也。中国有文章光华礼义之大。”与孔疏的说法先后相应。夏文化到周朝才发扬光大，把“夏”解释为大，实是后来大一统思想的反映，并非原义就是如此。而且这个解释，无论是“文章光华”，或“日月光华”，乃合“华”字为说，以“华”为“夏”的同义语，实际上也未必然。不要说夏朝时的禹域，就是周朝时的中国，据《礼记·王制》篇所说，也只不过“西不尽流沙，南不尽衡山，东不尽东海，北不尽恒山”的“方三千里”的疆域而已，这比战国时人地域的概念，还小得多，谈得上什么大呢？因此训诂家们只能在“礼义文章光华”上作揣摸，

①见顾颉刚、王树民前引文。

隐示华夏之为泱泱大国。在这种文章光华礼义的熏陶下，“夏”字也就膨胀庞大起来，被赋予了“大”的涵义，这是不足取信的。“夏”字的义释，尚且不可信，“华夏”连称后的义释，更是一种可爱的空想。如《左传》定公十年：“裔不谋夏，夷不乱华。”孔颖达疏解释说：

中国有礼义之大，故称夏；有服章之美，故谓之华。

伪古文《尚书·武成》篇：“华夏蛮貊”，伪孔传解释说：

冕服采章曰华，大国曰夏。

冕服采章的华美，究竟与“中华”的得名有什么直接的联系呢？这只能说是在大一统思想熏陶下为训诂而训诂罢了。而到现在尚有知名的文字学家引述阐发这种说法[1]，可见它入人之深了。

除了从文字学角度上推求“华夏”一名的涵义外，尚有从历史地理学角度上来作解释的，如谓“华”字由华山得名，“夏”字由夏水得名。章太炎先生是这一派的代表。他说：

诸华之名，因其民族初至之地而为言。……神灵之胄自西方来，以雍、梁二州为根本。……就华山以定限，名其国土曰华，则缘起如是也。……华本国名，非种族之号，然今世已为通语。世称山东人为侉子者，侉即华之遗言矣。[2]

---

①于省吾：《释中国》，刊《中华学术论文集》。
②《太炎文录》初编《中华民国解》。

他以夏为族名，华为国名，并推衍近代国外一些人的中华民族西来说，就华山定限，认为是中国古代先民初至之地。秦以前重泰山，华山之名出现较迟。《禹贡》及《吕氏春秋·有始览》有太华；《职方》、《山海经》（《西山经》）有华山，汉武帝时信方士游说封五岳，华山才被列为五岳之一，后世即以为西岳，然《汉书·武帝本纪》元封元年诏曰：

朕用事华山，至于中岳。

本师顾颉刚先生说：

惟西岳为何山尚成疑问，盖华山固在关西，而自汉都长安言之则终属东方，故《职方》，列之为豫州山也。[①]

所以以华山为西岳，直到汉宣帝时才明定“西岳华山于华阴”(《汉书·郊祀志》)。然则太炎先生所谓“神灵之胄自西方来”，“以雍、梁二州为根本”，“就华山以定限”云云，都与历史地理不相应。颉刚先生说：“华山在《禹贡》，只为梁州北界，也不能成为我国全境之名号，何况我国古代也从未有过‘华’这个时代。……章氏之说自不能成立。”[②]“华”由华山得名，即就中国历史地理来说，也是没有根据的。

至于说“夏”由夏水得名，太炎先生说：

质以史书，夏之为名实因夏水而得。是水或谓之夏，或谓之汉，或

①《史林杂识初编·四岳与五岳》。
②见顾颉刚、王树民前引文。

谓之漾，或谓之沔，凡皆小别互名。本出武都，至汉中而始盛。地在雍梁之际；因水以为族名。犹生姬水者之氏姬，生姜水者之氏姜也。夏本族名，非邦国之号，是故得言诸夏。

夏朝与夏族均由夏水得名，今尚可稽考，但并非太炎先生所指夏水。颉刚先生说：

夏水之名见于《汉书·地理志》南郡华容县，“夏水首受江，东入沔，行五百里”。是为江汉的一个支叉，无缘成为全族之名。①

所以夏族得名的夏水，当在下面另详，此处仅对前人成说略作概述。

另一种从历史地理来加以阐释的说法谓“华”由昆仑得名：

拉克伯里(Lacoupeire)谓华夏族系经昆仑东来，昆仑意为“花土”，“华”即“花”字，故称其族为华。②

这种说法也是由“西来说”派生出来的。“西来说”既已被考古发掘所粉碎，则昆仑、花土云云，都无非是一些穿凿附会之辞罢了。

最后一种说法，则是从民族学人种学方面来加以推论的。如林惠祥先生以为“华”为花的古字，华族当以花为图腾的原始民族。他说：

原始民族之族名最常见者或由图腾信仰，以为其族系出自某种自然

①见顾颉刚、王树民前引文。

②林惠祥著：《中国民族史》第三章。

物，因拜其物为祖，并取其物之名以名其族，故如美洲印第安人有狼族、熊族、蛇族等，皆取动物之名；即取植物之名者亦不尠，如玉蜀黍族、马铃薯族、泽湖桃族、巨树族、黄树族、绿叶族、烟草族、芦草族等。

他更由摩尔根 (Morgan) 在所著《古代社会》中列举的此种实例来对比中国古代民族说：

中国之四裔，据《说文》谓“羌，西戎羊种也，从羊、儿。南方蛮、闽从虫，北方狄从犬，东方貉从豸，西方羌从羊，此六种也。”又云：“蛮，南蛮，蛇种。”“闽，东南越，蛇种。”此诸族之名皆图腾也。同时诸族之名既多为图腾，则我族之称华似亦为图腾，盖“华”即“花”之古字，华族即“花族”也。衡以印第安人之例，“黄树”“绿叶”既可作为族名，“花”字何独不可？故我族初时或以花为图腾，因以花为族名。[1]

此为社会发展史上的通例，但用之于中国史上特定的“华”字，则并不恰当，因“华”字的含义，另可从发音来做解释，并不只限于取义一个方面。

对于“夏”字，林先生则说：

至于夏字，则又别有其解。据《说文》训夏为人。《说文》又训夷云：“夷，东方之人也，从大，从弓。”按原始民族常自称己族为“人”，如奇奥哇族 (Kiowa) 之名称“奇奥哇”即为“人”，拉伯人 (Lapps)、通古斯人亦自称为人。……此种风俗系由于自尊己族之意，为原始时代之惯例。故所谓夏者，如《说文》所训无误，则此字实即我族自称之语，其意即

①林惠祥著：《中国民族史》第三章。

为人。……我族虽已有“花族”之称，然彼为图腾族名，与夏字之自称可并用而不相冲突也。

由上述的引文推之，所谓华夏名称之起源，似以下列二说为近：

华为图腾名称，意为“花族”。

“夏”为自称之语，意即“人”。

若把“华夏”二字连起来，这种解释自然也讲得通，但最早“华”“夏”是两个名称，便不能被称为“人”。如今天的“华人”“英人”“美人”“日人”，前面的字都代表国家。假使我们援此例以“华夏”为华人，则“夏”在单称时不知是什么人了。《说文》说“夏”是中国之人，其切合实际的解释应当是“居住在中原地区的夏人”。“夏”字本义并无“人”的称谓。

据我以上简略的引论，历来对“华”“夏”及“华夏”的释名，似乎还有考释辨析的必要。

二、“华”“夏”今析

在前人探讨的基础上，我设想“华”字原为族名，春秋时用以指早期进入中原的炎帝族而言；“夏”原为地名，指夏启移居夏水（今汾、浍流域）而言，后遂以为族名与国名。“华”与“夏”是中国古代两大民族的自称，“华”系先进入中原地区的炎帝族，炎帝姜姓，是西戎羌族的一支；夏为姒姓，乃黄帝族的后裔。传说中黄炎两族曾合为部落大联盟，融合东方夷族等而形成华夏族，华夏族与华夏文化的名称，便就此而产生。黄帝、炎帝是传说中的历史人物，它代表了中国古代两大部族；姬、姜两姓联姻，而建立初步统一的周王朝，则是为记载所证明的信史。春秋时人以华夏连称，作为黄、炎两族融合后中原文化的名称，这就是华夏族和华夏文化的由来。请更试为证之。

（一）黄、炎与姬、姜

《国语·晋语》说：

昔少典娶于有蟜氏，生黄帝、炎帝。黄帝以姬水成，炎帝以姜水成，成而异德，故黄帝为姬，炎帝为姜，二帝用师，以相济也，异德之故也。异姓则异德，异德则异类，异类虽近，男女相及，以生民也。同姓则同德，同德则同心，同心则同志，同志虽远，男女不相及，畏黩敬也。黩则怨，怨乱毓灾，灾毓灭姓，是故娶妻避其同姓，畏乱灾也。故异德合姓，同德合义，义以导利，利以阜姓，姓利相更，成而不迁，乃能摄固，保其土房。

这是周初人对姬、姜祖源的传闻和两姓互通婚姻的理解。黄帝与炎帝是否同出于少典，是另一问题，但姬、姜同出一祖的传说，在周初就已存在。以今天的眼光来看，周民族为黄、炎二族的复合体，或姬、姜同为一民族的分支，则似较近于事实。姬、姜联姻，多见于记载，不像黄、炎那样的渺茫，如《诗·大雅·生民》：

厥初生民，时维姜嫄。……载生载育，时维后稷。

又，《诗·鲁颂·閟宫》：

赫赫姜嫄，其德不回，上帝是依。无灾无害，弥月不迟，是生后稷。

后稷是周的始祖，而他的母亲是炎帝之后的姜嫄。这两位人物神话色彩太浓厚，真正可考的姬、姜联姻，是从古公亶父开始的。《诗·大雅·绵》云：

古公亶父，来朝走马；……爰及姜女，聿来胥宇。

这就是太姜。《国语·周语》说："齐、许、申、吕由太姜。"这四个姜姓国都是先进入中原的羌族，而由于太姜的关系在周代而有天下后被封为诸侯。文王的母亲太任和武王的妻子邑姜等，都是出于羌族的。所以《后汉书·西羌传》说：

西羌之本，出自三苗，姜姓之别也。

姜、羌一音之转，可见与姬周联姻的羌族，是先进入中原地区，以后为华夏文化所融合或同化了的。这个问题，颉刚先生早有论证①，于此不再重复。

关于齐、许、申、吕四国的渊源，颉刚先生在引述《国语·周语》下记太子晋之言"共（工）之从孙四岳佐之"的一段话后说：

是四岳为共工之后裔，佐禹治水有功，天赐之姓曰姜，氏曰吕，为侯伯之国四，曰申、吕、齐、许；至于东周，申、吕亡而齐、许存。

又说：

姜戎亦姜姓，亦四岳之裔胄。知申、吕、齐、许者，戎之进于中国者也；姜戎者，戎之停滞于原始状态者也。

①《从古籍中探索我国西部民族——羌族》，载（社会科学战线》，1984年第一期。

知申、吕、齐、许由太姜而得封，而其远祖是共工的从孙四岳，已追溯到传说中人物了。颉刚先生还考证说：

> 四岳又称“太岳”。隐十一年传曰：“夫许，太岳之胤也。”庄二十二年传曰：“姜，太岳之后也，山岳则配天。”何以称“太”，兹犹无术以说明之。[①]

古籍多讹字，“太岳”或即“四岳”的形误，或“四”字误为“太”，或“太”字伪为“四”，二者必居其一。

我为什么不厌其烦地追索姬、姜在族源上的联系呢？我的用意显然是想阐明汉文记载中所说的“华”族，即是指申、吕、齐、许等先入于中原的羌族，其姓为姜而氏族为“华”。对此，我有两条依据：其一是羌为西戎的一支，而西戎的支系甚繁，无论是山戎、犬戎、骊戎、姜戎，或是赤狄、白狄、北羌、马羌，都是未入于诸夏的西方民族，其中既有炎帝族各支系，也有黄帝族的姬姓后裔进入西方而在文化上落后了的。目前中国历史学界一般都以文化为区分古代民族的标准，如此则春秋以来的文字记载以入于诸夏范围的西方民族称为“华”或“诸华”，而对未入于诸夏范围或原为夏裔而文化上趋于落后的民族，则仍被称为“戎”、“狄”(翟)或“夷”、“蛮”(这类称谓，盖各从其本名，后世多以为贬称，恐非其实)，与“华”对举为文，以示区别。如《书·尧典》：“蛮夷猾夏。”《左传》闵公元年：“戎狄豺狼，不可厌也；诸夏亲昵，不可弃也。”《左传》定公十年：“裔不谋夏，夷不乱华。”《左传》襄公十四年：“我诸戎饮食衣服，不与华同。”《左传》襄公二十六年：“获戎失华，无乃不可乎？”都是“华”“戎”，“戎”“夏”或“华”“夷”对举，戎、狄多

---

①《史林杂识初编·四岳与五岳》。

指西方民族，夷、蛮多指东南方民族（但有时也不尽然），以戎、狄为不可亲，自然是嫌他们在文化上落后，而不在民族间的隔阂。我还颇疑“华”“戎”二字音近，当时记载或者有意把姜姓的入诸夏者称为“华”，而把仍处于原始状态者别称为“戎”，等同于夷、蛮。此点若能成立，则“华”“戎”两种名称，都出于音译，并无什么意义。

其二，上述“华”“戎”或即同音异译的这个假设，还基于今藏语自称本民族为“蕃”（读如播，bō，西藏语）或“斡”(wò，安多语）这样一条线索。“华”“斡”音近；又西藏人自称“蕃巴”，而称安多区藏民为“安多娃”。“花”古或作“葩”，读为“巴”，“娃”“华”则一声之转。其次，《尚书·禹贡》梁州：“西倾因桓是来。”《索隐》：“桓水出蜀郡蜀山，西南行羌中入海也。”按桓水即今白水江，古又称羌水。源出西倾山之南，西南流至四川昭化入嘉陵江。盖羌水为汉名，桓水为本名。今安多藏区，为古代羌人聚居地，所以水以“桓”名，“桓”“斡”声通，是“桓”即今之“斡”，今安多藏语自称为“斡”，犹存古音，可以复按。同时亦可推知“华”“桓”也是同音而异译。再次，《左传》瓜州之戎，据颉刚先生考定即今秦岭南北坡间“瓜子”的祖先①。所谓“瓜子”，指此族后人诚悫憨厚，有如傻子而云然。瓜州之戎，因地得名，后人以其遗裔特别朴实憨厚，转称为“瓜子”，其义便近于傻子，傻瓜的得名，也由于此。今青海东部农业区与藏族杂居的汉族，犹通称各族傻子为“傻斡”，这里的“斡”字，便指藏族，显然又是“瓜子”的余韵。汉族既自居于先进之列，则目“斡”为傻，自属当然。因此我们可以说以先进为华夏，以落后为戎夷，古今迄无二致，以古例今，或以今证古，可以互为发明。至于“瓜”“华”同韵，“桓”“斡”同声，语言与文字，两皆有证。

（二）夏族及夏王国名称的来历

夏代的始祖为帝禹，禹原居阳城（今河南登封），后都阳翟（今河南禹县），

---

①《史林杂识初编·瓜州》。

当时可能是部落联盟的酋长。虞、夏二代都尊黄帝为始祖，黄帝族原先居中国西部地区，后来逐步进入中部地区。禹都阳翟，从中原来说，地亦偏西。夏启袭位以后，又西迁大夏（今汾、浍流域），建都安邑（今山西夏县境），因而才有了“夏”名。夏是三代中首先具备雏形的奴隶制国家，自西迁大夏，便正式以夏为国名，后又转衍而为族名。或谓“中国西部地区称为夏。郑大夫子西名夏，是夏有西义”[①]。我以为此义当属后起，当时只是以地名国而已。武王克商后封建亲戚，封唐叔于夏墟，其地即在太原晋阳，为唐尧、夏启的故墟。因此，禹甸、禹迹，多在今山西境内。但当周初，其地大都已属戎有，所以《唐诰》有“启以夏政，疆以戎索”之命。齐、鲁、唐、卫诸侯，原都是西方之族，自进入今山东、河北，便被称为东夏。周朝自称为夏，从而《康诰》有“用肇造我区夏”的说法。颉刚先生说：

> 实际上“区夏”就是“夏区”，即保持夏文化的地方，周人是以夏文化继承者自居。[②]

周人尊帝喾而以后稷为始祖，和夏同为黄帝的后裔，自炎、黄融合，夏、商继替，东西两大民族渐趋为一，而姬、姜联姻，更华戎杂处。诸夏从“戎”，如骊戎、鲜虞；姜姓变“华”，如齐、许、申、吕。秦本东夷，蔚为上国，楚属南蛮，进于诸夏，各民族之间的相互融合，莫可究诘。早从夏代开始，夏的部落国就已东起昆吾，西迄大夏，这就是“诸夏”的来源。等到周初，姜姓诸戎，更遍于周境，先后与夏商诸族相融合，于是“诸夏”之外，又新形成了“诸华”。“华”与“戎”虽原属同族，至此便在文化系统上有了区别。“诸华”的形成，

---

①范文澜著：《中国通史》第一册第四章第五节。

②见顾颉刚、王树民前引文。

当在周初至春秋时期，是时代发展的产物。至战国以后，“华”族便已定型，后来居上，更兼“夏”而有之。“夏”与“诸夏”的名称，从此为“中国”所代替，“华夏”也便仅为历史上的陈迹了。历史上凡“诸夏”“诸华”的名称，都代表氏族，“中国”“华夏”则代表国家，其发展演变之迹，大致可考也。

夏人自居大夏而称“夏”，“夏”作为族名，也可以从现在的藏语中得到补证。后世藏族称中原汉族为“嘉”（译音）。按汉族本为夏、商、周三代民族所合成，今藏语称“嘉”不称“汉”，说明这名称为古羌语之遗。“嘉”即“夏”之音转，夏、马、贾、加古音皆通。又今藏语或称在藏区杂居的汉人为“嘉”，而称中原的汉人为“麻嘉”（意译为东方的汉人），我们也可以说“麻嘉”即是“东夏”。更有趣的是今甘肃、青海、新疆的藏族与维吾尔族称汉人所居城堡为黑城或“嘉乃亥仓”（意译为黑汉村），白城、黑城均以族别，而不以土色分。按传说中有虞氏、夏后氏都尚黑（周人尚赤），所以墨子衣服用黑色，示行夏道。韩非子说禹作祭器，表黑里红，而现在所发现城子崖古物中正好有这种器物，祭器表面涂黑漆，与尚黑之说适相合，这就是黑陶文化。现在藏族或称汉人为“东夏”（麻嘉），或称汉庄为“黑汉村”（嘉乃亥仓），而维吾尔族以汉人或汉军所住城堡为黑城，不也是夏人尚黑的遗说吗？（哈萨克族称汉人“亥大依”，或谓即“黑大爷”的音讹，待考）那么，“嘉”为“夏”之音转，可谓确凿不移，而“夏”为族名，也从此得到证明。“礼失而求诸野”，是孔老夫子的遗教，对我们今天考察古代事物，仍有很大的启发。而更近的启发，则得自顾师和王先生所写的论文。王先生尚健在，而顾师已不及见我的补苴与申论，追怀昔日相从问学的乐趣，不胜泫然！

三、从考古发掘看华夏文化

以上单从文字记载和语言遗留对“华”“夏”二名的起源略加探讨，问题的轮廓，大致粗备。但从现代来说，考古发掘的地下遗存，又是一个新的也是重要的一面，这两方面结合，便不难了解问题的全貌。我尚缺乏考古知识，这里只就近人的考释和论述，略事联系，借作补充。

1921 年，瑞典人安特生在河南省渑池县仰韶等村及奉天（今辽宁）锦西县沙锅屯，随后又在甘肃、青海等地发掘出新石器时代遗址，出土多种石器与陶器等，其中陶器以细泥红陶及夹砂红褐陶为主，后被称作仰韶文化，亦称彩陶文化。据解放后用碳 14 测定，整个中原地区仰韶文化，其时代约为公元前 5000 年至公元前 3000 年。据近年在青海的发掘，证明仰韶文化西限已到了青海省湟水下游的民和地区，因而这被称为仰韶文化的西渐。

继远古仰韶文化被发掘出之后，1928 年，又在山东章丘龙山镇城子崖发现黑陶文化，其陶器以灰陶为多，而黑陶次之，红陶极少。其时代约在公元前 2800 年至公元前 2300 年。这种文化较晚于仰韶彩陶文化，被称为龙山文化。按这类文化遗存堆积的顺序，小屯文化（殷商文化）在上层，龙山文化（夏文化）居中层，仰韶文化（当为传说中黄帝、尧舜时代）居下层。可见仰韶文化是中国先民最古的创造，其地域西及于今青海，则青海地区在远古时代已是黄、炎族的活动地带。而龙山文化东起山东，西至甘肃、青海（有人认为如果齐家文化发现在代表陕西龙山文化的客省庄文化之后，可能会被称为甘肃龙山文化），北及辽东，南抵浙江，与文字记载中的“禹迹”相符。青海文化遗存类型，有新石器时代的马家窑、半山、马厂类型及齐家文化。马家窑陶器盛行黑彩；半山陶器以黑、红两彩合镶为主，也有少量黑色单彩；马厂陶器早期黑、红两彩，以黑彩为主，中晚期红彩消失，变成单一黑彩；齐家文化类型，与马家窑文化大体类似，惟陶器彩绘则以紫红、橘红为其特色。此外的卡约与辛店文化，既与彩陶、黑陶文化有联系，又具有地区特色。卡约文化陶器以紫红色彩绘为主，也有黑彩。辛店文化陶器有黑色单彩、黑红两彩。齐家文化的年代，约为公元前2000年，与马家窑文化相衔接。卡约文化年代，约在殷周之际，是青海土著文化与中原文化相联系的产物，它全面代替了齐家文化[①]。

根据考古发掘资料研究，上述诸文化类型，是中国古代文化的概括，而所谓华夏文化则是在这个古文化的基础上，随着民族的融合，大一统局面的出现而产生的周文化。孔子说："周监于二代，郁郁乎文哉！吾从周。"周文化的确是在夏商二代基础上进一步的发展与创造，其中的大一统思想便是华、夏、戎、夷各族共同的要求。当时周虽居中原，而华戎、夷夏杂处，文化程度不一，互相争夺兼并，迫切需要统一局面。根据宋人洪迈的论述，周武王克商后，周的版图西北包有雍（今陕、甘两省）、豫（今河南），东南接近徐、扬（今江苏北部）。周公平乱，征服三监，又东征奄国（今山东曲阜境），其后便封伯禽于鲁，镇抚东方，周的势力，扩展到了全黄河流域。成周之后，又扩展到江苏，但那时"吴、越、楚、蜀、闽皆为蛮，淮南为群舒，秦为戎。河北真定、中山之境，乃鲜虞、肥、鼓国。河东之境，有赤狄、甲氏、留吁、铎辰、潞国。洛阳为王城，而有杨拒、泉皋、蛮氏、陆浑、伊洛之戎。京东有莱、牟、介、莒，皆夷也。杞都雍丘，今汴之属邑，亦用夷礼。邾近于鲁，亦曰夷"[②]。此种状况，经春秋时代，各民族间融合加速，文化政治上的统一急剧发展，诸子继起，百家并兴，至秦始皇便出现了第一个统一的封建大王朝，这可以说是华、戎、夷、夏共同所创造完成的，因而后人便以周人为华夏族的代表，而以华夏文化为三代文化的总称。所谓华夏文化，实为中国古代各民族融合统一的标志，而民族文化，常又具有地理上的特点，从古籍上夏水、

①参见青海省文物考古队：《青海彩陶》前言。

②〔宋〕洪迈撰：《容斋随笔》卷五。

夏虚、夏口、夏阳、夏县以至西域、陇西之大夏等地名，结合藏语中“嘉”“嘉乃亥”“麻嘉”等称谓来看，夏民族足迹或传说，几遍于四方，因此不仅沿革地理可借以证史，即民族语言与迁徙之迹，都足以相互证发。我此篇所举，只不过其端绪与大凡，精博的论证，尚有待于通识之士了！

藏族源流与汉藏关系

一、引论

藏族为组成中华民族共同体的主要支系之一，其历史文化，源远流长，世所共知。但自近代西方帝国主义侵略势力东渐以来，盗憎主人，于藏族源流和西藏历史，有意歪曲事实，制造谬论和谎言，挑拨离间，期欲达到其分割之罪恶目的。而国人间或不察，流毒犹时有泛滥，致影响安定团结的当前国策和祖国边疆的建设，这不能不引起我们的警惕与重视。

我认为探讨包括藏族在内的中华民族的源流与现状，必须要确立两个前提：一为统一性，即中国自来是一个统一的多民族国家。而民族是一个历史的范畴，其在一定历史时期所形成的共同体，与这个国家的兴衰与存亡存在着血肉相连的关系，也就是说同患难、共命运的。中国作为一个古国，自夏、商、周三代以来，虽版图有大小，人口有消长，氏族有兴衰，政权有更替，而自始即以统一为国魂。《春秋》大一统即为我国立国的最高准则与宗旨。《公羊传》鲁隐公元年说："何言乎王正月？大一统也。"什么是大一统呢？陈文《公羊义疏》引《汉书》王阳的话说：“《春秋》所以大一统者，六合同风，九州共贯也。《礼记·坊记》曰：‘天无二日，土无二王，家无二宗，以一治之也。’即大一统之义也。”在这种准则的指引下，经过儒家总结发挥，便得出了“天下乌乎定？定于一”的结论。这确乎是一条重要的社会发展规律。

在民族方面，于传说中的历史时代中，在黄、炎两大族的联合下，形成了被后世所称的华夏族，从而出现了夏、商、周三代的统一局面。再经过春秋战国东西方各民族融合，而孕育诞生了更进一步发展统一的国家。在此历史时期内，秦、汉两个以汉人为主体的王朝，与匈奴、羌和西域各边疆民族，既有互相争夺，又有互相吸收，文化经济频繁交流，和亲结盟也开始建立，因而汉王朝在中国发展的历史中，树立了开拓边疆的规模和打通了中西文化经济交流的通道。魏晋南北朝时，由于边疆众多的各少数民族进入中原，虽引起了社会长时期的动乱，而同时酝酿了隋唐统一大帝国的出现，民族的融合和李唐王朝不分畛域地擢用各边疆民族中的英雄豪杰、文臣武将，出现了贞观和开元盛世。这说明民族的团结与融合，为统一国家倍增了光彩，而国运的兴盛，又为边疆的开发与建设，提供了有利的保障与条件。这说明以国家统一为中心，加深了各民族之间的互相依存关系。

其次，中国这个统一国家，在元清两代，分别是由蒙古族和满族执掌统治权的，而国威之盛，版图之广，都骎骎乎超越了前代。中国统一的多民族国家最终巩固与发展，也就在这个时期凝固与定型，多种民族的共同体，共戴一个统一的中央政府，因而在民族方面也同时产生了“中华民族”和“炎黄子孙”这样的称号。就现在来说，分起来全国有 56 个民族，而合起来则只有一个中华民族。这是中国历史发展的必然结果，也不同于西方近代民族理论概括之下的同一模式。我们现在既然讲要建设有中国特色的社会主义，那么历史上多种的中国古代民族（在古代称为夏人、殷人、商人、周人、秦人以至汉人）所互相融合而形成的民族共同体，其血统、语言、地域和文化等诸因素，和世界上其他民族的形成与素质，应既有其共同点，而更应重视其特点的存在。正由于中国国家和民族的形成发展过程以及其地理环境和近代西方国家的形成发展并不完全一样，因而我们的意识形态与国家社会制度和他们存在着很大差异。各民族共同团结在一个统一政府下的共同意识，即是春秋家的“中国而进于夷狄则夷狄之，夷狄而进于中国则中国之”的文化观点，也是墨子所谓的“圣人能以天下为一家，中国为一人”，为后世以至现在所艳称的大同世界，便由此而产生。即使在国家政权方面来说，元、清所建立的统一王朝和北魏、北齐、北周以迄辽、金等分立政权，同列于正史。相反，被称为汉人所建立的统一政权如新莽、武周，反而见绌于正史，这不是统一的文化传统为依据，而是纯以狭隘的汉族立场来定论吗？这是我以统一性为前提的历史根据。

另一个前提为整体性。中国既然是一个由历史形成的统一的多民族国家，则其民族的主体意识应是形成这个国家和民族共同体的中心思想文化。中国是世界上文明古国之一，尽管自近世以来，迭受外力的侵袭，而终能屹立于世界，不被侵略势力或外来文化所吞噬，其原因即在我们文化传统的整体性，所有民族的一致性、凝固性。这种大一统文化的本质和大一统国家的体制，使得我们的国家民族，历久常新。文化上的相互吸收渗透，民族上的相互接近融合，不仅国脉长存，同时民族也经久不衰。现在我们所讲的民族学，是从西方引进的新学科。若从摩尔根到马克思、斯大林以及欧美资本主义国家各民族学派，其间已存在很大的不同。但从西欧近代社会实际来说，这已无可怀疑是一门崭新的科学，其在文化人类学方面的普遍性与共同点，自然可适用于我们对民族文化、民族学理论和民族历史的探讨。特别是马克思主义的观点，是属于新的社会主义范畴的学说，无疑是我们今天研究民族问题和民族关系史的指针。但是怎样把马克思主义在这方面的普遍真理,具体与中国历史和当前实际结合起来,根据我个人的粗浅看法，中国历史上民族关系的演进与发展，并不完全相同于欧洲或者说是西方的模式，这就是中国的民族个性与特点所在。要在当前中国社会主义体制下，达到各民族一律平等以至于互相融合无间的共同目的，就必须根据各民族自己的实际条件走并不完全一致的道路，经过一个历史过程，才能完全。这里所谓的不是同一模式，也不是同一道路，其中一点，就是我上面所说的整体性。中华民族发展到现在，有一个独立自主的民族意识和文化传统，就是说不论是中国统一政权的哪一个民族，其表现于共同文化上的共同心理素质是密切相连而不可分的。如在文化传统上，“殷因于夏礼”，“周因于殷礼”，这件历史事实，不问三代间民族的不同，而仍有选择地继承发扬其优秀的文化传统，连孔夫子也发出赞叹说：“周监于二代，郁郁乎文哉！”这是一。自秦汉建立统一王朝，中经魏晋南北朝各少数民族建立分割政权，以迄元、清两代蒙古族、满族建立空前强大的大统一王朝，基本上都继承发扬了以儒家政治和道德伦理思想为主体的文化传统，其间如北魏孝文帝的政治改革和康熙、乾隆等帝的潜心儒学（康熙帝还跟外国传教士钻研西洋历算），使得北魏、元代、清代都在中国历史上焕发了特异光彩。就此看来，在继承发扬传统优秀文化这一点上，不论是鲜卑族、蒙古族、满族，其所表现的心理状态都是一致的。马克思说：“野蛮的征服者总是被那些他们所征服的民族的较高文明所征服。”这当然是历史发展中的普遍规律，但用来论证中国民族关系史的共同心理状态则是更为典型的。这是二。在共同防御和抗击外敌的侵略上，也同样有这种表现。如战国时秦与燕、赵、魏三国是不同民族组成的政体，但在防御匈奴的入侵上，都共同修筑了长城。唐时吐蕃与唐王朝，既是友好往来的甥舅国，也是互相争夺地盘的政体，但在阻止大食东进势力的战线上，双方的态度与行动，却都是完全一致的。特别是在近代西方帝国主义殖民势力入侵上，无论是满族、蒙古族、回族、藏族、汉族等，都同仇敌忾，不惜流血牺牲，保卫祖国的安全和维护领土主权完整。特别是在英军侵入西藏时，连色拉寺的喇嘛，也勇敢地拿起枪来进行抗击。清季的西北回族，和清朝贵族统治集团是存在着敌对情绪的，但在八国联军入侵北京时，董福祥部回军在保卫北京的战斗中，和满、蒙古、汉等各民族组成的部队，共同进行了英勇的抗击。所谓“兄弟阋于墙，外御其侮”，正是古老的中华民族的传统精神的表现。这是三。在抗日战争中，各少数民族虽与当时国民党政府存在着一定的距离和不满情绪，但当时在关内的满族却不承认伪满洲国；内蒙古的绝大多数蒙古族民众，不拥护德王傀儡自治政府；西藏热振活佛和九世班禅大师与广大僧俗群众，又都积极抵制了英帝分割西藏的阴谋，维护祖国统一，争取抗战胜利。这是四。在反对中华民族内部统治阶级的歧视和压迫中，不论是哪个民族，和反侵略一样，都具有同样的心理素质，具体如反现代军阀割据、官僚主义的统治、资本家和地主的剥削、牧主头人的封建专制等。这是五。各民族之间的互相自由通婚；藏族、蒙古族、土族和民族杂居地区的汉族共同信仰藏传佛教，而青海藏族又同时多信仰关圣帝君和文昌帝君，表现出宗教上的互相渗透；青海地区部分汉族、回族、撒拉族、土族都会讲藏语，而汉族语言除了在回族中通用外，在土族、撒拉族和东部农业区的藏族中也都间用。河南蒙旗的蒙古族则都改用藏语，这都是在语言上的互相渗透。此外在生活习惯上、穿着上也有很多互相渗透和影响之处，如城市商人和农村的汉族、回族都吃酥油、糌粑、手抓羊肉，也都穿大领皮袄、氆氇褐衫等。这是六。

以上种种例子，均说明中华民族这一大的共同体，既有各民族本身的历史文化特征，又有共呼吸、同命运的共同性，也就是中华民族的整体性。我们国家中现在有 56 个民族，这是现代民族学的分类，而我们所谓中华民族共同体，则是中国历史发展的产物，也是一种文化类型。因此，用现代民族学特别是马克思列宁主义的民族学分类来说，是当代社会主义中国 56 个现代民族；而从历史来说，同时是一个同一文化类型，也就是从其整体性上来讲的。这就是我在探研民族源流问题上所要提出的两个前提：一个是统一性，一个是整体性。不要背离统一国家的前提而探求某一现代民族的族源；同时也不要分割中华民族的整体性而去探求某个现代民族流别。

我这里提到的传统文化，是目前讨论的一个热点，有的打着先进的旗号反传统，有的则主张兼容并包，也有的提出要继承发扬传统。看来这些说法，都不无道理。但现在的毛病，提出一个问题，大家纷纷扬扬争论一阵就过去了，很少去探讨中西文化的差异和它产生发展的根源。东西方文化产生的土壤（地理环境）不同，成长的过程有异（历史背景），所以它们之间的人生态度自来就不一致。这中间各有优劣与长短，从文化观点来说，应当取其所长，弃其所短，互补而归于会通。也就是说在顺应文化共同性发展的趋势下，来保持和发扬民族文化特点。东西方文化本质的不同，即是它的特点。近百年来，因在近代西方帝国主义侵略势力的侵扰和腐朽封建贵族统治势力的因循贻误下，使我们这个文明古国落到了一个贫穷落后而被人欺侮的地位。自孙中山先生建立中华民国到中国共产党建立中华人民共和国，民族是得到解放了，国家是获得独立了。但由于没有认真探讨中西文化差异的根源与其特点，因而不仅中体西用和全盘西化都无济于中国的富强，就是在社会主义方面，照搬苏联（实际上是斯大林）模式，而于中国的实际结合不足，也同样是走了弯路，社会主义建设遭受了挫折。这样一来，一般都把这归罪于中国传统文化的阻碍。不仅是一般人普遍地反孔斥儒，诃佛骂祖，即就是包括有深沉忧患意识的《河殇》的作者们，也把目前的思想混乱状态统统归罪于黄土文明！其他的胡说乱道者（如方励之之流）更不必说了。据我看当代的中国人，绝大多数人不仅受到传统文化落后因素的阻碍，而且连最起码的社会伦理道德规范也荡然无存了！要把目前的贪污盗窃、吃喝嫖赌、打砸抢烧、好逸恶劳等现状，诿罪于传统文化，岂不是因果倒置了吗？正因为我们在文化上失去了这个根，一般人便为已在西方社会成为病痞的性开放、摇滚乐、吸毒贩毒、走私倒卖、偷税漏税等邪恶风气和手段所席卷。所以我们现在所亟须恢复与建立的正是人生尚实的基本态度，而不是什么无裨于实的务新。

在世界历史上，无论是哪一种文化形态，在它出生的土壤上有个演进的过程，这就是随着社会的发展、条件的变化，而因时因地制宜地加以革故鼎新，也就是顺应新陈代谢的自然规律而逐步演进。现在一般都反对孔子与儒学，实际上孔子是在中国史上第一个提出社会进化观的。无论是殷因于夏礼，周因于殷礼，他都指出其所“损益”这个关键之点，损是扬弃业已过时了的落后因素，益是补充社会潮流所需要的新因素。因其所当因，革其所当革，便是顺应了社会发展规律，因此孔子说：“虽百世可知也。”我们试看2000多年来儒家文化的发展变化，都是在因革损益的规律下演进的。孔子的学说，到孟子时代，已有了新的内容和阐发。到了秦汉时代，便又与墨家、道家、法家、名家等学说有了融合，而董仲舒更把阴阳家也混合进来。魏晋时产生于中国本土的儒、道两家学说又与西来的佛教文化相融合，至宋明而产生了理学和心学。这中间的因革损益，主要是围绕以儒家文化为主体的中国民族文化而进行的，也就是说以吸取或改造其与中国民族文化相适应的特点为标准的，这样就使中国民族文化又有了新的内容。同时，这也是第一次吸取外来文化的有益部分，以充实和更新原有本体的。但这个吸收和融合过程，长达几百年之久，而我们在近世引进和学习西方文化，起初只限于天文历算等实用科技方面，而且还仅在传教士阶层内附带进行，无助于中国文化的更新。鸦片战争以后，震惊于西方帝国主义国家的船坚炮利，想从这方面急起直追，但也由于清政府的腐败，军阀官僚的争权，加上帝国主义势力的侵略，使得我们既没有余裕和能力去清除封建残余的积垢，也没有条件去系统地学习和引进西方近代文化，以更新和改造我们的传统文化，落到了一个半殖民地半封建的地位。

解放后，我们国家从事了社会主义建设事业，开始走上了现代化道路。但也由于脱离了社会发展规律的实际和忽视了与中国优秀文化传统的结合，仍不免事倍功半，成效不著。这些都说明文化的传承与发扬，都不能脱离其历史地理条件的。一般所说的马列主义与中国实际相结合，也只限于近代与现代，一直到了最近，才确立了建设有中国特色的社会主义的方针，始与中国优秀文化传统相联系，这才接上了根，找到了源，这说明中国优秀文化传统是源远流长而生生不息的。以儒家文化传统为例，如孔子有教无类、因材施教等重视和提倡教育的主张与方法，以及学而不厌、诲人不倦的态度，对现在来说，仍是一笔十分宝贵的遗产。这样历久常新的文化传统，是我们民族文化的精华所在，不仅是在中国本土，甚至在东方的日本、韩国、新加坡等经济发达、科技进步的现代化国家，也都成为他们借鉴与发挥的依据，而我们却把它统统视为赘疣和拖累，真是数典而忘祖了！

从上述文化上的意义来说，在中国这块大地上生息活动的古代民族（从原始社会到封建社会），是一个文化上的共同体（如“华”“夷”的互相转换），用现在民族学的概念来说，是广义的民族，并不存在血统、语言、地域以及风俗习惯等方面的共同因素，这是一。从传说中的黄帝族、炎帝族到夏人、殷人、周人，东西方民族迁移频繁，以至于华、戎互易，夷、夏杂处。如秦本东夷，蔚为上国；楚属南蛮，进于诸夏。经过春秋战国，各民族间的融合日益加速，而政治上的统一也随之形成，终于出现了秦汉的统一大帝国。这个历史事实，证明中国第一个最大的统一王朝，是由中国境内各民族共同建立的；而战国时代在学术文化上百家争鸣，也是由各民族共同所创造的。这说明本时期中国境内各族，在血统上互相融合，在文化上互相渗透，在经济上互相补充，在政治上共戴一天。民族是一个历史范畴，而这时期的中国，是在较前更大的程度上形成一个多民族统一的国家。此后的南北朝分立，少数民族进入中原地带，他们所建立的王朝或政权，无论是匈奴族的前赵、北凉，鲜卑族的前燕、后燕，氐羌族的前秦、后秦，都不是单一民族成分的国家。在他们统治的国家或地区内，同时包含有多种民族。其后的辽、金、西夏，也是如此。至于元、清两代，更是由蒙古、满两族所统治的统一国家。所以把中国历史上的民族关系曲解为由汉族统治和民族压迫的国家，是完全背离事实的，这是二。在这种历史、地理背景下，探讨中国境内现代各民族的族源，要从分的方面着眼，说某族是某族的后裔，自古及今，一脉相传；或说某个民族是受歧视和被压迫的民族；又或说哪是大民族，哪是少数民族，等等。既不论时，又不论地，这既不符合中国民族历史的发展过程，也更违背现代民族学的原理。在目前国外有些妄人，甚至用针对西方帝国主义殖民制度而采取的民族自决原则来诬枉我们；更有的无知者胡说中华人民共和国国旗上只有四个小星，已把藏族排除在外等，都是借“民族”来做文章。如果我们还不察觉这点，依然重分轻合，背今诬古，便大大有违振兴民族文化、加强民族团结的本义了！

二、青藏高原上的古代民族

藏族作为一个历史范畴内的民族来说，这个名称出现于吐蕃王朝解体以后（约相当于封建社会早、中期阶段）。“藏”字是汉文的译音，其来源当由于当时吐蕃王朝的中心地带有“藏蕃（博）”这样的地名，以地名族，这本来是古代民族的通例。这个所谓族，在当时还是氏族、部族、家族的衍称，而实际上直到元、明间它成为一个近代民族学意义上的民族以迄现在，他们自己仍称为蕃或斡（蕃、斡一音之转）。从社会发展史观点来说，所谓民族，是随着社会历史条件的变化演进，从来没有自古迄今一直不变的民族或是氏族、部族，也没有在某个历史阶段突然产生的新民族，这就是族源说所以构成民族史首章的缘由。尽管古书的记载有时不免浑括或片面，而我们要是由此而创出一个自己的祖先卓立不群，或是突然拔地而起的论点，便不免违背社会发展和人类进化的通理。同时，自从有了国家这个体制产生，也极少存在过单一的民族国家，除了古代有些氏族、部族以及民族（如吐谷浑、沙陀、党项等）在历史发展过程中因融合或其他原因而自然消亡外，大多数民族共同体，都是在历史进化中演变而成的新群体。其中最为典型的是汉族，这个名称是沿用了刘邦所建立的朝代称谓，但从民族构成来说，当时的汉朝，是在古代华夏族的基础上更增入氐羌、百越、群蛮而成的汉人而言的，这个汉人并不是一个单一的什么族；其后到了隋唐大统一，所有在中国境内的匈奴、鲜卑、羯、羌以至东突厥的一部，又陆续融入了这个共同体；到了元朝，更把辽金的遗民也视同汉人。那么，这个汉族的名称若把它全当成汉人，既不科学，又不符合民族的定义，所谓大汉族主义，更是在某种时代意义上含混而笼统地加上去的。实际上这是一个古代炎黄子孙的共同体，从现代国家意义上来说，已经是在广义上早称为中华民族了。所以我认为把中国古代民族的发展演变，与统一国家相结合，其民族的内涵，并不能完全与近代狭义的民族观点为准则而相提并论。只有近世才形成的回族、撒拉族、土族、裕固族、保安族、东乡族等新民族和在边远偏僻地区限于环境和经济条件，仍处于封建甚至是奴隶社会状态的民族，才是在近代民族学和历史范畴上的民族，也是当代中华民族大家庭中的一员。这是应当区别开来加以认识的。这中间既有分，又有合，而又以合为形成民族发展的主要趋势，这是应该首先加以阐明的。

以下分别考察一下青藏高原上古代人种和民族的分布与活动：

（一）原始群

这是从地下遗址和遗物的发现，来考察原始社会早期猿人活动的旧石器时代到新石器时代当地古人类活动情况。这段时间距离很长，目前已发现的古人类遗址，是属于距今约四千年到七八千年左右马家窑文化遗存。其一是 1958

年在今西藏塔工地区林芝村发现的古代人类遗骸，据鉴定其头骨约与半坡人、安阳人、蒙古人、印第安人等同属于一个时代，而其头型与后世西藏人相接近，其鼻根区高度与贝加尔湖附近发现的新石器时代人和现代印第安人相接近，而鼻根区指数则接近现代蒙古人[①]。这个遗骨并无其他文物伴随发现，还不可能做出更多的推论，但对比1978年在昌都发现的卡若文化遗址和遗物[②]，则同属于新石器时代马家窑文化。而马家窑文化的半山、马厂等类型，则几乎遍布于今甘、青两省地带，是仰韶文化的西支。至于较此稍后的卡约文化遗存——1923年首先在青海省今湟中县云谷川卡约村（原译卡窑）发现，已查明在河湟谷地普遍存在，其中以墓葬为最多。卡若文化的打制石器，有许多与青藏高原东部与甘肃西部卡约文化及马家窑文化类型近似。

从以上简单的新石器时代文物遗存，证明这一广大地区早在史前就存在古人类活动。若以河湟地区的卡约文化为例，其葬俗与羌族为近，这也与文字记载相符合。无论是羌人或其他氏族、部落人，说明他们是本地区最早的先民，而青藏高原最早荒无人烟的推测是不确实的。

（二）西戎

本师顾颉刚先生说：

在西方，“羌”与“戎”都是大名，戎是西方诸族的通称，为表示其地望则曰“西戎”。羌自是某一族的专名，但因他们所占地方太大，渐渐也成了通称，例如范晔《后汉书》的《西羌传》就是把西方各族都收了进去的，因此西方诸族也不妨称为“西羌”，或“羌戎”。又因西方诸族中，氐亦甚大，所以往往连称“氐羌”。我们现在要作细密的分析，

①林一璞：《西藏塔工林芝村发现的古人类遗骸》，《西藏史研究论文选》。
②童恩正、冷健：《西藏昌都卡若新石器时代遗址的发掘及其相关问题》。

使得这一族不为那一族所混淆，几乎成为不可想象的事。[①]

谨按顾先生谓戎是西方诸族的通称，是得当时之实的。经过近人的考察与论证，我认为戎是羌的另一名称。从现在的藏语来比证，他们把从事农业的藏民称为“戎哇”，把仍从事牧业的称“智化”，这是就生产方式的不同而言的。“戎”就是指当时西方最大的部族羌族中已从事农业的族人而言的，证以周代姬姜联姻以及进入中原地区的如山戎、犬戎、骊戎、姜戎以及绵诸、朐衍、大荔、义渠之戎等，几乎布满了当时黄河中下游整个地带。为何把这些进入中原的羌人，都叫作“戎”呢？很显然他们当时都已从事农业了[②]。

羌，是中国古代西方的一个大族，早在商代的甲骨文中称为“羊方”，与“马方”“虎方”等并列。“羊方”即是“羌方”，是殷商时西方的一个大国。羌字最早的字形是羊字，甲骨文作，到了后期，在字的右下角加了一条索（），象征以索牵羊，因此有人解为羁縻，有人解为商人以羌人俘虏作牺牲品。根据康殷对古羌字的考释，举甲骨文“岁州羌”“割百羌”的例子，证明商代常以羌人俘虏作祭品[③]。由此我们再看汉代人对羌字的解释，如《说文·羊部》：

羌，西戎羊种也。从羊、儿羊亦声。

又，刘劭《风俗通义》：

羌，本西戎卑贱者也，主牧羊。故羌字从羊、人，因以为号。

---

①顾颉刚：《从古籍中探索我国的西部民族——羌族》，载《社会科学战线》，1980年第一期。
②贡乔泽登：《略谈藏族族源问题》，《青海藏学会论文选集》（一）。
③康殷著：《文字源流浅说·释例》。

说明羌人生产方式是牧羊，同时又说明羌人是西戎的卑贱者。这所谓卑贱，是指羌人被俘虏后的奴隶地位。古代的奴隶，常用来作为牺牲品和殉葬品，这就从其字形字义上说明了殷商时的羌方，即是周代的西戎，羌、戎从民族来说称羌，而从其生产方式或者是职业来说，则把务农的羌人称为戎人。殷、周时西戎以羌人为主，再也清楚不过了。而羌人的种落又确实繁多，自秦到汉，当无弋爰剑的曾孙忍时，秦献公兵临渭首，灭狄獂戎，忍季父卬畏秦之威，将其种人附落而南，出赐支河曲西数千里，与众羌绝远，不复交通。其后子孙分别，各自为种，任随所之，这就有了牦牛种的越嶲羌、白马种的广汉羌、参狼种的武都羌。到汉代，在今甘肃临夏和青海民和有罕、幵羌，河曲有析支羌、白兰羌、党项羌，西海有先零羌，海东及河南有勒姐、牢姐、当煎、封养、钟存、巩唐、且冻、乌吾、传南诸羌。而天山南路，更布满若羌、葱茈羌、黄牛羌、白马羌等，可说是今川西南、甘肃南部、河西走廊，青海的海东、海西、海南、海北、黄南、果洛、玉树，几乎全是羌族。《西羌传》说："自爰剑后，子孙支分凡百五十种，其九种在赐支河首以西及蜀汉徼北。……其八十九种，唯钟最强。……发羌、唐旄等绝远，未尝往来。"记载几乎斑斑可考。所谓"出赐支河曲西数千里"，"发羌、唐旄等绝远"，要说是其活动不包括今西藏地带，便有点不可想象。试问从青海河曲西行数千里，究竟要指什么地方呢？

其次，发羌之"发"读音同"蕃"，不仅今藏语与古羌语同，同时古地如析支（今曲科乎对音，指黄河源即河首地区）、渠搜（今都秀对音）、榆谷（今热贡对音）、乐都（原译落都，意为沟口，今译当为隆多，多、都一声之转，如昌都原译为察木多。今乐都县适当引胜沟口）、化隆（今哇隆对音），以及张掖、庄浪、敦煌和天峻的关角（南北朝时称甘谷岭）等，原均为羌语，而今之藏语，几乎完全一致，且无古今语的差异。羌藏同属一个语族，也更明显。《新唐书·吐蕃传》说："吐蕃本西羌属。"本来说的就很客观，意思是西羌的一种或一部分。现在有些藏族学者却说这种记载不可靠，也有些专家说是没有根据。有些藏族学者所以不信此说，是由于藏文没有这种记载，但是从汉代到南北朝，根本就没有藏文，它怎会有原始记录呢？这样地谈藏族史，只是讲流，而把源归于后来的亚陇觉阿王系和宗教神话，这是不足取的。

第三，古代羌人种姓庞杂，除了上面诸族以外，还包括有氐，氐自商代到秦汉时，一般都连称或混称，但至南北朝时的前秦，又是由氐族单独组成的国家，说明氐原先也是西羌的种属。除了氐以外，最大的还有个三苗。《史记·五帝本纪》说："迁三苗于三危，以变西戎。"迁三苗有两种原因，首先是"三苗在江淮荆州，数为乱。"其次是与变北狄、变南蛮、变东夷一样，是为了牵制西戎。因为西戎在其时占地广大，种类众多，而三苗在江淮荆州，对中原政权来说，是一支不安定的力量，于是迁这股力量去挟制和分散西戎对中原王朝的威胁力量，便最终达到了"四罪而天下咸服"和西戎即叙的政治效果。不仅如此，同时还实现了"三危既宅，三苗丕叙"的安定局面。《后汉书·西羌传》谓："西羌之本，出自三苗，姜姓之别也。"盖就汉代的羌人，而追溯之于三苗，而《隋书》亦谓党项为三苗之后，并同此义。三苗初域，《史记》说在江淮荆州，而近人考证，实在今河南北部、山西南部广运数百里间。舜窜三苗，盖自河东逾河而之河西[①]。西迁以后即分布于今青藏高原西戎之地，与羌戎杂处，最终是"织皮昆仑，析支、渠搜，西戎即叙"。古今人对三危所在，多据点面为说，扞格难通，我以为实包括清初所谓唐古特四部，即今青藏高原藏族所分布的广大地区[②]。又古代河东有茅戎，茅即髦，茅、髦、蛮、苗皆一声之转，也就是同音异字。今西南多苗，与西藏邻，川西有羌，与安多连，也可助证古代羌、髦与今藏族的渊源。

---

①钱穆：《古三苗疆域考》，载《古史地理论丛》。

②见拙著《〈禹贡〉织皮昆仑析支渠搜及三危地理考实》，载《中国历史地理》，1988年第一期。

古代羌人的民族成分除了氐和三苗外，还有一个义渠之戎，据近人考证，义渠这种戎，实为匈奴种[①]。《史记·匈奴列传》云：“秦昭王时，……宣太后诈而杀义渠戎王于甘泉，遂起兵伐残义渠。于是秦有陇西、北地、上郡，筑长城以拒胡。”而赵国亦北破林胡、楼烦，筑长城，自代并阴山下，至高阙为塞，置云中、雁门、代郡。其后燕将秦开为质于胡，“归而袭破走东胡，东胡却千余里”。燕也筑长城，自造阳至襄平，置上谷、渔阳、右北平、辽西、辽东郡以拒胡。“当是之时，冠带战国七，而三国边于匈奴。”这个综合记载，把义渠与林胡、楼烦、东胡并列，皆指匈奴而言。关于义渠，《史记·索隐》引韦昭云：“义渠本西戎国，有王，秦灭之，今在北地郡。”匈奴原不同于西羌，但此处却称为西戎国。《史记·将军骠骑列传》附公孙贺传：将军“公孙贺，义渠人，其先胡种”。可见秦汉以前，西戎之中也有胡种，到汉代则已完全羌化，只知道其先为胡种。

到了南北朝时，在羌地又有了夷。《北史·附国传》云：“附国者，蜀郡西北二千余里，即汉之西南夷也。有嘉良夷……土俗与附国同。”夷在汉时，或泛指边地民族，如《后汉书·南蛮西南夷传》说：

> 冉駹夷者，武帝所开。元鼎六年，以为汶山郡。……其山有六夷、七羌、九氐，各有部落。

冉駹本羌氐属，而这里却与邛都、莋都、白马等通称为夷。嘉良夷土俗既与附国同，而附国并列羌人国十，其中如春桑、迷桑、婢药（又作“弥药”“弭药”）、白兰等，其风俗又略同于党项，且均在今青海果洛州境内，与四川甘孜连界。这些羌国，虽在唐宋间部落稍有变动，但无大规模移民，现在都是藏族聚居地。

①黄文弼：《论匈奴之起源》，载《西北史地论丛》。

不管古今来称羌、称戎、称夷，其为西戎之遗裔，则灼然可见。如说今藏族与他们有别是对的，因为一个是古代部族，一个是近现代民族。但要说与他们无关，则不免自我作古了。

依据上述论证，可知在新石器时代即原始社会的氏族社会晚期，在甘肃西南部、青海河湟间，就有古人类活动，这就是马家窑文化所告诉我们的。马家窑文化也称甘肃仰韶文化。这种文化遗存，有半山、马厂等类型，东自甘肃清水，向西延伸至青海贵南县。其遗址有房屋、窑穴和墓地，而以墓地为最多。比这较晚的有铜石并用的齐家文化遗存，其地理分布大致与马家窑文化相交叉衔接，陶器更为牢固而美观。我曾先后参观过乐都柳湾、大通上孙家寨和湟源大华等几个发掘遗址和现场，有圆型和方型房屋遗址。有的窑穴内还藏有粟粒，房屋内有纺锤、箭镞用物或兵器。上孙家寨出土彩陶盆，盆壁绘有三组舞蹈人花纹，神采飞动，具有高度艺术价值。按羌字形象和释义与彩陶图案鸟纹，青海考古队推断，这与“周成王时氐羌献鸾鸟”的羌俗有关。继此以后的青铜时代，则辛店和卡约文化遗存，大量出现。其中卡约文化除具有彩陶文化的共同型，还具有不同的地区型或民族型，这从时代和类型上看，与西藏地区所发现的卡若文化相类似。近人根据今怒江下游入缅甸一段，清代称萨尔乌音河，今称萨尔温江这一名称，推证其为三危的对音①，而“藏”这一名称的出现，即与“卫”相联系，或译乌斯藏，或译卫藏。危、卫同音异字，乌斯为卫的拼读。我们结合考古发现，和吐蕃与哌哒，及羌与今苗族的关系，可以推断古三危地除今川西、甘南、河西和青海全省外，还包有今西藏地区。我之所以这样推断，还有一条根据是在唐古拉山发源的那曲，就是由缅甸入南海的萨尔温江之源。《禹贡》说：“导黑水，

---

①黄文弼：《论匈奴之起源》，载《西北史地论丛》。

至于三危，入于南海。”三危地望包有今西藏，不更有了实证吗？[1]又，《后汉书》所谓：“及舜流四凶，徙之三危，河关之西南羌地是也”，“出赐支河西数千里”，更可与《禹贡》相互参稽。如此则三苗早在氏族社会就到了这个地区，而其所以徙此是为了“以变西戎”，那么西戎也早就是这里的主人，更是无可置议的。而且到了“西戎即叙”时，三苗又已融合于羌戎种落之中。当初，西藏地区的原人，也必然与他相融合。因此我们说原来西藏地区荒无人烟的说法，并非事实，本地区最迟也在新石器时代，即有土著人生息与活动，进而能肯定的原始社会人是西戎种属的氏族与部落，其后是迁徙的三苗族，加入这个群体，再后是秦时河湟羌人畏秦之威，远徙入居本地区。另外据汉文零星记载，有说汉武帝时有六犛牛部进入今藏地；又《旧唐书·吐蕃传》说，南凉为西秦所灭后，秃发利鹿孤的儿子樊尼投北凉，及魏灭北凉，樊尼率众西奔，渡黄河，逾积石，于羌中建国，以秃发为国号，后来竟“语讹为吐蕃”。这些记载，失之于传闻，都不可靠。

三、吐蕃族源与其繁衍发展

我不太同意羌藏同源说，因为羌是原始社会就已存在的古代氏族，而藏族的形成则在吐蕃王朝解体以后，所以追溯藏族的起源，第一步应直接吐蕃，第二步便上溯到西羌，最后再溯及原始社会人。惟这已与民族无直接关联，只是考古学范围内对人种的考察。就此而言，今西藏地区古人类属蒙古利亚人种（黄种），也非雅利安人种，羌人自然是属于蒙古利亚人种，而与传说中的释迦王系和近代帝国主义分子所宣扬的“南来说”迥不相侔。

现在就从藏族的先民吐蕃说起。吐蕃王朝是在公元六、七世纪之间建立起来的，但后世藏族的一些僧人却从宗教立场出发，把相传是吐蕃王朝第一世的

①姜亮夫著：《楚辞通故》。

聂赤赞普，上推到释迦牟尼时代的一位王子[①]。这当然是宗教家的神话传说，并非信史。我们据有关历史记载，公元七世纪初，在今西藏南部雅鲁藏布江流域兴起了一个名叫宝髻的小国。它的西边是女国（东女），东边是附国，东北面是苏毗，只占有今拉萨和日喀则所在的地区。从地名来看，宝髻这一国名以外，本地区还有匹播城、穹波、香波、达波和藏博等地名，宝、播、波、博这四个汉字译音，都与后来吐蕃的蕃字同音，而藏博显然是此后雅鲁藏布江“藏布”的早期译名，以后前藏、后藏和藏族的名称，当皆由此而产生。宝髻兴起后，南日松赞灭苏毗，统一了今西藏中南部和东部地区。接着在吐蕃史上被称为圣观世音化身的名王松赞干布嗣位，便东西扩地，统一了西藏高原。继而进攻今青海境内的党项、白兰和吐谷浑，势力扩展到今甘肃、四川部分地区。它虽与唐室联姻，建立了甥舅关系，并接受驸马都尉官职和西海郡王封爵，但自贞观末至高宗永隆元年（公元680年），吐蕃攻陷唐西域四镇，不仅统一了青藏高原，而且南邻天竺（印度），北抵突厥，国力达到了极盛。《资治通鉴》说：

吐蕃尽据羊同、党项及诸羌之地，东接凉、松、茂、巂等州，南邻天竺，西陷龟兹、疏勒等四镇，北抵突厥，地方万余里，诸胡之盛，莫与为比。[②]

自此吐蕃与唐形成对峙局面，直至公元846年，吐蕃吾东赞普达磨被刺，王朝崩溃，共历18代，凡218年。

从以上的历史记载，完全可以看出吐蕃由一个山南小的部落国统一整个青藏高原，并进而把疆土扩张到今甘、川及新疆地区，而在民族方面又包融了诸羌、汉、突厥等各种成分，形成新的吐蕃族。后世的藏文记载，把山南亚陇地

①萨迦·索南坚赞著，陈庆英、仁庆扎西译：《王统世系明鉴》。
②《资治通鉴》卷二〇二《唐纪》。

区初兴的吐蕃王室从宗教立场归宗于天竺，因而近代的帝国主义分子借以制造了“南来说”，把藏族先民说成是雅利安人种，这已为当代学人所揭穿，并为考古发现所推翻。现在我们既然了解了由于吐蕃王朝的建立和发展而形成了一个新的吐蕃族，则必须考察清楚这个族名和国名的由来。关于“蕃”字的发音，两《唐书》都说源于发羌；蕃、发声近，故其子孙曰吐蕃。现在很多人对此多不置信，实际上这是并无可疑的。钱大昕《十驾斋养新录》卷五说：

古读发如拨。《诗》：“鳣鲔发发。”《释文》：“补末反。”此古音也。“一之日觱发”，《说文》作泮冹。此双声，亦当为补末切。①

同书还举例说：

古读藩为播。《周礼·大司乐》：“播之以八音。”注：“故书播为藩。”杜子春云：“藩当为播，读后稷播百谷之播。”《尚书大传》：“播国率相行事。”郑注：“播，读为藩。”②

又，同书：

古读罚为軷。《周礼》：“大驭犯軷。”注：“故书軷作罚。”杜予春云“罚当为軷。”軷读为别异之别。③

这又以同音或音近字为例。“发”“蕃”古音皆读播，而《蒙古源流考》也谓

①〔清〕钱大昕撰：《十架斋养新录》卷五古无轻唇音条。
②与注①同。
③与注①同。

其先为土伯特国，这当是依阿拉伯语或突厥语音而拼出的名称，“特”字是尾音，亦即所谓统类之词。再证以现在西藏人自称为“博”，安多地区藏人自称为“斡”(wò)，博、斡一声之转，蕃读如博，则古今并无二致。到现在尚无定论的是“吐”字的来历，有人说这是汉文“大”字的音译，有人说这是藏文上部的音译，也有人说这是藏文高大繁茂的意译[1]。我也起初猜测是与吐谷浑的“吐”字有关[2]，现在认为以上说法都不得实。

据我最近考释，蕃称吐蕃，乃与吐火罗和大夏有关。按吐火罗 (Tukhara) 为中亚古国，《隋书》《北史》及两《唐书》都有记载，《大唐西域记》作覩货逻，西方史称巴克特里亚或大夏。其地在今阿富汗北部，阿姆河上游。自公元前 2 世纪起，先后臣服于大月氏、哌哒、突厥。《隋书・西域传》记载说：

> 吐火罗国，都葱岭西五百里，与挹怛杂居。

《新唐书・西域传》说：

> 吐火罗，或曰吐豁罗，曰覩货逻。元魏谓吐呼罗者。居葱岭西，乌浒河之南，古大夏地，与挹怛杂处。

> 挹怛国，汉大月氏之种。大月氏为乌孙所夺，西过大宛，击大夏臣之，治蓝氏城。大夏，即吐火罗也。

这里特别引人注意的是同一个地名而汉文的写法有异，那它的音读究以何为准，

---

①芈一之：《论藏族的来源与形成》，载《青海的地方民族史研究文选》，第一辑。
②见拙著《吐蕃名义试释》，载《青海藏学会论文选集》，第二辑。

需要加以审定。西方史所称巴克特里亚 (Bactria)，希腊语作 Bactriane，有人以为即 Tukhara(吐火罗)，也即是大夏的对音①。今按大夏都城 Bactria，《续高僧传 · 达摩笈多传》作薄佉罗，《大唐西域记》作缚喝，《慈恩法师传》作缚喝罗，《隋书》作钵和。这个“缚”字属药韵，古音属第五部。上声“杜”(《诗经 · 杕杜》)、“吐”(《蒸民》五章)、“土”(《韩奕》五章)同押；入声“度”(《巧言》四章)、“伯”(《崧高》八章)、“博”(《泮水》七章)、“蘀”(《豳 · 七月》四章)同押。据此我们可以完全断定古音缚、博均又读为吐、杜、度(夺)，如此则缚喝罗完全是吐火罗的对音，应毋庸置疑了。

其次，再说大夏。《周书 · 王会篇》《吕氏春秋 · 古乐》所记大夏，均指春秋时西北戎(今山西北部)地，与此无关。唯《山海经 · 海内东经》所云大夏，即指吐火罗而言，盖大夏为吐火罗的古译名，并非汉义。大 (dat) 字古音属月部，与夺 (duat)、掇 (tuat)、脱 (thuat)、达 (dat) 同部，这是《诗经》所用韵，但《诗经》音韵，自唐以下多不能通，仅以为协音。就此而言，“大”字与土、吐叶韵，而与脱、夺声近，则是可以显见的。(“大”字古韵属月部，与脱、夺、褐、曷同部，亦与达、闼、带、怛为韵，均见《诗经》)“夏”字古韵属龟部，既与虞、娱、语、御同韵，也与乎、胡、祜、狐相叶。《小雅 · 信南山》庐 (1a)、瓜 (koa)、祖 (tza)、祜 (ha) 为韵；《陈风 · 宛丘》鼓 (ka)、下 (hea)、夏 (hea)、羽 (hiua) 为韵。夏字音读如赫 (he)、吓 (he)，与褐、喝、壑、郝、貉为韵。甘青地带今犹读下为吓而不读 xia。如此则大夏一词古读与钵和、缚喝声近，吐火罗则为其前此的音译，实与大夏、缚喝为一地也。

吐蕃的吐字，我起初以为与吐谷浑有关，以后安才旦同志根据《突厥语词典》“Tū Pōt即在突厥境内活动的一个部落”的说法，认为吐蕃一名与突厥所

①参见吕思勉著：《中国民族史》。

称有联系[①]。这个推论，直接触及了吐蕃族的来源，就此我们可以探索一下吐蕃族的先世线索。

吐蕃族在宝髻兴起前，只是在今藏南一小部落国，现在或即据此以为是印度雅利安人分支所建立。实际上吐蕃先世与大月氏和㘓哒最有密切关系。吕思勉先生说：

> 古时西部有大月氏与㘓哒，㘓哒实藏族之首见于史者也。[②]

按大月氏在汉初由原居敦煌、祁连间迁徙到乌孙（今伊犁河流域），后再西迁大夏（即吐火罗），据有其地。公元1世纪时，又西破安息，南侵印度，东扩地至葱岭，建立贵霜王朝，成为佛教中心。在南北朝之初，贵霜王朝势衰，㘓哒兴起，入据大夏旧都，并东西扩地至波斯、盘盘、罽宾、焉耆、龟兹、疏勒、于阗等国，而朱居、渴盘陀、钵和诸国，也都役属㘓哒。㘓哒在中国史书上又作悒怛、挹阗、滑国。悒怛、悒阗，是于阗的别译。到南朝梁武帝时，㘓哒势衰，突厥代兴，㘓哒旧属又皆役属突厥。这是㘓哒与大月氏和突厥的关系。总之，大夏故地，历经他们三族先后建都，民族、宗教、语言之间，便不免多所混同或融合，缚喝、钵和、吐火罗、睹货逻以及突厥（厥属月韵，与发、拔同音）这些名称的语音，便是一证。

㘓哒既是于阗的音转，则其种姓何属，是先要加以考察的。吕思勉先生说：

> 於邑双声，于於同字，然则。㘓哒、悒怛、挹阗，仍系于阗音转。此族盖自后藏越南山而北，首据于阗，人因以于阗称之，其后拓土日广，

①安才旦：《吐蕃一称语源及含义述评》，载《中国藏学》，1988年第4期。
②吕思勉著：《中国民族史》。

徙居大夏故都，人不复考其得氏之由，乃复别译以哌哒、悒怛、挹阗等字。

吕先生这个论断是很精审的。除了上述理由外，还有一个有力的证据是哌哒一妻多夫制，后世藏族尚多有遗留。我还想补充的一点是吐蕃名称的来源，也显然由吐火罗、睹货逻、缚喝、钵和及突厥转写而来。同时自后藏入于阗，或自于阗入后藏，自昔即为通道，吐蕃兴起后，与唐争西域四镇，把疆土扩张到今新疆，并起了与唐共同阻止大食东侵势力，也可以看到吐蕃与于阗关系的重要性。《北史》谓哌哒为大月氏种，月氏本氐羌别种，这与哌哒的形成，自不无关系，而其最重要的一点，则是《南史》称哌哒为滑国，说是车师的别种。今按滑音同华，华古读如敷，《诗·王风·有女同车》："有女同车，颜如舜华。"与琚、都为韵，"车"读如居，"华"读如敷。汉以来车字音尺奢反，华字音呼瓜切，与滑声近。《诗》"唐棣之华"与"王姬之车"为韵，即是其例。古称中国为华夏，我以为华即炎帝族后来的称谓，夏即黄帝族后来的称谓；也即是华即现在藏民自称"斡"的古称，夏即藏民称汉人为"嘉"的古称[①]。斡、华一声之转，"滑"又是华、斡的别译。这只在音值方面，古今有所变化，而实际上仍可看出是同一名称的异写。因此我以为吐火罗、大月氏、哌哒、滑都是形成吐蕃族的主要成分，也就是他们的先民。吐蕃族信仰佛教，也与他们直接有关，佛教自然不是吐蕃王朝松赞干布时代才开始传入的。

最后我所要阐释的是吐蕃与羌族的关系。当吐蕃为雅鲁藏布江流域的一小国时，其西部的女国为羌族，居地比宝髻为大，其东部附国，北部苏毗以及白兰、党项，都属羌种。吐蕃最后征服了吐谷浑，统一了青藏高原，其部种又有了鲜卑族。更加上此后的南凉、西秦的鲜卑，北凉和夏的匈奴，民族成分，益

①见拙著《"华夏"臆说》，载《中国历史地理论丛》，第二辑。

形众多，汉人则更不必说了。据此说来，古代以羌为主体的西戎和三苗以外，7世纪以后在青藏高原上的诸羌，现在除了茂汶羌族自治县一小块地区的土著，被定称为羌外，则都成了藏族。难道这么多的藏族都是从藏博迁来而孳蕃的吗？民族是一个历史的范畴，藏族可以说是宋元间新形成的一个民族共同体，是吐蕃族的流，而吐蕃又是羌族（不排除其王室中含有印欧系成分）的流，其最早的源，只能是原始社会的蒙古利亚人种了。

民族学原来是研究人类和种族的，因此我们最初只有人类学、人种学等概念。而对中国民族的研究，自来就称为人，如夏人、商人、周人、秦人、汉人以至于唐人，是就历史上各王朝所统辖的人民而言，还没有共同的环境、语言、血统等的统一概念，也就是说还没有民族学的概念。中国人所谓的族，是指氏族、宗族、家族，而不论你属于何种氏族，都统称为人。自从有了民族学，我们便把汉人称为汉族，这才有了新的含义。这个概念和含义，只适用于近现代民族，而在此以前的人，只是氏族、部落和部族。现在民族学是研究现代各民族发展规律的社会科学，所谓发展便是要追溯各民族来源和发展过程。按照这个要求，则吐蕃族是属于封建部族时代所形成的一个部族，而藏族才是近现代民族学意义上的民族，所以我以上追溯它的族源，是说明在现代藏族形成以前，在青藏高原这个人类舞台上，曾经有多种人长期生息活动过，并不是说藏族是单纯地源于吐蕃的。

四、现代藏族

藏族这个名称，还是内地人用汉文给它所定的，而他们自己仍称蕃或斡。这个蕃就是由前面所说的藏博而来的，也是雅鲁藏布江的“藏布”的早期译写（雅鲁当是雅隆或亚陇异译）。它是6世纪时在今西藏南部形成的一个部落国，前面已经谈过了。这里要接着谈的是“藏”，藏博是在宝髻出现后才有这个名称的。这个藏的名称，在汉文记载上始于明代，其时把青海一带的藏族称为西番(番即蕃，一般习读为翻)，而把今西藏地区称为乌斯藏，乌斯此后被译为卫，合称卫藏。卫是古代三危的音转。到了清初，康熙平定藏乱，以其地居中国之西，遂定名西藏。这都是汉文命名，西藏人仍自称蕃(博)巴，而四川境内的藏人自称为康巴，青、甘境内的西番则自称为安多哇(巴)，没有一处称藏的，因此也可以说，藏族是官方的定名，也是汉文的称谓，可见藏族是近现代才形成的一个大的民族，并不单指西藏人。西藏只是一个省区单位，还有广大的藏族分居于青、甘、川及其他地区，现代的帝国主义分子，为了想把西藏和藏族人民从祖国分裂出去，便不惜造出“南来说”和西藏自来是一个独立国的谬论，无视自唐代以来西藏地区与人民和中国的关系，特别是自元以来政区建置和中央与地方的关系，甚至还想用“外藏”“内藏”的阴谋，巧立名目，把所有藏族居住的地区，统统分裂出去。这种余毒，到现在还散发着臭气。我们从事藏学研究和关心民族团结的人，研讨这个问题时，必须要以史实为重，以统一总体为重和以民族团结为重，不要好奇立异，不要把藏族从中华民族中区分开来，以免为别有用心者所利用。

吐蕃王朝崩溃后形成的藏族，从成分来说，又有了蒙古、沙陀、霍尔、唱末，以及回鹘等民族成分。同时，在今西藏境内的一些别的古民族或者是部落，在吐蕃王朝建立后，也就不复存在了。在吐蕃统一过程中，青、甘、川地区，除了吐蕃族因驻军等移入的部分外，本地区的大量西羌遗裔连同西海蒙古(一部分)、厄鲁特蒙古以及霍尔和部分汉人都汇入了这个新共同体的行列。到这时藏族便与吐蕃族在共同体意义上已有所不同，也就是说藏族已是一个新的民族共同体，并不再等同吐蕃族了。因为这时期青藏高原上广大的藏族在共同地域、共同语言和共同经济生活的基础上形成了具有共同文化与心理素质的稳定共同体了。从民族发展史上来说,它又已是一个开始向资本主义社会和社会主义社会过渡的现代民族了。

藏族社会最大的演进与变化，是在本世纪 50 年代解放后才开始的，虽然在其中有较大的曲折，而文化经济建设面貌的改变和人民生活普遍地上升，确是前所未有的。通过国内各民族团结、互相帮助、互相促进，是藏族人民早日跻身于先进民族行列的唯一正确的道路。

从以上考察和论述，完全可以看出在族源上汉藏两族人民同为黄炎族的后裔，后来被称为华夏族，这是最古传说中的历史，而为后世所确认。到了周朝初年，姬姜联姻，许多部落的羌人进入中原，并建立了像齐、许、申、吕那样的诸侯国，而与姬姓合为一体。上述的考察也证明羌与所有西戎的成员，最早都生息于现在的青藏高原，毫无疑问地都是从吐蕃到藏族时代新的部族和民族的先民。要是否认这个历史的渊源关系，究竟有什么意义呢？

再从政治上来说，姬、姜两族是在民族间的互相融合，也是政治上的互相联盟，这在早期羌族时代是如此。汉代的东羌，被强迫进入关陇地区，造成汉羌间的纷争。但到了魏晋南北朝时期，羌与氐都在中原建国，而羌又多与氐及吐谷浑联姻。无论是氐所建立的前秦，或是羌所建立的后秦，均都曾受晋封。氐族政权，还有仇池、后凉，同时还有羯族所建立的后赵，羯实际上也是羌的别种。这些氐羌的遗裔后来都融入中原的汉族。隋唐以还，汉羌关系更进一步密切。唐初吐蕃赞普松赞干布与唐联盟、受封，建立甥舅关系，在经济、文化上进一步有了交流。吐蕃王朝崩溃后，在青海地区的唃厮啰政权，同时接受宋王朝封号和大将军、团练使等职官，与宋共同抗拒西夏。西夏又是党项羌所建立的国家，拓跋赤辞唐初被赐姓李，唐末，拓跋思恭助讨黄巢有功，授定难军节度使。到周世宗显德初，封李彝兴为西平王，宋初加太尉，死后追封夏王。可见西夏也和唃厮啰一样，初期同样在政治上建立过联系。到了元朝，通过萨班·贡噶坚赞（公元 1182 ～ 1251 年）和元太宗窝阔台的儿子阔端的谈判，建立了西藏地方与元王朝之间直接的政治联系，西藏便成为阔端的领地。到了蒙哥汗宪宗即位，派他的弟弟忽必烈接管阔端的领地，他请萨班的侄儿八思巴和噶玛噶举派领袖噶玛拔希和他会面，着意在西藏扶植一个宗教领袖来帮助他进行统治。忽必烈即帝位后，即封八思巴为国师，赐玉印。至元元年（公元1264年），在北京中央政府设立总制院，授权八思巴以国师身份兼管总制院，掌管全国佛教和藏族地区地方行政事务。以后改总制院为宣政院，在其所管辖地区设立了三个宣慰使司都元帅府，把西藏和所有包括今甘、青、川所辖的藏族地区，统统归入了宣政院管辖之下，西藏从此便成了中国领土不可分割的一部分。萨班和八思巴这两位藏族杰出的人物在祖国统一的大业中，做出了不朽的贡献。明王朝基本承袭了元朝的制度，根据西藏和藏区特点，因其教不易其俗，不进行改土归流，而以宗教为中心，先后分封过大宝、大乘、大慈三个法王，另还封了几个大国师、国师等，作为法王的辅佐，而由法王代行地方行政职权。并在西藏以外的藏族聚居区，也封了名位较次的赞善王、护教王、辅教王、阐教王，管理各地宗教和地方行政事务，同时还给一些僧侣任以一些官职，作为土官，与流官并重。明代这种因其教不易其俗的制度，通过朝贡与赏赐及茶马互市以加强中央与地方和汉藏民族之间的文化和经济交流，并加强政治上的联系与管辖。这种利用宗教势力随顺其俗的统治方式，现在一般都不免认为落后，但在当时当地特定的历史条件下，这个不强行改归一致的办法，却收到了人民倾心内附和地方安堵如故的效果，足见其仍有一定的历史意义。

清王朝是满族所建立，他们最先与蒙古建立了关系。满族是信仰佛教的，他们利用黄教以安定蒙古，在政治上收到了很大的效果。随后又从政治上建立了在藏区设立代表中央的驻藏办事大臣制度，办事大臣代表中央与达赖、班禅共同管理西藏地方宗教与行政事务，而直属于中央理藩院。直到民国时的国民政府，对达赖、班禅的册封，一直由中央政府主持。而西藏地方噶厦政府的噶伦，为清代的四品官（早期为三品）。解放前，我曾看见班禅堪布会议厅的四大堪布，在接迎长官和宾客时，还穿着清代的四品官服，而西藏的少数分裂主义分子却称噶伦为部长。部长在清代时为从一品，哪里有四品的部长呢？

解放后，中共中央在民族聚居区实行民族区域自治制度，嗣后不久，在西藏建立了自治区人民政府，开始走上了现代社会主义民主制的道路。而且西藏的两位宗教领袖，分别在中央人民政府机构担任了国家领导职务，中央统一的政权，更进一步地加强和完善了。

现在全国藏族人口已达 387 万多人 (1984 年统计数)，居地之广，几与新疆维吾尔自治区相埒。而藏区聚居地之密切相连，尤为国内其他民族自治区所未有。因此开发与建设藏区，与我国的社会主义建设和巩固国防，有极其重要的关系。

解放后，国家先后在北京、兰州、拉萨、西宁、成都、昆明、南宁、贵阳等城市设立了民族学院，其中不少学院重点研究藏区历史、地理、民族、语言、宗教和经济等问题，并为现代化建设培养科学技术人才。不仅藏区的农奴制度已被彻底铲除，并且在民族平等团结、宗教信仰自由、发扬传统文化的基础上，积极发展现代科学技术，推进四个现代化建设，成为中国各族人民共同的时代使命，而民族研究方面的加强内聚与向心力，则更是胜利完成这个使命的迫切重要的任务。

吐蕃一名的由来

吐蕃一名出自两《唐书》，其名义近百年来中外学者多有论证，其中以西方学者把“吐”字认为是藏语སྟོད(上部)字的译音一说颇为人所信从。我不同意此说，曾试作考察与推论①，但亦迄未能得其实。近作《藏族源流与汉藏关系》一文，对此继作探索，以为吐蕃一名实沿自吐火罗，系从古读，《唐书》改译，沿缘有自，只是后人未加细察罢了。我那篇文章虽考察出了它的源流，但由于那是一篇带有议论性的文章，引证不宜繁多，因再作此篇，不嫌烦琐，详为征引，俾供方家讨论。

一、吐蕃王朝的兴起

吐蕃王朝，据《隋书》记载，始于公元六七世纪之间，但后世藏族僧侣从宗教观点出发，把相传是吐蕃王朝第一代祖先聂赤赞普的身世，上推到释迦牟尼时代的一位印度王子。这当然是宗教家的一种神话传说，自不能据为信史。我们据有关汉文(那时尚未创立藏文)记载，公元7世纪初，在今西藏南部雅

①见拙著《吐蕃名义试释》，载《青海藏学会论文选辑》(二)。

鲁藏布江流域，兴起一个名叫宝髻的小国。它的西边是女国（东女），东边是附国，东北面是苏毗，它只占有今拉萨和日喀则所在的地区。这个宝髻的汉译名，现代译为“博吉宇”或“博域”，也就是《唐书》的“勃悉野”或“勃窣野”，现译则为“卜日加”（此据吴均、王青山先生说）。宝髻在汉文上只作为国名来看待的，而作为地名，则当时在宝髻国境内，尚有匹播城、穹波、达波、香波和藏博等汉译名，宝、播、波、博，是同音异译，与唐人改译“蕃”字相同，而藏博则是后世雅鲁藏布江“藏布”的初译，雅鲁则又是“雅隆”或“亚垅”王朝的异译。“藏”这个地名，在这时才在记载上出现，是后来西藏、藏民称谓的由来。宝髻兴起后，南日松赞灭苏毗，统一了今西藏中南部和东部地区。接着松赞干布继承王统，便西并女国，东灭附国，统一了西藏高原。随后又进攻今青海境内的党项、白兰和吐谷浑，势力扩展到今甘肃以及四川部分地区。他虽与唐王朝联姻，建立了甥舅关系，并接受唐王朝驸马都尉官职和西海郡王封爵，但自贞观末至永隆元年（公元 680 年）吐蕃攻陷唐西域四镇，不仅统一了青藏高原，而且扩地南邻天竺，北抵突厥，国力达到了极盛。《资治通鉴》记载说：

> 吐蕃尽据羊同、党项及诸羌之地，东接凉、松、茂、嶲等州，南临天竺，西陷龟兹、疏勒等四镇，北抵突厥，地方万余里。诸胡之盛，莫与为比。①

从上述记载，可以看出吐蕃王朝从宝髻开始以一个山南小部落国统一青藏高原，并把疆土和兵锋扩展到今甘、川和新疆部分地区，而在民族方面，又包融了诸羌、汉、鲜卑、突厥等各种成分，形成吐蕃族。从此吐蕃既成为国和王朝的名称，又成为一个历史上民族名称。到了近现代，这个吐蕃族名称，为西

①《资治通鉴》卷二〇二《唐纪》十八。

方帝国主义分子所利用，借亚陇王朝之名制造了一个“南来”说，这个谬说，虽为以后考古发现所推翻，但其流毒，至今犹散发着臭气。我现在更由推考吐蕃国名和族名的由来，将这种谬说加以荡涤与廓清。

二、吐蕃名称溯源

关于吐蕃这一名称的由来和含义，我虽然作过一些考释，但问题还远未能获得解决，只是对蕃字的音义，作了音义双关的探索，以为蕃字既是今藏文བོད的音译，又可读为藩，义从双关，这恐怕也近于事实。现在我想从音韵学角度，来进一步加以阐释。两《唐书》都以蕃字音源于发羌，这本来是无可疑的，但现代人好新，又喜欢从分的方面来考察民族的历史，便产生了发羌自发羌、蕃自蕃的看法。我认为这是一种偏见和谬误，必须加以辨析。清代著名文字学家钱大昕说：

> 古读发如拨。《诗》：“鳣鲔发发。”《释文》：“补末反。”此古音也。“一之日觱发”，《说文》作“毕冹”。此双声，亦当为补末切。[①]

他又说：

> 古读藩如播。《周礼·大司乐》：“播之以八音。”注：“故书播为藩”。杜子春云：“蕃当为播，读后稷播百谷之播。”《尚书大传》：“播国率相行亨。”郑注：“播，读为藩。”[②]

①〔清〕钱大昕撰：《十驾斋养新录》卷五古无轻唇音条。

②与注①同。

这一条例证，可以补证我以蕃为藩的论点。发又读軷，钱氏又举有一例：

古读罚如軷。《周礼》："大驭犯軷。"注："故书軷作罚。"杜子春云："罚当作軷。"軷读为别异之别。[①]

这是他又以同音或音近字为例。"发""蕃""藩"古音皆读播，《蒙古源流考》也谓其先为土伯特国，这当是从阿拉伯或突厥语拼写的名称。土伯即吐蕃，特乃尾音，再证以现在西藏人自称为博，安多地区藏族自称为斡（wò），博、斡一声之转，只轻唇与重唇之别。"蕃"字读播，音同于今之博，则铁证如山，不可移易了。

最难解释的则是"吐"字的来历。当代有人说这是汉文"大"字音转，又有人说这是藏文上部一词的音译，更有人猜测这是藏文高大繁茂的音译[②]，和我初以为与吐谷浑有关的推想一样，都不得其实。

据我最近进一步考察，认为蕃称吐蕃，乃与吐火罗和大夏有关，这可以说是个新的发现。按吐火罗（Tukhara）为中亚古国，《隋书》《北史》和两《唐书》都有记载。《大唐西域记》作睹货逻，西方史称巴克特里亚或大夏，其地在今阿富汗北部阿姆河上游。自公元前 2 世纪起，先后臣服于大月氏、哌哒、突厥。《隋书·西域传》记载说：

吐火罗国，都葱岭西五百里，与挹怛杂居。

---

①〔清〕钱大昕撰：《十驾斋养新录》卷五古无轻唇音条。

②芈一之：《论藏族的来源和形成》，载《青海地方民族史研究文选》，第一辑。

《新唐书·西域传》说：

吐火罗，或曰吐豁罗，曰睹货逻。元魏谓吐呼罗者。居葱岭西，乌浒河之南，古大夏地，与挹怛杂处。

又：

挹怛国，汉大月氏之种。大月氏为乌孙所夺，西过大宛，击大夏臣之，治蓝氏城。大夏，即吐火罗也。

这里特别引人注意的是同一个地名而汉文的写法先后有异，那它的音读究以何为准，需要加以审定。西方史所称巴克特里亚(Bactria)，希腊语作Bactriane，有人以为即Tukhara(吐火罗)，也即是大夏的对音[1]。今按大夏都域Bactria，《续高僧传·达摩笈多传》作薄佉罗，《隋书·西域传》作钵和，《大唐西域记》作缚喝，《慈恩法师传》作缚喝罗。这些汉文记载，都是译音而用字不一，发其中缚、薄唐以后属药韵，钵属曷韵，而古音第五部平声鱼、虞、模与入声药、铎同部。兹以《诗经》为例，略举如下：

薄：载驱薄薄，簟茀朱鞹。鲁道有荡，齐子发夕。(《齐风·载驱》)

“缚”字《诗经》无例句，但古音亦属五部，与铎合韵，声通妬、度。“薄”字古音属五部，铎韵，声通讬、萚。至于土、吐，古音同属五部，与睹、杜、

①吕思勉著：《中国民族史》。

妬、徒同韵。然则所谓缚喝、钵和，其古读即通土、吐，只是用字不同，在反切未发明前，古音第五部中土、图、度、乎与夏、下、夕、昔谐声，所以《说文》只说某声，而同一声又分散于各部，其间类多变转。其例可举几则如下：

王遣申伯，路车乘马。我图尔居，莫如南土。(《大雅·崧高》)

坎其击鼓，宛丘之下。无冬无夏，值其鹭羽。(《陈风·宛丘》)

王事靡监，忧我父母。溥天之下，莫非王土。(《小雅·北山》)

迨天之未阴雨，彻彼桑土，绸缪牖户。(《豳风·鸱鸮》)

或马、土为韵，或母、土为韵，或雨、土为韵，或鼓、下为韵，均是同部叶声字的转读。

依据上例，则缚喝、吐豁、睹货以及薄佉，都是一声之转，也就是吐蕃一名音读的由来。

其次，再说大夏。《周书·王会篇》《吕氏春秋·古乐》所记大夏，均指春秋时西北戎(今山西北部)地，与此无关。唯《山海经·海内东经》所云大夏，即指此后的吐火罗而言。大夏当为吐火罗的古汉语译名，并无汉义。大(dat)字古音属月部，与夺(duat)、掇(tuat)、脱(thuat)同韵，吐、夺、脱皆一声之转，所谓“一声可叶万字，万字而必同部，同声必同部”(段玉裁《古叶声说》)，意即指此。《诗经》音韵，自唐以下多不能通，仅以为协音。就此而言，此大夏的“大”字与土、吐叶韵，而与脱、夺声近，则是可以显见的。

“夏”字古韵属鱼部，既与瑕、厦、暇、下同韵，又与科、胡、祜、狐相叶。例如：

八月在宇，九月在户，十月蟋蟀入我床下。(《邠风·七月》)

古公亶父，来朝走马。率西水浒，至于岐下。(《大雅·绵》)

又，《陈风·宛丘》下、夏、羽为韵，引已见前。今按夏、下拟音 hea，读如赫、吓 (hè), 与褐、曷、豁声近，又与虎、浒、乎叶韵。今甘、青地区犹读下为 (hè 而不读 xia，尚存古音。然则“夏”字在此处音读与火、豁、乎通，而大夏一名自与缚喝、钵和、吐豁同声而异译，容无异议。大夏为吐火罗故都所在，汉文初译为吐火罗，至隋、唐时遂又译为吐呼罗、吐豁罗、睹货逻以及缚喝、钵和，实即一名的多译。也正由于这个原因，我们对吐蕃一名的由来，同样找不到出处，现在既然找出这个线索，则吐蕃一名由来，也就迎刃而解了。

吐蕃一名的“吐”字的出处，既源于吐火罗，那它又怎样与“蕃”产生了联系，这又必须从哌哒、突厥说起。我原先对这个“吐”的推测，以为与吐谷浑有关，安才旦同志当时看了我的这篇文章后，根据《突厥语词典》所说“TüPöt即是在突厥境内活动的一个部落”的说法，认为吐蕃一名与突厥所称有联系[①]。这个推论，直接触及了吐蕃族的来源，就此我们可以重新探索一下吐蕃族先世线索。

吐蕃族在宝髻兴起前，只是在今藏南的一小部落国，现在的人或即据此以为印度古代亚利安人分支所建立。实际上吐蕃先世与大月氏和哌哒、突厥有最密切的关系。吕思勉先生早就说：

古时西部有大月氏与哌哒，哌哒实藏族之首见于史者也。[②]

①安才旦：《吐蕃一称语源及含义述评》，《中国藏学》，1988 年第 4 期。
②吕思勉著：《中国民族史》。

按大月氏在汉初由原居敦煌、祁连间迁徙到乌孙（今新疆伊犁河流域），后又再迁大夏（即吐火罗所在地），据有其地。公元 1 世纪时，又西破安息，南侵印度，东又扩地至葱岭，建立贵霜王朝，成为当时佛教中心。在南北朝之初，贵霜王朝势衰，哌哒兴起，入据大夏旧都，并东西扩地至波斯、盘盘、罽宾、焉耆、龟兹、疏勒、于阗等国，而朱居、渴盘陀、钵和诸国，也都役属于哌哒。哌哒在中国史书上，又被译称悒怛、悒阗、滑国。悒怛、悒阗，是于阗的别译。南朝梁武帝时，哌哒势衰，突厥代兴，哌哒旧属，又皆役属于突厥。这是哌哒与大月氏和突厥的历史渊源关系。总之，大夏故地，历经他们三族先后建都，其民族、宗教和语言之间，便不免多所混同与融合，所谓缚喝、钵和、吐火罗、睹货逻及突厥这些名称的语音，便是一证。

哌哒既是于阗的音转，则其种姓何属，是先要加以考察的。吕思勉先生说：

> 於邑双声，于於同字，然则哌哒、悒恒、悒阗，仍系于阗音转。此族盖自后藏越南山而北，首据于阗，人因以于阗称之。其后拓土日广，徙居大夏故都，人不复考其得氏之由。乃复别译以哌哒、悒怛、挹阗等字。[①]

吕先生这个论断是很精审的。在这里我还要补证一下的，就是古音怛、达属月部，与拔、钹同韵；於、于属鱼部，与土、吐同韵。这样一考察，岂不是完全可以证明哌哒、悒怛、挹阗、于阗以及吐蕃不都是一个名称的同音异译吗？语言文字的异译，古今都无二致，我们不是译外语时，把广东译为坎堂，香港为航康，北京为披铿；译克鲁泡特金为克鲁巴金；而外国人把孔夫子译为康菲雪斯吗？这都是由古今语言和方言的差异所致，是不足为奇的（广东话译秀兰

①吕思勉著：《中国民族史》。

邓波尔为萨利·坦宝，译莉苔·海华丝为列达·希贺夫）。

吕先生还提出另一理由是𠻳哒的一妻多夫制，这直到现在的藏区中还有遗留。我还要补充说明的一点是吐蕃同时还由突厥一语转写而来。吐与突是同音异写，厥字古音属月部，与怛、拔、钹同韵。魏晋以后，拨、钹、波、钵与拔、跋通归末韵，唯厥与蕨仍属月韵。《诗经》入韵字只有蕨、阙，《召南·草虫》：蕨字与惙为韵；《郑风·子衿》：阙字与达、月为韵；《唐风·蟋蟀》：蹶与外为韵，均与拔、钵不叶。唯《礼记·曲礼》上："衣毋拨，足毋蹶"，蹶与拨为韵。蹶亦属月韵，与拔同部。又，蹶与瘸同声，《集韵》瘸与跛同属戈韵，跛亦音阙，与播、皤、波同部，用知《曲礼》蹶字亦当读跛。盖下文有"立如跛"句，故在此作蹶，而音读均应读如拨也。我说吐蕃即突厥的对音，看来亦当无疑义，但为什么吐蕃竟也沿用这个名称，还必须和吐蕃在当时的活动去加以说明。当时自后藏地区入于阗，或自于阗入后藏，早就存在一条通道。吐蕃兴起时，突厥已归衰微，因此它与唐在西域争四镇，把疆土扩张到今新疆，而于阗为其中心所在。吐蕃不仅在那里建立了军事、政治基地，并曾与唐一度阻止大食的东侵，在这里不难看出它与于阗关系的重要性。《北史》谓𠻳哒为大月氏种，月氏本氐羌别种，这与𠻳哒的形成，自亦不无关系，而其最重要的一点，则是《南史》𠻳哒为滑国，说是车师的别种。今按滑音同华，华古读如敷，《诗·郑风·有女同车》：

有女同车，颜如舜华。将翱将翔，佩玉琼琚。彼美孟姜，洵美且都。

与琚、都为韵，车读如居，华读为敷。汉以后车字音尺奢反，华字音呼瓜切，华便与滑声近。《诗》"唐棣之华"与"王姬之车"为韵，即是其例。古称中国为华夏，我曾以为华即炎帝族后来的称谓，夏即黄帝族后来的称谓，华夏合称，即炎黄子孙。现在的藏民称汉民为嘉，而自称为蕃或斡，夏嘉、华斡并一声之转，蕃、斡则重轻音之异。后世藏人称己为斡，称汉为嘉，即华夏的今称①，而“滑”又是华、斡的别译。这只在音值方面，随时代而有所变化，但实际上仍不难看出是同一名称的古今异写。因此，我以为吐火罗、大月氏、哌哒、突厥和滑都是形成吐蕃族的主要成分，也就是他们的先民。吐蕃族与吐蕃王朝均信仰佛教，也与这些先民有关（西域在伊斯兰教传入前多信佛教）。

三、羌与吐蕃及藏族的关系

最后，我还要对吐蕃与羌族的关系，必须加以阐释。羌方在古史上出现于殷、周时的记载，为西戎的一大支系。相传舜时就曾窜三苗于三危，以变西戎，等到西戎即叙时，三苗已被西戎所融合。而三危所在地，即包括今青藏高原整个地域（即今西藏、川西南及甘、青藏区）②。在西戎中自以羌为大宗③，当吐蕃尚为雅鲁藏布江流域的一小国宝髻时，其西部的女国为羌族，居地比宝髻为大。其东部附国，北部苏毗以及白兰、党项，都属羌种。宝髻在兼并这些部落国后，才建立了吐蕃王朝。以后又征服了吐谷浑，统一了青藏高原，其部种又有了鲜卑族。更加上此后的南凉、西秦等的鲜卑，北凉和夏的匈奴，民族成分，益形众多，汉人则更不必说了。据此说来，古代以羌为主体的西戎和三苗以外，7 世纪以后在青藏高原上的诸羌，现在除了茂汶羌族自治县一小块地区的土著被定称为羌外，则都已成了藏族，难道这么多的藏族都从藏博迁来而孳蕃的吗？民族是一个历史的范畴，藏族可以说就是宋、元间形成的一个民族共同体，是吐蕃族的流，而吐蕃又是羌族（不排除其王室中含有印欧系人种成分）的流，

---

①见拙著《“华夏”臆说》，《中国历史地理论丛》，第二辑。

②见拙著《<禹贡>织皮昆仑析支渠搜及三危地理考实》，《历史地理论丛》，1998 年第一辑。

③见拙著《藏族源流与汉藏关系》，《青海民院学报》，1989 年 3 期。

其最早的源，只能是原始社会的蒙古利亚人种了。

民族学原是研究人类和种族的专业，因此我们最初只有人类学、人种学等概念。而对中国民族的研究，自来就称为人，如夏人、商人、周人、秦人、汉人以至于唐人，是就历史上各王朝所统辖的全体人民而言，是一个总的名称，还没有共同的环境、语言、宗教、血统等因素的统一概念，也就是说还没有民族学的概念。中国人原来所谓的族，是指氏族、宗族、家族而言，而不论你属于何种氏族，都统称为人。自从有了民族学，我们便把汉人称为汉族，这才有了新的含义。这个概念和含义，只适用于近现代民族，而在此以前的人，只是氏族、部落和部族，不能混为一谈。现代民族学是研究现代世界各民族形成与发展规律的社会科学，所谓发展便是要追溯各民族来源和发展过程。按照这个要求，则吐蕃族是属于封建部族时代所形成的一个部族，而藏族才是近现代民族学意义上的民族。所以我以上追溯它的族源，是说明在现代藏族形成以前，在青藏高原这个人类舞台上，曾经有多种人长期生息活动过，并不是说藏族是单纯的源于吐蕃族的。

至于藏族这个名称，还是内地人用汉文给它所定的，而他们自己仍称蕃或斡。这个蕃就是由前面所说的藏博而来的，也是雅鲁藏布江“藏布”的早期译名。它是6世纪时在今西藏南部形成的一个部落国，前面已经谈过了。这里要接着谈的是“藏”字，藏博是在宝髻出现后才有了这个名称的。这个“藏”的名称，在汉文记载上始于明代。其时把青海一带的藏族称为西番（番即蕃，一般习读为翻），而把今西藏地区称为乌斯藏，乌斯以后被译为卫，合称卫藏，卫是古代三危“危”字的音转。到了清初，康熙平定藏乱，以其地居中国西部，遂定名为西藏。这都是汉文命名，西藏人仍称为卫藏，而自称为蕃（博）巴，四川境内的藏人自称为康巴，甘、青境内的西番则自称为安多哇（巴），没有一处称藏的，因此也可以说“藏族”是官方的定名，也是汉文的称谓。可见藏族是近现代才形成的一个大的民族，并不单指西藏人。西藏只是一个省区单位，此外还有广大的藏族分居于青、甘、川及其他地区。现代帝国主义分子，为了想把西藏和藏族人民从祖国分裂出去，便不惜造出“南来说”和什么西藏自来是一个独立国的谬论，无视自唐以来西藏地区与人民和中国的关系，特别是自元以来政区建置和中央与地方的关系，甚至还想用“外藏”“内藏”的阴谋，巧立名目，把所有藏族居住的地区，统统分裂出去。我们从事藏学研究和关心民族团结的人，在研讨这个问题时，必须要以史实为重，以统一国家的总体为重和以民族团结为重，不要好奇立异，不要把藏族从中华民族中区分开来，以免为别有用心者所利用。

吐蕃王朝崩溃后形成的藏族，从成分来说，又有了蒙古、沙陀、霍尔、嗢末以及回鹘等民族成分。同时在今西藏境内一些别的民族或者部落，在吐蕃王朝建立后，也就不复单独存在了。在吐蕃统一过程中，青、甘、川地区，除了吐蕃族因驻军等关系移入的部分外，本地区大量西羌遗裔连同西海蒙古（一部分）、厄鲁特蒙古和部分汉人都先后汇入了这个新共同体的行列。到这时藏族便与吐蕃族在共同体意义上已有所不同，也就是说藏族已是一个新的民族共同体，并不再等同于吐蕃族了。因为这时期青藏高原上广大的藏族，在共同地域、共同语言和共同经济生活的基础上形成了具有共同文化与心理素质的稳定共同体了。从民族发展史上来说，它又已是一个开始向资本主义和社会主义社会过渡的现代民族了。

整理者按：本文虽与《藏族源流与汉藏关系》一文的部分章节略有重复，但考虑到本文是前文的补充与拓展，故一并录之。

中国历史上唐与吐蕃的关系

一、唐蕃关系的渊源及其历史基础

吐蕃在中国历史上出现的年代，是在公元7世纪初年。那个时期，正是松赞干布（《唐书》上称弃宗弄赞，盖译名之异）在位的年代。吐蕃在此以前，原是一个地方政权，与中国内地并无往来，因而也不见于汉文记载。只是有个东女国在隋时与隋王朝通贡使①，唐高祖武德中也向唐入贡②，这个东女国，或即以为唐旄。在隋末唐初时，吐蕃先后统一了在那个地区的唐旄、羊同、苏毗、附国等由羌族或其他族组成的部落，逐步把现在青藏高原上分散居住着的一百几十个原始羌族部落和西域一些非羌族部落等合并在一起，这就是吐蕃。松赞干布在位的年代，正好与唐王朝第二个皇帝太宗李世民同时。唐太宗贞观八年（公元634年）松赞干布遣使来唐聘问，唐派使臣冯德遐前往逻娑（今拉萨）通好。这是中国史上建立在中原地区的统一王朝与吐蕃建立往来关系的开始。

---

①《隋书·女国传》："开皇六年，遣使朝贡。"

②《新唐书·东女国传》："武德中，女王汤滂氏始遣使贡方物，高祖厚资而遣之。"

看来当时双方之间都不够怎样了解，因此都在各自的史册上记载着“来朝”或“来贡”的字样。

通过冯德遐的回聘，松赞干布以突厥、吐谷浑并得尚唐公主，因而也向唐请婚。随着唐文成公主出嫁吐蕃赞普松赞干布，遂揭开了唐与吐蕃之间往来与争夺的序幕。中国立国虽然比吐蕃还要早2000多年，但与吐蕃建立正式往来关系，却是在这个时期开始的。尽管如此，吐蕃先世与中华民族的渊源和与商、周、秦、汉等王朝的间接关系，仍是一直不可分的；同时自唐初开始，正式成为组成这个统一的多民族国家的主要成员之一，更是有其深厚的民族、历史和地理各方面因素做基础的。若要说它是中途以新的成分加入中华民族的行列是不够全面的；至于民族渊源方面的西来说，则更是别有用心的不根之谈。

从民族渊源来说，根据近年考古发掘资料，今天西藏地区新石器时代人类遗骸，属于蒙古人种。而1983年在横断山区首次发现第四纪脊椎动物化石和古文化遗物①，更说明在新石器时代以前就有原始人在这一地区活动。至于中国西部古老的民族羌族在这一地区的活动，则具见于甲骨、金文和古籍的记载。同时羌族中发羌、唐旄等部，在秦汉间就已由河源进入今藏北地区；汉武帝时，又传说有羌族的六牦牛部进入今西藏地区。在隋以前，活动于本地区的部落国有附国、吐谷浑；隋时则有女国、宝髻、苏毗、羊同、党项等部落，这些都是组成当时吐蕃的主要成员，其中最众多的氏族，还是以秦汉以来的羌族为主的。吐蕃的民族成分，可以说是融合了羌族多种部落和其他西部古老民族而出现于史册的，而南来、西来两说，一出于印度佛教传入后的宗教性附会；一出于近代西方帝国主义侵略势力东来后政治性煽惑，并无史实根据可言。

①参见中国科学院青藏高原综合科学考察队古脊椎动物专业组的文章，载《人民日报》，1983年9月8日。

吐蕃族的形成，以中国西部古羌族为主体，这从今藏族的地区分布和语言渊源上也不难窥见一斑。说起羌族，它的先民在传说中是炎帝族。炎帝族很早就进入中原地区与黄帝族形成后世汉族的最早祖先。所以现代中国汉人的老祖先，最先是通过黄炎联盟的形式，后来又经过姬、姜联姻等方式，才成为从汉以来被称为汉族的主体。汉以后虽然又有分有合，甚至成为在一定的历史范畴内素质各异的共同体，但从族源来讲，这是无可否认的历史事实。除了黄炎联盟时期未进入中原或后来秦穆公、秦献公等在与西戎争霸时，又被驱入中国西部地区的羌戎，由于交通的阻隔和文化上的趋于落后，便仍然处于聚落游牧的社会阶段。等到吐蕃统一青藏高原地区，自秦汉魏晋以来一直分散不相统属的羌族各部落，而建成以羌族为主体的第一个统一王国时，它的奴隶社会性质和以游牧业为主的经济形态，仍未得到改变。但这种长期由地理环境和生产方式等所形成的社会状态,一旦在政治上得到了统一而有了一个强大的国家组织后,便在形势的促使下,原来那种落后的社会、经济面貌,必然急遽地要加以改变了。

吐蕃社会要有突破和发展，首先是要和它周围的国家与地区相沟通。在这方面，它若向南方的泥婆罗、天竺地区发展，则显然要受气候、风土、民情等方面的限制，因为一旦从高寒地带进入湿热的高温地带，在短期内是难以适应的。他们只能是在文化、经济上有所往来。趁其新兴之势，顶风冒雪，盘马弯弓，以剽急强悍的骑兵部队进入地势与气候相适应的地带，并进而掠取生产与生活资料，这就是吐蕃当时东北进以并吞党项、吐谷浑，东进松州以掠取唐所羁縻的诸羌州，北进于阗以与唐争中西交通要道上的四镇的根本原因，也是吐蕃当时历史发展的形势。与这种形势相适应，吐蕃的东进、北进还有一个历史的因素，便是在今天的天山南路和青海、甘肃、四川的西南地区，都是当时羌族、氐族及吐谷浑、鲜卑（秃发、乞伏、乙弗……）等非汉族而与吐蕃族在生产生活上相接近的诸族活动的地区，和它在很多方面具有一致性，这就更促成了吐蕃向这些地区进军和发展的必然策略和趋势。因此吐蕃在合并唐旄、苏毗后，便为向东北进攻吐谷浑铺平了道路；在征服羊同后，便为向北进攻于阗创造了条件。这样便在今青海、四川境内和在当时西域四镇（龟兹、于阗、焉耆、疏勒）地区与立国中原的唐王朝相冲突了。不仅是如此，它同时还与葱岭以西的波斯、大食和在它东南方的南诏也都相互形成了威胁的局面。在这多方面错综复杂的冲突与交涉的关系中，比较起来，唐与吐蕃之间的关系，既有联合，又有争夺，而以和平往来与文化交流为历史发展中的主要趋势，也就是汉藏两民族在黄炎、姬姜、汉羌等各个历史时期所凝结成的民族历史关系基础上的进一步发展，也可以说是多民族统一国家在建立过程中的新成果。

但是也必须指出，我这样看这个问题，却并不是在当时中国历史发展的趋势与作用中，把唐与吐蕃等量齐观，无所区别的。从当时历史发展的总的或主要的趋势看，无疑地唐王朝在松赞干布的时代，不仅是与吐蕃比同样地正处于它的兴盛期；而且在当时的东方和世界历史上看，唐王朝无论在政治、经济、军事和文化等各方面都居于当时世界各国的前列。当时中国文化的影响，不仅深入到高丽、日本及天竺（今印度）、狮子（今斯里兰卡），而且还远及大食（今阿拉伯）、拂林（今东地中海一带）。同时唐代继汉之后所开辟的东西方陆路交通大道（今或称丝绸之路），更促进了东西方文化的交流。唐代版图的广阔，也是中国史上所仅有的。从声威方面来说，当时西域诸国都尊唐太宗李世民为天可汗，称东西交通大道为朝天可汗道；而当时的唐首都长安，又是华夏文化与西域文明荟萃的中心。在这样的历史条件下，吐蕃王朝最初与唐王朝建立往来关系时，还只能居于藩属地位，这完全是由当时的历史条件所决定的。吐蕃王朝崩溃后，终于在元初正式成为组成祖国统一大家庭的重要成员之一，可说就是基于这种历史因素和因缘的，否则的话，不可能由于萨班·贡噶坚赞和他的侄子八思巴两人的努力，而使西藏地方的人民如水就下地归顺大元王朝的。

西藏当时的顺时趋势，主要是与中国历史发展的基本条件相适应的。与此相反，元代虽然曾地跨欧亚两洲，而且蒙古骑兵的铁蹄，踏遍了中亚及东欧大地，但并没有促成斡罗思等国家和地区的归顺，即是显例。这是什么原因呢？一言以蔽之：民族文化的因素不一致，而历史关系又无基础，只想用武力进行扩张是不行的。

唐与吐蕃之间关系的建立，是在同种同文的基础上，但在这种关系继续发展的过程中，仍然是有一定曲折的，这也完全符合历史发展的一般规律。在唐太宗贞观以后，随着吐蕃势力的进一步壮大，唐便在陇右和西域方面受到了威胁，这样唐王朝便与吐蕃处于对峙或联盟的局势。联盟是为了加强内部经济、文化的往来和共同对付大食势力东来的威胁,而对峙则是双方势力消长的表现。等到安史之乱起，唐在河陇的边防军相继东调守御潼关，吐蕃势力的发展，便逐步趋于优势。但双方之间仍以和好往来的联盟为基本关系。如公元 730 年，唐玄宗李隆基遣使到吐蕃讲和，吐蕃赞普弃隶蹜赞上表说：

> 外甥是先皇帝舅宿亲，又蒙降金城公主，遂和同为一家。[1]

又如公元 823 年的长安《唐蕃会盟碑》文中说：

> 商议叶同，务会万姓安泰，所思如一，成久远大善，再续旧亲之情，重申邻好之义，为此大和矣。
>
> ……使其两界烟尘不扬，罔闻寇盗之名，复无惊恐之患。封人撤备，

---

①《新唐书·吐蕃传》。

乡土俱安，如斯乐业之恩，垂诸万代，赞美之声，遍于日月所照矣！①

这种在封建社会具体历史条件下，两个不同民族的政权之间所建立的和好往来关系，对唐蕃双方都是有利的，特别是对广大人民的安居乐业是有利的，真的是“天下百姓，普皆安乐”②。吐蕃由于与唐之间先后持续了约200来年的往来，吐蕃的文化、经济等方面均有了较大幅度的发展，逐步扫除了氏族社会残余。但最终由于吐蕃社会奴隶制残余的作祟，贵族阶级的兼并土地和增收租税，宗教徒之间的互相残杀，更加上连年用兵，促使贵族内部各个集团分崩离析，当唐王朝趋于衰亡时，吐蕃也早一蹶不振了。宋代人修唐史时，对唐与吐蕃在历史上的关系，曾有这样的评论：

唐兴，四夷有弗率者，皆利兵移之，蹶其牙，犁其庭而后已。惟吐蕃、回鹘号强雄，为中国患最久。赞普遂尽盗河湟，薄王畿为东境，犯京师，掠近辅，残馘华人，谋夫虓帅，环视共计，卒不得要领。晚节二姓自亡，而唐亦衰焉。③

吐蕃和唐王朝的争夺，虽使它们同归于衰亡，但这主要是指统治者而言，而吐蕃地方的广大人民，通过200多年来和中原地区人民的往来与唐王朝政权的联系,遂使双方在统一的多民族国家的进一步形成和发展过程中的相互依存关系，从此便密不可分了。这种历史关系，从吐蕃来说，是祖国边疆少数民族政权在发展中向内地的扩张和掠夺，这在把中国西部地区分散存在的以羌族为主的众多部落统一起来，从部落群体向单一的民族政权形式过渡，是历史发展的必然，

①见《唐蕃会盟碑》(下)，此据王辅仁、索文清编著：《藏族史要》附录。
②《旧唐书·吐蕃传》。
③《新唐书·吐蕃传》。

也是有积极意义的。从唐王朝来说，它与吐蕃的争夺，却并不是像近代有些帝国主义分子所说的那样具有扩张征服的历史因素，而是为了保障那时内地高度发达的生产力免受破坏，并力争在历史上具有重大意义的东西方交通路线的畅通无阻。特别是和亲这一政策的制定与实施，贯彻了唐王朝和平往来的意图。这同样在统一的多民族国家的进一步发展中，做出了与历史发展潮流相适应的贡献。这无疑是当时历史发展中的一支主流。曲解了这两点，便完全抹杀了当时历史发展的真相。

二、唐王朝的民族政策及其与吐蕃的关系

中国自周、秦以来，开始形成东方的一个古文明大国。这个所谓大，便是指地大、人众而言。古代的人类，由于地理环境的影响和交通条件等的限制，自始就存在着习性各异的多数族系。在长期的历史发展过程中，这些不同族系的东西南北之人，由于互相接触，互相混合，便逐渐趋向于统一。这就是中国自来就是一个多民族组成的国家的历史因素。在中国这个国家走向统一的过程中，民族间的同化与融合和文化上的递嬗与演变，都在不断地相互产生着影响。前面已经提到黄、炎的联盟和姬、姜的联姻，先后孕育了仰韶（彩陶）文化、龙山（黑陶）文化所汇合而成的华夏文化。在这种统一文化的基础上，才促成了秦汉大一统帝国的出现。这种大一统局面的形成，并不是出于哪一个民族单独的创造，而是在长期的历史发展过程中各民族间的融合与同化的结果。其后又经过魏晋南北朝时期再一次民族与文化的汇流，便出现了隋唐大一统的新局面。隋唐大一统帝国的出现，正由于是植基于中国境内民族的大迁徙、大融合之后，因而他们的民族观念和立场，和秦汉之间是有一定区别的。李唐这一族姓虽自称是陇西郡望，然其先世颇染少数民族血统。就李昞、李渊、李世民三代而言，其皇后如独孤、长孙、文德等，均属胡（胡字在其时的含义是泛指中国北方各少数民族）姓。而唐代汉族“胡”化，其事又颇普遍。因此，唐人的

种族观念，较前代为淡薄。有唐一代，蕃将最多，举凡突厥、高丽、回纥、沙陀及吐蕃诸族中武士材官，很多是唐军的统帅或偏将。正因为隋唐是国家疆域最广阔的时代，为了要抵御西北、东北和西南边疆各民族骑兵的进犯和确保丝绸之路的畅通，长于骑射的蕃将，自然也就成为这一方面不可或缺的人才。用人不分畛域，也是大一统形势下必然的趋势；民族歧视和大汉族主义的观点，虽然还不可能全盘化除，但也必须相应地有所改变和克制。唐太宗李世民就曾一再说过：

> 自古皆贵中华，贱夷狄，朕独爱之如一。①

> 夷狄亦人耳，其情与中夏不殊。②

还有一次，边将报告獠人反叛，请发兵征讨，他批驳说：

> 獠依山险，当抚以恩信，胁之以兵威，岂为人父母意耶？③

这种对边地少数民族不加歧视的观点，看来并不完全出于策略性或一时权宜之计，也不仅是唐太宗一人为然，而基本上在整个唐代是一致的。因此，当时在这方面所采取和执行的政策，包括吐蕃在内，具体有如下几个方面：

（一）和亲政策

在中国古代历史上，当不同民族的几个政权相互对立的情况下，以相互间

---

①《资治通鉴》卷一九八太宗贞观二十一年。
②《资治通鉴》卷一九七太宗贞观十八年。
③《新唐书·南蛮传》。

的联姻关系，作为双方谋求并保证和平友好往来的纽带，这就是被后世称为和亲政策的来由和实质。若把它看成是屈辱或者欺骗，那是不符合当时历史事实的。

这种不同民族和国家之间联姻形式和相互和平往来关系的建立，早在周代就已如此，其与后世所不同的只在于地域范围仍在中原地区而已。后来汉公主的远适异国，是在国家疆域有了大的开拓下才产生的。虽然公主琵琶，在后人的想象中别具哀怨，但汉代与乌孙、匈奴王室的联姻，确乎在相互往来和安定国防方面，起过巨大的作用，其历史贡献是不可低估的。无论是乌孙王或是匈奴单于，也都是向汉廷上书礼聘，却并没有要挟或威胁。而汉公主们也只是感到语言不通、习俗各异，最初颇不习惯，但到后来，还能在老王死后从其子辈"妻其后母"的国俗。这种联姻关系，只存在于双方王室之间，因此后世称为和亲政策。中国历史上大一统国家局面形成之际，中原与边疆民族之间的关系比较突出。产生这种交往的方式，显然是为了适应当时新的形势所需要的。这种特定的历史背景，必须先要得到充分的了解。

在唐开国之前，隋文帝杨坚即曾先后以宗室女大义、安义两公主嫁突厥可汗，又以光化公主妻吐谷浑夸吕可汗的儿子伏允。同时伏允也请以女备文帝后庭，为文帝所辞却，可见当时不同民族王室间婚姻往来，并不是一件稀奇事，也不仅汉公主出嫁少数民族。当唐开国之后，未待吐蕃请婚，唐公主已分别出嫁到突厥、吐谷浑等诸国去了。在初唐来说，吐谷浑尚不成为唐王朝的威胁力量，可见和亲只是当时一种和平缔交方式，是为了沟通双方在文化、政治、经济方面的交流，促进兄弟民族之间的团结与友好，并不存在大国、小国、谁强、谁弱及什么相互利用欺骗等问题。

松赞干布即位后，吐蕃势力方盛，他本人也正有志于四方，对唐王朝自然也就有了一定的了解和认识。他听说突厥、吐谷浑都尚唐公主，便也奉表遣使向唐求婚。请婚自然是一项结好的表示。从当时情势看，除了这是一种带有传统性的和平缔交方式外，还有对中原地区先进文明羡慕与向往的时代因素，并不单纯是效法他人的时髦做法。因为当时的长安，不仅是华夏文化的中心所在，东方诸国的观瞻所系，也是西域文明的荟萃之处。吐蕃当时欣慕上国文化，可从《新唐书》记载中不难看得出来：

(贞观)十五年，妻以宗女文成公主。……弄赞率兵次柏海亲迎。见道宗，执婿礼恭甚。见中国服饰之美，缩缩媿沮。归国，自以其先未有昏帝女者，乃为公主筑一城以夸后世，遂立宫室以居。①

这种记载，虽出自汉官，不无抑扬。但从文成公主入吐蕃时所带佛像、经书、工艺品、绸缎、农作物种子及乐器、工匠等情况，和随着派留学生来长安学习等史实，说明吐蕃不仅通过和亲，自唐传入了佛教文化，还引进了汉族传统文化和生产技术，促进了边疆与内地之间文化、经济等方面的交流，也繁荣了吐蕃的文化。后世有藏文记载中把逻娑建立佛寺、供奉神像的设计蓝图，完全归功于文成公主的星算术和地理风水，这自然是宗教语言，但以文成公主作为大唐文化的象征，是自有其历史脉络的。

吐蕃最初向唐求婚的历史因缘，虽如上述，但其结成，却还费了一定的周折。唐与吐蕃初通使后，吐蕃向唐请婚，唐当时对吐蕃还可能缺乏了解，一时未能允如所请，加上吐蕃使者把唐廷的未允联姻归罪于吐谷浑的阻挠，于是松赞干布先出击附唐的吐谷浑，逼它退出湟水和浩门河流域，并迫逼白兰与党项东移。然后派大兵20万攻松州，扬言唐若不许嫁公主，即将深入。和亲既是和平缔交方式，当然不能以兵威来强致。因此唐太宗在击退吐蕃军队的这次进

①《新唐书·吐蕃传》。

犯后，当赞普再遣使来谢罪并请婚时，才允许以宗女文成公主妻松赞干布，吐蕃献黄金 5000 两和其他一些宝物作为聘礼。唐蕃联盟便从此开始。从此开始的唐蕃关系又和历史上的民族、地缘和文化上并不完全相同，是在既有历史关系上的进一步发展。其主要的历史标志，有如下三项：

1. 甥舅关系的建立。文成公主入蕃，唐派礼部尚书、江夏王李道宗为特使护送。吐蕃赞普松赞干布在黄河源柏海以子婿礼相见。其后赞普对唐帝均自称甥，此种关系，通过金城公主的再度入蕃更形加强。所谓“戎王子婿宠，汉国舅家慈”，在历史上传为美谈。

2. 册封关系的建立。公元 649 年唐高宗李治即位，松赞干布即被册封为驸马都尉（官职）、西海郡王（封爵）。他写信给唐宰相长孙无忌说：“天子初即位，下有不忠者，愿勒兵赴国共讨之。”[①]并以金琲十五种献唐太宗昭陵。唐又加封他为賨王（或作宾王），并刻他与其他十三位少数民族王公将领的石像同列于昭陵。在此后一段很长的时期内，赞普死后一定向唐告哀；新任的赞普，也须经唐朝的册命才算合法。不论其后各个历史阶段内有何曲折和变化，而吐蕃与祖国中央政权的藩属关系，早在那时节已明确地建立了，甚至在接受唐的官职和封爵前，赞普就已上书太宗，贺他征辽获胜归来说：“陛下平定四方，日月所照，并臣治之。”[②]既然是日有所照，无疑地也把吐蕃包括在内。接着，唐派王玄策出使天竺，中途为中天竺所抄劫。王玄策向吐蕃请援，松赞干布即发精兵从王玄策讨破之，并献俘长安报捷。这些都是以从属地位（即现在的中央与地方政府）出现的。等到安史乱起后，情况有了急剧的变化，双方冲突争夺加甚，上述关系便又以会盟订约的形式出现，显然是相互对峙起来了，但总的趋向是仍以和平往来为主的。建立于公元 823 年的《唐蕃会盟碑》文，把

---

①《新唐书·吐蕃传》。

②《新唐书·吐蕃传》。

这种社稷如一、各守分疆、友好往来的平等关系正式确定下来，直至吐蕃因内部贵族集团的纷争而解体为止。综计自唐贞观时双方通好，其间使臣来往共达190多次，几乎年年有使节往来，这为以后吐蕃与中央结为一体，建立了稳固的基础，也就是从此迈出了新的一步。

3. 汉藏文化交流与吐蕃文化的形成。吐蕃从泥婆罗和唐引进了佛教文化，又从唐引进了汉族文化，这就是吐蕃文化的两大渊源。佛教影响于吐蕃的政治社会，非常深厚；而农业、工业生产技术、历法医药以及音乐绘画，甚至是儒家经典，都成为吐蕃文化的构成部分。唐蕃的联姻与结盟，文化上相互影响，结为一体，而共同的民族心理状态，在以后对付英、俄等帝国主义势力的侵略过程中，表现得异常突出，这并不是偶然的。

以和亲政策为纽带，而产生这样直接与间接的成果，是为近代西方国家所难理解的，但它却正是像中国这样的统一的多民族国家在长期形成过程中促使互相更加接近的成功方式。

唐王朝与在中国境内各少数民族政权之间的联姻，无论是册封的藩属或者是对立的敌体，都是在平等友好的地位上进行的。因此，除吐蕃以外，突厥、吐谷浑、回纥之可汗，均曾尚唐公主；同时，吐蕃赞普松赞干布又娶泥婆罗公主，而赤德祖赞赞普为了结好唐属国小勃律，也曾把自己的女儿嫁给小勃律王，以联姻作为结盟的手段和方式。但是西方的有些藏学家和帝国主义的喉舌们，却把唐与吐蕃的联姻关系，说成是唐王朝的欺骗与讹诈。他们以为文成公主是宗女，金城公主是雍王守礼的女儿，都不是皇后所生，都冒称公主入蕃；而唐中宗在送别金城公主时，又假意表演了一番怆别之情，以蒙骗吐蕃使者；甚至他们还指责唐太宗和唐中宗都借公主出嫁，索取黄金、珠宝和良马，大做其赚钱的买卖。这种违背历史事实而进行挑拨现代西藏与祖国关系的用心，实在是极端恶毒的。而所谓赚钱买卖云云，无疑是帝国主义面目的自我揭露。须知当时公主的身份，是由皇室出身与赐封决定的，这在前代就已如此，无论是乌孙、匈奴、突厥、吐谷浑、吐蕃，都未曾提出过异议。这个问题是唐肃宗的女儿宁国公主嫁给回纥骨咄禄毗伽厥可汗时，唐使者为了争执可汗以大礼迎接册命，便说这是大唐天子的真女，合有礼数。可汗也就以聘得真公主为莫大光荣。这说明唐王朝也并不是一定概以宗女嫁外藩，除此之外，唐代宗女儿咸安公主嫁回纥合骨咄禄毗伽可汗；唐宪宗女儿太和公主出嫁登罗羽录没蜜施句主毗伽可汗等，都是显例。至于一定要是皇后嫡出的才算公主，那恐怕只是现代某些西方学人别有用心的借口；因为依他们说来，唐与吐蕃和元以后中国与西藏的关系，只是大汉族主义的欺诈侵凌而已。这完全是无视中国历史发展事实的谰言。

（二）羁縻政策

羁縻一词，初见于《汉书》。用现在的话来说，是联系的意思。后世对羁縻不够重视，只注意于直接管辖和统治。实际上羁縻政策的产生，自有其复杂和特定的历史背景和条件，应当在一定的历史条件下去看它的作用。汉代初通西域，那里原存在着鄯善、龟兹、于阗等众多的各少数民族的大小王国，加上西迁的大月氏、大夏等国，种落十分复杂，而匈奴又时常出入抄掠，形势很不安定。汉通西域，主要是为了防御匈奴和确保与中亚、西亚交通路线的畅通。因此在西域设都护，以至屯田驻军，都为这个目的服务，并不征服和直接统治这一块广大地区。只要当地各属国相安无事，汉王朝只是与它们加强文化贸易等方面的联系，不要求同内地一样的划一管理。这就是羁縻的由来，也是符合当时历史发展条件的。隋唐又是我国继汉之后的统一大帝国，当时对外交通虽然初辟海道，但主要东西往来干线仍为自汉以来的西域通道，即外人所称丝绸之路。唐对西域的经营，较汉又进一步，即在高宗显庆二年（公元 657 年）破西突厥，分其地置濛池、昆陵二都护府，并于龙朔元年（公元 661 年）在于阗以西、波斯以东，分置都督府十六，州七十二，县一百一十，隶属安西大都护府。这只不过是在名义上置州府，实际上仍都保持其独立状态。但唐王朝的声威却从此远及西亚、中亚，其影响仍然是很大的。西域方面各羁縻州的设置，与吐蕃的安全，关系颇为重大，这只要看后来唐失四镇，大食东侵，吐蕃受到回纥、南诏和大食三方面的压力，便可了解吐蕃与唐相互依存的关系。

其次，关内道羁縻州中如陇右诸胡州，党项、吐谷浑诸府州，及剑南道诸羌州，则后来大都为吐蕃所合并或者内迁侨置。这类羁縻州的设置，是一种有步骤的过渡形式。通过这类形式和羁縻政策加强联系的作用，诸凡突厥、吐谷浑、党项、回纥、羌、契丹以及当时所称降胡等众多的少数民族和外族的徙入内地者，均被自然地融合或同化。唐末张义潮以瓜沙十一州归唐，吐蕃族内附的也自不少。

终唐之世，并未在吐蕃境内设立州县，但通过友好往来和互市，以加强双方之间的联系，比一般设羁縻州显然更进了一步。在唐代的民族政策中，并无强迫同化的意图和措施，这只要看唐对突厥降人和吐谷浑、党项的移徙，即可明了。不强迫而终归自然同化，这是由社会发展规律所决定的。此种羁縻政策，在以后元、明、清三朝于新的历史条件下的应用，便基本上完成了统一的多民族国家进一步团结壮大的历史任务。所谓“登高必自卑，行远必自迩”，不就是这个道理吗？

（三）宗教政策

吐蕃与唐之间加强联系与往来的另一纽带，是对佛教的扶持与信仰。吐蕃是由唐和泥婆罗、天竺引进佛教的，中国佛教虽然也来自天竺，但到唐时它已通过改造，使之与中土情况相适应了。吐蕃从唐引进佛教，也与当时实际情况相结合，形成了吐蕃的佛教文化，即是今天藏传佛教的前身。据史书记载，文成公主入蕃时，所携礼品以释迦佛像为首，还有360卷（佛教）经典。唐德宗时，汉僧良琇、文素二人还曾应邀赴吐蕃讲经；唐穆宗时，吐蕃使臣参观安国、慈恩等内地著名佛寺。吐蕃因慕中土佛教，并曾遣使来求五台山图，览观五台山佛寺的弘规。现在的《大藏经》中有几部经典，还是依汉文翻译成的。唐蕃在佛教信仰方面，联系是十分密切的，也是互相有影响的。后来吐蕃为文成公主修大昭寺，西藏僧俗在布达拉宫内塑文成公主像，把她与护法同等看待，可见这一方面影响的深远。

唐代虽然没有订立宗教信仰自由这样的规定,但当时由西亚传入的火袄教、景教、摩尼教和伊斯兰教等，都在中国内地流行，且在长安建有寺庙。这也密切了唐与西亚、中亚各国的联系。佛教虽曾一度被禁，但那也只限于其影响生产劳动和社会风气的一面，并未触及经典本身。

宗教本身是在一定经济基础上的社会意识形态，并得到封建贵族农奴主阶级的利用与扶植下兴盛起来的，但借着宗教的传播，便也伴随着文化的交流。唐代长安是西域文明的博览馆，而各种宗教的流行，具体体现了唐人混同夷夏的胸怀与气魄，自然也更促进了与吐蕃团结友好的往来关系。

(四)通商政策

自文成公主入蕃，唐蕃结成甥舅之盟后，文化与经济方面联系便日益密切起来。除了文成公主带去大量蔬菜种子、手工艺品、纺织技术等以外，高宗时赞普又请给蚕种及制酒、碾硝、纸墨的工匠，唐朝政府都一一送去。吐蕃的商队，也从内地采购绸缎、缯帛以及军用的弓箭。唐还大量地赠送给吐蕃以缯帛，有时多至万匹以上。如金城公主入吐蕃，即随从大批技艺工匠并携带大批锦缎:

> 赐锦缯别数万，杂技诸工悉从，给龟兹乐。

可见最初阶段的唐蕃贸易往来，还伴有赠予大量珍贵商品的项目，这与结成的亲戚关系是不可分的。另据一些记载，唐代江南等地所产的名茶，也均传入吐蕃宫廷。“(公元781年常鲁出使吐蕃，在帐中烹茶)，赞普问曰：‘此为何物？’鲁公曰：‘涤烦疗渴，所谓茶也。’赞普曰：‘我此亦有。’遂命出之，以指曰：‘此寿州者，此舒州者，此顾诸者，此昌明者，此邕湖者。’”[①]可见双方贸易往来是很普遍的。茶为蕃人生活上所必需，此后世所以有茶马贸易的来由。到公元731年(唐玄宗开元十九年)，唐同意吐蕃要求，在赤岭(今湟源日月山)互市，这是官方正规的大宗交易。这种商品物资的交流，吐蕃方面主要是牛羊种畜产品。公元787年(唐德宗贞元三年)，唐以彩色的缯帛，换了吐蕃的牛6万多头，这对双方的生产生活都很有利。以后又曾在陇州也开设互市场所，互市随吐蕃势力的东伸，已进入到今陕西省境内了。

根据汉文记载，吐蕃多次给唐送来礼品，以金银器为多。如迎娶文成公主时，送来“金五千两，金宝玩数百事”。唐玄宗开元时，送来“金胡瓶、金盘、金碗、马脑杯、零羊衫段”，以后又送“金银器玩数百事，皆形制奇异”。文宗时也曾送来“玉带、金皿、獭褐、犛牛尾、霞氎、马、羊、橐它”[②]。可以设想这些金银器和畜产品，同样也是吐蕃参与互市的商品。这种长期进行的互市，使双方在经济上的联系越来越密切了。

看来唐代在它政治统一、经济上升、疆域开拓和文化繁荣的历史条件下所制定的和亲、羁縻、宗教媒介和通商往来等政策，对加强民族团结、沟通民族感情、促进文化交流、发展边疆生产等方面，都产生了积极作用。而最主要的方面是促进了华夏文化基础上的共同心理状态的凝成，也建立了政治上过渡的桥梁，使吐蕃的后身西藏在元朝又一次统一全中国时便似水到渠成一样地正式成为祖国大家庭的一员，而为统一的多民族国家的进一步发展做出了贡献。有

①《唐国史补》卷下。
②《新唐书·吐蕃传》。

唐一代在这方面的历史功绩就在这里，任何近代以至现代西方帝国主义分子和他们的代言人煽惑欺骗的谬论，都是别有用心的，不仅歪曲了历史真相，也为西藏人民带来了深重的灾难，这是值得我们特别警惕和坚决反对的。

三、唐与吐蕃关系的历史总结

吐蕃在隋唐以前，仅是生息活动于今天西藏地区的一个小部落。在它合并了唐旄、羊同、苏毗等周围的部落后，活动始见于汉文记载，那已是 6 世纪以后的事了。在此以前的汉文记载只笼统地混同于羌族之中。从语源学上考察，发羌容为吐蕃的先世，则吐蕃族原以羌为主要族系，殊无可疑。而近世的考古发掘，其原始先民属蒙古利亚种。更从语言学的考察，判明今藏语属汉藏语系，其非所谓南来、西来种，更进一步为之澄清。如此则汉、藏两族先民，早在氏族社会阶段，共同生息于后来被称为中国的这块大地上，且曾在商周间互有同化。只是在秦穆公霸西戎后，发羌、唐旄等部，远徙黄河源迤西，以山川阻隔，绝少往来。魏晋时与当时居西海的吐谷浑相邻，隋时女国、附国始先后遣使朝贡，与中原王朝通问。民族与地方之间，千余年中，有离有合，均为当时历史条件所决定。所谓合，是指政治上有一定的从属关系；所谓离，由于贡使往来，不像设置郡县那样稳定，有时又失去联系，各自独立存在。但这只是由于我国疆域辽阔，各民族和地区间的历史发展并不均衡，文化上的先进与落后同时并存。因此所谓合，并未成为这个地域中政治上的大统一；所谓离，也并不像后世所称的外国。就吐蕃而言，虽也曾以会盟形式用敌体与唐相见，但它以中国人身份在那段历史时期中出现，则无可讳言。至于地方政府之称，乃至元、明、清三朝时为然，因当时大一统局面之进一步发展，西藏亦不能自外于这个政治文化上的共同体。其时政权形式尚不完全等同于行省，只是地区之间历史发展尚不均衡，与内地存在一定差异而已。现代对这个问题上的立论，尚颇混乱，其主要根由在于误以历史上形成的这个中国为汉族所建立，因而以汉族所建立的王朝为正统，为中央政府，其他族所建立的政权为偏霸，为割据，为僭窃，这就引起了各少数民族的反对。从历史唯物主义的观点来说，历史上中国的形成，起初是万国分立，互不统属，有的限于地理等条件，也互不往来。商周建国，才正式有了所谓征伐的形式，是用强迫的手段建立政治共同体的。中国的名称，也在此时出现。自秦汉统一以后，凡是统一的政权，无论是那一族建立，都属于正统。凡是分裂的时代，则分立割据，互不统属，且各视为敌体。其间既有汉族建立的政权，也有少数民族建立的政权。此种情况，两个或多个政权同时在中国这块土地上同时存在，只是国家未得到统一的表现，而并非是汉族亡了国；同样，在中国形成一统时，也不是那个少数民族亡了国。历史上匈奴族、羌族、鲜卑族、突厥族、回纥族、契丹族、女真族、党项族、蒙古族、满族和吐蕃族，都在不同的范围内统治过中国，其中元和清，更是蒙古族和满族这两个少数民族在中国建立的最大的统一王朝，这就是中国成为统一的多民族国家最基本的历史发展条件了。

准上以论，则吐蕃在隋唐间，自以辽、金、元、清在它以后的立国，事同一律，虽都在初期互为敌体，但均不自外于中国。其所以如此，乃由于在几千年历史发展中无论是在民族上、地缘上和文化以迄政治、经济上有其自然的深厚的联系，终不可以强力分割也。近代西方帝国主义势力东侵，垂涎中国广大边疆地区，才制造出什么西藏、蒙古、满洲等地方，从来都是独立于中国之外的“外国”，而且像西藏则连民族都还是外来的，居然把他们等同于英国、日本，还以支持他们“独立”相蛊惑，其流毒至今尚未完全扫除！

吐蕃与唐关系的所以重要，是以它的历史转折点为条件的。隋唐以前，吐蕃与内地绝少往来，只是在名义上有点役属于吐谷浑的迹象，而吐蕃兴起，统一群羌广大地区，且进而兼并吐谷浑、党项，使中国辽阔的西部和西南边疆首次出现了统一局面，这为以后中国的进一步统一发展奠定了基础。而唐王朝以适应当时历史形势的联姻、结盟、羁縻、通商等方式，密切了双方之间联系，开始凝成了文化上的共同心理状态，这对其后统一的多民族国家的形成和发展，做出了杰出的贡献。要不是近代西方帝国主义的挑拨与离间，作为吐蕃后身的西藏，早就改变其社会历史面貌了。

其次，唐与吐蕃的和好关系，保证了东西方陆上交通大道丝绸之路的畅通，密切了与西亚、中亚以及欧、非等洲之间的友好往来。更重要的是巩固了西陲国防，阻止了大食帝国势力的向东发展。高昌、龟兹、于阗、安西都护府的设立，稳定了西域的形势，而昆陵、濛池都护府的设立，不仅密切了内地与边疆及中亚、欧、非之间经济文化的交流，而且使唐的政治力量远达中亚，这是自汉以来所未有的。

这一条东西方交通大道，使唐代的精神文明、物质文明带有了世界的色彩，而唐王朝的声威也随之远扬异域。后来唐与吐蕃争夺西域，其主要用意即在保丝绸之路的畅通，而并不在互争雄长，更不能说是吐蕃的扩张。促进东西方经济文化交流，这在世界历史发展上是有很大贡献的，而吐蕃与唐争夺西域，从历史发展角度来看，是对双方都不利的举动。

关于当时东西方交通，除了西域几条路线外，从吐蕃出泥婆罗再经天竺往中亚，也是一条重要通道。由于文成公主出嫁吐蕃，唐朝的僧侣便有了取道逻娑往泥婆罗和天竺的。根据义净法师《大唐西域求法高僧传》记载，唐僧侣玄照一行就是取道吐蕃往天竺的，经逻娑时还曾受到文成公主的接见和资助。可见唐蕃通好，使唐同时有了两条对外交通路线，这对提高中国在当时世界上的影响和作用，是十分有益的。从现在的唐高宗乾陵墓道上不只雕刻有外国使臣的石像，还雕刻有一对鸵鸟的石像，即可看出唐王朝当时与欧、非的来往。

这条通道的另一特大贡献是著名的慈恩法师玄奘于唐贞观中取道西域往天竺学习佛教经典，在天竺获得很高声誉。回国时带回很大一部分佛经，并把它翻译成汉文，这部佛藏以后成为世界文化史上的宝贵文献。同时由他讲述被他的弟子们记录下来的《大唐西域记》一书，初次详细记载了今阿富汗、印度、巴基斯坦、斯里兰卡及尼泊尔等地区大小一百多个国家的山川、风土、人情、习俗等，也是中西交通史上不朽的名著。

总的说来，这条道路，创始于汉，畅通于唐，吐蕃在西域的争夺，虽对这条通道有过一定阻滞作用，但它的通行，仍一直延续到现代。唐、蕃于此，应当说都有贡献。

第三，唐蕃关系，自以团结友好、和平往来为主要方面，但也存在着争夺冲突的一面。在互相往来的漫长过程中，受封、订盟和争夺等局面，都交互存在，而其中争夺一端，则对双方都造成损失，带来严重的历史后果。

吐蕃当时的社会性质，还难于遽作肯定。大致说来，其主要发展倾向是由氏族奴隶制向封建农奴制过渡。在这个社会发展过程中，纯靠原来的畜牧业经济和闭关自守、与世隔绝，是不再能与形势要求相适应的，它要向外发展是必然的趋势。吐蕃在松赞干布时期，开疆拓土，兼并白兰、吐谷浑等以畜牧业经济为主的大小部落，仅是其第一步。接着它更向生产高度发达的唐王朝辖境内发展，掳掠金银财宝、粮食和人口，以适应军需和生产发展及生活上的需要。最初它所扩张掠夺的是唐的松州、茂州、嶲州、雅州等地区的诸羌州；随着是进入河湟和于阗等四镇地区。到安史之乱起后，趁唐九曲防军东调潼关之机，便长驱进入河西、陇右广大地区。先是争城掠地，抢掠财物、羊马，于人则剥体取衣。后来侵占地盘过大，又感到需要大量劳力，便又大掠人口作为奴隶，甚至还在面上或身上刺字，内地人民，深受其害。吐蕃势力盛时，进占了唐凤翔以西、邠州以北近辅地带，长安岌岌可危。

唐王朝在玄宗李隆基后期，贵族统治阶级的荒淫逸乐本质已充分暴露，加上有时还穷兵黩武，人民负担沉重，国势已急遽走上衰败的道路，再加上吐蕃的连年深入掠夺，边郡民不聊生，近辅也时受骚扰。自武则天营东都，玄宗也多居洛阳。藩镇割据之势，也已开始形成。特别是自战国历秦汉，西北边疆诸少数民族逐步向中原地区发展，他们的长技是骑射。周末燕、齐、赵、魏等北方诸国，均筑长城借以抵御。自赵武灵王胡服骑射，赵虽小国，独能抗匈奴的南下。秦并六国，派蒙恬以30万众北防匈奴，其骑兵雄强，从现在发现的秦始皇陵兵马俑造像中略可想见。汉、唐两代，定都关中，都以养马为急务，国势的强弱，系于马政。隋唐牧马，都在西北，而以关内、陇右、河西诸道为重心。自贞观初至高宗初年，畜马逾70万匹，所以既能北破突厥，复能东征高丽，玄宗开元初年，牧马约43万匹[①]，天宝时在都监牧使下共分设50监，养马已不及32万匹，军马不敷，则稍取足于突厥，所费已嫌不赀。此后自代宗至德宗，河陇尽入吐蕃，军马驿马，两俱无着，只好向回纥购军马10万匹左右，每马1匹，换绢40尺。但回纥贪利，多以病、弱、瘦马抵数，唐军益发不振。白居易《新乐府·阴山道》说：

五十匹缣易一匹，缣去马来无了日。养无所用去非宜，每岁死伤十六七。

吐蕃的无限制的扩张，使唐王朝兵民交困，开元时盛极一时的富庶景象，一变而为寥落惨淡，疮痍满目。这还不算，唐为了向回纥借兵，允许回纥在战胜后任意掳掠子女金帛，内地人民惨遭浩劫，统治阶级赖以苟免，已不成什么体统了！

在这种内外交困的形势下，唐德宗采纳宰相李泌的建议，先后采取西面远结大食、天竺，牵制吐蕃四镇驻军的东调；南面通好南诏，北面联合回纥，使

①参见〔唐〕李吉甫撰：《元和郡县志》卷三关内道及《新唐书·兵志》。

吐蕃处于四面受敌的地位。吐蕃穷兵黩武，连年用兵，不仅失去与唐的和好，也结怨四方诸国，本国劳动人民，也苦于征发供应，最后导致国内统治集团中贵族的互相争夺，分崩离析。在劳动人民纷起反对，和四邻各国的环攻下，为松赞干布所缔造的吐蕃，卒先唐王朝数十年而趋于瓦解。

综上以观，唐与吐蕃新兴时期，均富有朝气与进取心，在一定程度上代表了人民大众渴望统一、安定、富强的愿望和利益。吐蕃统一了群羌；唐王朝统一了中原，并臣属西陲的吐谷浑，消灭了薛举、李轨，打通了东西交通路线，辖境与吐蕃相连接。双方在这个基础上联姻通好，既促进了两个王朝的共同发展，又合力保障了东西交通路线的畅通，并阻遏大食势力的东侵，说明团结友好、和平往来，为双方都带来繁荣富强，对东西文化的交流也都做出了贡献。

待到唐蕃的关系在吐蕃贵族的恣意扩张下，发生了矛盾与冲突，不仅唐的国力被消耗，吐蕃也因败唐的联盟，为四邻所遏制打击，终于在内部崩溃、人民起义下迅归解体。两败俱伤，令人惋惜！这虽系一家一姓的兴亡，但就中国的统一与发展而言，却无疑是阻滞了社会的前进。这中间最重要的一条原因，是当时唐蕃双方之间都存在着拥护联合与反对联合的两派势力的斗争，这在吐蕃方面自松赞干布以后表现尤为突出。唐廷方面，有些将相时有夷夏之见，边将亦多贪功冒进或虚报军情现象。吐蕃方面，贵族集团与当权者，多不识大体，盲目自大，以贪功攘利为先，而不以守盟保和为重，大失以松赞干布为代表的团结友好往来、促进共同发展的旨意。在当时唐蕃联盟中存在和出现这种分歧，自有其自大的（唐方）和封闭的（蕃方）阶级和社会意识根源所在，并非是不可理解的。主要的是我们今天探讨这个问题，对历史在曲折的发展中的情况，加以具体而如实的分析，发现其阻碍祖国统一、和平的症结所在，从而吸取教训，免蹈覆辙，才是真正有利于民族团结、国家统一昌盛的伟大事业的。古人论史，强调“殷鉴”，历史确实是一面镜子，我在本文首章所引宋人修《唐书》

时“晚节二姓自亡，而唐亦衰焉”的慨叹，早已指出唐蕃之间合则共荣、离则两败的互相依存关系。不过我们今天所要强调的倒并不是慨叹一家一姓政权的衰亡，尽管唐蕃两家政权在双方的互争下均趋于没落，而祖国进一步统一的形势，在人民渴求安定、统一、发展的强烈要求和人民力量的推动下，把唐蕃联合的关系继续发展下去，这是历史发展的主流，并不以封建统治者的意志为转移的。因此在元朝又一次统一全国时，西藏便很自然地归顺了元朝，以比唐蕃关系更进一步的形式统一到祖国大家庭中。由元迄清，这种团结统一的关系，愈益加强，而这个新的关系，却是在古老的民族渊源、地理因素和文化传统的基础上，由唐蕃联合所开始奠定的。从这段历史的发展中，使我们明确地认识到国家的统一是一条不可抗拒的规律，所谓大势所趋，人心所向，非封建统治阶级或者是制造分裂的野心家所能阻挡的。

最后，我们还要联系历史上这个问题谈到近代的中央与地方的关系问题。自从鸦片战争由帝国主义打开中国闭关自守的大门后，沙俄、英帝在西藏地方与祖国的关系上，别有用心地制造了种种歪曲史实的谬论，安排了重重的路障，蛊惑了一少部分民族败类，妄图割断汉藏人民之间历史上所形成的这种团结统一关系。由于清末满清贵族的腐败媚外，袁世凯和北洋政府的卖国求荣，国民党政府的妥协退让，致使西藏人民处于封建农奴主和帝国主义双重压迫统治之下。而所谓“西藏独立”“中国扩张”的谰言，谬种流传，更把唐蕃和元、明、清三朝中央与地方的关系，也都肆意加以歪曲，借以欺蒙藏族同胞。直到1949年全国解放，中国共产党与中华人民共和国政府，和西藏地方政府签订了协议，和平解放了西藏，赶走了帝国主义分子，扫除了帝国主义的侵略势力，西藏人民从此彻底得到了解放，当家做主，维护了民族的团结，巩固了祖国的国防。这次西藏与祖国恢复并建立团结统一的关系，虽也与历史上各朝的统一有一定的联系，但这又是在社会主义制度下，以加强民族团结、建立民族平等关系，实行民族区域自治，实现民族繁荣等新的原则和条件下建立起来的，它已完全不同于历史上的那种尚欠平等、紧密、亲切的关系了，这就是我们今天社会主义祖国新的大统一局面，为我国历史的新发展提供了广泛的条件，指出了光辉的远景，使我们团结一致，为建设四个现代化而努力！“国家的统一，人民的团结，国内各民族的团结，这是我们的事业必定要胜利的基本保证。”这就深刻地指明了维护国家的统一在我国社会主义革命和四化建设事业中的重要意义，而为我们所必须重视和遵循的了！

吐谷浑历史上几个问题的考察

中国中古史上在今川、甘、青、新高原立国的吐谷浑族，原为辽西鲜卑的一支。西晋时徒何涉归受封为鲜卑单于，他有个庶长子名吐谷浑。涉归死后，嫡子奕洛廆继立，兄弟二人因部落马斗相伤引起纠纷，吐谷浑遂率本部落千七百户（《北史》作七百户）西附阴山（今内蒙古呼和浩特境内大青山）。当时正值西晋怀帝永嘉（公元 309 ～ 312 年）之乱，随又西迁上陇，止于枹罕（今甘肃临夏、永靖之间枹罕山地区，其中部或称枹罕原）。其时这块地区为群羌所居，吐谷浑以此为据点，自陇西向西、南、北三方开疆拓土，成为一个地跨甘松（今四川松潘地区）之南，洮水之西，南极白兰（今青海果洛州地区），东西三千里，南北千余里幅员的大国；后来还曾囊括鄯善、且末，且一度远征于阗。直至唐高宗咸亨元年（公元 670 年），薛仁贵兵败大非川，吐蕃尽有吐谷浑故地为止。吐谷浑享国共 363 年（一般从高宗龙朔三年，吐蕃进逼吐谷浑，吐谷浑不能抗，走青海之阴算起，共 350 年）。此后，吐谷浑王诺曷钵附唐，唐最初置于浩门水南（今青海门源、大通、互助、乐都一带），再徙于凉州，最后移居灵州（后改为安乐州）及朔方、河东，仍称可汗，袭青海国王。至德宗贞元十四年（公元 798 年）慕容复卒，封嗣始绝。若依此计算，则吐谷浑自立国至国除，共计 385 年之久。自国除后，其在河东部族，语遂谬为退浑，至宋时其地没于辽，从此在汉文记载中便逐步消失，不为人所注意了。

吐谷浑族从中国历史上来说，它是一个少数民族，但从青海历史上来看，它又确乎是与西羌和吐蕃相雄长，与北魏、隋、唐相争衡的一个西北边陲大国，不仅当时少数民族中共享国 136 年的十六国远莫能比，就是统治中原的正统王朝北魏、北齐、北周三代，在立国时间上也瞠乎其后；同时它先后与唐联姻，与吐蕃结盟，在双方势力消长和互相融合的过程中，具有重要的历史作用。至于它汲取汉族文化和佛教文化，经营青海、新疆农业、畜牧业以及开发矿藏等方面，也都值得重视。何况它所建立的政权，虽然在唐中叶被消灭，而它的部族，除了附唐入居内地的一部融合于汉族、契丹族，附吐蕃的大部分融合于后来的藏族等外，看来还有几部分，到现在仍生息于青、甘、川等省区内，就其种姓和特征而言，仍有遗迹可寻。近年国外研究吐谷浑族的情况，我还无从获知，而国内有些论述，似尚值得商讨。兹就个人所见，对下列诸问题，试加探讨，以就正于方家。

一、吐谷浑族与吐谷浑国

吐谷浑，《金壶字考》谓其音读为“突浴魂”，“谷”读为“浴”，是从吐谷浑语原音，但今土族自称“土谷 (gǔ) 家”或“土户家”，则谷 (gǔ)、浴仍通用。按古韵鱼部，辜、股、故、固，与娱、芋、宇、羽同入韵，则土族自称“土谷 (gǔ) 家”，仍保留其古音，与“浴”仍不相背。这个民族原为西晋时辽西鲜卑慕容氏的一支。鲜卑是中国古老民族之一，后来概称为东胡族。按《史记》索隐引服虔云：

东胡，乌桓之先，后为鲜卑。在匈奴东，故称东胡。

这是由于战国、秦、汉间人称匈奴为胡而得出来的名称。现代中外学者对此颇多异说，如法人沙畹氏 (Edouord Chavannes) 等以为东胡即 Tungus(通古斯) 的汉译；而日人白鸟氏以为通古斯一名晚出，实由东胡所译出。就此名称出现之先后言，白鸟氏之说为近实。我国前辈学者对此更有进一步的考证。如吕诚之 (思勉) 先生说：

彼等之本名，实为鲜卑，一因鲜卑占地较东胡为广；二因其同族别支乌桓，其后不称乌桓而称鲜卑。(见吕思勉著《中国民族史》)

冯家昇先生继此引《逸周书》王氏补注：

管子曰：桓公败胡貉，破屠何。注：屠何，东胡之先也。

又引何秋涛《王会篇》笺释：

屠何即涉河城，在奉天锦州锦西县西北。……破屠何，即徒何也。

据此，他推论东胡、屠何、徒何，都是一名的异译，而均由原音译出。（见冯家昇著《东北史中诸名称之解释》《述东胡系民族》）

如此则东胡为鲜卑本名，既非居胡 (匈奴) 之东而云然，也非通古斯的转译。从这里我们得知屠何即徒何，那么，《北史・吐谷浑传》所云：

吐谷浑，本辽东鲜卑徒何涉归子也。涉归一名奕洛韩，有二子，庶长曰吐谷浑，少曰若洛廆。涉归死，若洛廆代统部落，是为慕容氏。涉归之在也，分户七百以给吐谷浑（《魏书》此句下有“吐谷浑”三字），与若洛廆二部。马斗相伤。若洛廆怒，遣人谓吐谷浑曰：先公处分，与兄异部，何不相远，而马斗相伤？吐谷浑……于是遂西附阴山，后假道上陇。

可见吐谷浑原为人名，为辽东鲜卑慕容氏徒何涉归的庶长子。据上引文，徒何乃指徒何城，即是说吐谷浑乃辽东锦西徒何城地方的鲜卑族，姓慕容氏。吐谷浑弟慕容廆后入中原，建国燕国，后迭为后燕、西燕、南燕，在十六国中居其四。

吐谷浑既建国于陇上，西北诸种谓之阿柴虏。《北史》上又说：

吐谷浑死，有子六十人。长子吐延……有子十二人。叶延少而勇果……颇视《书》《传》，自谓曾祖奕洛韩始封昌黎公，吾为公孙之子。案《礼》，公孙之子得以王父字为氏，遂以吐谷浑为氏焉。（《北史·吐谷浑传》卷九十六，列传第八十四）

从此吐谷浑由人名转为其后裔的姓氏，而刘宋、北魏、隋、唐及吐蕃等王朝，并以吐谷浑名其国了。

至叶延弟阿豺立，兼并羌、氐，地方数千里，一时号为强国。正因为吐谷浑役属群羌，兼并羌、氐，其后来种姓，已渐非纯鲜卑族，但谓它已羌化，则未尽然。

说吐谷浑实际上是羌族所建立的国家，其说始于近人范文澜先生。范先生说：

据《后汉书·西羌传》所说，羌人只有部落酋长，没有君臣上下，部落多至一百五十个，各随水草迁徙，不相统属，长时期停留在原始社会阶段上，不能建立起国家来。西晋时，辽东鲜卑慕容部酋长涉归有庶子名吐谷浑，率所部七百户西迁，住在枹罕(枹音fǔ，甘肃临夏县)地方。他的子孙征服羌族，建立吐谷浑国。(《中国通史》第四册第四章《吐蕃国》)

吐谷浑国受汉文化影响，采用一些汉族制度。羌族自原始社会进入低级的封建社会，慕容部是起了推动作用的。少数慕容部贵族与众多羌族部落酋长融合成为一个统治阶级，鲜卑人羌化了，因之，吐谷浑实际是羌族的国家。(同上)

这是说吐谷浑族在建国过程中先后受了汉族文化和羌族种姓的影响，因而已不成其为鲜卑族。从这个论点出发，他更进一步说：

羌族在青海建立起吐谷浑国，是社会发展中一个光辉的标志。(同上)

他不说吐谷浑族在羌地立国，而说是羌族在青海建立起吐谷浑国。这样，吐谷浑国成了羌族在建立吐蕃国之前的一个羌族国家，而吐谷浑族也就成了羌族的组成部分，不复独立存在了。但证以当时和后来的历史事实，并非完全如此。

要说是建立国家或政权，必须以民族人数多寡为转移，则魏、晋、南北朝时内迁各少数民族在中原建立各个分立的政权，从民族人数比例上，均远不及汉族之多，更如前秦、北魏、北齐、北周诸王朝，都统一过北方，而均不存在汉族建立北魏、北齐、北周等国家的称谓；后世如辽、金、元、清，都先后由契丹、女真、蒙古、满族作为中国的一部或全部国土的统治者，同样也不存在把这些少数民族完全被汉族所同化的情况。因此说羌族建立了吐谷浑国，吐谷浑族由于在羌地立国便也被完全羌化，既在道理上很难讲通，也是不完全符合事实的。

在中国这样一个多民族形成的统一国家中，民族间的融合或同化，是很自然的现象。但这中间还必须具备一定的条件，一般是边疆地区少数民族在进入中原地区时，由于中原地区文化比较先进，生产力水平比较高，因而便渐被这文化先进的大民族所同化。如周、秦时入居中原的羌、戎、苗、蛮等族，都被内地民族所同化，而共同融合为华夏族；魏、晋、南北朝时，被称为五胡的边地少数民族，入主中原，到隋统一南北，又都被同化于当时的大民族汉族，从唐到辽、金、元更形成民族间新的融合。这样一来，自古生息在中国这个国度的少数民族，既有被大民族所融合同化的一面，而大民族又兼具有新的民族素质的一面。融合同化与统治并不是一回事，中国自来是由国内各民族交替或共同地统治着，如商民族、周民族、秦民族、汉民族，在当初也都不是一个单一的民族，隋唐以后，不仅民族之间融合规模日趋扩大，而且还曾出现元、清这样由少数民族统治的王朝，尽管仍存在民族之间的压迫与斗争，但并不存在各自否认中国的局面，只是在文化上有先进与落后的区别而已。马克思说：

> 野蛮的征服者，总是被那些他们所征服的民族的较高文明所征服。(《不列颠在印度统治的未来结果》，《马克思恩格斯全集》第九卷)

可见同化或是融合，并不决定于谁是政治上的统治者，而决定于民族间文化和经济发展水平。如中国历史上最后入主中国的蒙古和满二族，也均没有能够用政治上的优越权力把文明比他们高的汉族同化或融合掉。相反，入关后的满族，在将近三百年的时间中，渐染华风，甚至有相当多的人数被融合入汉族和其他聚居族当中。唯有少数民族，倘若是一直居住在原来地区，仍处于较落后状态后，则其民族特征，常被保持下来而不为别族所同化。如蒙古族在元朝政权被推翻后退居漠北，其民族特征，依然未受大的影响；又如自吐蕃王朝以来的藏族，由于始终未离故地，即使在杂居地区，也因聚族而居，被同化融合现象，仅限于个别情况之下；大片聚居的回族、撒拉族及本文所欲考论的吐谷浑族后裔土族，也都是这样。这也是一条历史发展规律，非一时的政治或其他力量所能改变的。

近年来一般都忌谈民族的同化与融合，甚至还认为民族融合不能在阶级社会中实现，这都是片面之见。在我看来，同化与融合，也并不是截然可以划分的两码事。实际上同化着重指改变本民族原有的特征，而融合则偏指大民族同化多种少数民族后使本身兼具备有一定的新的素质，如在体质上、性格上、精神面貌上、习俗上等。融合并不是混合，也不是消灭，而是相当于各民族之间在一定程度上的新陈代谢。同化、融合并不专指大民族对小民族，同时也指小民族对小民族和小民族对大民族。如汉时没于匈奴的汉军，唐时没于吐蕃的唐军及边地各族人民，以及同时期被回纥（回鹘）掳掠、贩卖的大量汉族妇女等，都属这类。历来居住在边地的汉族，一直是少数族，而吐谷浑、吐蕃、回纥等则是多数族。这中间相互转化的过程，有的是自然的，也有的是被强迫的，然后才逐步融合为一体。总之，文化水平较高的民族更有融合力，这是肯定的，也是主要的。

根据上述的分析，来看吐谷浑民族是否早已完全羌化的问题，便比较容易探察出其实际情况，不致人云亦云。首先我要肯定这样四点：

（一）吐谷浑人原为鲜卑族，是古老的中华民族大家庭成员之一。

（二）吐谷浑曾在今甘、川、青、新四省（区）毗连的广大地区建立王国，在此地区内同时存在着羌、氐、匈奴、鲜卑、汉以及南诏的乌蛮、白蛮，西域的且末、于阗诸民族，不过在人数比例上，以群羌为较众多而已。

（三）吐谷浑族和他们所建立的国家，受汉化程度较深。从吐谷浑王叶延开始，便已设置了司马、长史等汉官职；视罴时又任用秦陇英豪为谋主。马端临《文献通考》也说自吐谷浑至视罴的儿子树洛干，“皆有才略知古今，司马、博士，皆用儒生”。到拾寅时，更建立城郭，“其居止出入窃拟王者”。他们还先后和前秦、西秦、南凉、北魏、北周及南朝刘宋、萧梁通贡使，接受封号，并由南朝引入佛教。这些事实都说明他们先于羌族广泛吸收了汉族的文化和佛教文化。到夸吕自称可汗，在政治上更进一步汉化。《北史·吐谷浑传》说：

伏连筹死，子夸吕立，始自号为可汗。……官有王、公、仆射、尚书及郎中、将军之号。

其衣服（官服）也略同于华夏。隋开皇十六年，以光化公主妻夸吕子世伏，唐初封诺曷钵为河源郡王，号乌地也拔豆可汗，尚弘化公主。旋又以金城县主妻诺曷钵次子苏度摸末。至高宗龙朔三年，因受吐蕃进攻，诺曷钵以数千帐附唐；咸亨间又辗转从青海东部浩门河流域走河西，再迁灵州（后改为安乐州），拜为安乐州刺史，仍存青海国王封号。其后吐蕃陷安乐州，这部分附唐的吐谷浑族，在走朔方、河东后，渐归衰微。然而终被它族所同化，则犹在辽、宋之间。其为吐蕃所并的西部吐谷浑和在青海的东部吐谷浑族，自唐中叶至宋时，其族名仍称吐谷浑（藏语称阿辖，说详后），亦并未为吐蕃所同化。

（四）唐五代以后，吐谷浑族虽因其所建立的西陲政权被推翻而在历史上渐消失其原族名，但这个民族仍有一部分一直存留到现代，而未为人所发现。这说明其不仅在建国的当初并未被羌化，而且在被并后的一千多年间，仍有相当一部分遗族在原羌地继续保持其民族的一些特征，既和羌族后裔的藏族有异，也与汉族、蒙古族不同。因此说吐谷浑国是羌族所建立的国家，是不符合事实的。持此论者，或以西迁的吐谷浑部，原只五百户或千五百户，因而否认其民族的政治上的能量和势力。实际上在三百多年的发展过程中，吐谷浑族人口增殖甚大，仅随诺曷钵在唐初内附的，即有数千帐；而吐蕃在中唐间用兵，所征调吐谷浑兵辄以万、十万计，其能长期独立存在，不是无因的。

至于吐谷浑在今甘、川、青、新四省（区）所建立的国家，则自上陇时起，规模就颇不小。《北史·吐谷浑传》说：

> 自枹罕暨甘松，南界昂城（今阿坝州）、龙涸（今松潘），从洮水西南极白兰（今果洛地区），数千里中，逐水草，庐帐而居，以肉酪为粮。

又，《梁书·诸夷传》说：

> 其地则张掖之南，陇西之西，在河之南，故以为号。其界东至叠川（迭部），西邻于阗，北接高昌，东北通秦岭，方千余里，盖古之流沙地焉。

又，《南齐书·河南氐羌传》说：

> 鲜卑慕容廆庶兄吐谷浑为氐王，在益州西北，亘数千里。其南界龙涸城，去成都千余里。大戍有四：一在清水川，一在赤水，一在浇河，一在吐屈真川。

可知其早期活动中心在甘南洮河流域；中期在赐支河曲，时称为河南地；后期分为东西两部，即同时存在两个政治中心：东部王城居伏俟城，在今青海湖西岸，西部王城居鄯善，在今南疆若羌。东西相为呼应。夸吕可汗在北朝宇文周时，始都伏俟城。当时幅员东西三千里，南北千余里，国分东西两部，即自此始。隋时两次征伐，国土日蹙，隋末大乱，又渐恢复。唐初，吐谷浑受到吐蕃的进攻，国土被压缩到青海湖周围。贞观九年（公元635年），唐将李靖等伐吐谷浑，至柏海（今星宿海）上，吐谷浑王伏允败走于阗，其子慕容顺杀执政的天柱王附唐，旋又被其下所杀，唐诏封其子诺曷钵为河源郡王，虽也还称可汗，但已失去独立。高宗龙朔三年（公元663年），吐蕃再攻吐谷浑，诺曷钵东走鄯州，旋移凉州，再迁于灵州，其国遂亡。东、西两部吐谷浑都为吐蕃所并，诺曷钵辗转于灵州（安乐州），到肃宗时安乐州也被吐蕃军队所占领，内附的吐谷浑王室和部族，又走避到河东，这已是唐德宗贞元年间的事了。

二、吐谷浑国地理考释

（一）吐谷浑先后活动地域

吐谷浑早期活动地域，根据《晋书》《北史》及《梁书》等有关记载，先以洮河流域为中心，东至甘松（宕昌），南界龙涸（松潘）、昂城（阿坝）。继向西南发展，奄有河南赐支河曲（今青海黄南、海南两州地区），更南极于白兰（今青海果洛州地区），西北极于且末、鄯善、于阗（今新疆东南部），甚至曾一度南到罽宾（今阿富汗）。到唐初其势力分为两部：东部以伏俟城（今青海共和县石乃亥）为中心；西部以鄯善（今新疆若羌地区）为中心。最后因受吐蕃进迫，退到西平郡（今湟水中游地区）附唐，再转徙河西走廊，更迁灵州，以后趋于灭亡。其部族大部均为吐蕃所并。

吐谷浑族建立起来的政权，幅员东西达三千里，南北达一千多里，实际上是役属群羌，并先后与前凉、前秦、南凉、西秦及北魏、西魏等割据政权属地交错，兼与江左宋、齐、梁政权通贡使；到了隋唐，则更与其所建置郡、县以及吐蕃统治势力相消长，并非真正长期统一的国家。其政治中心早期在洮河流域，中期在河南地，后期在青海湖周围。经过近代国内外有关专家的研究与考察，上述情况，已明确一致。惟尚有一些地理上的问题，则言人人殊，出入颇大，就是《中国历史地图集》（中华地图学社出版），也不免如此，因此尚有必要继续加以探索。

（二）对吐谷浑几个地名所在的考察

1. 白兰：1950 年夏，客居顾颉刚先生沪寓，常与先生谈论西北古代舆地。某次，先生询及白兰地望，当就所知草《白兰地望考》一文呈览，断其地在今巴颜喀拉山之阳，说为先生所采（见《史林杂识初编》）。前年写《读 < 青海地方史略 > 琐议》，据先生所论，更有所补充。

白兰为白兰羌所在地，是群羌居白兰地区的一大部落，长期为吐谷浑所役属，且一直为其经营东西及退保的重要战略地带。关于这一地带，除了顾先生所论证和我前所补充外，近来细检有关正史记载，发现尚可从其他方面证实其地的明确所在，特再论证如次。

《南齐书·河南氐羌传》云：

（吐谷浑）地常风寒，人行平沙中，砂砾飞起，行迹皆灭。肥地则有雀鼠同穴，生黄紫花；瘦地辄有瘴气，使人断气。

又，《宋书·鲜卑吐谷浑传》亦云：

其国西有黄沙，南北一百二十里，东西七十里，不生草木，沙州因此为号。屈真川有盐池，甘谷岭北有雀鼠同穴，或在山岭，或在平地。雀色白，鼠色黄，地生黄紫花草，便有雀鼠穴。白兰土出黄金铜铁。其国虽随水草，大抵治慕贺川。

在以上两段记载中，都提到吐谷浑河南居地及白兰都有“雀鼠同穴”这样一种在当时看来是奇异的现象。这种动植物生态，给我们提供了这种动物所适应的地理环境，实有助于考察其地区的所在。

雀鼠同穴这一动物生态现象与植物生态所呈现的黄紫花草，构成吐谷浑与白兰羌所在地区的特殊地理环境，而今之大积石山地区，仍有这种动植物生态存在，恰能说明白兰羌所在地与吐谷浑政治中心赐支河曲地理环境完全相同，用知其地即在大积石山范围内，而并不如近人所说在今柴达木盆地之中。(《中国历史地图集》在魏晋南北朝部分中，标其所在于今都兰至格尔木区域内，而在隋唐部分中却又标其地于今果洛州地区内，前后显不一致；据闻有些东邦学者的考证，也与此相同)

《南齐书》和《宋书》的记载，都偏指吐谷浑活动中心在赐支河曲(河南地)时的情况而言。吐谷浑在此时期内，凡遇到从东、北两方面来的袭击而不能抵抗时，则辄退保白兰以自固，是其地在河西九曲之南，而不在其西北。《周书·异域传(上)》云：

白兰者，羌之别种也。其地东北接吐谷浑，西北至利模徒，南界郝(鄃)鄂，风俗物产与宕昌略同。

这里所谓其地东北接吐谷浑，即指当时吐谷浑王城所在的赐支河曲，亦即河南地，则白兰地居河曲的西南，显然可见。其时党项羌居地在白兰之北，东北接临洮、西平，则利模徒实即在党项境内。《新唐书·党项传》谓：(北)周灭宕昌、邓至，而党项始强。其地古析支，南界舂(舂)桑、迷桑，北界吐谷浑。利模徒可能即为近白兰的党项别部，郝鄂也似为小部落，当在迷桑、嘉良之南。颉刚先生定其地位于附国东北，其说可从。杜佑《通典》说：“白兰，羌之别种，周时兴焉。”按宇文泰于（西）魏大统十五年（公元550年）讨宕昌，白兰即于周武帝保定元年遣使献犀甲铁铠，而至保定四年（公元564年）周遂灭宕昌置宕州，白兰盖于此时始见于记载。另外《周书》等都说其风俗物产与宕昌同，而宕昌正居同和郡（今岷县）、武都郡（今武都）之间，当白兰之东，西倾山之西。如此则颉刚先生所考，确然不移。

其次，吐谷浑王视连居河南时，西秦乞伏乾归封他为白兰王；后又封视罴为沙州牧、白兰王，盖欲断吐谷浑与中原王朝的联系，故为视罴所不受。西秦用武力进攻，他才退保白兰，说明白兰在河南地之南。

再次，吐谷浑子吐延为羌酋姜聪所刺，剑犹在体，便呼其子叶延给大将纥拔埿说：

> 吾气绝，棺敛讫，便速去保白兰。地既险远，又土俗懦弱易控。（《魏书》卷一百一，列传第八十九）

由于白兰地当今果洛藏族自治州南部，甘孜藏族自治州北部；北控积石山，南依巴颜喀拉山，西北拒黄河天险，确是退保的战略要地。因此视罴、树洛干、拾寅等，都在受攻击时退保白兰。后魏时慕利延败走白兰，后魏军穷追，慕利延乃越巴颜喀拉山西奔于阗，在今南疆又开疆拓土，且略地远至罽宾。若以吐谷浑及白兰地在今柴达木盆地中部，则荒漠沮洳，非举族西迁所可能办到的。待后魏军撤退，慕利延又重返故土。

王忠先生据《新唐书·党项传》附白兰羌有“白兰羌，吐蕃谓之丁零，左属党项，右与多弥接，胜兵万人，敢战斗，善作兵，俗与党项同”的记载，以为“白兰羌在党项之右，常璩《华阳国志·蜀志》汶山郡有白兰，白兰羌当即自川西迁入青海，有人疑即因居巴颜喀拉山而得名，恐非事实”（见所著《新唐书·吐蕃传笺证》）。按白兰羌居党项之右，乃唐吐蕃时事，自西晋迄隋，党项实居白兰之北，约当今四川阿坝藏族羌族自治州东部。唐时多弥、松波（苏毗）居今青海玉树藏族自治州境内通天河流域，均在白兰西南。汶山郡距白兰所在地颇远，但西去即可与之相连属。至于是否即由此西迁（或东迁），则尚非片言所可断定。白兰部族颇大，在吐谷浑亡国后，他尚有胜兵万人，恐非原汶山郡小部所能组成。仅以汶山郡曾有白兰（按常志作“白兰峒”）的记载即认为白兰羌当即自川西迁入青海，亦乏确证。且白兰羌因居白兰山而得名，这并非顾祖禹所悬猜。《隋书·吐谷浑传》云：

吐谷浑与若洛廆不协，遂西度陇，止于甘松之南，洮水之西，南极白兰山数千里之地。

其境内有白兰山，本无可疑也。《宋书》说白兰土出黄金铜铁，《新唐书》说白兰羌善作兵。善作兵是由于其地产铜铁矿，而地多黄金，则至今犹然，这也非柴达木盆地中、西部所可比。因此我仍认为颉刚先生《史林杂识·白兰》附图，定其地于果洛州部果洛山之西、巴颜喀拉山之东南端，是完全符合史实的。《中国历史地图集》隋、唐部分，考定其地于今果洛州甘德、达日地带，当亦据此。（关于白兰，其后我有《白兰国址再考》一文）

2.沙州：吐谷浑阿豺在宋少帝景平中被刘宋封为督塞表诸军事、安西将军、沙州刺史、浇河公；慕容璝于宋文帝元嘉九年也被授予都督西秦、河、沙三州诸军事的头衔；西秦亦封视罴为沙州牧。这个沙州，显然不是指前凉所置在今敦煌的沙州。那么其地究竟何指？迄无明文。按《魏书·吐谷浑传》云：

阿豺立，自号骠骑将军、沙州刺史。部内有黄沙，周迴数百里，不生草木，因号沙州。

这里说这个荒沙滩，周回有数百里。前引《宋书·鲜卑吐谷浑传》则具体说：

其国西有黄沙，南北一百二十里，东西七十里。不生草木，沙州因此为号。

是知沙滩地在吐谷浑王都之西，东西狭而南北阔。上文既已确定吐谷浑中期都城所在地在赐支河曲的河南地，则其西即为今海南州贵南县地。从贵南县去今同德县属的拉加寺，在其东南境有黄沙，其北部今名穆格滩（藏语穆格塘），而南部尤阔，其间不生草木，亦无人烟。我的妹妹昔曾经其地，据说单马清晨自沙滩北头向西南行，至晚始达南端的茫拉沟，足有一百三四十里。其黄沙中心正在茫拉，北逾黄河与共和县境的塔拉联为一片，面积更阔。颉刚先生近又在所著《从古籍中探索我国的西部民族——羌族》一文中引段国《沙州记》云：

浇河郡西南一百七十里有黄沙，南北一百二十里，东西七十里，西极大杨川，望之若人委耩糠于地，不生草木，荡然黄沙，周回数百里。”(《通鉴·晋纪》三十六，胡三省注引段国说，吴士鉴《晋书斠注》以为《沙州记》文，今从之）读此，知道乞伏乾归任视罴为沙州牧，原来是这里的沙州，这沙州因这片黄沙地得名。那时西秦设立的沙州辖有西平、湟河、三河三郡，都在今青海省东部，也即吐谷浑疆域。（见《社会科学战线》1980年第1期）

顾先生据《沙州记》（按此文又见郦道元《水经注》卷一河水条引）第一个明

确指出了西秦所设立沙州的所在，才启示我得以进一步指出该沙州的今地来。何以说沙州故地即是今贵南县穆格滩呢？上引《宋书·鲜卑吐谷浑传》有云：

白兰土出黄金铜铁。其国虽随水草，大抵治慕贺州。

慕贺州不见于地志，而其地在两晋南北朝时称莫贺川，或以为“州”即为“川”之误，我则以为西平、湟河、三河三郡既均隶沙州，而《宋书》谓其国大抵治慕贺州，则沙州应为汉名，而慕贺为其本名，实当为一地，慕贺、莫贺、穆格乃一音之转。穆格为今藏语，据温存智教授说，是饥馑、荒凉之意，我想引申可为荒漠，这与“荡然黄沙”“不生草木”相应。“慕贺”“莫贺”则当是吐谷浑原语，今藏语即其译音。与“慕贺”“莫贺”相近的译音，还有一个莫何川。《晋书·吐谷浑传》云：

（树）洛干十岁，便自称世子，年十六嗣立，率所部数千家奔归莫何川……号为戊寅可汗、沙漒杂种，莫不归附。

树洛干父视罴为西秦所败，退保白兰。其后视罴死，树洛干奔回莫何川，是其故地可知。“莫何”当为“慕贺”“莫贺”的同音异译。当时汉族对边地山川，译名多不一致，如沙漒以“羌”为“漒”，而在别处又仍用羌名，即是其例。《南齐书·河南氐羌传》又以慕贺川为幕驾川，“驾”为“贺”之误写，亦极显然。今柴达木盆地亦尚有莫何川，而共和县切吉，又或称莫合，都是一名的异写。两晋南北朝时的莫贺川，即为今之茫拉川，茫拉之名始于明代，为藏语的译音。

又，《新唐书，吐蕃传》云：

高宗时有司无状，弃四镇不能有，而吐蕃遂张。入焉耆之西，长鼓右驱，踰高昌，历车师，钞常乐，绝莫贺延碛以临敦煌。

此沙碛在且末、鄯善以西，原为吐谷浑西部，沙碛名莫贺延，正与莫贺川同。今蒙古语称沙漠亦为莫贺，吐谷浑原为鲜卑部族，其语言当与蒙古语同出一源。又《新唐书·吐蕃传》记刘元鼎使吐蕃所见有云:

东北去莫贺延碛尾，阔五十里，向南渐狭小。北自沙州之西，乃南入吐谷浑国，至此转微，故号碛尾。计其地理，当在剑南直西。

刘元鼎把河南吐谷浑沙州境内的沙碛，也叫作莫贺延碛尾，则莫贺语义本为荒沙，得此证而益信。今藏语穆格义亦为荒沙，足证吐谷浑慕贺州所在即在今贵南县境内的沙漠内。今穆格滩有故城遗迹，俗称穆桂英城，传谓穆桂英西征至此，实则为穆格的音讹。设能对此故迹进行发掘，当可有所发现。

3. 伏罗川：刘宋元嘉十九年（公元 452 年），吐谷浑王拾寅始居伏罗川，近人或以伏罗川在今都兰县西部巴隆一带，我曾先后约加探索，但迄未能确指。今按《北史·吐谷浑传》云:

（魏）太武拜吐力延归义王，诏晋王伏罗率诸将讨之。军至大母桥，慕利延兄子拾寅走河西，伏罗遣将追击之，斩首五千余级。慕利延走白兰。

此处“河西”当作“阿曲”，盖形近而讹。《北史·晋王伏罗传》云:

晋王伏罗，真君三年封，加车骑大将军。后督高平、凉州诸军，讨吐谷浑慕利延。军至乐都，谓诸将曰：若从正道，恐军声先振，必当远遁，潜军出其非意，此邓艾禽蜀之计也。诸将咸难之。伏罗曰：夫将军制胜，万里择利，专之可也。遂间道行。至大母桥，慕利延众惊，奔白兰。慕利延子拾寅走阿曲，降其一万部落。

《魏书·吐谷浑传》“阿曲”亦作“河西”。又，《魏书·晋王伏罗传》：

遂间道行，至大母桥，慕利延众惊奔白兰，慕利延兄子拾寅走阿曲。斩首五千余级，降其一万余落。

“河西”上二书均作阿曲。今兴海县大河坝原为阿木曲乎（或译阿粗乎）族住牧地区，为环海八族之一，当即阿曲旧地。大母桥当为赤水上的桥，即今共和县曲沟水入河处，在恰卜恰东南，居赐支河曲西端。在晋时前凉、前秦、南凉及南北朝时北魏均名其地为赤水，西魏始改称树敦城。隋移赤水镇于今兴海县，于其地置河源郡；唐于树敦城置金天军，亦即兴济梁所在。“大母”当为当地土语，或即吐谷浑语。伏罗此次行军，盖不取道浇河郡，而经由临津渡河至乐都，踰赤岭直捣赤水，慕利延猝不及防，惊奔白兰，而拾寅则退走阿曲，两人均系南奔。其部众作战地则在曼头城。《北史·太武帝纪》云：

（太平真君六年秋八月）壬寅，征西大将军、高凉王那等讨吐谷浑慕利延。军到曼头城，慕利延驱其部落西度流沙，那急追。故西秦王慕璝世子被囊逆军拒战，那击破之。中山公杜丰追度三危，至雪山，禽被囊及慕利延元子什归、炽盘子成龙，送于京师。

前所云“伏罗遣将追之”，即指此。此所谓西渡流沙，即指由白兰奔于阗。至所云三危、雪山，盖泛指昆仑。伏罗川不在今柴达木盆地，即此可证。那么，伏罗川究何所指？根据此次战事在曼头城进行的事实，则其地实即曼头山（今共和县南山）之阳，也即是今恰卜恰、曲沟（赤水）与曼头城（隋时远化县治）所构成的三角地带，从地图上看，这里正当唐代大非川的东南端，但当时既无大非川名，亦无伏罗川之称。伏罗川盖即因晋王伏罗出征至此而得名。伏罗此次出征在北魏太武帝太平真君五年（公元 445 年）十月，慕利延走白兰；次年秋八月高凉王郸率兵再追，慕利延走于阗。过了七年，到正平二年（公元 452 年）慕利延才又回故地。这年慕利延死，树洛干子拾寅立，于是汉文史籍上才有“拾寅立，始邑于伏罗川”的记载，以出征大将名其地，这在历史上不乏其例。或许由于这并非吐谷浑本名，所以到隋唐时，又被改称大非川。“大非”可能仍是吐谷浑语，其义不详。

4. 赤水：《南齐书》说吐谷浑大戍有四：一在清水川；一在赤水；一在浇河；一在吐屈真川。其中赤水到西魏时被改称为树敦城，北周因之，说已详前。这里主要考察一下它作为王都的情况。《周书・史宁传》云：

时突厥木汗可汗假道凉州，将袭吐浑，太祖令宁率骑随之。军至番禾，吐浑已觉，奔于南山。木汗将分兵追之，令俱会于青海。宁谓木汗曰：树敦、贺真二城，是吐浑巢穴，今若拔其本根，余种自然离散，此上策也。木汗从之。即分为两军：木汗从北道向贺真，宁趋树敦。浑娑周国王率众逆战，宁击斩之。踰山履险，遂至树敦。敦是浑之旧都，多诸珍藏，而浑主先已奔贺真，留其征南王及数千人固守。宁进兵攻之，退，浑人果开门逐之。因回兵奋击，门未及阖，宁兵遂得入，生获其征南王，俘虏男女财宝，尽归诸突厥。浑贺罗拔王依险为栅。周回五十余里，欲塞宁路，宁攻其栅，破之。俘斩万计，获杂畜数万头。木汗亦破贺真，虏浑主妻子，大获珍物。宁还军于青海，与木汗会。

这是魏恭帝三年（公元556年）的事，上距拾寅始邑伏罗川，共103年，由赤水改称的树敦城，始终是吐谷浑王城，珍宝山积。史书上说吐谷浑亦知种田，有大麦、粟豆；唯其北境多寒，仅得芜菁、大麦。赤水地处南境，气候较暖，水草鲜美，更宜养畜，所以富庶如此。在拾寅为王的几十年中，由于他屡通刘宋，接受封号，魏兵多次征讨，并入其境，刍其秋稼。这种既牧且农的地理环境，也可证明伏罗川并不在柴达木盆地。我过去推断伏罗川在今果洛境内，也是错误的。至于赤水镇（即隋河源郡所在）移设于今兴海，则是隋时才开始的，大概由于北周时史宁等攻破树敦城，城遭到破坏，不复成为军事要塞的缘故。另外，与树敦同时提到的还有个贺真城，这个城在史书上仅此一见，但它在当时却是与树敦王都并称的一大名城，乃是其新都。它的具体所在，当从以下两方面来加以考察

(1) 当魏兵在凉州集结时，吐谷浑王已奔南山，而仅留兵拒守。随后又说他奔贺真，于是木汗从北道趋贺真，而史宁从南道趋树敦，两军期会于青海，因此必须先求出南山的所在。此外所指南山，当是青海南山，它西北起今天峻县境内，东南迄于今共和县东北部，其东端正是树敦城所在地。这在唐代被称为大非岭，居大非川之北。吐谷浑王这次不南奔白兰，以避魏兵之锋，却出西北奔南山，则贺真城的所在，必须从这个方向去探索。

(2) 突厥木汗可汗是由北道进攻吐谷浑的，假设南道由浇河郡西行迳趋树敦，则北道必是越赤岭西趋南山。而吐谷浑后期王都，即在今青海西的伏俟城，贺真城当是伏俟城的早期名称或即在其附近。这时正值夸吕在位，史载伏连筹死后，夸吕即移都于伏俟城，在这次战役开始前，他已先奔贺真，最后贺真终

被木汗攻破，并掳其妻子，按理伏俟城即在南山北端，却并未再提到。如此则贺真实即伏俟城，可能夸吕初移都时，该城尚名贺真，经此次战役后，始定名为伏俟，而大多汉文记载，统以伏俟概之，因此贺真一名，仅见于《史宁传》。否则木汗在破贺真后，便不会弃伏俟城王都不攻，而迳回军与南路来的史宁会于青海了。

史载伏俟城距青海十五里，其遗址近在共和县东北角上的石乃亥发现，城内有王宫等遗迹，与史载有城郭而不居的说法相吻合。当时对吐谷浑的城池称为大戍，似主要只起军事堡垒作用。

以上从南山方位的推定及南北两军会师于青海的实况，得出贺真城即伏俟城的结论，似可供历史地理学者们作进一步探讨。

伏俟城在隋于大业五年灭吐谷浑后，就其地置西海郡。隋末大乱，吐谷浑王伏允又复返故地，至公元670年，伏允走西平附唐，吐谷浑东部王都伏俟城，遂没于吐蕃。

5. 屈真川：吐谷浑四大戍之一的屈真川，或称吐屈真川，吐当为吐谷浑的省称。我原推测它或即是伏罗川的原名，兹检《宋书·鲜卑吐谷浑传》有云：

屈真川有盐池，甘谷岭北有雀鼠同穴。

在吐谷浑境内，盐池所在多有，但此当指较大者而言。今海晏县（王莽时置西海郡）近青海湖边有碱池，在地理上偏于东北；又一即茶卡盐池，在地理上居于伏俟城西南端，《宋书》所指，可能即此。中原王朝对吐谷浑用兵，向未到过此地，所以史书上迄未再提到过。若此项推断可以成立，则屈真川即为今茶卡滩。古时以山区平原为川，如秦川、勇士川、苑川、捏工川、茫拉川，均是其例。后世或称原，如长武原、董志原是。茶卡滩今为放牧骆驼之地，鲜有人居住。吐谷浑当时也养驼，魏废帝二年，史宁曾截获其通齐使者，并驼骡六百头，杂綵丝绢以万计。盖骆驼是当时运输工具，特别是远徙且末、于阗，更非此“沙漠之舟”不行。又，骆驼喜食碱蓬，此草唯盐碱滩才能生长。甘谷岭当指由茶卡北去天峻的山脉，日月山西北与西南地区，均有雀鼠同穴，唯柴达木则鲜见。

6. 清水川：清水川亦为吐谷浑大戍之一，且序列于首。我原以为它在洮水流域。今夏得梁今知先生书，谓日人佐藤长《西藏历史地理研究》认为清水川即今之循化县清水河。按此所谓清水河在今循化县城东十余里处，北流注于河，源于其南大日加山，北流贯行道帏沟，至清水庄注入河，并无所谓川原，容当别求之。

郦道元《水经注》卷一河水条在叙及吐谷浑造黄河桥“河厉”时，引段国《沙州记》后说：“桥在清水川东也。”佐藤长即据此定其桥当在今循化城东，而河于此处穿行小积石山峻谷中，无径可通，直至临津废城（今临夏大河家地），河始出峡，为向来津渡处，至今仍用舟摆渡，迄无津梁记载。即使间或造桥，亦只能造舟为梁，即后世所谓浮桥，而“河厉”则为握桥，不宜建在河水平缓之处。因此，我颇设想此桥当在赐支河曲峡谷中，清水川在浇河郡（今贵德县）迤西共和县境内，因为，当时吐谷浑王都即在沙州地区，宜有设防建置，以拱卫首都。当时记载吐谷浑大戍的序列，首清水川，次赤水，次浇河，此二戍均在赐支河曲，清水川当去此不远（今共和县境内，藏名亦有清水河，与黑水相对而言），只是由于记载阙略，无从旁证，所以仅对其地望作如上推测，尚不能确指其所在。不过，它非指今循化清水，则可断言。至于洮水流域大戍，则应以洮阳、洪和二城为最著，不当更以今清水张家川地区为戍了。

7. 阿柴：《晋书·吐谷浑传》云：

（吐谷浑）地宜大麦而多蔓菁……西北杂种谓之为阿柴虏，或号为野虏焉。

（树）洛干十岁，便自称世子，年十六嗣立，率所部数千家奔归莫何川，自称大都督、车骑大将军、大单于、吐谷浑王，化行所部，众庶乐业，号为戊寅可汗。沙漒杂种，莫不归附。

吐谷浑自叶延起，便以其祖名吐谷浑为氏。而到了沙漒杂种归附树洛干后，他们又把吐谷浑称为阿柴虏。这个名称，当由树洛干弟阿豺立为吐谷浑王后产生的。“柴”“豺”音同，便以首领之名称其族。后来吐蕃兴起后，也称吐谷浑族为阿辖，“柴”“辖”古音同部，“辖”字是我所译音，据此“柴”当读如“辖”音。《文献通考》作“阿赀”，赀，即移反，亦与“辖”音近。（说别详）

阿柴虏或阿赀虏既系指树洛干以后的吐谷浑族，则其中心地当在沙州与漒川之间。漒即漒台山，川即洮水。《水经注》卷一河水有云：

洮水与垫江水，俱出嵹台山，山南即垫江源，山东则洮水源。《山海经》曰：白水出蜀。郭景纯注云：从临洮之西倾山东南流，入汉而至垫江，故段国以为垫江水也。洮水同出一山，故知嵹台西倾之异名也。洮水东北流迳吐谷浑中。

阿豺时吐谷浑势力中心既在沙州与漒川地带，则目前中国历史地图，均把阿柴居地划在今柴达木盆地中西部，殊与史实不合，应行改正。至于唐以来吐蕃文书等所称的阿辖或霍尔（即浑的音转），则更遍及于今青海省北、东、南三部并四川甘孜等地区，这虽是后来演变情况，但迄无指今柴达木地区者。然则后来把阿柴居住地区集中在今柴达木盆地，与事实就更相远了。

吐谷浑历史地理的可考者，略如上述。其中有些辄未敢与时贤相从同，此并非有意立异，姑自别为一说，聊供大雅审订云。

（三）吐谷浑“河厉”

吐谷浑居河南时，曾在黄河上游建桥，名曰“河厉”。“厉”当取《诗经》“深则厉，浅则揭”之意。《水经注》卷一河水引段国《沙州记》云：

吐谷浑于河上作桥，谓之河厉，长百五十步。两岸累石作基陛，节节相次，大木纵横更镇压，两边俱平，相去三丈，并大材以板横次之。施钩栏，甚严饰。

按这种桥的建造形式，是握桥型。想来段国当时是曾看见过这座古代桥梁的，所以讲得很细致。握桥因无桥墩，所以只宜建在水面狭窄的峡谷间。两岸就原来石基，用大木纵列叠加横梁为础，逐层延伸入河中，直到相距三丈至五丈多宽时，则更用巨梁十余根，纵贯两端，上铺木板，并在两边加上栏杆，人马即可通行无阻。此种桥型，过去在黄河上曾在化隆与循化之间的古什郡峡中先后建造过两次；另外西宁小峡湟水及享堂峡大通河上所使用的也是这种桥。小河流沙而不易立墩下桩的也间造握桥，可谓源远流长。握桥的名称，当由“幄”“楃”引申而来，幄为布帐，楃为木帐。旧时兰州雷坛河因常发洪暴，也建有握桥，上有木棚如屋，即是其证。

吐谷浑所建的这个握桥，究竟在何处呢？就段国在记述沙州时提到此桥，而郦道元也在为沙州作注时引段国说两事来看，此桥当在浇河郡以西沙州境内。今考汉时贯友为护羌校尉，攻迷唐，于逢留河上筑城以盛麦，且作大船，于河峡作桥渡兵，迷唐遂远依河曲。钟存羌部居地在西倾山西北（今青海泽库及河南县地区)，迷唐原居大、小榆谷(今贵德、尖扎地区)以为汉造河桥，兵来无时，不敢返回。这座桥是浮桥(作大船)，在建威城所在，即今贵德、尖扎两县之间。贵德在解放前也还有浮桥。吐谷浑王都时在沙州，而且是握桥，自不会建在这段河上。唐时在九曲先后建立金天军、九曲军和独山军，金天军在今共和县，九曲军在今贵南县，独山军在今同德县，都在河曲内。后曾在金天军树敦城造洪济梁，其地正当吐谷浑时代的赤水。此或即吐谷浑桥的旧址，当沙州之北，浇河郡之西。

其次，北魏于文成帝和平元年(公元460年)征吐谷浑时，曾渡河追击拾寅。《魏书·高宗纪》云：

八月，西征诸军至西平，什(按即拾)寅走保南山，九月，诸军济河追之。遇瘴气，多有疫疾，乃引军还，获畜二十余万。

这次出军，是采纳了定阳侯曹安的建议，他说：

臣昔为浇河戍将，与之相近，明其意势。若分军出其左右，拾寅必走保南山，不过十月，牛马草尽，人无所食，众必溃叛，可一举而定也。

于是命阳平王新成等出南道，南郡公李惠等出北道以讨之，拾寅果走南山，诸军渡河追击。按此南山即前所述青海南山，出浇河的南道军必须渡河追击，而当时河曲正值秋涨季节，且无河水，必须取道河桥，如此则此桥必在赤水一带。设当时河曲无桥可跨，则南军势不能与北军会攻南山，这也是可断言的。果如佐藤长所考“河厉”在循化县境，则更无所谓“济河追之”了。

史称吐谷浑族善作兵，而且由于它吸收了汉族文化和佛教文化，并擅营造，如梁时在今成都建造佛塔和这座握桥工程，这在文化史上都是值得称颂的。

三、唐五代以后的吐谷浑族后裔及其民族特征

（一）吐谷浑族后裔的考察

吐谷浑国为吐蕃所并后，其国家虽被灭亡了，但它的部族却仍在吐蕃地区中存在，如西部鄯善的太子达延芒结波和原吐谷浑大臣素和贵等仍都拥有重兵，且在以后唐与吐蕃的战争中，常随吐蕃出征，兵力号称巨万。如代宗广德元年（公元763年）吐蕃破长安之役，史称“吐蕃以吐谷浑、党项兵二十万东略武功”。其时距吐谷浑亡国已一百年，而其兵仍大量存在，只不过为吐蕃所役使而已。在吐蕃境内这样众多的吐谷浑族，自不可能在短期内完全为吐蕃所同化融合，这就给我们以考察其遗族的线索。

1. 按《北史·吐谷浑传》有云：

> 逐水草庐帐而居，以肉酪为粮。西北诸杂种谓之阿柴虏。

阿柴虏是西北诸少数民族（主要是羌、氐族各部落）对当时吐谷浑的称呼。阿柴一名是后起的，当是吐谷浑王阿豺都沙州时所得名。据吴均先生说，吐蕃时代文书中，“常称吐谷浑为霍尔和阿辖（འ་ཞ），可能霍尔是吐蕃对吐谷浑未亡国前时的名称”。按“霍尔”即是“浑”的对音，霍、浑乃一音之转。而阿辖则是其后的俗称。吴先生还告诉我说，今四川甘孜地区的藏族部落仍称为霍科后（藏语译音），意为霍尔地方；又，昌都北面的丁青地区，原名霍尔三十九族，亦称霍尔甘孜，其部落首领叫作霍尔吉恰，意为霍尔总管；又，在今青海省黄南州泽库县也有个部落叫和日措玉，意译为和日西部（族）。吴均先生说“和日”即霍尔的今译。泽库县位置正在河曲中心，居贵南之东，是当年吐谷浑沙州地区；昌都、甘孜地虽偏南，但与白兰相望。从民族名称和地望看来，上述地区

一部分现已藏化的民族，有可能是吐谷浑的遗裔，因为现在这里的藏民自己也自称为霍尔或霍尔地方、霍尔总管，说明他们和藏族仍不完全相同。

从上述名称的存在，使我联想到目前青海广大地区中，与此相同的地名，依然很多。从分散遗留的来说，黄河沿岸的贵德县有合尔家；化隆县有河什群、列仁河什家、何什家；循化县有贺隆堡（贺隆，藏语贺尔沟之意）。以上河什或写为河日，口语或径称河群、河家（亦即合尔家）。更从连片集中的来说，在今互助土族自治县内，就有合尔郡、合尔屯、合尔吉、贺尔川等地名，都是土族聚居村落。其中最有趣的是化隆尚有个加合尔庄，今为回族聚居村落，而在其他地方，又听说有窝合尔庄。藏语称汉族为加（或嘉，与家同音），自称曰窝。加合尔即汉化合尔，窝合尔即藏化合尔，说明这些村落原来的居民都是霍尔，正与昌都、甘孜等相同。这并不是偶合，而可相互证明。在互助县与这些合尔村落相毗连的，尚有土观、托红等村名，合尔是浑的对音，土观、托红是吐浑的对音，均可看出吐谷浑名称演变的经过，以及有些人已被藏化或汉化的迹象。

再说阿辖，我按吴均先生的提示，查看了一下王尧先生辑译《敦煌古藏文历史文书》中的《编年史》部分，其中凡涉及吐谷浑的，藏文均作阿辖。依我前面所推论阿辖一名起于吐谷浑国灭亡以后，而这些吐蕃历史文书，虽所记史事属于公元641~764年之间，但写成则显然在吐谷浑亡国以后，因为这里面的阿辖，是被作为吐蕃小邦看待的。其王有时被称为阿辖（汉译作吐谷浑）小王，且称外甥，这都说明其时吐谷浑早为吐蕃王国所吞并。阿辖这一名称，当系吐蕃史例，不再称原政权名，示与其独立时有所区别。王忠先生说：

当时吐谷浑分东西二部，东部以伏俟城为中心，西部以鄯善为中心。伏允既舍长子慕容顺（一作顺光），而立次子，本人驻伏俟城，太子即驻守鄯善。及伏允败死，太子继位，降附吐蕃，吐蕃称之谓阿柴(A—zǎ)。《北史》卷九十六《吐谷浑传》云："西北诸杂种，谓之阿柴虏"，阿柴之名，当即本此。(《新唐书·吐蕃传笺证》)

阿柴这个名称，原起于西北诸杂种，其时代在南朝刘宋时。当时吐蕃尚未兴起，所以只是西北诸杂种对它的称谓。我在前面说它是由阿豺得来，柴、豺声同而同属佳韵。按古韵支、微、齐、佳、灰通用；币、尾、荠、蟹、贿通用。此处柴字，马端临《文献通考·四裔考》作赀，即移切，则此柴字即不读zǎ(杂)，也不志zǎi(宰)，而应读为xī(西)，其声与昔、奚、析等同；藏族读为辖，西、辖乃一声之转。说明阿辖即阿柴的藏语音译。藏文所云阿辖，都指吐谷浑遗裔。从这一译名的遗留，可以看出羌族和吐蕃也沿吐谷浑故习以父祖名为其种号。此种习惯，在今藏族中仍有遗留，如三果洛的阿什羌、旺青、班玛等，都相沿不改。阿辖既为阿柴的谐音，则吐蕃以后文书中所称的阿辖，都属吐谷浑遗族，则无可疑。

2. 东部吐谷浑在为吐蕃所并后，诺曷钵率数千帐先徙鄯州，居浩门河(今门源、大通、互助、乐都、民和境内)流域；继徙河西，后又徙灵州。现在聚居于今青海省互助土族自治县和分散居住于今门源、大通、乐都、民和、同仁及甘肃天祝、临夏等地的土族，历千余年，仍保留其原吐谷浑民族的主要特征，且自称为"土谷家"或"土户家"的。说明他们既非羌族，也非蒙古族，而是吐谷浑族后裔。这是吐谷浑遗裔在其本土的一些情况，不仅在吐蕃王朝统治时代未被同化，而且在以后很长年代内也未被完全同化于藏、汉、蒙古诸族内。

3. 附唐的诺曷钵部，在吐蕃入灵州后又东迁朔方、云州。史称从此语谬为"退浑"，逐步为其他族所同化，不再见了。同化融合，是自然公例，细检载籍，直到五代，仍然存有其部族的活动。《新五代史·四夷附录(第三)》云:

吐浑，本号吐谷浑，或曰乞伏乾归之苗裔。自后魏以来，名见中国，居于青海之上。当唐至德中为吐蕃所攻，部族分散。其内附者，唐处之河西，其大姓有慕容、拓拔、赫连等族。(《新五代史》卷七十四，下均同)

从这段记载中，我们得知诺曷钵部附唐后，自肃宗至德到懿宗咸通年间，经历了一百年左右，仍然保留其部族统治，为唐的地方官，兼有兵力。同书又云:

懿宗时，首领赫连铎为阴山府都督，与讨庞勋，以功拜大同军节度使。为晋王所破，其部族益微，散处蔚州界中。

赫连铎以助唐镇压庞勋起义军，官拜大同军节度使，雄镇一方。其后虽渐归衰微，但到白承福时，又兴盛起来了。同书云;

庄宗时，有首领白承福者，依中山北石门为栅，庄宗为置宁朔、奉化两府，以承福为都督，赐其姓名为李绍鲁。终唐时常遣使朝贡中国。

这又持续了三十多年。其后由于契丹侵后晋，白承福积极支持后晋高祖石敬瑭，石敬瑭派刘知远阴事拉拢，终为刘知远所袭杀:

晋高祖立，割雁门以北入于契丹，于是吐浑为契丹役属，而苦其苛暴。是时安重荣镇成德，有异志，阴遣人招吐浑入塞。承福等乃自五台山入处中国。契丹耶律德光大怒，遣使者责诮高祖。高祖恐惧，遣供奉官张澄率兵搜索，并、镇、忻、代等州山谷中吐浑驱出之。然晋亦苦契丹，思得吐浑为缓急之用，阴遣刘知远镇太原，慰抚之。终高祖时，承福数遣使者朝贡。

后出帝与契丹绝盟，召承福入朝，拜大同军节度使，待之甚厚。契丹与晋相拒于河，承福以其兵从出帝御虏。

是岁大热，吐浑多疾死，乃遣承福归太原，居之岚、石之间。刘知远稍侵辱之，承福谋复亡出塞，知远以兵围其族，杀承福及其大姓赫连海龙、白可久、白铁匮等。其羊马赀财巨万计，皆籍没之。其余众以其别部王义宗主之，吐浑遂微，不复见。

石敬瑭这个儿皇帝，对契丹卑躬屈节，而刘知远又是一个沙陀族的头目，借佐石敬瑭弄到兵权，从而代晋自立。这两个小朝廷，在中原大乱时窃踞一隅，本来成不了什么大事。他们对吐谷浑族的白承福，既利用，又防备，最后竟出之于残杀，同时被杀的有五族四百余人。在河东的这部附唐吐谷浑族，遂一蹶而不复振。但从后唐庄宗时到后晋末年，仍以部族首领存在了二十多年。他们部族团结、勇敢善战的特征，仍然存在。这支吐谷浑支部或别部，在刘知远后汉时代，还曾来朝贡：

初，唐以承福之族为熟吐浑。长兴中，又有生吐浑杜每儿来朝贡。每儿，不知其国地部族。至汉乾祐二年，又有吐浑何戛剌来朝贡，不知为生、熟吐浑，盖皆微不足考录。

这时中原已不知他们的国地部族，也不知生、熟吐浑。所谓生吐浑，当时还完全保留其部族组织和民族特征，而尚未被华化的部族。大概到宋修《五代史》时，已不知其下落。实际上这完全是由于当时吐浑所在地，已全没入辽的统治而使然，并不是吐浑从此就绝迹或被他族同化了。

4. 到了宋朝，西北方地区，逐步沦入西夏和辽这两个政权统治的范围之内，因此有关吐谷浑族活动的记载，便逐渐从汉文史书中消失了。但吐谷浑族的活动，仍在继续进行。光从《辽史》上看，就有如下事实：

辽太祖天赞三年六月，西讨吐浑、党项、阻卜。

辽太宗天显八年二月，吐浑、阻卜来贡。

辽太宗天显十年四月，吐谷浑酋长率众内附。

辽太宗天显十年六月，吐浑来贡。

辽太宗天显十一年五月，吐谷浑来贡。

辽太宗天显十一年七月，吐浑来贡。

辽太宗会同元年五月，吐谷浑来贡。

辽太宗会同元年八月，吐谷浑、乌孙、靺鞨皆来贡。

辽太宗会同二年七月，吐谷浑来贡。

辽太宗会同四年十一月，吐谷浑降。

辽太宗会同八年六月，吐谷浑来贡。

辽太宗会同九年三月，吐浑进生口。

辽太宗会同九年四月，吐浑白可久来附。

辽穆宗应历三年八月，吐蕃、吐谷浑来贡。

辽景宗保宁三年十月，吐谷浑来贡。

辽景宗保宁九年十一月，吐谷浑叛，入太原四百余（户索而还之）。

辽圣宗统和十二年九月，党项、吐谷浑来贡。

辽圣宗统和十五年七月，禁吐浑别部鬻马于宋。

辽圣宗统和十九年九月，西南面招讨司奏讨吐谷浑之捷。

辽兴宗重熙十一年十二月，以吐浑及党项多鬻马于夏国，诏沿边筑障塞以防之。

按时间来计算，这最后一事，已到宋仁宗庆历年间。这支吐谷浑族仍未被同化掉，而且仍以属国的地位和西夏、吐蕃等并立着。

上述的记载，并见于各帝纪。辽太祖耶律阿保机二年十月，尚曾有："建明王楼筑长城于镇东海口，遣轻兵取吐浑叛入室韦者。"及神册元年秋七月"亲征突厥、吐浑、党项、小蕃、沙陀诸部，皆平之"的记载（并见《辽史》卷一《太祖纪上》）。据《辽史·属国表》序，辽属国可纪者五十有九，而以吐谷浑居首，且有亲征等举，可见移入朔方一带的吐谷浑族，户口与势力仍相当可观，较五代时又有所繁殖。又，《五代史》说："（长兴元年）北京奏吐浑千余帐内附，于天池川安置。"（《明宗纪》七）《新五代史》还有"李嗣恩，本姓骆，吐谷浑部人也"的记载，可见有人转入沙陀。这些人后来均没入辽国，其生口仍甚众多。终辽代及北宋，又，历二百多年，它仍然以属国的地位存在着，而没入吐蕃的大部，尚不计在此内。

再从《宋史》上所反映的一些材料看，在宋王朝的禁军中，也从进入河东的吐谷浑部吸收了一些精壮，作为禁军的成员。如《宋史》上说：

吐浑直：指挥三，太原二，潞一。太平兴国八年，太原迁云州及河界吐浑立屯，并代州，雍熙三年，又得云、朔归明吐浑，增立屯潞州。

吐浑小底：旧指挥五，治平中并为二。京师，太平兴国四年，平太原，获吐浑子弟；又选监牧诸军中所有者克（充）。（《宋史》卷一八七《兵志一》）

此外尚有太原府就粮吐浑，潞州就粮吐浑等名目，与骁骑、骁胜等并列，同在禁军中居于值卫一类。其不属禁军的，也偶见于记载。如：

天成中，权知西凉府留后孙超遣大将拓跋承诲来贡，明宗召见。承诲云：凉州东距灵武千里，西北至甘州五百里，旧有郓人二千五百为戍兵。及黄巢之乱，遂为阻绝。超及城中汉户百余，皆戍兵之子孙也。(《宋史》卷四九二。《吐蕃传》)

唐末汉文记载上称吐谷浑为“退浑”“吐浑”，或竟单称为“浑”，此处的“郓”，当即“浑”之异写。后来或称“浑末”，再转为“嗢末”，皆据藏语转译(因其时吐蕃据有吐谷浑故地，至今玉树地区原先犹称红帽)。这二千五百郓人，无疑即为吐谷浑在凉州的后裔。由于朔方、云州一带的吐谷浑部族于北宋初已没入辽国，所以《宋史》上就不见有关它的记载了。以后凉州、灵州等地，又没入西夏，可能吐谷浑人有些又转入西夏，与原在那里的“浑末”人等合而为一了。

这二千五百郓人的戍兵，在唐书上也有一段与此相类似的记载：

吐浑部落、兴昔部落、閤门府、皋兰府、卢山府、金水州、蹛林州、贺兰州。已上八州府，并无县，皆吐浑、契、芯、思结等部，寄在凉州界内，共有户五千四十八，口一万七千二百一十二。(《旧唐书》卷四十，《地理志三》)

这些吐谷浑遗族，可能与《宋史》所载的郓人有渊源关系。《新唐书》上对移灵州的诺曷钵部的踪迹，也还有所记载：

威州，本安乐州。初，吐谷浑部落自凉州徙于鄯州，不安其居，又徙于灵州之境。咸亨三年，以灵州之故鸣沙县地置州以居之。至德后没吐蕃。大中三年收复，更名。光启三年徙治凉州镇，为行州。县二：鸣沙，温池。(《新唐书》卷三十七，《地理志》)

又：

吐浑州二：宁朔州、浑州。右隶延州都督府。(《新唐书》卷四十三下，《地理志》)

均属于羁縻州。可能这部分是当时并未随迁朔方而仍留在灵州一带的。后来返回凉州地区，成为今甘、青土族祖先的一支。

5. 元朝兴起，先后灭西夏与南宋，统一中国，在中国史书上，才真正泯灭了“吐谷浑”这个名称。而在吐谷浑故地中，却有了“西宁州土人”这样一种称谓的少数民族；又因为元、明时在西北、西南地区设置了土司来统辖当地民族，一般便以为土人就是土司辖下人民的称谓。实际上西北地区土司，有蒙古族、藏族、回族、撒拉族、汉族等，但除了今青海大通河、湟水流域聚居的一部分少数民族被称为土人外，其他并不称为土人，而仍称汉、藏、回、撒拉等族。同时，西南各省设置土司地区的各少数民族，也仍分称为苗、彝、瑶等族，也并不称土人。所以西宁州土人的名称，必有其历史渊源存在。

青海解放后，我应一位土族人士的询求，写了一点土人应为吐谷浑后裔的意见，后来经过调查研究，定现在土人聚居的互助为土族自治县，从此土族的名称正式成立并成为我国五十多个少数民族中一个独立成员，而不再附属于汉族或其他族而存在。中国科学院和青海有关地方政府，曾进行了详细调查，查明今青海民和、乐都、大通、门源及甘肃天祝等与互助毗邻地区，均有土族分布。青海民院芈一之先生还多方做了考证，也确认今土族实为吐谷浑后裔，但却以为土族主要成分是蒙古与霍尔人所融合的；陈玉书先生更认为“霍尔”即“胡儿”的音转，便肯定土族是匈奴、阻卜、蒙古、吐谷浑等族的一个混合体，则更是一种附会。(见《关于土族的来源问题》，载《历史研究》1962年第6期)

根据我个人的考察，元初有一部分蒙古兵曾留驻今互助县地区，且间有与土族通婚情况，但蒙古人并不可能就此成为今土族来源的主体。这个说法的主要根据是清代有关佑宁寺的一篇碑文(藏文)及土族语言中一部分蒙古族语汇。我以为吐谷浑原为鲜卑分支，而蒙古族则为匈奴、东胡、突厥的混同族系，其语言原先就应有相通部分。今土族语言中的蒙古族语汇，应是其原来相通部分，并不一定来自元时蒙古语。且蒙古族大将格日利特(见佑宁寺碑文)当年驻军的地方，仅在今互助县东部，其他地区土族，不可能统受其语言的感染；且就今土族语言而论，互助与民和就有所不同，而民和土族中同样保留有与蒙古语相同的一部分语汇，更可证明其为本民族原有语言。至于阻卜等名称，与蒙古族自称，原自有别。鞑靼一名，早见于唐初突厥文《阙特勤碑》，因此唐时汉文中即有鞑靼之称，近世以为即元时塔塔儿的对音。此后的汉文记载，遂把漠北、漠南一带的蒙古、色目等部落，混称为鞑靼，有所谓三十姓鞑靼、九姓鞑靼、阴山鞑靼、黑鞑靼、白鞑靼种种称号，而《辽史》上对蒙古部除了间称“达旦”外，余均作为“阻卜”，实际上阻卜只是阴山一带的另一种落。王静安(国维)先生发现元朝政府讳称鞑靼，便推断《辽史》中的阻卜，就是鞑靼的改称。这就说明阻卜仅是活动在蒙古地区的一个部落，也就是或被称为白鞑靼的一种。白鞑靼后来便成为元代被蒙古族所统治的色目人的统称，今土族或亦自称“察汗蒙古勒”，显然也是有异于蒙古族的白鞑靼，并非真正的蒙古人。阻卜与吐谷浑同属于白鞑靼，而且《辽史》中把它与吐谷浑并列为属国，说明他们并非同族；而且阻卜的活动，也迄未进入过甘、青地区，自无从成为组成今土族的一个主要来源。要把土族说成是匈奴、阻卜、吐谷浑、沙陀等各民族的一个混合体，这是完全不符合历史事实的。

6. 土族能被进一步考定为吐谷浑族的后裔，还有赖于藏文记载的被发现。吐蕃历史文书上的阿辖，已引论如前。出现和流行于明代以后的藏族民间史诗《格萨尔王传》上，亦有霍尔黄帐王、白帐王的故事，这虽是小说，但"霍尔"一名，则可与汉文记载相参证。此霍尔即指吐谷浑，而为"浑"字的音转，并非"胡儿"的转译。又，明代藏族学者索南坚赞所著《西藏王统记》，记吐蕃国王松赞干布遣使迎娶文成公主的经过时，曾有如下记载：

> 唐王不许。使者返藏，伪言于王曰：唐王甚喜吾等，已许嫁公主矣。乃有霍尔塞（即黄霍尔）吐谷浑离间唐王，以故不果。（见王沂暖译本）

按此处所云黄霍尔，《新唐书·吐蕃传》正作吐谷浑：

> 弄赞闻突厥、吐谷浑并得尚公主，乃遣使赍币求昏。帝不许，使者还妄语曰：天子遇我厚，几得公主，会吐谷浑王入朝，遂不许。（《新唐书》卷二百十六上）

《王统记》也有可能译自《新唐书》，但藏史上或许也有同样记载。主要的是称吐谷浑为黄霍尔，"胡儿"则向来没有被称为黄、白的。同时《王统记》上还有这样一句话：

> 吐谷浑逃徙藏喀之青海。

这在唐史上也作“吐谷浑不能抗，走青海之阴”，“藏喀”即“宗喀”，藏语湟水称宗曲，《宋史》上也叫宗水或宗河。说明藏文记载在史实上，完全与汉文记载同揆。至于藏文《佑宁寺创建记》是清初的记载，那上面说蒙古兵与当地霍尔人通婚事虽无足轻重，而它仍称当地土人为霍尔人，则与藏史上的称谓是一致的，更可证土族即吐谷浑后裔。

综上所述，可以大致做出如下的结论，即内附的吐谷浑族在亡国后还以属国和部族形式在中原地区继续活动了二百多年，才渐被融合同化于内地民族，成为隋、唐大一统后汉族的新的素质，不复独立存在；被并入吐蕃的广大吐谷浑部族，在吐蕃王国尚未衰落前，其中许多大部族仍以部族或属邦面目出现，且具有兵力；有的小王子更有尚吐蕃公主，而成为甥舅之亲的。大致在宋末才逐渐被融合于藏族。其中鄯善、且末、于阗、河西及宁朔一带的吐谷浑族，则又分别被融合于回鹘、党项诸族之中。而青海大通河及湟水流域大部分地区，到现在仍留有尚未被同化融合的吐谷浑族遗裔，这就是今日的土族，且旁及于甘肃天祝及永靖、临夏一线。这可能是由于他们聚居且在历史上相对地于本地区居于优势（文化及人口比例）地位有关。至于四川昌都、甘孜及青海黄南地区向被称为霍尔或和日的部落，虽已完全被藏族所同化，而在称谓上仍可溯源于吐谷浑民族。

（二）吐谷浑民族的特征

吐谷浑是辽东鲜卑族的一支，它本有自己民族的一些特征。

首先，它是一种从事畜牧业的民族。

除前面已引见的资料外，《魏书·吐谷浑传》说：

伏连筹死，子夸吕立，始自号为可汗，居伏俟城，在青海西十五里。

虽有城郭而不居，恒处穹庐，随水草畜牧。

由于他们从事畜牧业，尤善养马，故其国以产良马知名。《南史·夷貊传下》说:

有青海方数百里，放牝马其侧，辄生驹，土人谓之龙种，故其国多善马。

关于吐谷浑所育龙驹，所有史籍上都说“能日行千里，世传青海骢者是也”。这确是良种，因为在一千多年后的今日，青海湖周围所产的浩门马，仍以走马见称，而土族人也仍以善养马知名。但旧史上误把这种马与大食西海龙马的传说混淆起来，不免神话化了，实际上吐谷浑马是他们放养在青海湖周围的马与波斯马杂交的良种。(别见拙著《河湟旧闻》，载《青海社会科学》1980年第1期)吐谷浑后来也兼务农业:

好射猎，以肉酪为粮，亦知种田，有大麦、粟、豆。然其北界气候多寒，唯得芜菁、大麦，故其俗贫多富少。(《魏书·吐谷浑传》)

又因其地:

乏草木，少水潦，四时恒有冰雪，唯六七月雨雹甚盛。若晴则风飘砂砾，常蔽光景。其地有麦无谷。(《南史·夷貊传下》)

所以他们仍以从事畜牧业为主。大凡从事畜牧业的民族，都好弓马，擅骑射，刚健勇武，是其特性。目前青海地区的土族，则多以农业为主，而以畜牧业为副，这是因为后来他们聚居到气候较为温暖的浩门河流域而然。

第二，服饰。

吐谷浑族早期的服饰是：

著小袖袍、小口袴，大头长裙帽。女子被发为辫。(《南史·夷貊传下》)

到夸吕时，似乎渐染汉、羌风俗，但仍具有其本民族风格：

夸吕椎髻毦珠，以皂为帽，坐金师子床，号其妻为“恪尊”。衣织成裙，披锦大袍，辫发于后，首戴金花冠。其俗丈夫衣服略同于华夏，多以罗幂为冠，亦以缯为帽。妇人皆贯珠贝，束发，以多为贵。(《魏书·吐谷浑传》)

直到唐时还大体如此：

其王椎髻黑冒，妻锦袍织裙，金蘤饰首。男子服长裙缯冒，或冠幂䍦；妇人辫发萦后，缀珠贝。(《新唐书·吐谷浑传》)

在现代来看，王室服饰，已无可考见，但从土族一般男女服饰看，皂帽、缯帽，甚至是罗幂及辫发等，尚多存遗制。多辫发与藏族同中有异，缀珠贝也尚可见。最特殊的是妇女头饰，式样很多。主要尚有吐浑扭达（俗称干粮式）、捺仁扭达（三箭式）、什格扭达（簸箕式）及加士扭达（马鞍桥式）四种。其中簸箕式据说先用硬纸壳做好式样，其上剪贴花饰、贝壳，再加银簪，然后扎戴于发上，并挂上红黄丝穗，更于髻间佩戴首饰，项间挂上用贝壳缀成的项链。此种装饰，大体如戏装，在游会场或喜庆时戴于头上，晚间卸下，确属别致罕见。

第三，婚丧礼俗。

在婚礼方面，古代记载有：

婚礼富家厚纳聘，贫者窃妻去。父死妻庶母，兄死妻嫂。(《新唐书·吐谷浑传》)

父兄死，妻后母及嫂等，与突厥俗同。至于婚，贫不能备财者，辄盗女去。(《魏书·吐谷浑传》)

婚礼厚纳聘和贫者盗女去，是吐谷浑族的特点。至于妻庶母和嫂（如视罴死，弟乌纥提立，妻树洛干母）则是游牧民族的通俗。就此以观，吐谷浑族中同时存在着富室中的买卖婚姻和贫家的抢婚两种不同的制度，这完全是由经济条件决定的。我为此查了一下古代东胡族的习俗记载，发现乌桓就有与此相类似的规矩：

其嫁娶则先略女通情，或半岁百日，然后送牛马羊畜以为聘币；婿随妻还家，妻家无尊卑旦旦拜之，而不拜其父母；为妻家仆役，一二年间，妻家乃厚遣送女，居处财物，一皆为办。(《后汉书》卷一百二十《乌桓传》)

这里虽未提到抢婚，而很多地方，却与后世土族习俗略同。据马光星同志（民和土族）对我谈，土族的传说中有“先娶儿来后嫁女，娶儿嫁女满堂红”的口歌。说明土族原先的婚姻制度是嫁男而并非嫁女，只是在像入赘的男方逃走后，女方才不得不随往夫家。夫在妻家时，无异仆役，而当逃回本家后，女家便又不得不以厚奁送女归夫家。这个传说在今土族中流传，说明其渊源之古。另外吐谷浑族的抢婚制，在现代土族中还有遗留，即男方无力迎娶时，仍可窃女以去。据说当日食和月食时抢娶已定亲的姑娘，并不需要聘礼，而可得到女家承认。这不也是吐谷浑族的遗风吗？

丧葬方面，则很早就略同汉俗：

死者亦皆埋殡，其服制葬讫即除之。（《魏书》）

丧有服，葬已即除。（《新唐书》）

埋殡与汉族略同，是受汉族影响，惟服制比汉族为短。无天葬和火葬。当今土族，则有棺殓，可能是后来随汉俗的。

第四，刑罚和赋税制度。

刑罚颇简而残酷，为其他族所少见：

其刑罚：杀人及盗马，死；余则征物以赎罪，亦量事决杖。刑人必以毡蒙头，持石从高击之。（见《北史》）

对判死刑者，从高处用大石砸死，颇为罕见，可当作它的特种制度看。这种刑罚，在吐谷浑族丧失政权后，便无可再见。

赋税也无定法，但是比较轻简：

国无常赋，须则税富室商人，足而止。（见《新唐书》）

第五，宗教。

鲜卑族在辽东、辽西时，所信为萨满教，到陇上和青藏高原后，由于佛教的传入和流行，都改信佛教。在中原地区立国的鲜卑拓跋氏、慕容氏等如此，在西陲的吐谷浑族、南凉秃发氏及西秦乞伏氏等都是如此。北魏等所遗留的佛教经典和宗教艺术品，是组成中国文化的一部分。吐谷浑在这方面遗留下来的东西很少。仅史载：

（梁）天监十三年，遣使献金装马脑钟二口，又表于益州立九层佛寺，诏许焉。（见《南史》）

它早年的情况是如此，可见它宗教艺术的精湛。后来随着吐蕃王国势力的兴盛，西藏佛教更在这个地区流行。特别是明以来的黄教（格鲁巴），在本地区形成独霸局面。元、明以来被称为西宁州土人的今土族聚居地带，宝刹林立，高僧如林，与黄教六大寺院中的塔尔寺（应作塔儿寺，兹且从俗）、拉卜楞寺比肩媲美。如互助的佑宁寺（原称古隆寺，或尔古隆寺），大通的广惠寺（又称郭莽寺）以及甘州的马蹄寺，互助的却藏寺、白马寺；还有最早建立的乐都瞿昙寺，民和的灵藏寺；甘肃永靖的炳灵寺、白塔寺等，都建立在土族聚居区，而佑宁、广惠两寺的僧徒，有百分之八十上下是土族。其间名僧如土观、章嘉均是八大呼图克图之一，或被封为国师，且有著述在国内外流传，可见土族受佛教影响之深。宗教本身自有其落后和消极的因素，而在当初条件下，“宗教是被压迫生灵的叹息，是无情世界的感情，正像它是没有精神的制度的精神一样”（马克思：《黑格尔哲学批判》）。正因为宗教具有暂时解忧止痛的鸦片作用，封建统治阶级便利用它作为自己统治的工具。这当然是另一个问题，我只不过是把历史上吐谷浑族的特征和今之土族的情况联系起来加以叙述而已。

第六，语言。

语言本身就是形成民族的一个主要因素，可惜鲜卑族的语言，现在并没有流传下来。就是当前土族的语言，我也并不熟悉。从古代史籍上看，如“恪尊”（一作“恪母”）为妻或妃的称谓；“慕何”“莫何”为沙碛的称谓；“莫贺”又为父的称谓；“阿干”为兄的称谓等以外，很少被录存。现今土族的语言，据当代人研究，谓属于阿尔泰语系的蒙古语族。有些土族语汇，和蒙古族相通，这可能受后世蒙古语影响，也可能系东胡语系所本有。鲜卑古老语言应属东胡族系。民族的主要因素为语言和生物学两个方面，人类学家对中国各民族的分类，还不完全一致。东胡系与肃慎系的直系，应为今满族，而又与华夏系、东夷系、蒙古系的汉族与蒙古族有一定联系，这从生物学方面来说是如此。而语言情况，则古今变异极其复杂，非片言所能决。如数词为一民族基本语汇，而今土族数词均与蒙古语不同。据说互助土族自治县正在创造土族文字，可能取则于今蒙文，这样也容易和今土语相接合。（今土族语言中，还混合了一部分汉族语言，此暂不在这里论列）

从历史记载上考察吐谷浑族的民族特征，大致有以上几点，虽然资料不够完整，但轮廓已较为粗具。至于其他政治设施和官职等，则完全学自汉文化。如“粗识文字”，官职有“长史、司马、将军、王公、仆射、尚书、郎中”，并曾吸收“博士”和“秦、陇英豪”，而吐谷浑王吐延、叶延、视罴等均读《诗》《书》，如吐延自号项羽，尝憾不与韩信、彭越、吴汉、邓禹并驱中原，名垂竹帛。说明他曾读史传；叶延“颇视书传，自谓曾祖奕洛韩始封昌黎公，吾为公孙之子，得以王父字为氏，遂以吐谷浑为氏”，说明他曾习《礼》；视罴说：“《易》云：动静有常，刚柔断矣。先王以仁宰世，不任威刑。”说明他曾学《易》。到夸吕时，汉化更进一步，宫室举止，窃拟王者，所有这些，都不做为其本民族特征，只是其由民族接近渐趋于民族融合过程中的一种表现。

根据上面的论证，可以看出吐谷浑由部落发展成为单一民族，更进而组成国家的过程中并未被羌族所同化，也未被吐蕃所融合，只是在元、明以后其大部才被同化与融合于汉、藏各族，尚余下一部分仍保持其本民族特征，即是今之土族。兹根据《新唐书》《旧唐书》吐蕃传对吐谷浑与吐蕃两族略加对照比较如下：

1. 称谓和官制

吐蕃“号君长曰赞普，赞普妻曰末蒙”，而吐谷浑称君长为“可汗”，可汗妻为“恪尊”。这当然是由于语言的不同，但其官职名称和官阶则同样与吐谷浑异致。如中央官职有大相（论茝）、副相（论茝扈莽）；又有内大相（曩论掣逋）、副相（曩论觅零逋）、小相（曩论充）；还有整事大相（喻寒波掣逋）、副整事（喻寒觅零逋）等。吐谷浑则依汉官制设有长史、司马、仆射、尚书等官职。吐蕃军队编制有藏如、右如等。吐谷浑编制不见记载，仅只有将军称号。

吐蕃官品的章饰，“最上瑟瑟，金次之，金涂银又次之，银（又）次之，最下至铜止，差大小，缀臂前，以辨贵贱”。这也和夸吕的章饰完全不同。

2. 居处和服饰

吐蕃“有城郭庐舍不肯处，联毳帐以居，号大拂庐，容数百人”。“屋皆平上，高至数丈。”“部人处小拂庐，……衣率毡韦，以赭涂面为好。妇人辫发而萦之。其器屈木而韦底，或毡为槃，凝麨为臜，实羹酪并食之。手捧酒浆以饮。”除了居处和妇人辫发外，余均与吐谷浑异趣。

3. 丧葬

吐蕃丧葬习俗，完全和吐谷浑不同。最重大的一点是它还保留有殉葬制度：

居父母丧，截发，青黛涂面，衣服皆黑。既葬即吉。其赞普死，以人殉葬，衣服珍玩及尝所乘马、弓箭之类，皆悉埋之。仍于墓上起大室，立土堆，插杂木为祠祭之所。

杜佑《通典》上还说有共命人，日夜纵酒，送葬日在脚下扎针，血尽而死，然后以之殉葬。这些人都是赞普生前的相好。还有一种亲信人，或用刀锯脑缝，或用削尖的棒刺两肋，死后也都殉葬。另外，一般人死后，杀牛马以殉，取牛马头积累于墓上。这都为吐谷浑所未有。吐谷浑史上无奴隶的记载，所以刑罚也轻简，更无殉葬制。

4. 刑罚

吐蕃刑罚最野蛮，有些一直保留到解放前藏区中：

其刑，虽小罪必抉目，或刖劓。以皮为鞭，扶之，从喜怒，无常算。其狱，窟地深数丈，内囚于中，二三岁乃出。

抉目刑到解放前还存在。另外还有用湿牛皮裹身缝紧，然后投入牢中，有几年不解，至手指甲洞皮而出者。另据《隋书·突厥传》，有“谋反叛、杀人者皆死，淫者割势而腰斩之”等刑律。藏文记载中，也有“治奸淫罪，断其四肢之一，流放境外。妄言惑众者断舌”等规定。另外还有剥皮、断膝等酷刑。吐谷浑始终未沿袭这种刑罚，在后世土族中，也无丝毫遗留。

5. 宗教

其俗重鬼右巫，事羱羝为大神。喜浮屠法，习咒诅。国之政事，必以桑门参决。

按吐蕃原始的宗教为本教，与萨满教大致相类。奉天神、魔鬼神等，迷信色彩极为浓厚。后从唐及印度引进佛教，自成一系。但原始宗教，至今仍有遗留。吐蕃与吐谷浑及土族，在信仰佛教这一点上是相同的。但吐谷浑并未杂本教习气，其原始崇拜图腾，似为蛤蟆，而吐蕃族则为羱羝，沿羌族本俗。

6. 其他

还有些习俗如“贵壮贱弱，母拜子，子倨父。出入前少而后老”“重兵死，以累世战殁为甲门。败懦者垂狐尾于首示辱”，也为吐谷浑所未有。

根据以上比较，则吐谷浑立国早在吐蕃王国兴起以前，其时羌族尚以部落群体分散活动于今西北、西南等广大区域，为吐谷浑所役属，何能认为羌族建立吐谷浑国？所以吐谷浑国未被后起的国家吐蕃王国所征服前，并不存在羌化问题，而在其为吐蕃王国所灭亡后，其种姓也并未改变。吐谷浑族的被融合同化，基本上在宋以后，而且在今青、甘两省境内，尚有基本保持其古民族特征和传统的大量土族存在着，自更不能说吐谷浑早在建国时即已被羌化的断语了。所以说吐谷浑早就羌化和羌族建立了吐谷浑国的说法，是没有历史根据的。

我在本文开始时，就谈到民族的融合与同化，是一种自然现象与趋势，但不具备文化上的优越条件，光靠统治势力，并不能完成这个历史任务。吐谷浑族在它的国家政权未消亡前，所以未能被羌族和吐蕃王国所完全同化，主要由于当时吐谷浑族比羌族具有较高的文化，民族优势较为突出；其次是它始终聚居而未完全分散。即就是在被吐蕃吞并后，其汉化较深（如农耕及手工业技术）而又聚居在河湟地区的部落，在本地区汉、藏诸族相对地亦处于落后状态的情况下，而藏族的政治统一势力又不存在，其封建农奴等制度，又未在本地区完全消灭，所以土族仍然能保持其本民族的基本特征，而未为汉、藏等族所完全同化，这和近世其他少数民族如维吾尔、哈萨克、撒拉族等未被它族所同化是一样的。认清这一点，我认为是很重要的。

关于吐谷浑其他一些问题，颉刚先生和有关专家学者都有精辟的考证与论述，我除了补充和引申一点而外，不再加以重复了。

1980 年 10 月 14 日初稿

1981 年 8 月 21 日定稿

白兰国址再考

一、前言

1950年夏秋间，客沪上顾颉刚先生寓。某日，顾先生偶问到白兰这个羌族部落国的所在地，我约略查考了一些有关资料，草了一篇《白兰地望考》，供先生参考。时隔三十多年，当时自己谈了一些什么，也已完全淡忘，不复省忆。到了80年代的今天，我才有机会看到顾先生《史林杂识》(初编)，其中《白兰》篇有："有友自青海来，余因以此问题质之"的话，始知顾先生在考证此问题时，兼采了我当时的一些说法，不禁惶悚汗下！因而在近两年所写的有关文章中对此续做过一些探讨，但仍很零散，且不免错误。《青海社会科学》1982年第2期刊载了聪喆同志《白兰国址辨》，对此问题做出了新的探讨。此文先曾送我看过，我认为他对有关地区实地做过考察，甚有助于对此问题的重新论证。随后聪喆同志又写了一篇驳诘《维州白兰论》的文章，是前文的姊妹篇。我当时建议把这篇文章也先予发表，然后我再写文参与讨论。不久，我在吴均、梁今知二先生催促鼓励下，终于提前先写出一篇东西来，但由于送有关人士审阅，又耽误了大半年工夫，而聪喆同志的第二篇文章也已刊出，现在我根据有关方面所提意见，将前稿略加补充修改付诸发表。其未便从同处，则仍以己意为取舍，聊当争鸣，并以就正于聪喆同志与海内方家。

二、白兰种族及其名称试释

古地半因部族而得名，但向无城郭的行国，则又往往出现地随人徙和语言先后相异的情况。在考证地理沿革时，这一点是必须首先加以注意的。弄清楚白兰地望及其移徙，于吐谷浑立国形势和兴衰情况，颇有连带关系，而对历史地图的绘制，则更直接相关。近年来国内对此问题的探讨，颇有倾向于国外学人的论点，个人于此，未尽从同，兹试为论证，再申己见。

首先拟考察一下白兰的种属问题。《周书》卷四十九《异域传·白兰》云:

> 白兰者，羌之别种也。

又，《北史》卷九十六与此同。北宋时成书的《册府元龟》卷九五八外臣部国邑二亦谓："白兰国，羌之别种也。"其史料当均同出一源。到了后来，便有了不同说法。《新唐书》卷二二一上《西域传·党项传》有云:

> 又有黑党项者，居赤水西，其长号敦善王，慕容伏允之徒也，依之。及吐谷浑款附，敦善王亦纳贡。居雪山者曰破丑氏。又有白兰羌，吐蕃谓之丁零。左属党项，右与多弥接。胜兵万人，勇战斗，善作兵，俗与党项同。

而先此成书的刘昫《旧唐书》的记载，又颇与此有异。是书卷一九八《西戎传·党项羌》云:

又有雪山党项，姓破丑氏，居于雪山之下，及白狗、舂桑、白兰等诸羌。自龙朔已后为吐蕃所破而臣服焉。

这里虽同样提到黑党项，而仍把白兰列于诸羌之内，无“丁零”的说法。杜佑《通典》，成书于唐中叶，亦说：“白兰，羌之别种，周时兴焉。”（卷一九〇边防）那么，吐蕃说它是丁零，究何据而云然呢？

据梁今知先生说，日人佐藤长氏在其所著《古代西藏史研究》中谓系“匈奴隶属部落丁零的子孙，属突厥族”。同样的解释，也见于日人松田寿男氏《吐谷浑遣使考》：

丁零，不外乎是敕勒、铁勒之异字，也包括突厥在内。

不过他又接着说：“但是白兰之民，理应是羌人而非敕勒人”，不论怎样，吐蕃人称白兰为丁零，其原因何在？我想这是因为白兰似乎“被西藏本土之民用突厥极为近似的发音或语言来称呼，这种语言恐怕唐代的中国人难道不会写作对突厥古译字丁零吗”？实际上松田氏的这种解释是游移而模棱的，因为他最终还是把白兰划入柴达木河流域布尔汗布达这个突厥、蒙古语地名之下了。

白兰族属羌种，原是没有疑问的，《新唐书》的说法似乎得诸传闻，并不足为据。古代交通闭塞，民族或部落之间缺乏往来，因而当时人的地理知识极为模糊，如汉人把广大北方地区的各民族统称为胡，把西羌境内的氐也称为羌。诸夏之人尚且如此，四裔则更可想而知。吐蕃在未兴起前，居女国、唐旄、苏毗之间，蕞尔小邦，见闻当自有限。我以为这个“丁零”名称的来源，当追溯到魏晋以前：东汉时西海周围原为先零羌居地，在它东迁北地后，其首领犹有滇零的称号，而早在王莽时烧当羌的玄孙有名叫滇良的，据有西海郡地。到南北朝时，这部分羌人虽早已内徙，但旧时部族称号与地名可能仍旧存在，而为吐蕃所沿用。《新唐书》所谓“丁零”，当为羌种滇零或滇良的异译，而非即谓丁令（丁灵、钉灵、丁零）也。突厥种丁令本居今贝加尔湖地区，即就是在汉朝与乌桓夹击匈奴时，其足迹只到今内蒙古地区，从未到过今青海南部地区，因此我认为把白兰误认为丁令后裔，或以滇零为丁零是当时吐蕃历史地理知识的局限，乃仅得诸传闻，而把白兰属诸突厥，则出于近人对《新唐书》记载的误解。我之所以首先要辨明白兰的种属，因它是与其活动地域紧密相连着的。白兰既为群羌部族的一支，则其自名本属羌语，而与突厥、蒙古族语无关。《隋书·吐谷浑传》上说吐谷浑地域“南极白兰山数千里之地”。是知白兰国名来源于其境内的白兰山，或此山以白兰部族而得名。总之，其境内有山曰白兰，则是极其重要的一条依据。因此顾祖禹在其所著《读史方舆纪要》中说：

> 白兰山，在吐谷浑西南。慕容廆庶兄吐谷浑，国于洮水之西，南极白兰。其后每被侵伐，辄保白兰以自固。

山川一般不像城郭、部族那样易于迁移，因此就白兰山以考求白兰国址的所在，是首要的一条原则，而白兰山居吐谷浑之南，更是不容忽视的方位。颉刚先生《白兰》一文，先推求定附国所在于邛崃山之西，宁静山之东，巴颜喀拉山之南；再进而推定白兰疆域在今青海与四川之间，距甘肃西南部亦不远；最后始肯定白兰山即今之巴颜喀拉山。我认为这个结论是可信的，因为他主要是以四至的山川、部族为依据，而对音只其一端，结论并不是专靠对音来求得的，如果对音方面有错误，则应当归咎于我当时的疏忽。

现在不妨把白兰与巴颜喀拉这两个名称之间音值的勘同和古今语言变异的

问题试加讨论。白兰无疑是见于汉文史籍的译名，这个书面的地理名称，不一定和其时当地口头语言完全一致，其语源或出自羌，或出自吐谷浑，尚无从推求。而巴颜喀拉则显系突厥或蒙古语，是属于后起的名称。吐谷浑时代的白兰地区，有白兰、可兰两个部落国，白兰音近巴颜；可兰音近喀拉，只是语源不同。我现在想对这个问题作两方面的推论：

（一）最先在本地区存在着白兰与可兰两个部落国，而以白兰较详见载籍。而所谓白兰、可兰乃均系汉文的音译，与当时口语，容或存在较大出入。

（二）至唐初吐蕃从吐谷浑吞并白兰、可兰后，这两个部落国不复在当地存在，但这个地理名称，自然会长期存在于当地人口头中，于是在唐以后再出现新译名时，便很有可能根据当地口语译为巴颜喀拉了。白兰山成为巴颜喀拉山显然是未沿原名而从俗称的，因此巴颜喀拉一名尽管是后起，但其语源应当说是仍来之于古的。在这里有必要举古今两例说明这个道理。如《后汉书·西域传》有个兜勒国，而六朝人译经，却译成兜佉勒；在《魏书》中又成了吐呼罗；《隋书》作吐火罗；《大唐西域记》作睹货罗。虽然字音稍异，但自魏至唐，语源未变。而到了此后，便变成了塔克拉玛干（玛干为莫贺的异译），甚至还加上个大沙漠。塔克拉在外文中，或译 Thagara，或译 Thagura，Takla，与吐火罗 (Tokhara) 显然是同名异译，而自唐及今的图伦碛译名，犹隐存兜勒之旧（吐火罗、大夏、大月氏地均几迁，此处只论其对音）。据此则兜勒为汉时书面语，而兜佉勒以下都依当时口语。若无兜佉勒、吐火罗的口语存在，则不可能把兜勒改译成塔克拉玛干。白兰一名，辗转成为突厥或蒙古语巴颜喀拉，正好与此相类似。吐谷浑语属东胡语系，与蒙古语近，说明巴颜喀拉乃是用蒙古或突厥语译自吐谷浑口语中的白兰。这个通例，至今仍有存在。如今唐古拉山，藏语原称当拉，即是当岭或当山。本来只一个“当”字，而译为汉名，便成了当拉岭或唐古拉山；今青海化隆县，当地人称巴羊戎，而书面名则有巴燕戎格与摆羊戎格，或巴戎、巴燕。其他的如昌都称察木多，阿曲（见《北史》及《魏书》吐谷浑传）称阿木曲乎，均书面与口语之异。至于美国可译美利坚，亦可译亚美利加；旧金山既可译三藩市，亦可译三佛兰西斯科，都是书面语和口头语或古今语言的差别。如此则白兰之音转变为巴颜喀拉，并不在其书面语言出现的早晚，而在书面语与口头语之间的差别。按例，则口语当然在前。白兰山即今之巴颜喀拉山，自不能凭此一点得到肯定，但仅就对音而言，这依然较“白狼”“巴隆”为切近于事实。

巴隆云系蒙古语，其义为右翼，把青海西部划为蒙古左右二翼，时在公元1645年（清顺治二年），布尔汗布达也是蒙古语，非古名。而藏语则称巴戎，意为溪涧，均非山或部族名称，也与白兰不甚谐音。最重要的是巴隆方圆不逾百里，且居布尔汗布达山东北部边缘，以巴隆当白兰，直风马牛不相及。

三、白兰的四至

《北史·白兰传》云：

> 其地东北接吐谷浑。西北利模徒，南界郍鄂。

对于利模徒一名，颉刚先生说，《通典》《通志》引用此文均作西至叱利模徒，是知今本《北史》“叱”讹作“北”，盖以涉上文“东北”而讹，又脱“至”字耳。按“北”字非方位词，应如颉刚先生所论，《北史·附国传》平列羌人国二十，作北利模徒可证。唯《北史》《隋书》均作“北”，《通典》《通志》均作“叱”，我又查了一下《册府元龟》亦作“北”，是否即为“叱”之形误，尚难完全肯定。就字音推测，“叱利”或“利”，均似为山名。而《周书》却仍作“西北至利模徒”，又与《通典》微异，其间自必有一误或臆改。日人山口瑞凤氏以北利、模徒为二地（见所著《白兰与孙波的朗氏》）；松田寿男氏则又以《隋书》记载应读为“北，利模徒，郝鄂”；佐藤长氏遂以利模徒当今之玉树州治多。我认为均不可从。郝鄂或作苒鄂，而《通典》又作“郡鄂”，“郡”“郝”“苒”恐均是形误。《隋书》与《册府元龟》则作“那”，证之今日果洛州达日县南境与四川甘孜接壤处的达卡，旧名拉昂省都（省都或译松多，意为三岔河口），拉昂音与“那鄂”近，或即其处。如此则当以“那”字为正。（北魏高凉王那，《北史》作“郝”，《魏书》作“那”可比证）

那么，利模徒或北利、叱利模徒的所在，究竟在何地呢？如姑以“北利”“叱利”为山名，则“模徒”应即为今玛多的对音。从今天的黄河沿直到河源所出的约古宗列，地以玛多名者很多，玛多汉译即是黄河沿，那段地带，概可以玛多为名。而这一地带又适当巴颜喀拉山之北、达日地区的西北，这与古籍所载，“西至叱利模徒”，“西北至利模徒”的说法相合。白兰国西部或西北界利模徒，南界那鄂，既如上述，则其东北接吐谷浑，并非漫指“东至叠州，西邻于阗，北接高昌，东北通秦岭”（见《南史》《梁书》）的吐谷浑盛时全境，而是指其当时王城所在的河南国而言。吐谷浑为河南王时，其统治中心在今之黄南、海南二州地域内，而王城沙州，即在今贵南县穆格滩，随后渐移到今共和县境内。其地位正居今巴颜喀拉山东北境，若以今之都兰为吐谷浑王城，而以巴隆为白兰，则其东北方位为今之海北，而非海南，与古籍上河南国的记载全相违背。且目前的《中国历史地图集》也以此时期吐谷浑王城属都兰，则察汉乌苏与巴隆密迩相望，有何退保之可言？这种向声背实的说法，都是轻信新说、耳食传言或迷信权威所造成的。

其次，颉刚先生推定白兰地望所在，从附国、嘉良以迄宕昌，考明其四周的山川形势以至风俗，层层逼剥，使其无所藏形。其中引《北史·附国传》有云：

附国……西有女国，其东北连山绵亘数千里，接于党项，往往有羌：

大小左封、昔卫、葛延、白狗、向人、望族、林台、舂桑(《隋书·附国传》作“春桑”)、利豆、迷桑、婢药、大硖、白兰、北(叱)利模徒、那鄂、当迷、渠步、桑悟、千碉,并在深山穷谷,无大君长,其风俗略同于党项,或役属吐谷浑或附国。

上面所平列的二十个羌国,除了部分在今四川省甘孜、西藏自治区昌都境内外,而大部均在今青海省果洛、玉树两州境内。从排列顺序看,与白兰上下相接的迷桑、婢药、利模徒、那(那)鄂,均在今果洛州境内,而当迷在玉树州界,均北与党项接,无一及今柴达木地区。风俗同于党项,役属于吐谷浑及附国,其地自不会偏离到西北方向去。白兰之非巴隆,即此可证。颉刚先生更就嘉良附国有水阔数十丈或百余丈,而考定其为今之金沙江与雅砻江,明确附国的界址,从而按图索骥,一一考察出利模徒、那(那)鄂、白兰的所在来,其方法是科学而严谨的,非如有些国内外学者那样的悬揣或武断了。

我还想在这里补充谈一下宕昌,这也有助于白兰国址的进一步明确。中国古籍中提到白兰,往往与宕昌并论,宕昌地当今甘肃临潭、岷县之南,今青海果洛州之北,正好南与党项、白兰接壤,因此风俗均与之相同。若把白兰摆在今柴达木盆地的巴隆,则它和宕昌、邓至、河南诸国不免南其辕而北其辙了。至此,我们不妨为白兰国的地望画出个粗略的轮廓来。当年吐谷浑在受到西秦和北魏的军事进攻时几次所退保的白兰,其地约当今青海省果洛藏族自治州境内,大致包括玛多、玛沁、甘德、达日、班玛及久治各县的一部或大部,而与早期党项及吐谷浑、当迷、迷桑等错居。其东北与吐谷浑在今海南州兴海、同德相接;西南依巴颜喀拉山与今之玉树州北部相邻;西北与今鄂陵、扎陵相通。主要是面大积石山(大雪山)背巴颜喀拉山,依山面河,居险守冲,与古籍所谓“地既险远”,辄保白兰以自固的记载相符合。巴隆地居沙碛边缘,背依沱沱山，东、西、北三面平旷，沙丘连绵，四面受敌，显非用兵之地。同时地瘠民贫，不要谈吐谷浑大队人马并牲畜退保，就是白兰本身的“胜兵万人”也在这里难以存活。若果更从这里驱万帐与大量牲畜西奔于阗，虽然于现在看来，有青新公路直通婼羌，而在当时条件下，必须保证有足够水草，不能肯定由此可北取伊吾道，或西取婼羌道了。且早期婼羌，并不当孔道。白兰在当时是一个部落国，因此它的国境与国土，是参差错落地存在于巴颜喀拉山地区，不会像现在那样有固定的经界，而且到后来还有所变迁，这一点容在后面另论。

四、白兰与吐谷浑

白兰是群羌的一种，吐谷浑至河南后拓地，便为其所役属。且以“其地险远，又土俗懦弱易控”，遂以之作为它的可靠后方基地，曾几度退保。有一次曾被魏兵攻取，但等魏兵退后，吐谷浑仍复回来。因此白兰在吐谷浑所属诸部中，居有唇齿相依的特殊重要的地位。

考吐谷浑本鲜卑慕容氏王室的一支，自永嘉之乱时度陇，以枹罕（今临夏地区）为根据地，“其后子孙据有西零以西，甘松之界，极乎白兰数千里”（《晋书·吐谷浑传》）。可见吐谷浑在早期的活动中，即占领了白兰地区。这时他已开始受到羌族的反抗，吐谷浑死后，他的儿子吐延为羌族酋长姜聪所刺，剑犹在身，他急预嘱部将纥拔埿说：

> 竖子刺吾，吾之过也。上负先公，下愧士女，所以控制诸羌者，以吾故也。吾死之后，善相叶延，速保白兰。言讫而卒。(《晋书·吐谷浑传》)

在羌族部落的压力下，他们以保白兰为急，显见此时吐谷浑势力，已由河南进入白兰。到叶延的孙子视连时，西秦业已据有秦、河二州之地，乞伏归仁于公元 385 年自称单于，领秦、河二州牧，置郡十二，城于苑川，今甘肃陇西、陇南都归他统治。接着乞伏乾归称河南王，迁都金城，后秦封他为金城王，于是枹罕地区也落入西秦手中，视连便不得不称臣入贡，乾归便拜他为沙州牧，封白兰王。说明吐谷浑政治中心已由枹罕转到河南的沙州地区，而西秦还想压他更南向入白兰。视连的儿子视罴继立，有雄略，乾归遣使拜他为使持节都督龙涸以西诸军事、沙州牧、白兰王，视罴不受。乾归虽然明白他接受东晋的封拜，不与西秦结好，但因其有一定兵力，姑且容忍妥协，后来才乘机发兵袭击，攻取河南，视罴退保白兰得存。他的儿子树洛干立后，率领数千家回河南莫何川，最后在赤水为西秦兵所破，又退白兰自保，惭愤发病而死。阿豺子慕利延时，魏遣晋王伏罗讨吐谷浑，慕利延兄子拾寅走阿曲，慕利延走白兰。伏罗遣高凉王那等追及于白兰，慕利延入于阗。此时吐谷浑已拓地至且末、于阗，这次更曾进入罽宾，后仍回故土。慕利延死，拾寅立，始在伏罗川立都，其居止出入窃拟王者。伏罗川在今共和盆地，白兰仍为其后方重地。从拾寅到其孙伏连筹，又颇规复洮、岷地区故地，魏拜伏连筹使持节都督西陲诸军事、征西将军、领护西戎中郎将、西海郡开国公、吐谷浑王，自是其青海境内政治中心转移到青海西南，号称强富。他既与魏修诚，又与江左通款，其由洮岷经蜀通往江左的贡道（亦即商道），始终畅通无阻。而同时保有鄯善、且末、于阗地区，其地号称东西四千里，南北二千里。到伏连筹子夸吕立，始都伏俟城，自称可汗。隋末初唐时，吐谷浑分东西两部。东部以伏俟城为中心，由王伏允坐镇；西部以鄯善为中心，由王子驻守。其后吐蕃由南进逼，白兰遂失其险，而吐谷浑王室只好辗转流徙于湟水、浩门河流域，最后由河西移灵州附唐自保，白兰便没于吐蕃，从此便渐归衰微。可见在过去三百年中白兰与吐谷浑之间，存在有长期互相依存的关系，特别是吐谷浑在东来的北魏、西秦等势力打击时，始终不致败没，是与白兰的支持分不开的。

五、从白兰的风土看其所在地区

自来天时节候、风土刚柔与阴阳湿燥等地理因素，决定着所在地区民族的气质、性格和生产发展的特点。

白兰的地理环境和土风，主要有这么几点值得注意。首先，据《北史》《宋书》及《册府元龟》记载说："土出黄金铜铁。"而《周书》上说周武帝保定元年，白兰"遣使献犀甲铁铠"，这说明白兰地多黄金铜铁，并以铁铠为贡品，与吐谷浑善作兵器相同。后世迄今黄河源地区多黄金，几十年前马麒因在果洛马积雪山（大积石山）开金矿，致引起双方军事冲突。今果洛即当年白兰故地。

其次，《册府元龟》说："白兰出蜀马牦牛"，《北史》说："多出金银牛马。"蜀马为一地方马品种，今果洛地邻四川间尚有蜀马，而今柴达木盆地的马称柴旦马，品最下。牦牛亦以果洛、玉树产者为大宗。

第三，《册府元龟》说白兰"地宜大麦，而多蔓菁，颇有菽粟"。盖与吐谷浑混同言之，大致与河南地相同，而与今柴达木异。都兰一带垦殖，乃近几十年事，其地多盐碱、沙碛、沮洳，且干旱，与果洛、玉树大不相同。

第四，古籍中对白兰记载的有些情况，往往与吐谷浑并论。如"地生黄紫花草，便有雀鼠同穴"，"雀色白，鸟色黄。"这种生态现象，据说一过日月山，几乎在青藏高原上普遍存在，果洛、玉树最为习见。而在柴达木盆地中，就是在东南缘，也属罕见。这不能被解释为生态的改变所致。

第五，吐谷浑王吐延曾说：白兰"地既险远，又土俗懦弱易控"。这里所谓"懦弱"，当可作如下两种解释：一是吐延以新兴的鲜卑与古老的羌种相对比，觉得他们没有吐谷浑那样有朝气；一是为他的儿子叶延壮胆，教他不要顾虑白兰会拒绝他们入境。因为相对来说，白兰在群羌中还是较有战斗力的。《文献通考·四裔考十》说："有胜兵万人，勇于战斗。"山国之民，民性强悍，弓马娴熟，清中叶以还的果洛克，竟成为蒙古的劲敌，以今例昔，大致或不相远。后世居柴达木盆地的牧民，民气远较果洛、玉树为衰弱。

第六，有些自然地理情况，在古籍中是混同漫载，相互因袭，而不尽确切的。如：“西北有流沙数百里，夏日有热风，为行旅之患。风之所至，唯老驼预知之，即鸣而聚，立埋其口鼻于沙中，人每以为候，即将毯拥蔽鼻口。其风迅驶，斯须过尽，若不防者，必致危毙。”这条记载，同时见于吐谷浑、鄯善、且末及吐火罗。这是大沙漠中特有现象。我过去在西套蒙古额济纳旗所属营盘水沙碛中曾遇到过此类风沙，而在柴达木香日德地区，在山中与骆驼队相处几年从未闻有此事。香日德北山即与巴隆相望，半属沙碛，果洛地区少沙碛，亦鲜骆驼，似当年白兰，亦不致有此，足见此类记载颇多因袭，与“地多黄紫花草”的地貌不侔。

从上述地理环境所决定的物产、民风等因素来看，白兰所在绝不会在今布尔汗布达山下的巴隆。那么，此说从何而来呢？据我所知，近来此说的来源，大抵不出二途：一是受法国汉学家伯希和“突厥说”的影响；一是采自日本东方学家松田寿男、佐藤长诸家的推论。上述诸家，无疑均为此方面的权威，但在此问题上，却未必可全信。他们以为柴达木有布尔汗布达山，是突厥语系地名，而在此山附近，又有个地方名巴隆，与白兰音近，因此便说巴隆即白兰，布尔汗布达即白兰山；再加上婼羌出铁，又与白兰土出铜铁相应；何况还有“丁零”这个突厥族名？实际上这种为考证而考证的方法是徒劳的。因为吐谷浑几次退保白兰，都是驱千帐万幕拥众而南的，这非有足够的水草和粮食不行，巴隆地区均莫能当；慕利延败退的那一次，魏兵曾破白兰，慕利延又走于阗。论者多以为他走的必是婼羌道。但据道宣《释迦方志·遗迹篇第四》所述，自唐赴西域三道中的东道是这样走的：

其东道者，从河州西北度大河，上漫天岭，减四百里至鄯州。又西减百里至鄯城镇，古州地也。又西南减百里至故承风戍，是隋互市地也。

又西减二百里至青海，海中有小山，海周七百余里，海西南至吐谷浑衙帐。又西南至国界，名白兰羌，北界至积鱼城，西北至多弥国。又西南至苏毗国。

道宣是取道今青海、西藏去印度的，他所说的吐谷浑衙帐是唐初诺曷钵所居地，在今共和县境。其西南为白兰，则适为今果洛地区。再西北为多弥（即前此之当迷），为今之玉树地区。并不经今柴达木境。

又，敦煌出五代后晋天福十年写本《寿昌县地境》卷子中萨毗城条云：

在镇城东南四百八十里。其城康艳典筑，近萨毗城泽险，恒有土蕃，土谷贼往来。（向达《唐代长安与西域文明》）

土蕃指当时吐蕃人，土谷指吐谷浑人。同样，斯坦因所得《沙州图经》断片亦云：

萨毗城西北去石城镇四百八十里……其城近萨毗泽。山险阻，恒有吐蕃及吐谷浑来往不绝。（黄文弼《古楼兰历史及其在西域交通上之地位》引）

吐蕃与吐谷浑人从苏毗（今玉树）随时侵扰楼兰扜泥城（即鄯善），可见从今日的玉树沿萨毗泽入且末及鄯善，是当时最便于往来的一条通道。萨毗泽即今之阿雅格库木库勒。由白兰经当迷至苏毗，更由苏毗走且末、于阗，当是慕利延所取捷径，此道河水纵横，且无沙碛，比由柴达木北越沙碛于大队人马为便。正由于大多论者以巴隆为白兰，他们才以为非取道婼羌不可，殊不知取婼羌道必先取足供应，这在当时是很难解决的。

还有一点，就是白兰从唐初开始，在吐蕃势力的侵逼下，除了一部分人被吐蕃作为军锋外，其部落则逐步向蜀迁移，武德时安置其一部在维、恭二州，这就到了现在四川省红原、理县、马尔康一带了。到唐高宗永徽时，白兰部族又有一部内附，唐安置于剑州。龙朔以后，与春桑、白狗等为吐蕃所臣，籍其兵为前驱，便更与东会州相接了。这当是徐嘉瑞先生“维州白兰说”之所本，说的是白兰后期的事情。我未见徐先生《大理古文化史稿》，于此不敢妄论。但白兰入唐，越走越南，正好说明他的故地就在今果洛地区，否则他如何能突破吐蕃所控制的腹地却偏向东南方向撤退呢？颉刚先生说白兰当西倾山之西，指的正是今果洛地区。聪喆同志把白兰摆在吐谷浑西面，是为了把吐谷浑“国于洮水之西，南极白兰”这句话标点为“国于洮水之西南，极于白兰”作依据的。殊不知洮水之西，正是当时河南国的中心，由河南国南极白兰，便到了今果洛州。要说是西南极于白兰，更是无法到距洮水源几千里而地处青海西北的柴达木盆地了。

六、关于河曲问题

考察吐谷浑国地理，对河曲一名，也必须加以阐释。按历史上河曲有二：一为春秋时秦晋交战处，指河自风陵渡东流，在今永济县境形成一大弯曲，当时称为河曲。与此相类，黄河上源由大积石山至今贵德县境，黄河屈曲东北流，古书上称析支河或赐支河曲。仔细划分，在这一段流程内有两大弯曲：河水自鄂陵、扎陵东南流到果洛州久治县迤西折而向北，至四川玛曲县再折向西，我们可以把这一段大弯曲称为西曲或南曲。大积石山和果洛州刚好处在这段河曲内；河自玛曲西北流，至海南州同德县属的拉加寺折向北流，到共和县属曲沟复折而东流，又形成一大弯曲。黄南与海南两州都坐落在这段河曲内，我们可以称为北曲或东曲，这在唐代被称为河西九曲。《后汉书・西羌传》上说羌人无弋爰剑亡入三河间，“滨于赐支，至乎河首”。我现在理解河首即指大积石山所在的南曲，而析支或赐支则指海南、黄南州所在的北曲。这两处是指河源地区的两大河曲，至于所谓九曲，是后起的名称，其地与得名应当别为探讨（别详拙著《黄河九曲新考》）。唐中宗景龙间以九曲地为金城公主汤沐邑划予吐蕃，至唐玄宗天宝间由哥舒翰收复，包括今甘南、黄南、海南三大地区。我过去写的东西只以河南国所在地为河曲，概括尚嫌未尽，因此在这里附带提一下，借作补充。

1982 年 10 月初稿

1983 年 8 月改订

南凉兴亡及其故都遗址的发现

一、南凉国的兴亡

(一) 鲜卑西迁

鲜卑在中国史上为北方三大人种之一，中世纪时更为活跃。其名称起源，据《史记·匈奴列传·索隐》引服虔说:

东胡，乌桓之先，后为鲜卑。在匈奴东，故曰东胡。

鲜卑族既以居匈奴东而称东胡，则东胡非其本名。所以近人吕思勉据洪钧《元史译文证补》，以为:

按拓跋氏之先实来自西伯利亚。《魏书》谓：其国有大鲜卑山。希腊、罗马古史谓里海以西，黑海之北，古有辛卑尔族居之。故今黑海北境，有辛卑尔古城；黑海峡口初名辛卑峡；而俄人称乌拉岭一带曰西悉毕尔，辛卑尔即鲜卑也。[①]

丁谦亦谓:

大鲜卑山在俄属伊尔古斯科北，通古斯河南，今称其地为悉比里亚，悉比即鲜卑转音。[②]

两家都以今西伯利亚或悉比里亚为鲜卑的转音，盖古今译音互异，实际上是地以人（族）名。这些考察，实是现代人的创获。今俄属西伯利亚，在清中叶前为我国藩属，其地在先秦即居匈奴之东，所以当时的中国人移易匈奴的名称而加上方位词以示区别，可见那时的中国尚未闻鲜卑这一族称。因此当其在战国时进入河北、辽宁、承德一带，而与燕、齐等国相接触时，用汉语称为北戎、山戎，等同于华夏诸戎。其后匈奴破东胡，其残部走保乌桓山，又以乌桓为名，但后来仍不称乌桓而称鲜卑。东汉末曹操大破乌桓，迁其余众入居中国（今华北地区）。除乌桓这一部族外，还有北匈奴西迁后入居匈奴故地的鲜卑族，到六朝时建国于北方的就有慕容氏、拓跋氏、乞伏氏、秃发氏、宇文氏等，其中在今甘肃、青海境内建国的有乞伏氏、秃发氏和慕容氏别部吐谷浑三个鲜卑大族，而乙弗、折掘等部散居青海西部、南部的尚不在内。鲜卑族的内迁，对中国历史、文化的影响，颇为重大，而西迁今甘肃、青海境内的乞伏氏、秃发氏和吐谷浑等，则对甘、青两省的开拓，更有贡献。但这期间战乱频仍，也为本地区人民带来了不安。其中吐谷浑享国最久，对沟通东西文化经济交流，贡献最大。乞伏氏在甘肃西南部建立西秦国，势力一度及于今青海南部，并最后吞

①见吕思勉著:《语史札记》, 第 625~626 页“鲜卑”条。

②见丁谦:《〈汉书·匈奴传〉考证·北方三大人种考》。

并了建立在今青海东部的南凉国。西秦至公元 431 年，为赫连勃勃所建立的夏所灭。西秦对青海地区影响颇大，但少建树而多掳掠。

（二）南凉建国

南凉政权，是鲜卑秃发氏所建立。据《晋书・载记》谓其先与后魏同出，八世匹孤率其部自塞北迁于河西，其地“东至麦田牵屯（今甘肃靖远县东北部），西至湿罗（今青海大通县以西），南至浇河（今青海贵德县境），北接大漠（今宁夏阿拉善腾格里沙漠）”。匹孤卒，子寿阗立。寿阗卒，孙树机能立，是为五世祖。树机能壮果多谋略，晋武帝泰始中“杀秦州刺史胡烈于万斛堆，败凉州刺史苏愉于金山，尽有凉州之地，武帝为之旰食”。咸宁二年（公元 276 年），武帝以马隆为武威太守，转战而西。是年十二月，马隆进至武威，破斩树机能，凉州平。余众尽降，以其从弟乌丸统之。乌丸卒，孙推斤立。推斤死后其子思复鞬立，部从渐盛，再传即为秃发乌孤。这部鲜卑以秃发为氏，据《晋书》记载谓：“初寿阗之在孕。母胡掖氏因寝而产于被中，鲜卑谓被为秃发，因而氏焉。”这可能出自汉族的附会，实际上是拓跋的异译。《魏书・源贺传》说：

世祖谓贺曰：卿与朕同源，因事分姓，今可为源氏。

这是太武帝拓跋焘的话。而据《魏书・序纪》，则又自托于神明之胄，其说虽不足信，然其传说中的部落君长，自成帝毛立至宣帝推寅凡六世，而自推寅到神元帝力微，又历更九世。后世史家多以推寅为实有其人，虽其后世数不尽如《魏书》所载，但神元遣子文帝如魏，事在元帝景元二年（公元 261 年），树机能约与神元同时，匹孤之生，当在献帝与圣武帝之世，圣武与宣帝并号推寅，若将其世上推至宣帝，则其时更早。《魏书・序纪》谓“北俗谓土为托，谓后为跋”。后土之义，或出伪托，或出附会，而拓跋之名，其来有自，固不待寿

阗的覆生于被中了。(中土史家，于此多不考语源，致多附会或望文生义，如《新唐书》又以秃发为吐蕃，其辗转附会，大都类此)

自树机能入凉州，史称河西鲜卑。乌孤嗣立，务农桑，修邻好，势力益厚。后凉吕光遣使署他为假节冠军大将军、河西鲜卑大都统、广武县侯，乌孤本欲取代后凉而自立，但时机尚未成熟，便暂受其封爵。随即讨平在青海境内的鲜卑乙弗、折掘二部，在今青海乐都与甘肃天祝之间的廉川筑堡，作为初都。又因黄河南部的鲜卑卢陵、契汗诸部背叛，乃振旅征讨，诸部先后归附。吕光见乌孤势力寖盛，又进封乌孤为广武郡公。乌孤更讨平鲜卑意云部，至此，河南鲜卑十二部大都归其统属，吕光又遣使署乌孤征南大将军、益州牧、左贤王，乌孤这时羽翼既丰，便对后凉使者说：

> 吕王昔以专征之威，遂有此州，不能以德柔远，惠安黎庶。诸子贪淫，三甥肆暴，郡县土崩，下无生赖。吾安可违天下之心，受不义之爵？帝王之起，岂有常哉！无道则灭，有德则昌，吾将顺天人之望，为天下主。①

这时的乌孤，已不把后凉放在眼中，遂只留其鼓吹仪仗而拒绝接受封爵。东晋安帝隆安元年(公元397年)，乌孤自称大都督、大将军、大单于、西平王，年号太初，是为南凉建国之始。接着就又耀兵广武，攻克金城。吕光见乌孤称王立国，即派将军窦苟来伐，为乌孤所击败。继又西向，收降乐都、湟河(即今民和、化隆县境)、浇河三郡。岭南(今乐都南山以南)羌人部落几万户均来归附，吕光部将杨轨、王乞基也率户数千来投顺，势力陡增，便与后凉、西秦鼎足而三，乌孤更称武威王，使后凉感到不安。到隆安三年，便迁都于乐都，以弟利鹿孤为骠骑大将军、西平公，镇安夷(今平安县境)；弟傉檀为车骑

①《晋书》卷一二六《载记》第二六。

大将军、广武公，镇西平（当时西平郡治西都县，即今西宁市所在）。并以杨轨为宾客，更广事收纳各族各方人才，以内居显位，外宰郡县，使秃发部由较落后的部族制而迅速进入封建制。有关他广泛接纳和使用人才的情况，《晋书》曾有这样的记载：

金石生、时连珍，四夷之豪隽；阴训、郭倖，西川之德望；杨统、杨贞、卫殷、麴丞明、郭黄、郭奋、史暠、鹿嵩，文武之秀杰；梁昶、韩疋、张昶、郭韶，中州之才令；金树、薛翘、赵振、王忠、赵晁、苏霸，秦雍之世门。皆内居显位，外宰郡县，官方授才，咸得其所。[1]

区区一个南凉小国，而所吸收容纳的文武人才，除少数民族之外，更包括今四川、河南、陕西、甘肃等地汉族士人。这些人才，究竟缘何而远至西鄙为乌孤所接纳呢？原来西晋丧乱，中原扰攘，士大夫奔投无所。晋惠帝永宁元年（公元 301 年），凉州大姓张轨任凉州刺史，保境安民，于是河西走廊成为当时一块安全的乐土，中原和关中人士，纷纷避地西来，凉州的姑臧，一时成为文化中心，到了他的孙子张骏，虽然自称假凉王，建立了前凉政权，但对晋室仍表拥戴，因此甚得汉族士人的拥护，而儒学也因之在河西走廊兴盛起来，如在前凉，宋纤就有弟子三千余人；祁嘉博通经传，在敦煌授徒，有弟子二千余人；在西凉宋繇博通经书，刘昞著书立说，有学徒几百人；在北凉阚骃著《十三州志》，为沿革地理学的名著，等等。可见当时的河西走廊由于较为安定，一时成为文化中心。因此乌孤在其发展过程中，得以广事收罗重用四方才俊，为他的开国奠定了基础。而南凉的汉化，也和前燕、后燕、前秦、后秦、前赵、后赵等一样，受中原封建文化的涵育熏陶，思想信仰，既渐称同，民情风习，亦

①《晋书》卷一二六《载记》第二六。

趋统一，终于完成中国史上第二次民族大融合。就此而言，南凉不仅对湟水流域进行了开拓，同时也传播了中原文化，但不能由于其为时甚暂而低估了它的历史影响。

乌孤既在乐都建立基业，并发展了农桑，重用了人才，继此他所想到的问题，便是怎样来对付东南方的西秦，西北方的后凉和北凉。他问计于杨统，杨统为他筹策说：

> （西秦）乾归本我所部，终必归服；段业（时为凉州牧、建康公，为北凉的先驱）儒生，才非经世，权臣擅命，制不由己，千里伐人，粮运悬绝，且与我邻好，许以分灾共患，乘其危弊，非义举也。吕光衰老，嗣绍冲暗，二子纂、弘，虽颇有文武，而内相猜忌。若天威临之，必应锋瓦解。宜遣车骑镇浩门，镇北据廉川，乘虚迭出，多方以误之，救右则击其左，救左则击其右，使纂疲于奔命，人不得安其农业。兼弱攻昧，于是乎在。不出二年，可以坐定姑臧，姑臧既拔，二寇不待兵戈，自然服矣。①

杨统的这番谋划，略同于秦时的远交近攻，借乾归、段业与南凉之间关系缓和，尚无争夺的时机，全力进攻当面之敌，以削弱其威胁自己的势力，然后再进一步吞并它。乌孤深以为然，便暗中作准备以待时机。恰好这时段业受到后凉吕纂的侵袭，乌孤遣其弟骠骑大将军利鹿孤率兵往救，吕纂怕遭到其东西夹击，便烧毁氐池（今民乐境）、张掖谷麦后撤兵回去。乌孤借此机会以利鹿孤为凉州牧，镇西平；调其弟车骑将军傉檀入掌军国大事，骎骎乎有吞并后凉的形势与准备了。

就在这时，乌孤因酒醉坠马，摔伤了肋骨，他初尚以幸未致命而自慰，笑

①《晋书》卷一二六《载记》第二六。

着对人说："几使吕光父子大喜！"但终于因伤重不治而死，临终托付了以利鹿孤继承王位的事宜。谥武王，庙号烈祖。

乌孤在后凉、北凉、西秦和夏的环伺下，在河西走廊之南的西平郡建立了南凉政权，并欲与之相争锋，他的这个遗志为利鹿孤所继承。利鹿孤继位后的第一桩举措便是迁都于西平（治西都，今西宁市），这大概是由于西平为他向所坐镇的根据地，而傉檀入掌国政，且当时与国如段业等对南凉继统事有所议论，因此他移都西平以策万全。是年，后凉吕光亦卒，诸子绍、纂、弘争位，吕纂得以次年即天王位，改元咸宁，就想出兵攻南凉，中书令杨颖以为利鹿孤上下用命，国未有衅，不可以伐。吕纂不听，渡浩门河进袭，为秃发傉檀所败。原来利鹿孤在闻吕光死讯后，即派遣其部将金树、苏翘率骑兵五千，屯于昌松（三国魏时称仓松；西晋、前凉时为仓松，属武威郡；东晋后凉时为昌松，属昌松郡，其地在今武威南）、漠口（或作莫口，在今古浪南），早已做好了防御。第二年，又大赦境内，改元建和，二千石长吏有吏治清明得人心的，都给予亭侯、关内侯封号。这时吕纂率兵来攻，虽然后凉的精兵锐卒渡浩门河进逼三堆（堆为石垛，为羌族祭天之所，后世蒙古语称为俄博或鄂博，今祁连山北坡，仍多遗迹。此所谓堆，盖即其所指），但傉檀下马坐在胡床（今座椅）上，故示整暇，安定了军心，以逸待劳，打败了后凉来犯之众，斩首二千余级。吕纂进袭南凉不逞，为了巩固自己地位，并挽回面子，又决计偷袭张掖（段业），他的臣子姜纪谏阻说，时方盛夏，影响农事，而尤必须考虑南凉乘虚捣入姑臧。吕纂不听，进略张掖、建康（建康郡，治所在今酒泉东南），南凉傉檀果然率骑兵一万，突袭后凉都城姑臧，纂弟纬守南北城以自固，傉檀置酒于朱明门上，鸣钟鼓宴飨将士，并耀兵于青阳门，掳掠后凉民户八千余而回。

这时，西秦乞伏乾归为后秦姚兴所击败，率残部数百来投，利鹿孤安置于晋兴郡（今民和县境），待以上宾之礼。乾归欲谋叛未成，便派遣他儿子乞伏炽磐等质于南凉，而自己往投后秦。当乾归初来投时，南凉镇北将军俱延预料乾归终必叛投后秦，建议利鹿孤把他们夹置在南凉与西海鲜卑乙弗之间，以绝其东奔的道路。利鹿孤以自己方弘信义笼络人心，没有采纳这个意见，后来炽磐也逃归姚兴。

利鹿孤继位后二年，当地传说龙见于长宁（今西宁北川），麒麟游于绥羌（其具体地点无考，当在临羌城迤西或北之地）。群臣以瑞兆劝进，利鹿孤乃于隆安五年（公元401年）自称河西王。其部将输勿仑以为“宁居乐土，非贻厥之规；仓府粟帛，生敌人之志”，因此他建议应委任晋（汉）人到各县劝课农桑，以供军国之用；而本鲜卑族人则习兵练武，从事征讨。利鹿孤采纳了他的建议，在积极发展农业生产的前提下，举兵打败后凉吕隆，俘虏了他的右仆射杨桓。利鹿孤又号召群臣给他提意见，祠部郎中史暠上言说：

> 古之王者行师，以全军为上，破国次之，拯溺救焚，东征西怨。今不以绥宁为先，惟以徙户为务，安土重迁，故有离叛。所以斩将剋城，土不加广。今取士拔才，必先弓马，文章学艺为无用之条，非所以来远人、垂不朽也。孔子曰：不学礼，无以立。宜建学校，开庠序，选耆德硕儒，以训胄子。①

利鹿孤认为这个意见很好，即以田玄冲、赵诞为博士祭酒，以教育鲜卑贵族的子弟。又礼遣杨桓归后秦依其兄杨经。接着又遣傉檀攻后凉昌松太守孟祎，俘虏后予宽释，待以客礼。然后徙显美骊靬（今永昌西南）民二千余户以归。北凉沮渠蒙逊攻后凉，吕隆求援于南凉，或以为姑臧因遭饥荒残弊，谷石万钱，野无青草，即就为北凉所拔，也不能守，以不救使他们两方相残为得计，而秃

①《晋书》卷一二六《载记》第二十六。

发傉檀以为姑臧虽弊，而地居形胜，为河西一都之会，不能教蒙逊占领。利鹿孤即遣傉檀率骑兵一万往救，兵至昌松而蒙逊已退走，傉檀又徙凉泽段冢五百余家而回。当时河西鲜卑、氐、匈奴（卢水胡）所建立诸政权，常以互掠人口为务，史暠早就为利鹿孤敲了警钟，指出这是内部离叛之源，但傉檀仍毫不经意。他连年所掠人口虽多，但在饥荒之年，造成了他败亡的直接原因。当时在今甘、青两地所建政权，均不久长，这除了历史发展的趋势复归统一外，而他们随意掳掠和迁徙人口，也是一个原因。

利鹿孤在位三年，即因疾而卒。临终命以其弟车骑将军傉檀嗣立。他被葬于西平的东南（今西宁乐家湾南山之阴），称西平陵。谥康王。（康王墓在20世纪60年代扩展飞机场时被发现，未及发掘而填平，今已不识其处）

乌孤与利鹿孤，称王均甚暂，但颇有建树。《晋书》曾评论说：

> 乌孤纳苻浑之策，治兵以讨不宾；鹿孤从史暠之言，建学而延胄子，遂能开疆河右，抗衡强国，道由人弘，抑此之谓。①

这指他们的武功与文治。就对青海的开拓来说，他们在戎马倥偬之际，能课农桑以发展生产，劝吏治以安定地方，兴学校以培育子弟，重人才以加强争衡，这不仅为傉檀的恢宏祖业奠定了始基，建立了规模，而为当时的青海东部地区引进中原的先进文化，特别具有历史贡献。

（三）傉檀的兴衰

傉檀袭二兄之业，与后凉、北凉、西秦、夏和吐谷浑等各割据政权相周旋，在位十二年，比乌孤、利鹿孤执政的时间都长。但势力的消长和祸福的转化，自有其自身发展的规律。南凉势力发展到傉檀达到极盛，而也就在这时，

①《晋书》卷一二六《载记》第二十六。

他穷兵黩武，终于导致了衰亡。这种兴衰之理，是历史发展的必然规律。南凉在十六国中，和后凉一样，享国只十八年，比前秦、西秦、北凉，还不到一半，这不能不说是傉檀好战和横肆掠夺的必然结果了。

利鹿孤在位时，虽号称河西王，但因后秦姚兴势力方盛，乞伏乾归父子又先后奔投后秦，姚兴以乾归为河州刺史、归义侯，还镇苑川（今榆中）。炽磐于元兴元年（公元402年）自西平奔长安，姚兴以为兴晋（治浩门）太守。这样一来，南凉便不免处于后秦势力威胁之下，因此利鹿孤虽称西平王，终于不得不在表面上臣服于后秦。傉檀继位后，把国都从西平迁回乐都，改年号为弘昌，并扩建与加固乐都城郭，以防北凉和西秦及后秦派驻后凉部队的进攻。姚兴为了笼络，封他为车骑将军、广武公。时后凉内讧，吕隆降于后秦，被表为凉州刺史、建康公。南凉与北凉趁机夹攻，吕隆随后秦派来迎他的将军齐难东迁，后凉遂亡。当齐难来迎吕隆时，傉檀以摄理郡事为名，离开乐都，避居昌松、魏安二戍[①]。这时后秦凉州刺史王尚遣主簿宗敞来聘。傉檀以宗敞之父曾称许他为"命世之杰也，必当剋清世难"，便畅谈平生，互引为知己，自此阴有图谋姑臧的打算。为了避免姚兴觉察，自动在元兴三年（公元404年）取消年号，罢尚书丞郎官，上表姚兴求凉州（改就凉州刺史），姚兴不许。傉檀不自安，派关尚为使者以朝聘名义前往长安进行活动并窥察形势。姚兴问关尚以傉檀筑大城的事，关尚作了一番辩解，他的饰词，虽然消除了姚兴一部分疑虑，但还不敢把凉州之地给他，只是在此后加傉檀散骑常侍官号，增邑二千户以安抚笼络他。傉檀于是北攻沮渠蒙逊，进围氐池不克，便铲除当地禾苗，对农业生产大肆破坏。大概也还掳掠了马牛羊等，回来给姚兴献马三千匹，羊三万头，姚兴才任命他使持节都河右诸军事、车骑大将军、领护匈奴中郎将、凉州刺史，

①据《魏书·地形志》，其时昌松郡所领三县为温泉、揟次、莫口，魏安居昌松郡东，非县，亦无郡名，当以戍为是。

常侍公如故，镇姑臧。傉檀即率步、骑三万，进抵姑臧近郊，原刺史王尚派员出迎，王尚自己从清阳门撤出，南凉部来文支从凉风门入城。姚兴在任傉檀为凉州刺史后，征召王尚还长安，宗敞以别驾送尚回国，敞临行，给傉檀推荐人才并叮嘱说：

凉土虽弊，形胜之地，道由人弘，实在殿下。段懿、孟祎，武威之宿望；辛晁、彭敏，秦陇之冠冕；裴敏、马辅，中州之令族；张昶凉国之旧胤；张穆、边宪、文齐、杨班、梁崧、赵昌，武同(张)飞(关)羽。以大王之神略，抚之以威信，农战并修，文教兼设，可以从横于天下，河右岂足定乎！①

傉檀听了，十分高兴，于是大飨文武于谦光殿，班赐金马。名义上是后秦的州牧，实际上是割据自雄，把南凉的国土，扩展到后凉。他又派史暠往后秦，姚兴问傉檀坐定凉州衣锦本国，是否感戴他的恩德？史暠回答任官授职，是行政常规，这谈不上什么感恩戴德。姚兴说如若不是他任傉檀为凉州刺史，傉檀何能进据凉州？史暠回答以为后凉吕氏所以狼狈失国，实由于南凉倾覆其根本，后秦去凉州遥远，尽管是遣将镇守，仍在河西、鲜卑等部的包围之中，设不连兵十年，殚竭中原人力物力，凉州还是很难为后秦所取得。现在你只以一些常侍公、领护匈奴中郎将、使持节都督河右诸军事等虚衔给傉檀，就坐收到统治河西的大利，这还不是由于你的掌握全局，运筹得当吗？既为傉檀炫功，又恭维姚兴"妙算白天，圣与道合"，姚兴也只好默认这个既成事实。

傉檀既得凉州，大宴群臣于宣德堂，并把国都迁到姑臧。随即伪游浇河(今贵德)，袭徙西平、湟河诸羌三万余户于河西的武兴(今武威西部)、番禾(今

①《晋书》卷一二六《载记》第二六。

永昌）、武威、昌松四郡，然后征集戎夏之兵五万余人大阅于显美县境内的方亭（在今永昌县东），西攻沮渠蒙逊，进招西陕，战于均石（均在西郡之西，张掖之东，约当今山丹境内），为蒙逊所击败。傉檀以二万骑兵运粮四万石至西郡，企图固守，也为蒙逊所攻陷。

傉檀想拔取北凉既不逞，而又以拒婚引起夏国赫连勃勃的不满，勃勃率兵二万，自杨非（在今永登北）至于支阳（今古浪地），杀伤万余人，驱掠民户两万七千口，马、牛、羊数十万而还，傉檀率兵追击，战于阳武峡（在今靖远境内），由于轻敌深入，为勃勃所败。傉檀只以数骑奔南山，几乎为夏擒获。他败回时，又徙三百里内百姓入姑臧。举国骇怨，屠各成七儿率其属三百人叛，军咨祭酒梁裒等七人谋反，傉檀把他们都杀了。

姚兴听到傉檀连败和内部人心动摇的信息，派尚书郎韦宗到凉州观察情势，傉檀在会见时阔论战国纵横之规，三国战争之略，远言天命废兴，近陈人事成败，机变无穷，词至清辩，竟把韦宗迷惑住了，认为是鲜卑族中的命世大才。他回长安向姚兴报告说："凉州虽弊，风化未颓；傉檀权诈多方，凭山河之固，未可图也。"姚兴不信，适后秦河州刺史因曷擅招降叛秦，姚兴便派自己的儿子姚弼率步骑三万来伐，又使姚显率兵作为后援。并致书傉檀，诡称派齐难讨伐赫连勃勃，恐其西逃，所以派弼等在河西邀击。傉檀受骗，不作设备，姚弼自金城渡河，进攻莫口，昌松太守苏霸死守，城破被杀。秦军长驱进逼姑臧，屯军西苑，州人宋钟等密为内应，为傉檀所发觉，把他们全都活埋了，以妇女赏军，并命诸郡县都驱牛羊于郊野作诱饵，后秦部将敛成等只顾掳掠牛羊，傉檀遣俱延等十将率骑兵分头出击，大败秦军，斩首七千余级。姚弼固垒不出，傉檀从上游筑堰断流以困秦军，因天雨坏堰，秦军得以复振，姚显后军继至，委罪于敛成的掳掠，罢兵引还。傉檀一面派人向姚兴谢罪，一面于义熙四年（公元 408 年）又恢复凉王称号，改元嘉平，立夫人折掘氏为王后，以世子武台为太子。置百官，以赵晁、郭伟为尚书左右仆射，俱延为太尉，敬归为司隶校尉。还派左将军枯木、驸马都尉胡康进袭北凉，掠临松郡（今张掖南）人口千余户而还。蒙逊闻报，率五千骑追至显美方停，破车盖鲜卑，以为报复。太尉俱延率兵再出，被蒙逊所击败。傉檀想亲自出兵，太史令景保等谏拒，傉檀不听，蒙逊迎战于穷泉（在昌松境内），傉檀大败，单马奔还。时在义熙六年（公元410 年）三月。蒙逊进围姑臧，百姓怕再遭屠戮，都惊惶逃散。叠掘、麦田、车盖诸鲜卑部都降于北凉，傉檀只好请和，以司隶校尉敬归和子他为质。敬归行至胡坑逃了归来，子他为追兵所执。蒙逊又强迫迁徙姑臧一带群众八千余户回去。南凉所属右卫折掘奇镇据石驴山（在姑臧西南）叛凉，傉檀既怕蒙逊破姑臧，又顾虑奇镇克岭南，老巢不保，因此又迁回乐都，留大司农成公绪守姑臧。傉檀刚出城，焦谌等闭门发难，推焦朗为大都督、凉州刺史，降于蒙逊。镇军敬归讨奇镇于石驴山，兵败战死。于是蒙逊趁尅姑臧之威，进攻乐都。傉檀以其安北将军段苟等乘虚出番禾以扰乱其后方，并掳徙三千余户于西平。蒙逊围乐都一月不下，傉檀以子安周为质，蒙逊才撤回围军。接着吐谷浑国树洛干也来袭击南凉，傉檀遣太子武台御之，为树洛干所败。南凉开始处于内外交困、四面楚歌的地位了。

傉檀为了解除这种困境，又欲进兵北凉，他不听邯川（今化隆甘都镇）护军孟恺的谏阻，分兵五道俱进，进抵番禾、苕藋（在今张掖东），又大掠人口五千余户，部将屈右劝趁早退军，卫尉伊力延以倍道还师，必捐弃所掠资财，且示人以弱；而且以为北凉来的是步兵，势不及我骑兵，因此以退兵为非计，结果北凉兵趁风雨大至，傉檀大败而还。蒙逊进围乐都，傉檀以子染干为质，不久，蒙逊才撤回围兵，南凉岌岌可危。义熙八年（公元412 年），蒙逊迁都姑臧，自称河西王。傉檀弟湟河太守文支降蒙逊，蒙逊又进攻乐都，傉檀以太尉俱延为质，蒙逊方引兵回去。

在这一段兵火声中，湟水流域连年歉收，兵食不给，百姓骚动，傉檀决意西征乙弗，以掳掠牛羊来维持军民生计，孟恺建议与西秦结盟，由乞伏炽磐通采粮食，解决军食民食，并广泛联络鲜卑诸部，以广军资。傉檀不听，对太子武台说：现在连年无收，内外俱困，必须西行进行掠夺，以解困厄。我估计蒙逊刚撤退回去，一下来不了；所顾虑的只有西秦，但他的势力不大，号召力也差，容易对付，我去西征，时间预计只不过一月，只要你小心坚守乐都，不要使它失陷就行。

于是傉檀率骑兵七千人，西袭乙弗，大破其众，虏获牛羊四十余万。而乞伏炽磐便于此时乘虚来攻乐都。南凉的抚军从事中郎尉肃建议武台外城广大，难以固守，应当集中鲜卑族人固守内城，而由尉肃等率汉人群众拒战于外城，这样，即使外城有失，犹可保内城安全。武台怕汉人有二心，便把汉人中有势力和声望的人集中起来，孟恺泣谏不要猜疑，共同御敌，武台不听。结果炽磐围攻乐都，刚刚十天，就被攻陷了。乌孤的儿子樊尼，听到乐都失陷，从西平奔告傉檀。传檀不思急救，反而对部众说：

> 今乐都为炽磐所陷，男夫尽杀，女妇赏军，虽欲归还，无所赴也。卿等能与吾籍乙弗之资，取契汗以赎妻子，是所望也，不尔即归炽磐，便为奴仆矣，岂忍见妻子在他人抱中？①

随即引兵欲再南掠鲜卑契汗部，部众见他如此，都相率逃散。傉檀见大势已去，便教樊尼西投北凉。他自己年老，愿回去见妻子而死，便归降炽磐，从者唯亲属阴利鹿一人。傉檀至西平，炽磐遣使郊迎，待以上宾之礼。随后封之

---

①《晋书》卷一二六《载记》第二六。

为骠骑大将军、左南公。过了一年多，便被炽磐用药毒死，时年五十一岁。谥为景王。太子武台本阴与沮渠蒙逊约，借兵以复故地，以事被泄漏不果。炽磐的王后是武台的妹子，又密与武台计谋说：

> 秦本我之仇雠，虽以婚姻待之，盖时宜耳。先王之薨，又非天命，遗令不治（不愿解毒药求活）者，欲全济子孙故也。为人子者，岂可臣妾于仇雠，而不思报复乎？①

乃与武卫将军越质洛谋杀炽磐，后为炽磐左夫人告密，炽磐杀后、武台等十多人。傉檀死于义熙十年（公元414年），武台死于刘宋义符景平元年（公元423年）。傉檀之子保周归魏后被封为张掖王、破羌西平公；鹿孤孙副周永平公，乌孤孙承钵昌松公，都以投奔沮渠蒙逊得全。

南凉以傉檀好战，自取灭亡，立国只十八年，《晋书》谓十九年，实误，见《晋书》卷一二六考证，义熙十一年，当作十年。

二、南凉建都与乐都故城遗址的发现

南凉事迹，史书多详，本文欲论述的问题主要是南凉先后建都经过和乐都故城遗址的发现。

秃发氏于十六国时代，在今甘青两省境内建立南凉王国，为时只十八年，在中国史上是微不足道的，而在青海的开拓上，却具有一定的历史意义。我在这里所要论述一下的，是它建立过程中多次迁都的问题。

秃发乌孤初起时，由河西走廊移居廉川并筑了城堡，是他最早的根据地。

---

①此据《资治通鉴》。

由于当时河西走廊这个较为安定而又由居当时中西交通要道的地区，早有前凉张氏的经营，其后吕光又由西域回师占有其地，还有段业和河西鲜卑诸部的盘踞等，秃发氏一时很难在那里立下足来和那些势力相争衡。但河西走廊在当时的地理战略地位，仍是秃发氏想在这一地区建立基业所不可忽视的问题。廉川地居浩门河（今大通河）下游南岸，背依乐都北山，负山面河，与河北的连城（今天祝自治县）相望。正是西汉时初置令居塞的地区，由廉川取道浩门（今河桥驿所在，非享堂），即有大道通广武（今永登），再由此西上武威，东下金城，这是就进取而言的；若就退保来说，以廉川堡为据点，向南进入湟水河谷，立足于乐都郡，东凭湟河，西依西平，南取浇河（可尽括河南地），北窥张掖，是一块进可攻退可守的理想地带。不仅西平迤西水草丰饶，而且湟水河谷农林发达，发展农牧业的条件，比河西走廊还更优越。至于西通西域，南通天竺，还可以弥补河西走廊阻塞时的不足。高僧法显、昙无竭（法勇）、宋云等人，都是在当时经此往西方求经的，而乾陀罗人阇那崛多东来中国，也是经柴达木、西平、乐都到长安的。这说明今青海地区在两晋南北朝时即已是中西交通的孔道了。南凉建都于乐都，无论是在十六国争霸，或是在沟通中西往来与开拓建设湟水河谷及河南等地区来说，都是具有历史和战略意义的。

在今青海东部地区建立郡县，始于汉武帝时。元狩二年（公元前121年），汉骠骑将军霍去病击败匈奴，打通河西走廊，隔绝匈奴和羌人的来往，在浩门河下游筑令居塞。同年，汉军进入湟水流域，汉分别在今西宁市所在地筑西平亭，在今乐都县治之东置破羌县（今高庙镇）。汉宣帝时，赵充国又由金城渡河，取道今永登进入乐都。此后汉军西来，除金城一路外，又由枹罕（今临夏）或取道今永登，或取道今大河家渡河，经民和进入乐都。直到后凉建立乐都郡，这个郡治便设在乐都谷（今引胜沟）口，也就是后来的鄯州（唐）、湟水（宋）、碾伯（清）及今乐都县的所在地。

乌孤最初建都于此，是面对后凉势力的存在与发展所采取的措施。因为当时东、西、南三面的湟河郡、西平郡、浇河郡，既都在南凉控制之下，以乐都当后凉，则后方巩固，呼应灵通，互为声援。

乐都初名落都或洛都，是羌语谷口、沟口之意。隋唐以来的州治、县郡治及郡治，都在这个沟口上，这与当时老鸦峡尚非通道相关联。这个地方，从与中原王朝的关系上说，它是首先开发建治的地区，在这个基础上再西进，才有了西平郡、临羌县和西都县等。后凉建乐都郡，已昭示了这个地区的先进，而南凉建都，更显示了乐都在湟水流域的险固及富庶地位。

利鹿孤继位时，后凉已渐衰败，最后吕光也死了，利鹿孤遣将进屯昌松、莫口，后凉对乐都的威胁，至此基本解除。同时西秦残破，且一度投靠南凉，南北两方面，都无后顾之忧。而这时的段业，在张掖已成为一支取代后凉地位的势力。等到沮渠蒙逊杀段业建立北凉时，他又成了南凉的劲敌。由张掖沿南山峡谷南侵，西平就首当其冲。可能即是由于这种局势的变化（和内部一些原因），促成了利鹿孤迁都西平的行动。魏晋时，西平郡治西都县，即今西宁市所在。它地居湟水与南北两河交汇之处，东凭湟峡（今小峡、大峡），西望金山，南依积石，北控祁连，近窥西海，远通西域，为古代西部政治、军事的重心。特别是河西有警，敌军取道门源，即可直下西平，而由西平北指，以偏师塞祁连山南口（隋时称大斗拔谷，今名扁都口），则河西大军，无由得进。利鹿孤把都城迁到西平，其主要目的在于防范北凉的南侵，同时进一步开发经营湟水上游地区，以固根本。史暠建议兴学教胄，即在此时期内。

利鹿孤西平都城，据有关记载考察，当在今西宁市西郊古城台一带。今古城台西杨家寨有似帝王陵寝的土台一座，名曰虎台（或作武台，乃唐人避讳所改），相传为南凉王阅武之坛的遗迹。

傉檀称凉王后，或鉴于西秦的崛起，也为了与蒙逊争凉州，又把都城迁回乐都。他这次回来，史载说“大城乐都”，并引起姚兴的关注。姚兴曾问傉檀派往后秦的使臣关尚说：

车骑投诚献款，为国藩屏，擅兴兵众，辄造大城，为臣之道固若是乎？①

可见姚兴对傉檀的密图是有所警惕和觉察的。关尚立即加以辩解和弥缝说：

王侯设险以自固，先王之制也。所以安人卫众，预备不虞。车骑僻在遐藩，密迩勍寇；南则逆羌未宾，西则蒙逊跋扈，盖为国家重门之防，不图陛下忽以为嫌！②

这显然是遁词。傉檀大城乐都，据西秦最后围攻时的记载，所筑有内外二城，又显然不是就乐都郡城而加筑外城的。由于新筑都城工程坚固，防守严密，所以蒙逊和炽磐曾先后多次兵临城下，甚至围攻三旬之久，均不能克。这种重城的规制，是否略同于明清时代的城关，一向很难加以具体说明。

现在乐都县治的西边约三四里处，有大古城、小古城两个东西相连的村庄。二村面积东西约1.5华里，南北约1华里。二村名为古城，但并没有城墙遗迹，因此迄今未引起人们的注意。1982年省考古队和县政府在全县文物普查中，从当地农民口中听到了叫“北门壕子”的古城壕和“古城角落”的城墙遗迹，还有“北门十字”“南门台”“营门”等名称的所在，但因在解放后被开垦为农田，已看不到其他遗迹。据老农们说，在未开垦前，还是留有一些残迹为他们所见到的。省考古队根据这次普查，初步推断这或即是傉檀所筑的乐都大城。

我于1985年8月下旬，趁去乐都县参加县志稿讨论会的机会，专门去访查了一次。其地负山（乐都北山）面河（湟水），谷间台地呈一簸箕形，地势

①《晋书》卷一二六《载记》第二六。

②《晋书》卷一二六《载记》第二六。

开阔平坦。在解放前，这块台地为旱台，并无农田。古城背面的北山土质表面呈黄褐色，但在造山过程中，山腰下部经洪水冲蚀，形成一列90度绛红色山峰竖切面，切面折叠栉比，形如折裙，又绝似喇嘛红裙，所以俗称之为裙子山，景观奇秀，颇为鲜见。其东名凤凰山，像左翼一样闪出，掩住了今乐都县治；西为大峡，山势陡合，形成裙子山的右翼。这从军事上来说，东、西、北三面环山，南面阻河，无论是后凉、北凉从乐都谷进袭，或是西秦从东南来攻，一下很难兵临城下。加上城守坚强，所以屡攻不下。西秦最后的所以得手，在于傉檀的率精兵远出和武台的失算无能，而这个都城，确乎是得形胜之要，如金汤之固的。

我在察看了“北门壕子”“北门十字”等位置后，又看到在今兰青公路两旁似是古城墙的大段遗迹，大致推断所谓小古城，即是当时的内城，所有宫殿都在其中，除王族外鲜卑贵族也当住在那里。在西秦破城之前，武台还把汉人(时称晋人)中他所疑忌的人，也都关在这里面。大古城也就是外城，当是守卫部队军营、仓储、市廛及汉族居民居住之所。现在所传留的营门名称，也说明外城中就有驻军营地。这种都城规制，似略近于后世的皇城中的紫禁城。

据当地老人和引导我去参观的一位老教师说，过去农民们在平地时，还挖出过很多砖、瓦、铜器和铜镜等，这些实物，可惜我一时无从看到。由于没有从事发掘，很难准确地断定这就是南凉故都遗址，但从内外城这个规制来说，仍是有一定依据的，而民间传说的来历从时间上说也是很早的。

乐都郡城、鄯州城、邈川城等，现均无遗迹可寻。解放前乐都县城系明初所筑，为碾伯千户所千户驻地。所有这些城池，均无内外城记载。因此大古城、小古城同在一地的遗迹作为我们探察南凉故都的所在,是一个十分重要的依据。

傉檀在后凉灭亡后，还曾一度迁都姑臧。凉州自然是河西走廊的形胜之地，但在傉檀当日，已处在北凉、夏国、西秦包围之中，何况更有后秦的遥制，作为首都，傉檀实难安枕。因此当他大宴宣德堂时，就已有“作者不居，居者不作”的预感。表面上志得意满，心底里在预计自己的下场。果然不久，便狼狈撤出姑臧，仍回乐都自保，这只能说是他一时移节的行都了。

三、有关南凉故都的传说

在今大古城、小古城遗址的东面向南伸出的那座山峰，俗称为凤凰山。据民间传说秃发乌孤初到这里时，就有只凤凰飞落到那个山头，乌孤以为是瑞兆，便定都在这里，后人便把那座山峰叫作凤凰山。这当然只是民间附会的传说，或是统治者们自造的神话，但那时的鲜卑人，确实也有重视星相风水等的迷信。利鹿孤继位后二年就有“龙见于长宁，麒麟游于绥羌”的记载，于是群臣劝进，利鹿孤自称河西王。同时在传说中是那只落在乐都山上的凤凰，后来又飞到了西平南山，因此今天的西宁南山也叫凤凰山。利鹿孤之所以迁都西平，自然是取决于当时的形势，但从民间传说看来，似乎也与麟凤的祥瑞不无关系。还有他死葬西平凤凰山下，也是有点传说的影子的。

传说的主体，还是集中在南凉故都的遗址上。现在的裙子山下，有个突起的小土包，当地人叫“甘家楞登”，“楞登”当为龙墩之讹。据说裙子山下，凤凰山前，赤柱若龙，山水雄奇，有帝王龙兴之象。依风水说，若是作为祖先坟茔，其子孙必为帝王。当时南凉有位姓甘的将领，想抢先把这块地占为他家的坟地，但由于他造反夺取王位的阴谋被发觉，秃发氏便把他全家杀了，埋在一个土坑里，并在坟头上压了土石垒，作为镇压的象征，使他们永世不得翻身。后世的人以为甘氏的坟葬在龙脉上，所以这隆起的土堆，叫作龙墩，传得久了，便音讹为楞登，一般便不解其义了。

按这个传说，甘氏在这块地上想扎坟茔，其事当在初期。秃发氏在甘氏反后，便以此为新都，不论史实怎样，傉檀最终在此筑大城以为长久之计，似也与迷信风水不无关系。从凤凰来仪到地脉龙腾的传说，恰好说明南凉得地之胜了。

在甘家龙墩背面的裙子山峭壁上，尚留有几处洞窟，据说那里面有壁画遗迹，由于老早就形成断崖，洞窟高悬，无法登览。我推断那恐怕也是北朝时佛窟的遗迹。因为《水经注》上所提到的西平土楼山神祠，是晋时的佛龛，我们在目前的西宁北山寺洞窟中，同样看到壁画的残迹。其中有两处已倒塌的断崖上佛龛藻井的图案，设色和风格，基本与敦煌千佛洞所见相类。当时佛法东来已久，从库车、敦煌、安西以迄张掖，现在都有佛窟遗留，其传入西平，或更在南凉之前。南凉鲜卑，也信佛教，这些遗留在裙子山崖上的佛窟，其开凿或更在傉檀筑大城之前。说明当时佛教文化，已在湟水流域广泛流行，这在当时是影响很大的。

乐都虽然有这样的山川和历史遗迹，但以地处西鄙，文人学士之所不到，因而这些传说，多未形诸笔墨。偶然有所吟咏，也只见于方志。兹据我所闻见，略录几首如下，以作本文结尾。

南凉故都遗址背面的裙子山，后世列为乐都八景之一，称曰“红崖飞峙”。清人袁进有诗云：

丹崖飞峙似裙山，根根赤柱高参天。
悬崖穴屋遗文物，天工造化在何年？

抗日战争期间，高一涵任甘宁青监察使，曾来青海视察，有吊古诗两首云：

碾伯城边战垒荒，空余湟水抱青唐。
白眉韬略雄三杰，赤手乾坤冠五凉。
部曲不流仙海岸，居民谁忆武威王。
瓮中日月殊昏暗，马上功名马下亡。

（《乐都吊南凉王兄弟》）

花萼相辉美友于，傉檀机智盖群胡。
英才岂必生神胄，名将宁皆出圣儒。
忍见邦家归乞伏，痛凭鸩酒报乌孤。
骨髅台下骨髅泣，百战声威坠半涂。

（《咏秃发乌孤和傉檀》）

我的故友李绳武景白是乐都人，他也有遗作三首咏南凉三王道：

金山立马气飞扬，大展经纶据一方。
勋业未就身先死，空教人忆海东王。

（《吟秃发乌孤》）

规模依然古帝王，英豪硕彦聚一堂。
雄业伟烈今何在，黄土一抔卧夕阳。

（《咏秃发利鹿孤》）

渎武原非强国计，移民更是虐民方。
国破家亡何所怨，青史无情书赧王。

（《吟秃发傉檀》）

我最欣赏“移民更是虐民方”一句，是对傉檀掳掠人口的谴责。从这些后人的感叹中，也略可以看出他们对历史人物的评议和对古迹的赞赏了。

霍尔与土族

自从 1954 年青海省互助土族自治县成立后，土族族源或族属这个问题，便成为历史学者和民族学者们所探讨的一个新课题。《土族简史简志合编》这部有关土族的开创性的著作,初步归纳了这一阶段中有关土族族源探讨的成果，有: (1) 源于蒙古族说; (2) 源于吐谷浑族说; (3) 源于沙陀突厥说等几种主张。其中蒙古人与当地霍尔人在婚媾后形成今日的土族一说,在该书中颇具倾向性，并在互助土族中产生了一定的影响。

在这个基础上，近年来对这个问题的研讨又有进一步的开展。首先，有人提出“阻卜”说[①]；随之又有人提出“土达(鞑)”说[②]；还有人主张“汪古”说[③]。这三种说法都与“蒙古”说有联系，而在具体问题上又各异其说。这种不同观点的争论，实有助于这个问题的最终解决。

我是自开始以来就持“吐谷浑”说的，但先后谈的都较零散，缺乏系统。

①陈书玉:《关于土族的来源问题》, 载《历史研究》,1962 年第 6 期。

②陶克塔呼:《土族源流新议》, 载《民族研究》,1982 年第 3 期。

③徐川一:《土族族源研究的几个问题》(稿本)。

现在趁青海民族学院民族研究所召开学术讨论会的机会，从另一方面提出一些推证资料，作为补充，以求教于与会的专家和对此有兴趣的同志们。

一、从吐谷浑名称的演变看土族的形成

（一）见于汉文音译的自称

吐谷浑原为辽西鲜卑族慕容氏的一支，在西晋永嘉之乱时，慕容奕洛韩庶长子吐谷浑与嫡子若洛廆因部落马斗相伤，吐谷浑遂率部西附阴山，假道上陇。先居洮河流域，后又扩展至黄河以南，建立了河南国，这是吐谷浑始建国的名称。《册府元龟》上记载说：

> 河南王者，其先出自鲜卑慕容氏。初，慕容弈干（按即《北史》奕洛韩，《南史》作奕洛干），干有二子，庶长曰吐谷浑，嫡曰廆（按即若洛廆）。弈干卒，廆嗣位，吐谷浑避之，西徙上陇，度枹罕，出凉州西南，至赤水而居之。地在河南，故以为号。①

这段记载，基本上采自《北史》《南史》。《南史·夷貊传》编列河南、宕昌、邓至、武兴四国于西戎，说河南王其先出自鲜卑慕容氏。“提挈于魏，时通江左。”这是吐谷浑在西陲建国的第一阶段，他当时自称河南王。

吐谷浑死后，他的长子吐延继为河南王，再传到吐延子叶延，才以吐谷浑为姓氏，同时建为国号，这才出现了吐谷浑国。《册府元龟》上说：

> 其后吐谷浑孙叶延颇识书记，自谓曾祖奕弈干始封昌黎公，盖公孙之子也，礼以王父字为氏，因姓吐谷浑，亦为国号。②

吐谷浑一系自此便以其祖名为姓氏，同时作为国号。虽然其后到刘宋元嘉年间

---

①《册府元龟》第九五六外臣部种族。
②《册府元龟》第九五六外臣部种族。

阿豺弟子慕利延又曾一度自号河南王，而吐谷浑国名迄未改变。至于青海国王、浇河公等称号，则都是中原王朝所赐封号。

吐谷浑这个名称，无论作为姓氏及国号都是自称。汉文仅为其音译。古今读音有时差异很大，这三个汉字，据《金壶字考》应读如："突浴魂"；据《通鉴》胡注，则"吐字从暾，入声；谷音浴"。"吐"字读音从"暾"，则与"托""铎"通韵，韵母为 o，因此对后来所谓"退浑"，被认为是音讹了。现在的土族，犹自称"土户""土谷"，而地名人名，又有仍称为"土观""托红"的，土观又或译脱欢，都是吐浑的音异。从土族的这些自称看来，在族称方面古今谐声如此相近，并不能把它说成是人为的偶合的。唯有吐浑的"吐"变为土族的"土"，则古今异读，从而混同为一，不免失其古读了。单独以谐声为佐证，有时不免失实，但是把古代文字的译音，和现在土族语言相对比，然后参以吐谷浑族历史发展过程及其所留遗迹，则仍然是考察古史的可取方法之一。以上所列举吐谷浑族称，出自汉文的音译，是吐谷浑（包括今土族）族的自称，仅就现在来说，土族称人或族为"昆"(kūn)，与"浑"（魂）的读音声母有所变化，似乎"浑"字是古音，而"昆"字是今音，吐浑、托红属于前者，土观、土昆属于后者。二者韵母仍完全相同，这也符合一般音转的规律。成为问题的倒不在古今声母韵母之间的变化，而在今天的土族有时又自称"蒙古尔"(mon—guor) 和"察罕蒙古尔"，这是"蒙古说"论者所持的主要论据之一。但我们如果细加考察，则不难看出这种称谓的局限性和附和性来。

首先，吐谷浑族在中国史上出现于公元 4 世纪至 5 世纪之间，而室韦蒙古这个名称和民族的出现，则到了 7 世纪初的唐朝；其次，吐谷浑族西迁上陇，先后在今甘、川、青、新四省（区）地区活动，而蒙古族到了南宋末成吉思汗攻西夏时才进入今甘、青地区。当蒙古族进入青、甘、川、藏地区时，吐谷浑族早已式微，这二者之间，很难加以联系。

我们不妨用持“蒙古说”各家的主张来加以对勘，则他们之间已互相排斥否定，给谁也没有留下商榷余地。如陈玉书先生从“霍尔”与“胡儿”这个对音入手，论证白鞑靼与蒙古和蒙古与霍尔之间的关联，得出土族源于匈奴、吐浑、契丹、蒙古诸族，而以阻卜为其近支。姑不论吐浑、契丹在族系上原与匈奴、蒙古相捍格，既使是阻卜，亦实为鞑靼的改称。“胡儿”这一泛称，既与阻卜无直接联系，而且阻卜与契丹等族历史上并未进入当年吐谷浑立国地区。吐浑在朔方一带时与阻卜并列为辽的属国，也不存在转化线索，当然现在的土族更无由成为远与匈奴、吐浑，近与契丹、阻卜混同融合体的可能。而此说本身也自行否定了近年来根据清初藏文佑宁寺碑文所载土族为蒙古驻军与霍尔人通婚后所形成的这一说法。又如陶克塔呼同志以土族为明中叶成化年间固原、平凉一带“土达（鞑）”在反明失败后西移的遗裔，同样主“蒙古说”而否定蒙古驻军与霍尔人通婚所形成的这一说法。但是此说本身横空而来，实属离题太远，显得异常出奇。从所有有关史料上考察，“土达”既未流入今青海互助地区，并且土族的分布，就是在今日也遍及甘肃河西、甘南和青海黄南等地，门源、大通、乐都、民和更无待论。“土达”在反明时，势力最盛也不过两三万人，而失败后的“编民”，竟能遍布如此广大地区，且在二三百年间除了在语言方面仅有部分遗留外而全失其蒙古民族特征，这也是不可想象的（因为同时还完整地存在着比它更早进入青海地区的“青海蒙古”，却并无什么改变）。

至于“沙陀突厥说”和“汪古说”既为持上述两说者所非难，也为持吐谷浑说者所否定。我还看过一位土族同志的一篇论文稿本，他仍持“阴山鞑靼说”，依然不免蹈阻卜、汪古的覆辙。但他同样也是“蒙古驻军”说的否定者。“蒙古驻军”说的所以难以为据，是由于藏文佑宁寺碑文撰写年代太迟，碑文作者在几百年之后杂糅一些民间传说，且不免参有宗教迷信等因素，缺乏真正的历史知识。如果认真加以考察，这篇带有宗教色彩的碑文，实不能据以为信史，而且我们另找不到任何旁证。那么，现在的部分土族自称为“蒙古尔”“察罕蒙古尔”，应当作何解释呢？我考虑是由于：

1. 互助县哈拉直沟、红崖子沟等接近佑宁寺地区的土族人民，可能受了这块碑文记载的影响。对缺乏一定文化知识的农民来说，宗教寺院的记载，无疑是具有权威性的，因此就成了他们对于祖先历史的一种珍贵知识。而且经过喇嘛们一讲，更能在信教群众中形成凝固的金科玉律。假如此说能够成立，则土族自称“蒙古尔”或“察罕蒙古尔”，显然是后起的名称。

2.“察罕蒙古尔”意为白蒙古，也即是白鞑靼。蒙古称黑、白，盖所以区分元时蒙古族和蒙元统治下除汉族以外的其他少数民族（如契丹、女真、阻卜、汪古、吐浑、回鹘等）。即《新元史》所谓“非蒙古而入蒙古者谓之白鞑靼”。因为元时把国内各民族在政治上按归服先后分为蒙古、色目、汉人、南人四等。白鞑靼属于色目人，在政治上属于第二等，比汉人、南人（长江以南的汉人）都高。土族自称白蒙古，当然比汉人具有荣誉感。至于自称“蒙古尔”，则当是大元帝国政权被推翻以后，有了“蒙古驻军”说的文字记载后才开始形成流传。因为这时蒙古政权早已不存在了，而色目人地位也已不如汉人，这时攀附上个曾经混一欧亚、威震天下的蒙古族作为本族的祖先，既有历史上攀贵的先例，又有佑宁寺碑文可资依据，则又何乐而不为呢？所以，若以土族自称“蒙古尔”或“察罕蒙古尔”便以为土族出于元裔，也是失于考察而未能得真的。

（二）见于汉文音译的他称

吐谷浑立国河南时，曾被沙漒杂种称为“阿柴虏”或“野虏”。如：

逐水草庐帐而居，以肉酪为粮，西北诸杂种，谓之阿柴虏。[1]

地宜大麦，多蔓菁。……西北杂种谓之阿柴虏，或号为野虏。[2]

这是原居洮水流域及强台山一带的羌氏等族对这支鲜卑族人的贬称。“阿柴”当为“阿豺”的别译，阿豺是吐谷浑六世孙树洛干的弟弟，树洛干在位时，自称大都督、车骑大将军、大单于、吐谷浑王，化行所部，众庶乐业，号为戊寅可汗，沙潺杂种，莫不归附。这时正当东晋义熙年间。树洛干死后，弟阿豺立，自号骠骑将军、沙州刺史，宋少帝封为浇河公。阿豺是吐谷浑的名王之一，又是承树洛干化行所部之后，因而声名远播，人们便以他的名字代称吐谷浑。“豺”“柴”二字同音，据《文献通考》附注，“柴”即移切，“豺”“柴”“偕”“阶”同属佳韵，而“佳”“马”通用，据唐以来藏文记载，吐蕃时称吐谷浑遗族为“阿夏”或“阿辖”，则“夏”“假”“写”“姐”古音皆近，知吐蕃所称阿夏或阿辖即阿柴，从而也可断定阿柴即是阿豺的异译。不过，阿柴这个称号，通行的时间似不太长，阿豺子慕璝为陇西公、西秦王时，汉文记载仍称吐谷浑，而在藏文中，阿夏的称谓，一直沿用到唐五代之际。

阿柴之外，在藏文记载中另见的一种名称则是“霍尔”，根据藏文读音，亦可译为“伙日”。这个名称见于汉文，最早的是《元史语解》，那上面说：“和 (huō) 尔，唐古特语，蒙古也。”可知“和尔”即霍尔，因吐蕃在初接触蒙古族时，也称蒙古人为霍尔。

“霍尔”这个名称在藏文记载中的发现，对我们研究吐谷浑古史有重大的贡献。原来“霍尔”是吐蕃和以后藏族对吐谷浑和蒙古人等的早期称谓。其对蒙古称“霍尔”，见于萨班·贡噶坚赞（公元 1182~1251 年）于南宋理宗淳祐

①《北史·吐谷浑传》卷九十六·列传第八十四。

②《晋书·西戎传》卷九十七·列传第六十七。

七年（公元 1247 年）写给西藏各地僧俗的公开信（即《致蕃人书》）。此外，藏文《蒙古佛教源流》，本名就叫《霍尔曲汇》。其对吐谷浑人称“霍尔”，见于成书于明洪武二十一年（公元 1388 年）的《西藏王统记》（索南坚赞著）。《西藏王统记》中记松赞干布遣使至唐请婚一事时说：

唐王不许。使者返藏，伪言于王曰：唐王甚喜吾等，已许嫁公主矣。乃有霍尔塞吐谷浑离间唐王，以故不果。[①]

这段史料,似全引自《新唐书·吐蕃传》,但在吐谷浑前加上一个“霍尔塞”(按即黄霍尔)，说明吐蕃称吐谷浑为“霍尔”。我们翻译本段时，若能在“吐谷浑”一名加上括号，则更符合原意。

与此相同，渊源于宋、元间而陆续成书于明、清间的藏族史诗《格萨尔王传》中，也有征服霍尔之部的《霍岭大战》，其中即有霍尔黄帐、霍尔白帐、霍尔黑帐的称谓，则知“黄霍尔”即是霍尔黄帐，都是吐蕃对吐谷浑的旧称而为后世藏族所沿用。在这里我们不妨附论一下吐谷浑与吐蕃的关系。

西藏这个地方在吐蕃王国未兴起前，本是汉西羌之地，其民族也属西羌种。他们中的发羌、唐旄等部，远在江、岷间，不与中国通。发羌原居住在黄河源头，后逐渐南移，因此未尝与中国往来。到晋、宋时吐谷浑立国西陲，役属群羌，包括当时活动在今四川、甘肃、青海及新疆天山南路的众多羌族部落，当然它的声威也会从此及于发羌活动地带。发羌后来统一当地唐旄等诸部，自称为蕃（读如拨，原拨字音的汉译）。唐王朝或以它原附吐谷浑，所以称为吐蕃（说另详拙著《吐蕃名义试释》）。吐蕃兴起后，必须向内地发展，便首先与吐

①王沂暖译：《西藏王统记》。

谷浑相接触，到唐贞观八年始通于唐，于是和吐谷浑发生了冲突，最后吞并了吐谷浑国原来的土地进而和唐争衡。后来西藏人记载这段历史，便称吐谷浑人为“霍尔”，我猜想这有可能是“浑”字的音转。吐蕃灭吐谷浑后，也先后混称回纥、沙陀、蒙古等为“霍尔”，这是因为古代民族山居野处，与外界隔绝，往往以为天底下只有他们一种民族，后来逐渐有了交通往来，对外也只能知道一点大概。如汉族最早对西部民族只知道有西戎，随后逐渐才知道有绵诸、大荔、义渠、陆浑诸戎；不仅知有戎，而且进而还知有氐羌。对北方的胡人，南方的百蛮，起初也概称为胡、蛮。若要细分，总得个长的认识过程。吐蕃先前只知道与它接境的吐谷浑人，以后接触到与吐谷浑相接的回纥、沙陀以迄蒙古，便也以“浑”字音转的“霍尔”称呼他们，或许还以为这些非汉族的少数民族都是吐谷浑统治下的属民。一直等到他们与这些民族逐步熟悉后，才把它们区别开来，如称蒙古为“苏胡”、回回为“纥纥”或“嘉回”，不再混称为“霍尔”了。有人以为藏语“霍尔”，并不专指吐谷浑，因而否定吐谷浑与土族的族源关系，是值得商榷的。如上所论，则“霍尔”虽是吐蕃和藏族对吐谷浑的一种他称，但却有沿自吐谷浑自称的可能。总之，无论是自称或他称，“霍尔”乃指吐谷浑，并且是早期对吐谷浑故地的一些非汉人的泛称，是可以肯定的。

其次，见于藏文的另一种他称，便是前面已提到的“阿夏”(或译“阿辖”)，藏文作འཞ。1980年青海民族学院印行王尧教授辑译的《敦煌古藏文历史文书》，其中有关吐谷浑记载，藏文均作“阿夏”，因此可知唐五代时，吐蕃人称吐谷浑遗族为“阿夏。”我猜想吐谷浑在未亡国前，雄踞西陲，与吐蕃地位等夷，因此吐蕃称它为“霍尔”，承认它是一个敌体。等到吐蕃吞并了它以后，便不再承认其为并立的敌体，便恢复当年沙漒杂种对它的旧称。或者这种称谓即是吐蕃的史例，从而见之于著述，也有可能。不过对我们说来，它的所以值得重视，倒是借助于它使我们了解到吐谷浑后裔在吐蕃境内继续活动的一些情况。

后世和现在的论者，大都以为吐谷浑没于吐蕃后，便完全被同化融合了。但经我们考察，西陲的吐谷浑遗裔，最少在唐代还仍以属国的地位存在着，被称为小王，并与吐蕃王室联姻，这对认为吐谷浑国自始就是一个羌化的国家论者，无疑是一条有力的反证。但也必须指出，“阿夏”这个名称，存在的时间并不太长，似乎在吐蕃王国崩溃以后，它也随之消失。而“霍尔”的遗称，却一直保留到现在。前后异称，均各有其历史背景，而并不是偶然的。

（三）从吐谷浑到土人的演变过程

自吐蕃王国势力东向发展后，吐谷浑便受到威胁。随着吐谷浑大臣素和贵投吐蕃，吐蕃尽知其虚实，便出兵击破吐谷浑于黄河上。吐谷浑王诺曷钵引数千帐走凉州，唐派苏定方进行了安置。后来诺曷钵请内徙，唐王朝拟徙其部于凉州之南山（祁连山区），结果未能定议。咸亨元年，唐王朝为保吐谷浑派薛仁贵率大军讨吐蕃，想把诺曷钵护送到故地，结果因兵败大非川，诺曷钵只好退居浩门河流域。以后又因吐蕃势力进逼，又徙灵州（后改安乐州）。最后吐蕃取安乐州，诺曷钵余部便东迁朔方、河东，就是后来被称为“退浑”的那一支，北宋时没入辽国。入元后便逐渐失载，可能被他族所同化了。

被吐蕃所统治的吐谷浑各部，除素和贵等所统及鄯善、且末诸部外，有些在武则天圣历三年（公元700年）时，曾脱离吐蕃而到河西走廊的甘、肃、瓜、沙等州降附唐朝。当时有人建议把这部吐谷浑人内迁到秦陇，因凉州都督郭元振反对，只让他们依附安乐州王室而存在。吐蕃取安乐州后，他们不能再徙，从此沦为吐蕃的奴隶，因为此后在本地区就出现一种被称为“浑末”或“嗢末”的所谓吐蕃奴部。大中二年，沙州首领张议潮起义。五年，奉使献图。《新唐书·吐蕃传（下）》说：

明年，沙州首领张义（议）潮奉瓜、沙、伊、肃、甘等十一州地图以献……其后河、渭州虏将尚延心以国破亡，亦献款。秦州刺史高骈诱降延心及浑末部万帐，遂收二州。

这里所提到的“浑末”是一个什么部众呢？原书接着解释说：

浑末，亦曰嗢末，吐蕃奴部也。虏法：出师必发豪室，皆以奴从，平居散处耕牧。及（尚）恐热乱，无所归，共相啸合数千人，以嗢末自号，居甘、肃、瓜、沙、河、渭、岷、廓、叠、宕间，其近蕃牙者最勇，而马尤良云。

又，《通鉴》二五〇咸通三年十二月条有云：

是岁，嗢末始入贡。嗢末者，吐蕃之奴号也。吐蕃每发兵，其富室多奴从，往往一家至十数人，由是吐蕃之众多。及恐热作乱，奴多无主，遂相纠合为部落，散在甘、肃、瓜、沙、河、渭、岷、叠、宕之间，吐蕃微弱者反依附之。

以上两处记载，都说浑末或嗢末是吐蕃奴部，又说以“嗢末”自号，似乎未能得实。设使嗢末是奴隶的称号，他们便不会自称为奴隶；同时这个部族名称，到大中、咸通间才出现在今河西、甘南及川西广大地带，说明他们原来并不都是吐蕃发兵时的从属。吐蕃是并合群羌而混成的中古西陲一大民族，而这些浑末或嗢末，显然又不是属于吐蕃族系的奴隶部，而是散处在河、湟、岷、叠间为吐蕃所役属的另一民族，它完全有可能是吐蕃统治下的吐谷浑遗族，原为吐蕃所役属，沦为奴隶，及吐蕃王国势力分崩离析，他们便打出吐谷浑族的旗号

而向唐室入贡。吐谷浑族后期或称吐浑、退浑，也简称浑，“浑末”“嗢末”只是汉文记载的另一译名而已。（“末”意为人）

我所以这样说的理由，还可列出以下四条：

第一，前面已谈到在武则天末年，有一部分青海地区吐谷浑人脱离吐蕃统治移到凉、甘、肃、瓜、沙等州，求唐保护。唐王朝拟迁入内地不果，便就地收容了他们。这次嗢末人趁机互相纠合，自为部落，并向唐入贡，吐蕃微弱者反而多依附它。他们本是吐谷浑遗裔，此时打出“嗢末”旗号，自然有此可能。

第二，与甘、肃、瓜、沙这一地区相呼应的，还有河、渭、岷、叠、宕之间的嗢末，这一地带，原来就是吐谷浑王国的发祥地，自然也有较多的遗裔存在。吐蕃在吞并吐谷浑后，当然视他们为奴隶，但到吐蕃王国崩溃后，他们便不再承认自已为奴隶了。所以若以“嗢末”本义为奴隶，实是一种附会。

第三，《新唐书》说嗢末人近蕃牙者最勇而马尤良。按吐谷浑族源出鲜卑，为东胡的二支。它西迁上陇时，仅以千七百户之众而能役属群羌，开地千里，本以勇名。而吐谷浑居青海时，青海湖上产青海骏马，号称龙驹。嗢末部马尤良，正是吐谷浑的传统。到现在浩门马犹称走马，而土族也有善养马之名。

第四，现代发现敦煌文书录有张议潮在收复凉州后遣使入告的奏文说：

> 咸通二年（公元861年），收凉州。今不知却□□杂蕃浑，近传嗢末隔勒往来，累询北人，皆云不谬。伏以凉州是国家边界，嗢末百姓，本是河西、陇右陷没子将（孙），国弃掷不收，变成部落，昨方解辨（辫），只得抚柔……①

---

① 姜亮夫：《唐五代瓜沙张曹两世家考》引《敦煌文书》，载《中华文史论丛》，1979年第三辑。

根据当时这段记载，包括张议潮在内的人，虽然也知道当时河西走廊一带人“杂蕃浑”，但还不解唱末究竟是什么人。经过在收复瓜、沙等州后的调查访问，才知道这本是河西、陇右陷没子孙变成的部落（按“辨”字似并不误，意谓在询问北人后，才分辨清楚嗢末是什么人。疑为“辫”字，便不免曲解）。不过，问题还并没有完全弄清楚。河西陷没子孙，究竟是汉族还是附唐的吐谷浑族，他并未说明，但我们可以肯定这绝不是吐蕃族。那么所谓吐蕃奴部，自非吐谷浑莫属，只是它并非吐蕃发兵时从征的奴部，而是为吐蕃所役属的吐谷浑遗裔。若是汉族，则吐蕃微弱者更不可能争附了。因此，我断定浑末或嗢末，也是吐谷浑族遗裔的一支自称，而被后人理解为是另一种部族。这还可以从后世一些记载和遗族得到进一步的证明。《西宁府新志》说：

> 红帽儿族：沙州番也。一云即安定王部落。正德中为海敌〔虏〕残破，流沙州。后徙西宁塞外。善射，海敌畏之。时亦梗内地。万历十九年，经略尚书郑洛招抚之。后却尔失加与瞿昙寺有姻戚，复徙牧其境，居庐室效顺焉。一支为剌卜尔族。[①]

又，郑洛《收复番族疏略》说：

> 以故生番俛首归顺，岁纳添巴，愿为部落，如红帽儿、姑六只等，不知其几已。[②]

---

①《西宁府新志》卷十九《武备志·番族》。

②同上书，卷三十三《艺文志奏议》。

明兵备按察石檟在他的报告中也提到“红帽儿”族。在《武备志》内还曾说到“红帽善箭，昝哂善刀”，为海上蒙古所畏。显然，明中叶后在青海境内番族中出现的“红帽儿”，实即唐、宋的浑末或嗢末的异译。上述“红帽儿”活动的地域，在今西宁、互助、乐都境内，正是现在土族集中地区。而《西宁府新志》更说：

（唐）懿宗咸通七年……吐蕃奴部号浑末，居甘、廓等州。①

则当时西宁周围地区，也有“浑末”居住。如此，则浑末、嗢末、红帽儿、土族岂不就联成一线了吗？不仅如此，几十年前我们把玉树地区叫“红帽儿”。兹查陇右节度使哥舒翰奏有云：

苏毗一蕃，最近河北，吐译（浑）部落，数倍居人。②

按唐时苏毗即今之玉树地区，当时也是吐谷浑活动的地方，则它被后世称为“红帽儿”，无疑也是“浑末”的异写。张议潮把瓜、沙、甘、凉的嗢末认为是河陇陷没的子孙，从这里可以看出他所了解得不够详确，实际上都是没于吐蕃的吐谷浑遗裔。我曾问过几个玉树人士，他们说在今玉树地区内除“红帽儿”称号外，也还有“霍尔”“阿夏”的地名。“红帽儿”是汉文的记载，“霍尔”“阿夏”是藏族对吐谷浑的称谓。这同样有助于我们对吐谷浑遗裔的探察。

当然，民族是一个历史范畴，而民族的演变和融合又是历史发展的必然趋势。历史上从来没有一个相沿不变的民族，但也没有突然新生出来的民族。我们竭力找出浑末是吐谷浑的遗裔，“红帽儿”是“浑末”的异译，有一部分土

①《西宁府新志》卷三十《纲领志上》。
②《册府元龟》卷九七七外臣部降附章。

族原来就叫“红帽儿”，绝不是把今天的土族等同于当年的吐谷浑，但它与吐谷浑的渊源传承关系却是不可否认的。

二、从“霍尔”名称的遗留看吐谷浑遗裔分布的地区

吐谷浑诺曷钵部由安乐州再迁朔方、河东直至没于辽国而遂失记载的经过，我已写过一篇文章大致叙述过了①。其仍留故地而为吐蕃所并吞的青海湖地区一部吐谷浑遗裔，于武则天当政后期脱离吐蕃投奔凉、甘、瓜、沙的简况，也已在本文第一节中作了交代。这里需要将其继续生息活动于今安多（或称阿木多）地区的吐谷浑遗裔作一番考察。这个工作的所以能够进行，主要将依靠藏文中“霍尔”这一名称的遗留。在这里我们不难看出吐谷浑遗裔中尚有一部分仍以部族形式在安多等地区存在着。兹从地名、族称遗留的痕迹，对本地区吐谷浑族的下落，作一概括的考察。

（一）从地名分布看吐谷浑族在本地区生息活动的踪迹

我们知道现在的藏族是羌族和吐蕃的后身，它在本地区始终是一个处于优势的民族，在长期的历史发展过程中，有很多被藏化或汉化了的吐谷浑的痕迹，为他们的语言和记载所保存。从我已约略所接触到的资料来看，从今青海果洛藏族自治州一直到甘肃甘南藏族自治州的广大地带，都有这类历史痕迹保留着。现分别举例如下：

1. 果洛地区有关霍尔、哈尔、霍若、合尔、和科等地名或部落。

在达日县境内有：

哈尔青达（上红科公社哈尔青大队）。“哈尔”是今汉文音译，与“霍尔”为同音异书。

霍尔那合（意为黑霍尔）、尼霍尔。

①见拙著《唐五代以后吐谷浑遗裔及其民族特征》，载《青海民族学会学术论文选集》，第一辑

霍若夏尔、霍吾隆哇、霍若夏尔贡玛。

霍阿隆达、霍若仓尖、哈尔穷亚勒。

在久治县境内有：霍尔杰杂隆、莫合尔哇嘛。

在玛多县有：和科贡巴（即是霍尔寺院）。

在玛沁县有：藏霍尔（藏是地名）。

2. 在海南州共和县有：和尔、和尔河；贵德县有贺尔加。

3. 在黄南州尖扎县有：霍尔哇西、合日地柔、和黄乃亥（即霍尔那合的另一译名，意为黑霍尔）；同仁县有和日大队；河南蒙古族自治县有和日合多曼；泽库县有和日公社（环科日扎）、和日寺。

4. 与黄南地区相接境的循化县有：贺隆堡（霍隆即霍尔沟）、贺庄；与循化接境的甘肃积石县有大河家；临夏县有何家（河、何、贺音均读huò，与霍同）。

5. 黄河以北的海西天峻县有霍尔仓；海北刚察县有哈尔盖。东部农业区的化隆县有卧龙岗（原名卧日尕，《西宁府续志》作若尔哈）、加合尔（即汉霍尔，与卧龙岗相邻）、合什群、哈尔洞、列仁何什加、贺什加、合什藏及卧伙勒（即藏霍尔弯）。

乐都县现有和尔茨（大队）、和尔红（大队）。再从《西宁府新志》看，县城西南六十里有郭尔庄、河儿洞庄；胜番沟有小河儿族庄。

互助土族自治县内则更有贺尔川、合尔屯、合尔吉、合尔郡、合日江等村庄，今均为土族聚居地。而土观、托红尚不在其内。

从记载上看，在湟源县隆奔族白杨沟也有个合儿庄。

在以上这些地方，除互助外现在大多已找不到土族，但仍可说明在过去都曾是“霍尔”活动居留过的去处。因此，后来把这些地方叫作霍尔沟、霍尔庄；或汉霍尔、藏霍尔、黑霍尔等等，这种名称并说明这些村庄得名时，有些霍尔人已被藏化或汉化了。

（二）从一些文字记载中的族称来看吐谷浑族遗裔分布的地区

1.乾隆《循化厅志》记载循化东乡西番有火龙布寨族（按即后来的贺隆堡）；口外西乡四十四寨内有“合儿寨”西番共五族。今甘南夏河县境内有火力藏族（当时夏河属循化管辖）。又，今黄南泽库县（时属循化）有和日四族（和日措玉），不见于《厅志》。

目前甘南卓尼一带尚有一些自称为“土户家”的族人，听说直到洮、岷，间有存在。我还未到过这些地方，尚不得详述，但这块地带原为吐谷浑和西秦乞伏氏活动中心，自当有遗迹可寻。

2.乾隆《西宁府新志》中载有西宁南一百五十里有火力加族，今俗称为贺尔加。

另外见于《府志》的便是前述红帽儿族，这个名称与土官庄、土官沟、托红庄及土观呼图克图等同属于吐谷浑的音转。

3.我前两年在一篇文章中，根据吴均先生的提示，曾谈到今四川霍尔甘孜的事。后来翻查《清史稿》，那上面对霍尔三十九族的记载是：

> 三十九族者：曰夥尔、曰图嘛鲁、曰吉宁塔克、曰尼牙木查、曰松嘛巴、曰勒达克、曰多嘛巴、曰达尔羊巴、曰他玛、曰夥儿、曰拉寒（原注：他玛、夥儿、拉寒三族共一土司）、曰夥耳、曰琼布噶、曰琼布色尔查、曰琼布纳克鲁、曰扎玛尔、曰上阿扎、曰下阿扎、曰上夺尔树、曰下夺尔树、曰上刚噶尔、曰下刚噶尔、曰他玛尔、曰提玛尔、曰枳多、曰哇拉（原注：枳多、哇拉二族共一土司）、曰麻弄、曰布川目桑、曰书达格鲁克、曰奔盆、曰策令毕鲁、曰色尔查、曰纳布贡巴、曰结拉克汁、曰拉巴、曰三渣、曰朴朴，皆自为部落。[①]

①《清史稿·土司传二》卷五一三，列传三〇〇。

其中直接称为“霍尔”的有“夥尔”“夥儿”“夥耳”三族，其余各另有名称。但从习惯上统称霍尔三十九族而言，则似乎都属于霍尔族而并非藏族或他族。这些部落均设土总百户或土百户、土百长等以治之，归驻藏大臣管辖。时任驻藏办事大臣的赵尔丰说“其族恭顺”，因而“悉加慰遣”，可见他们并不同于当地瞻对、巴塘等土司属民。

有关“霍尔”三十九族的土司设置及土官衔号，均沿自元、明，有安抚、长官等司，清初未改流前，在建昌道提标辖下，计有霍耳竹窝安抚司、霍尔章谷安抚司、霍耳孔撒安抚司、霍耳甘孜麻书安抚司、霍耳咱安抚司（《圣武记》又有霍尔林葱安抚司使）及霍耳白利长官司、霍耳东科长官司等土官，每安抚司下有土百户二至六不等。这些都是以“霍耳”命名的（霍耳即霍尔的又一译名），实际上如纳林冲长官司，与章谷土司是一家，《圣武记》即作霍耳林冲；又如德格土司罗追彭措的妻子玉米者登仁甲，《清史稿》说她是“本藏女，于瞻对藏官有姻谊”。这又说明罗追彭措不是藏族，也可能是霍尔。以上土司，大多到宣统二三年时才改流，所以在解放前还保留有“霍尔吉恰（总管）”的名目。这些仍自称“霍尔”的部族，现在无疑都已藏化了，但从这个称谓的遗留，仍可确定他们本是吐谷浑族的后裔。因为本地区与玉树、果洛接境，都是吐谷浑当年活动及统治的区域。这么众多的“霍尔”人，虽然都已藏化了，但直到清末，仍不直接称它为藏人，更不说它是蒙古人或“野番”“倮夷”，而迄称为“霍耳”，是值得我们深思的。

4. 曾巩《隆平集》上有一段记载说：

> 唃厮啰三子，皆被恩命，曰瞎毡，居合龙谷。[①]

①《隆平集》卷二〇《唃厮啰传》。

"合龙"当即为霍尔隆，亦即贺隆的对音，其义为霍尔沟。霍尔沟的名称，当不止一处。瞎毡所居合龙谷，究应在何地呢？按唃厮啰起家宗哥川，即今平安县东南川，其以后活动地带，在今乐都、民和、化隆、循化、西宁、贵德区域之内。今循化有贺隆堡，虽不一定为瞎毡居地，而"合龙"这个地名，见之于宋代，到今日为止，是汉文记载中最古的，可与其后的藏文记载相比证。

三、"霍尔"与西宁州土人

唐宋以后，分布在广大安多地区的吐谷浑遗裔，基本上在羌族后身、藏族前身的吐蕃族控制下存在着，其间被融合同化的现象，自然无可避免。而它的族称和活动地带，却由藏族语言和文献传留下来，从《西藏王统记》《格萨尔王传》到《安多政教史》，"霍尔"或"霍耳"这个为一般人所不解的名称，便为中外有关著作家和旅行家所采录。《王统记》把"霍尔塞"与吐谷浑联系起来，《政教史》把"霍尔"与土人联系起来，为我们最终弄清这个问题，留下了宝贵的资料与线索。唯有汉文记载，由于唐宋以后吐谷浑渐归式微，认识逐步模糊甚至泯灭了。

蒙古统一中国，建立了大元政权，在边疆地区利用色目人优势建立起土司制度。其中在甘肃边外的有些土司，均被称为土人。这种族称到明初便正式见于记载。明《洪武实录》中所谓的"西宁州土人"，直到清初《秦边纪略》所谓的"土人"，都是指南木哥等土司所属而言。而比此稍后一点的外国人游记中，正好把青海境内祁土司和甘南卓尼杨土司的属民，称为"假霍尔"（"假"为译音，或译"嘉""加"，是藏族对汉人的称谓）。这位外国旅行家不无赞赏地说："他们自称属于蒙古系。一般说他们与在社会风气中已失去祖先那种勇敢自强的性格的今天的蒙古人相反，他们完全保持了这种性格。"[①]可见他虽然没有明白地否认这些"假霍尔"源出于蒙古，但却指出他们与清中叶时期蒙古人的性格，已大有所不同。

①耶克·加柏著：《中国鞑靼与藏区游记》。

这种观察不能不说是很敏锐的。“土人”的性格，就是与蒙古人大有区别。

我们现在把西宁州土人作为吐谷浑后裔来考察，首先是由于它出现在吐谷浑后期活动的地区；其次是发现本地区中既存留有“土官”“土观”“托红”等地名，又遍布着合尔屯、合尔郡、合日江等土族聚居的村落；第三是“土人”名称出现的元、明之交，正是吐谷浑族汉文名称趋于泯灭之际，因而以“土”代“吐”，失其本义。幸好土族至今仍自称“土户”“土谷（古）”“土昆”，这能使我们体会出“土”与“吐”之间的演变痕迹来。而更重要的一点则是浩门河流域一带（包括祁连山北坡直至永登、连城）原是唐末吐谷浑余部分片聚居地区，而这个地区又偏离交通干线，这种地理条件的限制，有利于保持他们民族原始的特征和风貌，不至于像其他地区一样地被藏、汉族等所融合同化。尽管吐谷浑的名称变为土人，但仍区别于蒙古、藏、汉、回及维吾尔而独立存在。“土”即是“吐”的同音字，“土人”即是“吐浑”的改称，应当说是符合其实际的。

我还查阅了一些有关资料，明初西宁州土司中，由元归服的南木哥、帖木录、乩铁木、朵力乩、哈喇反，《清史稿》上都载明他们是“西宁州土人”。而《西宁府新志》中还明确地记载着大通县河西逊让堡居民，尽属土人，汉人间有；祁家堡皆系土人；扬化堡、多洛堡多系土人；百胜堡汉、土各半；硖门、新庄十之六为土人；旧庄堡十之二为土人。实际上不仅是大通，整个浩门河两岸以迄乐都、民和都分片聚居着土族。以多寡来比较，互助县居首，民和县居二，大通县居三。包括门源、乐都在内，是保持土族特征较显著的典型地区。自此过了黄河，西迄临夏、同仁，南达卓尼、夏河以至洮泯，也可找到土族的踪迹。我设想这些地区的所有土族中，应当还包括有鲜卑族中的南凉秃发氏和西秦乞伏氏的遗裔在内，当然也会有部分吐谷浑化的汉、羌族人民的后裔。

过去单以互助土族自治县那三万左右的土族人口为依据，说它是蒙古将军格日利特部下的后裔，既太片面，又缺乏佐证。从吐谷浑的历史地理来说，不仅互助是弹丸之地，就是西宁州，也只是其活动地区的一部分，无法考察清楚问题的全面情况。若把吐谷浑和霍尔、阿夏、浑末、土人等贯联起来，加以分析考证，虽然还不能说问题全盘得到解决，但总可以有点接近真实了。

四、余论

最后，还有几个相关的问题，一并在这里附加论列如次：

1. 关于“蒙古说”中的蒙古、阴山鞑靼、汪古、阻卜、土达（鞑）等活动地区问题。

所有阴山鞑靼、汪古、阻卜在元、明时期，其向西陲活动的足迹，最远只到河西走廊为止，并未到过河湟流域，更谈不上到今果洛、玉树、昌都、甘孜以至洮岷、川西等地区。既然连到也未曾到过，便无所谓族源与后裔问题。至于“霍尔”为“胡儿”的对音问题，这里虽然早就有过匈奴、小月氏等“胡儿”，但那是秦、汉间事，与本问题无涉。晋以后鲜卑慕容、秃发、乞伏等部移入，但“霍尔”名称起自吐蕃，最初且系泛指吐谷浑故地及与其接境的蒙古、回纥等族而言。而当时汉族，早已不用“胡儿”这个称谓，吐蕃自无从沿用。唐人诗：“汉儿学得胡儿语，翻向城头骂汉儿。”其所谓“胡儿”，却是指吐蕃而言，对于吐谷浑，则又称作“退浑儿”，就是这些称谓，也只是诗人的语言，并不存在实用意义。[①]且所谓代表“胡儿”的契丹人，也从未到过这里，所云“乞塔坪”“乞塔庄”等乃是“疙瘩”或“圪垯”的异写，青海果能成为当年契丹人逃亡的乐土，且化为“胡儿”的实体，那么其他地区大量的“霍尔”，又是哪一种“胡儿”呢？“汪古”是白鞑靼，“霍尔”同样是白鞑靼。“阻卜”要是敕濮的后身，则元代不需要改鞑靼为阻卜。这些都既背于理，又违事实，而仅是为对音而讲对音，自不免荒唐离奇。

从章吉驸马做宁濮郡王，蒙古确乎到过青海，但并没有与他族融合的事。

①吕温：《蕃中答退浑词》，见《吕和叔文集》。

漠南土默特部俺答汗等族曾移牧青海，但最终仍归原牧地。其后是准噶尔部固始汗，曾以青海为基地，统一唐古特四部，当然也包括喀木（即昌都、甘孜等地区），但他所留下来的后裔，是今青海蒙古二十九旗和居延海附近的额济纳旗等，并未演变成任何族。[①]最后说到土达（鞑），它在明朝成化间居住在平凉、固原一带，反明失败后，并未移向浩门河流域。即便说它流移到了这里，在短短时间里变成了与蒙古族大相径庭的土族,那么其他地区早在明以前存在的“霍尔”“浑末”等，又是与土达（鞑）怎样结合起来的呢？“蒙古说”的自相矛盾和违背事理，大率如此。

2.《土族简史简志合编》定今土族语言为阿尔泰语系蒙古语族，因为现在土语中保留有相当一部分蒙古语词汇。语言是构成民族的主要因素之一，因此持蒙古说者以此为他们的重要认证之一。我对语言问题缺乏认识，无从细论，但鲜卑语属东胡系，与蒙古语族宜有相通部分，而并非源自蒙古语。这和哈萨克语与维吾尔语及撒拉语也有一大部分相通是一个道理，不能确定说是谁受谁的影响。东胡、肃慎系是今满族的祖先，前者是历史上的民族，后者是现代的民族。土族源于鲜卑吐谷浑，而鲜卑源自东胡，这从族系上来说，也有远近之分。蒙古是后来形成的族系，它一般是源于室韦，而与东胡、突厥、匈奴有远源关系。光凭现代的语言来定土族与蒙古的族源关系，这个线索还是不很清楚。

①土族果为格日利特或阴山鞑靼的后裔，则在明代俺答部自青海湖侵扰时属西宁卫地的大通、互助、湟中等地区时，应显露出本民族的身份，而那时却并无“蒙古尔”之称。后来在固始汗统一唐古特四部后，土族仍无“蒙古尔”或“察汗蒙古尔”之称，显然在雍正以前还没有产生这个说法。我在最初讲到这个问题时，吴均先生也认为“蒙古尔”说为后起，并提出撒里畏吾尔一名的成因，可以作为这一方面的借据。因为撒里畏吾儿这个名称随着时代的迁移而改变，土族果出元裔，则亦应在明中叶“海寇”（明时对青海俺答部的称谓）横行时改变自己的名称。他还指出佑宁寺是在萨迦及噶举派小寺的基础上修建的，格日利特是否在这原萨迦及噶举派小寺之中，也称为“尼达”呢？目前在藏文中尚无文献可征。若明万历初修佑宁寺时果有格日利特为“尼达”说，则事实完全两样。又，“尼达”本为宗教词语，佛教中护法，成分本极复杂，所谓“土主”“山神”，包括恶煞及异教徒等在内，不一定即为始祖的象征云。

若说杂有其他民族语汇，则现在土语中杂有不少藏语和汉语，但从来没有人说他们源自藏族或汉族。至于所受影响，他们倒是早期所受汉族文化影响，后期所受藏族文化影响，都比蒙古族的为大，这值得今后作更深入的专题研究。

3. 有位土族同志在探察土族族源时，曾经提出吐谷浑西迁时仅七百户或一千七百户，其人口总数尚不满万，加上沿途丧亡，则到陇上时当比此数更少，其族自难发展成为大国而且还能留下来如此众多的遗裔。这个提法，也有一定道理。但历史地去看这个问题，却并不那么单纯。吐谷浑立国西陲，长达350年，包括东迁灵州作唐附国，共延续了363年。在这么长的时期内，它役属群羌，并先后接受汉族和吐蕃的文化，在中国西部居于先进和优势地位，看那些王室成员们谈论诗书，并在成都建造九级浮屠，和在黄河上建桥，史书又说他们善作农器等，可见这个民族在当时是蓬勃向上，发展很快的。人口问题，归根结底是经济问题，地理环境优越和生产发展，便为人口的发展提供了有利的条件。历史上的川西北、甘南、青海南部和青海湖地区，水草丰美，为理想的放牧场所，兼可以经营农业，这是吐谷浑族人口迅速发展的客观因素。加上他们文化较周围民族高而国势又强盛，即使亡国后，也长期以部族形式存在，因此不仅留下了许多民族广布的遗迹，而且还有一部分人发展成为现代的土族，为中华人民共和国五十多个少数民族之一，享受民族区域自治权，其源远流长，是并不偶然的。

再若以近代人口发展为例，清代是满族贵族执掌全国统一政权的，入关时满洲八旗每旗有7300人，八旗共有6万人。但到了清中叶，光是八旗驻军（京师和各省），就有20万人左右，满族人口超过了百万。以此作为对比，吐谷浑族情况，也当与此相近似。

再以清代全国人口为例。清政权到康熙时开始进入盛期，康熙五十年（公元1711年）全国人口据统计为2462.130万多人，到乾隆二十九年，全国人口便增加到 20559.10 万多人[①]。在 54 年中，人口增加了 7 倍多，以后便又增长到 4 亿，这就是近代中国所通称的四万万人口的来历。由 2000 多万到 4 亿，前后不到 200 年。当年吐谷浑的时代条件，并不和近代完全相同，但人口增长的基本因素是大体接近的。这样看来，吐谷浑后期，不仅在吐蕃统治地区“番浑杂处”，而且还在河西及党项地区“羌浑杂处”，是它人口发展的必然现象。何况越到后来，所谓“浑末”“霍尔”，还应包括南凉秃发部和西秦乞伏部遗族在内，再若加上被它所融合同化的部分西羌杂种和汉族等，则当时本地区活动的鲜卑人，当也不下百万，约与清代满族的情况相仿。只是近代的有据可查，而古代的只能约略估计对比罢了。

4. 对近代中国边疆少数民族的研究，是从中华人民共和国成立后才有计划地开始的，无疑是取得了巨大成果。但有些问题，还有待于深入。这里我且谈两个问题：

第一，是与青海紧邻的裕固族族属问题。裕固是现在的定名，而他们自称则为“尧呼尔”或“西拉玉固尔”，当地人则又称它为“黄番”，居住在河西走廊祁连山北坡。地区的闭塞，使得他们仍能保持原来的一些民族特征。就语言来说，既有属于阿尔泰语系的蒙古语族的，也有属于突厥语族的。其族源出东胡系，正与土族相类。当然近肃南一带的一部分同时兼操汉语，则属习染问题。就风俗习惯而言，也更与土族相近。其居地东南两面，现都居住着土族，因此，我想这个民族的情况与上述“红帽儿”相类。“红帽儿”也曾被称为“沙州番”，或以为即宁王卜烟帖木儿部族（后封为安定王），因此在青海境内把它或径称为安定族。明初塞外四卫，以安定卫居首，而部民并全非蒙古族系，兼杂羌、吐蕃、土人、畏吾儿诸族，所以今裕固族又被称为撒里畏吾儿。古今异名，多

①郑天挺著：《清史简述》。

由于人们未加细考所致。现在要正名，必须以其自称“尧呼尔”及“西拉玉固尔”为准。就此推论，则“呼尔”“固尔”即“霍尔”的音转，而“尧”“玉”犹和所谓黑、黄或地域等一样同为冠词，可证其族源亦属吐谷浑，其亲缘仍与土族为近。我先这样粗略提一下，以供同志们讨论考查，并请专家们审议。

第二，关于青海、甘肃保安族问题。明初定西陲，今青海黄河南部先后归河州、洮州管辖，万历时在今同仁隆务地区设保安营并筑城堡，定名为保安堡，后归循化厅。在那里有一种较老的当地民族，本地人称为保安土人，解放后定名为保安族。这个族在今甘肃临夏地区积石回族撒拉族保安族自治县也有部分聚居，原称保安三庄。这个民族非羌、非藏、非汉、非回，对它的族源，尚缺乏探讨。但他们的原居住地叫作“年都乎”而又被称为土人，这还是与土族有一定联系的(“年都乎”与“土户”音近)。何况本地区原来就是吐谷浑活动中心。若能剔除它后来习染的一些民族成分，大致仍不难寻出它的族源来。我借青海民族学院民族研究所学术讨论会这个机会，姑且这样提出来作为引玉之砖，供大家探讨。

再论羌藏与蒙土问题

1992年《青海民族研究》先后发表了李克郁、黎宗华二位教授有关土族与藏族族源问题的论文①，重新探讨与论证了土族与蒙古族和西羌与藏族之间的相关问题。他们二位都是从本民族立场来论证和阐述这个问题，态度似乎是非常严肃认真的，并且在资料的搜集和运用上，也是下了很大功夫的，但其中主要观点，不免模糊，而取材也较局限，自然难成为定论或是新见。我一向很服膺朱夫子（熹）所写的“旧学商量加邃密，新知培养转深沉”这两句诗。常想在别人的不同意见的启示下，促使自己对有关的问题有进一步的认识，并纠正利用历史问题来迎合个人片面看法或现实要求。

一、先说羌藏问题

黎宗华先生的文章，完全否定“吐蕃本羌属”和“羌即是藏”的论点，从这种记载和说法的语义上来说，虽并不那么完整和确切，但《后汉书》和两《唐

①见该刊1992年第二期李著《蒙古尔（土族）是历史上不同时期来到河湟流域的蒙古人》与第三期黎著《“西羌”与多康藏族》

书》的记载，基本上仍是可信据的。源于西羌，是说它的族源，黎先生所以指斥这种记载和观点的理由主要有两点：一是藏文古籍的记载没有这种说法；二是“羌”字虽早见于甲骨文，但以“羌”字作为族称则始于汉代。而在藏语方言中并没有羌语的一个基本词，甚至连“羌”这个族称记号也不存在，而我在前面所说的观点模糊和取材局限正是指这点而言的。同时黎先生论羌族的古地，也只限于多康（今青、甘、川）地带，更与史实不相符合。以下我想就黎先生所持的观点和所提出的疑问，谈谈我的看法：

（一）民族是一个社会现象，也是一个历史范畴

民族在社会发展史上来说，是从上一个阶段的部落社会演进而来的；在民族发展史来说，是从部族发展而形成的一种比较稳定的人们的共同体。这个时期，大体上是指由封建社会晚期到资本主义社会阶段而言。在此以前，并没有“民族”这个名称。因此，在此前的文化人类学上还把它称为人种学，直到了社会主义社会阶段，我们才把民族共同体和人种共同体区分开来，而以斯大林四个共同的定义[①]来研究我们这个中华民族共同体。虽然这个问题还需要进一步作切合中国实际的研究，但民族是一个历史范畴的论点，是我们区分中国历史上家族、氏族、宗族、部族与现代民族的依据。一般说中国历史上自有文字记载部族社会阶段起，把活动于当时中国境内的各氏族、部族等，除各自的单一名称外，都统称为人，如夏人、商人、周人、秦人，以至汉人、唐人，这个名称，并不代表单一的民族。而中国古书上所称的黄帝族、炎帝族，乃指部族而言，伏羲氏、神农氏，则指多族而言，并不能与近世所称的民族一词相混同而并称。古书上称羌、胡、狄，并不加族称，或称作羌人、胡人，这与把南方的人称为越人、楚人是同样的习称，并不是羌在那时还连个氏族和部族也没有构成。

①见（苏联）斯大林：《马克思主义和民族问题》。

（二）西羌与西戎

黎先生的文章谈羌作族称和西羌这个名称，都始于汉代；同时也是一个模糊观念。羌原不称族，说已见前，西羌的名称，系对东羌而言。汉光武帝时陇西太守马援在平定先零羌的乱事后，建议把一部分降羌徙至天水、陇西和扶风，以分其势；后来马武击破烧当羌，也依例把羌徙至三辅。这个安置办法，原意是免得他们再联合起来造反，但羌人原是牧民，杂处在农业区汉人当中，生活和习俗上都不习惯，因此酿成了东汉的“羌祸”。此后的记载，便以此为东羌，而把仍留在青藏高原上的羌人称为西羌。《后汉书》成于晋代，便沿此而立《西羌传》。它只是缘事立题，并不是一个族称，其族称则仍是羌。那时已到了封建社会阶段，可以说是封建主义部族，也还不能称为民族。

“西戎”的名称，虽早见于《史记·五帝本纪》“迁三苗于三危，以变西戎”的记载，而具体事迹，则见于周代。自商末周初，西方羌人，先后进入中原地区，从事农耕。把这些羌人称之为戎，则先见之于《国语》，如“自窜于戎狄之间”“戎狄荒服”“犬戎氏以其职来王”，把荒服之人称为戎狄。其中最先进入中原而被华化了的，当为姜氏之戎。《国语·周语（上）》说：

（宣王）三十九年，战于千亩，王师败绩于姜氏之戎。

韦昭注说：“姜氏之戎，西戎之别种，四岳之后也。《传》曰：‘我诸戎，四岳之裔胄。’言宣王不纳谏务农，无以事神使民，以致弱败之咎也。”按四岳是共工的后裔，因佐禹治水有功，赐姓曰姜，为申、吕、齐、许之先。顾颉刚先生说：

姜戎亦姜姓，亦四岳之裔胄。知申、吕、齐、许者，戎之进于中国者也。

姜戎者，戎之停滞于原始状态者也。[1]

姜戎、犬戎以及九州之戎、允姓之戎等，在春秋时几遍于华夏，其中大部都是早期进入中原而已从事农耕的羌人，戎字是羌语“戎哇”的汉译名。现在的藏语仍用这个自称，而把从事牧业的别称为“治化”，哇、化一音之转，同时也可见今藏语也是羌语之遗。由此可知西戎是商末周初对尚留在西北广大牧业区羌人的泛称，而与已进入中原的羌人相区别。这样西戎与西羌只是周与汉两个历史时代对羌人的不同称谓，其名义并不模糊。至于羌语与藏语的关系，待于后面再论。

（三）氐羌关系问题

黎先生的文章中，还谈到了氐羌问题，但没有深究。目前一般民族史和论文中或连称，或分称，也都含混不清。顾颉刚先生谓，据《周书·异域传》的记载，则似可确证氐羌同为姜姓，即同出于炎帝[2]。这个推测我看是近实的。氐羌最初的记载都是连称的，如《山海经·海内经》说：

伯夷父生西岳，西岳生先龙，先龙是始生氐羌。氐羌，乞姓。

又，《逸周书·王会》说：

氐羌以鸾鸟。

《诗经·商颂·殷武》也说：

①见《史林杂识初编·四岳与五岳》。
②见《从古籍中探索我国的西部名族——羌族》。

昔有成汤，自彼氐羌，莫敢不来享，莫敢不来王。

可见从传说中的炎帝直到商、周时代，氐羌是不分的，到秦汉时代就氐羌的居住地带，而开始有氐、羌之分，如《王会》孔晁注便说：

氐羌，地。羌不同，故谓之氐羌，今谓之氐矣。

氐、羌以地分，似始于汉，自今甘南氐道以迄蜀汉一线，地名多氐，而氐羌有时混称如白马羌、武都羌，同时又称为氐。直到魏晋南北朝时，如前秦苻坚、后凉吕光及仇池杨氏都单称为氐，氐羌才单独分称为二族。揆诸黄炎之例，他们本为两族，但到了姬、姜联姻，便合为华夏族；秦并六国到汉代统一，后世便把统一在这个国度里的人统称作汉人，这一直延续到现在，把这中间最大的一族叫作汉族。这是历史发展规律：人类原始是因地分群的，随后由部落的统一而产生氏族、部族之间的融合。随着社会发展阶段的演进，也自然产生了民族发展的阶段，按现在民族学的分法，把民族分为四个发展阶段，即氏族、部落、部族、民族四个阶段。在这四个发展阶段中，从古人到今人，从氏族到民族，从原始氏族到现代民族，都随着社会的发展而不断地在分合演变之中，有的古老民族消亡了，有的新兴民族产生了。这个民族发展演变的规律，不仅可以说明中国历史上氐羌的分合问题，也可以说明羌、藏的渊源与流变问题。

（四）羌藏关系问题

我一向认为羌是古代在青藏高原上活动的主体人种和氏族，属于古代的历史范畴，而藏族则是吐蕃的后裔。藏族的名称，更为后起，而且还是他称，藏族至今，仍自称为蕃 (བོད) 或斡 (བོད)。早在吐蕃王朝时代，在今雅鲁藏布江流域，有个地方叫藏博，这就是藏这个名称的来历。隋唐时初称宝髻，当即由此。明代即依此有了乌斯藏的译名。清康熙时再定藏乱，以其地在中国西部，便定名为西藏。而在此前，则唐时称吐蕃，宋、元、明或沿称吐蕃，或称西蕃或西番，但西藏人仍自称蕃，安多区藏人则称斡，蕃、斡乃一声之转。这充分说明藏族的名称是起于近世而且是它加的。1912 年中华民国成立，确立汉、满、蒙、回、藏五族共和体制，藏族才正式成为了一个资本主义社会资产阶级的民族，中华人民共和国成立后，随着社会主义社会初级阶段而进入社会主义民族行列了。说今天的藏族只与吐蕃有联系，而吐蕃又只与神、佛有联系，却与羌无关；其更严重的一点是或只以后世多康藏族为西羌后裔，则又把今西藏地区藏民的先民，与今青、甘、川地区藏民的先民，区分开来，则尤不妥。

（五）先史时代青藏高原人类与后世中华民族的关系

藏文记载上溯西藏地区人种来源为神猴与岩女结合而繁衍下来的；说西藏王室则是印度释迦族中阿育王后裔玛甲巴太子依神授记逃至西藏雅陇地区悉补野（布日加）部落，为当地牧人拥之为王，即后世传说中七天座王中的第一王聂赤赞普。这是把西藏先史时代的初民，归之于猕猴，是神话化的历史。而以猕猴为始祖，羌族传说中如党项、宕昌、白狼，也皆自称猕猴种。至于西藏传说中的古王系，藏文记载归之于印度释迦王系，则又把它印度化了。我们认为世传多种藏文教法史，则皆根据神话传说和 7 世纪后有了藏文才写成的，有的甚至迟至元、明时代。它们之所以未上溯到羌族，一是由于吐蕃王朝统一青藏高原时，古代在那里生息活动的羌人部落，已融合演变为羊同、苏毗、白兰、附国及党项等部族，而党项、宕昌等仍存羌名，这是由社会形态和时代演化而形成的，也是世界历史上的通例。藏文记载所以未能上溯及古代羌族，同时，也由于为教法和王统观念所局限，并不是汉文记载不可信据，而实际上所有教法史，都程度不同地简略叙及了周、秦、汉、唐的历史。

根据近百年来的考古发现，早在远古的旧、新石器时代，青藏高原即有原始人类活动。据卡约文化和卡若文化的陆续被发掘出来，其文化内涵与马家窑、齐家文化相衔接，而其族属在东部为戎，西部为羌。大家都知道马家窑文化与内地龙山文化、仰韶文化互有衔接和影响，这算是在四千年左右的时代，羌不仅与中原有联系，且在其后还大量进入中原。所以从旧石器时代而言，西藏人种外来说不仅没有根据，且属别有用心。更从近年发现的拉萨市北郊曲贡文化遗址发掘和藏北细石器文化的发现，其类型与华北和新疆地区细石器属于同一个文化系统。这就充分说明原始时代仰韶文化系统与氐羌文化系统和西藏地区卡若、曲贡及细石器文化系统早就互相融合，其先民群体即是藏族的族源了。汉文记载的传说中，羌为炎帝族，它与黄帝族联合，即为后来的华夏族，而姬姜联姻又成为周族，这是汉人的来源[①]。自有了汉族之名，许多古代的氏族、部族等的名称都消失了，而不是连人和族都泯灭了。

（六）羌语与藏语的关系

黎先生在论及这个问题时说：

> 羌语是汉藏语系的另一支语言，语言的词汇、结构、表现方法均不同于藏语。羌语中借用的藏语多，说明它受藏语影响颇大，而藏语包括各方言中却不存在羌语影响。如果藏族源于“西羌”，羌族作为主体，其语言影响在藏语中不能不存在。从此也可见“源于西羌”之说也不能成立。

说羌语借用藏语，不免颠倒古今。无论是什么语言，都有古今之异，而大体则从同，黎先生所论，是以今羌语为据的。现代羌族，大体沿自明清，其分布地带，包括今甘孜和松潘、理茂地带，而以茂、汶二县为较集中。在此地带的羌

①详见拙著《华夏臆说》，载《中国历史地理论丛》，第二期。

人其人口总数约计 90 万人左右，其间有的藏化，有的汉化程度较为显著，其操纯粹羌语的比例似不太大。据我有次在成都参观了由理县杂谷脑来的羌民参观团的集体歌舞表演，她们围着一个火堆边舞边唱道：

> 子煞子煞波罗齐，阿弥阿弥观世音。

每段首尾都要反复这两句。其中有人会汉语，我问这是什么意思。他说传说中说子煞是一位民族英雄，那么第一句是对传说中民族英雄的歌颂，而下句便完全汉语化了。在这个地区中嘉戎语、羌语、藏语和汉语相互都有混淆。以此为据，认为羌语与藏语并不同源，或说是羌语借用藏语，并不可信。我以为语言先于文字，在藏文未创立前，青藏高原流行的语言，应以羌语为主。公元 7 世纪间，在通米三宝札创制藏文前，吐蕃用语，当为羌语（当然也会有象雄语和于阗语等），同时也还在官方间用汉语文。通米三宝札用梵文、巴利文和纳卡热、迦什弥罗字母所拼写的语言，便是羌语，这和后世清朝用蒙古文拼写满语创立满文是同一个模式。何以证明这个说法呢？可举几个例子如次：

《后汉书·西羌传》说：

> 羌人谓奴为无弋，以爰剑尝为奴隶，故因名之。

我曩曾请教官却才旦、吴均两先生，他们都说今藏语称奴隶为“无约”，而称头目为“桓千”（ཡབ་རྒྱལ），这从对音来说，古今语并无大变化。由此类推，我以为大小榆谷、允吾、龙耆及乐都等地名，为羌语的汉译，我遍询之吴均、王青山、谢佐、温存智、索南杰诸先生，得悉庄浪、姑臧、张掖，也都是羌语的汉译，而读音完全与今安多藏语相同。继此我以《禹贡》的析支（赐支）为曲科乎的对音，以渠搜为都秀的对音①，这些则有古今语音之异，非细究则无由得知。唐、宋以下，则享堂、老鸦峡、龙羊峡、一公城、化隆等，都可从安多藏语推求其名义。讲对音容易出错，但我以上所举诸例，似均近实。那么说是藏语本自羌语或说藏语基本上以羌语为母语，也无可疑（今安多语多存方言之旧）。如此则从人种上说藏族源于氐羌，而吐蕃时代更融合了羊同、苏毗、附国、白兰、吐谷浑和大量汉人等，才形成了今天的藏族。从文化渊源来说，羌藏文化，也即源自黄炎文化；中国佛教虽源自印度，而与中国儒道结合自成一体，藏传佛教同样结合本教而别为一派，均与近世西方帝国主义所蛊惑者异趣。我认为辨清这点是重要的。

依上所述，则从先史时代起，今青藏高原上原始居民，绝大部分俱为氐羌。今西藏地区的有羌人，并不自发羌、唐旄和无弋爰剑子孙开始的。自近人马长寿倡发羌原居河首自与吐蕃王系并无渊源之说②，把发羌、唐旄也限在河首地区。实际上《西羌传》一则说："出赐支河曲西数千里，与众羌绝远，不复交通。"再则说："发羌、唐旄等绝远，未尝往来。"早就说明在秦、汉时代，爰剑子孙的一部移牧到今西藏地区，与当地氐羌相汇合。而早迁的三苗，且已为羌所融合。早在晋时，《十六国春秋》就有"吐蕃秃发傉檀据西平"的记载；到吐蕃王朝兴起，除融合青藏高原上羊同、苏毗、附国、党项、白兰、吐谷浑等诸族外，还与于阗等地突厥种人也有一定关系。吐蕃一名即由此得来。《旧唐书·突厥传》称奚与契丹为二蕃，契丹又或称大蕃。此蕃名的由来，实与大月氏、嚈哒、突厥在葱岭东西活动与建国有关。秦汉以还，天山南北时多氐羌行国，而大月氏本氐羌属。奚与契丹，虽属东胡，而在西徼，实与突厥相错居，奚并一度为

①见拙著《<禹贡>织皮昆仑析支渠搜及三危地理考实》，载《中国历史地理论丛》，1988年第一辑。

②见其所著《氐与羌》。

突厥所并，而突厥与吐蕃，又同名而异译①。这说明吐蕃是在新的历史时代所形成的一个新的民族融合体，是今天藏族的前身。但这却并不能否定它早渊源于氐羌的事实。而羌又渊源于炎帝，更是今天中华民族源远流长的本根了。

二、蒙土问题

现今在中国境内的少数民族中有土族，主要聚居在今青海省互助、民和两县及邻省甘肃境内。它的族源，目前主要有两说：一主蒙古，一主吐谷浑，迄无定论。李克郁先生原主东蒙阴山鞑靼说，而《蒙古尔（土族）是历史上不同时期来到河湟流域的蒙古人》一文，则依民间传说和语言、习俗等项并结合有关文字记载，考定在各个不同时期由原蒙古各地区先后来到今青海地区而形成的民族，自称为蒙古尔（mongol）。这里把今天的土族不径称蒙古，而称为蒙古尔，似有意把它作为一个新的民族来看待，这在理论上是符合民族是一个历史范畴的规律。但历史上由于时代方音和语源的不同，对于地名、人名的译写，差别很大。如蒙古这一名称，见之于汉文记载的，就有萌古、朦骨、蒙骨、蒙国和蒙古里、萌古子、蒙古斯、萌古斯、谋葛失、盲骨子等译名，另有一组还译为忙豁勒、蒙古勒、蒙古鲁、蒙兀儿、莫卧儿等三十多个译名，都是由于时代和语言及语音的不同，而译写各异，这是一个审音和勘同的问题，就是语言学专家，也很难明其究竟。蒙古原只是中国西北部大草原中活动生息的东胡、突厥等各族中的一个部分，因此《旧唐书》初译为蒙兀室韦，《新唐书》有时译为蒙瓦，现蒙古自称为 Mongghol，伯希和说蒙兀二字唐代读为 Mungnguat，乃 Mongghol 之绝对的正规译音，因此他主张《旧唐书》的写法是正确的。韩儒林先生对此加以解释说：

---

①见吕思勉《中国民族史》及拙著《吐蕃一名的由来》。

按兀字收声—t，唐代的西北方言，已读为—r。这可以用唐代吐蕃音译的《千字文》《金刚经》之类的敦煌残卷去证明。这个收声—r，正即Mongghol之—l的对音。①

这是以对音探究的结论，但清代改辽、金、元史译名，则又以满语为根据，便称蒙古为Monggo，语尾省去了l，因而此后便没有蒙兀儿、蒙古儿或蒙古尔的称谓，世俗以今儿、尔同音，因译写儿为尔，实际上儿字古读为ni，倒是蒙古里、蒙古勒和忙豁勒的音值是较近实的。李克郁先生用“尔”字，与r相对应，蒙古尔的名称起于明，要说是名从主人，便应以l为语尾，今从r，则应拼写为Monguor。实际上这只是拼写之异，并不能说明他们在民族方面有什么同异。同时李克郁先生文于此博引载籍，把鞑靼、白鞑靼（白达）、汪古、阻卜、霍尔、阴山室韦以迄成吉思汗征西夏时大军、阔端和西平王驻军及东蒙亦不剌部、阴山白鞑靼后裔与屯田蒙古军等，均综归于蒙古尔，也就是说这些都是形成蒙古尔的民族成分。这种说法的主旨，是把今土族与蒙古族的界限划分开来，从而把土族定为是在不同历史时期移居湟水和浩门河流域而操阿尔泰语系蒙古语族语言的人，他们原自称为蒙古尔，并不称土族，土族是1952年新定名。这个说法很费周折，而他本文的题目却仍说蒙古尔是不同时期来到河湟流域的蒙古人，题文显然相背。依我说土族是一个近世形成的新的民族，和撒拉、裕固、保安、东乡等族相同。惟其族源现象有两说，你仍可以坚持蒙古说，而不能再安上个蒙古尔，因为蒙古尔与蒙古只是写法不同，也就是说一个名称的两种写法。如吐蕃，《阙特勤碑》和《突厥语大辞典》都作Tuput，而维吾尔语作Tibä t，哈萨克语作Tebet，塔塔尔语则作Tübät。党项和西夏中国称唐古忒、唐兀歹或唐兀，外文称Tangut，我们不能把它分称为两种。最有趣的例子是东

①见《穹庐集·蒙古的名称》。

胡语称汉人为汉子，而今撒拉（突厥）语则叫哈吉，都只是发音有异，而并不能分割为二。这些都不能作为追溯族源的依据。

其次，我要相应地谈一下历史上蒙古族构成的复杂情况。拉斯特（或译拉施德、拉施笃丁、拉施特丁）《史集》第二编，在谈到塔塔儿 (Tatar) 部落时说：

由于［他们］极其伟大和受尊敬的地位，其他突厥部落，尽管种类和名称各不相同，也逐渐以他们的名字著称，全部被称为塔塔儿（鞑靼）。这些各种不同的部落，都认为自己的伟大和尊贵，就在于跻身于他们之列，以他们的名字闻名。正如现今，由于成吉思汗及其宗族的兴隆，由于他们是蒙古人，于是各有某种名字和专称的［各种］突厥部落，如札剌亦儿、塔塔儿、斡亦拉惕、汪古惕、客列亦惕、乃蛮、唐兀惕等，为了自我吹嘘起见，都自称为蒙古人。尽管在古代他们并不承认这个名字。这样以来，他们现今的后裔以为，他们自古以来就同蒙古的名字有关系并被称为［蒙古］。其实并非如此，因为在古代蒙古人［不过］是全体突厥草原部落中的一个部落。[①]

为什么这一切部落都能以蒙古部落著称呢？拉施特接着说：

因为他们的外貌、形状、称号、语言、风俗、习惯和举止彼此相近（尽管在古代，他们的语言和风俗习惯略有差别），现在，甚至连乞台、女真、南家思、畏兀儿、钦察、突厥蛮、哈剌鲁、哈剌赤等民族，一切被俘的民族，以及在蒙古人中间长大的大食族 (Tazik)，都被称为蒙古人。所有这些民族，都认为自称蒙古人，对于自己的伟大和体面是有利的。

①余大钧、周建奇译：《史集》，第一卷第一分册，商务印书馆版。

同样的民族融合事例，也见之于法人勒尼·格鲁塞所著的《草原帝国》中，他在谈到草原内部的历史时说：

在蒙古本土上成吉思汗族人曾经蒙古化了许多原来极可能是突厥人的部落：阿尔泰的乃蛮部，戈壁的克烈部，察哈尔的汪古部。在被成吉思汗将所有部落统一于“青蒙古人”的旗下之前时，现在蒙古本土的一部分还是属于突厥人的。况且直到现在，还有一个突厥民族雅库特人，仍然居住于通古斯人的北方，在西伯利亚的东北部，在勒拿河、英的格加河及科里马河的盆地上。①

这些例子充分说明了在蒙古帝国形成过程中，先后自然地和人为地融合了草原上突厥诸部和鲜卑、唐兀忒、畏吾尔等诸部族，所以此后又有察汗蒙古的称谓。总的来说，民族的融合是历史的必然，现在要是从蒙古族中再分出那么多突厥、鲜卑、畏吾尔等民族的话，那已是无可踪迹的事。我们只能在追溯蒙古族的族源时，探索其分合的线索，而其复杂错综的情况仍难一一说清了。

话又得说回来，蒙古族形成的过程是如此，而土族的形成也是在这个历史阶段，但过去却很少提到它出自于蒙古。特别是在蒙古统一中国后，当时在西宁府地区的土人，没有和蒙古王朝攀亲的，尽管阔端、章吉、奥鲁赤等先后在这里被封为王；其后固始汗统一唐古特四部，土族仍无联系表示。特别是明代“海夷”直接进据过今土族聚居的海北及互助、乐都等地区，双方之间也无往还。直到 1952 年审定国内各民族成分后，内蒙古方面才有人提出青海土族源出东蒙的阴山鞑靼之说。我向以为此说来得突兀，与民族的发展演变规律不合。

①魏英邦译：《草原帝国》，青海人民出版社 1991 年版。

李克郁先生的新论点，也基本上修正了此说，但所论离题太远。我以为无论土族源出于蒙古或吐谷浑，它已自成为一个新的民族，而在文化传统上，它受藏族和汉族的影响最大。其宗教信仰是藏传佛教，其语言是土、汉混合；其女的衣饰、头饰类吐谷浑古装，男的衣饰则在藏、汉之间；其饮食与生活方式与蒙古并无相同之处。婚礼与舞蹈，自具特点，亦与蒙古族不侔。这些就是它所以成为一个新的民族特点的所在，而且现在还有了土文，今被定称为土族，无论其相称与否，都承认其为一新的民族，则是得实的，而否定它的族源吐谷浑，则是别有用意的。而妄称为蒙古尔，不仅是自立名目，更与蒙古相混，且与文题也不相称了。

青海地区羌藏文化与统一的多民族国家形成的关系

中国自古是一个统一的多民族国家，而藏族则是其主要成员之一。民族是属于历史和社会的范畴，藏族的名称始于近世，是吐蕃族的后身。若追溯其远源，则可追溯到我国西部古老的也可以说是最大的一个部族——羌族。其在传说的原始阶段，则是炎黄族中炎帝系的正宗。近代以来，有些人出于殖民主义的观点，首先提出了中国文化“西来说”；接着围绕所谓西藏问题又提出了一个藏族是由印度来的“南来说”。更由于后来有些僧伽从宗教立场出发所写的教法史，又把藏史传说中的聂赤赞普，作为印度佛祖释迦牟尼的家族，从他来到西藏地区繁衍了三十多代便建立了吐蕃王朝。关于“西来说”，由于龙山文化的发现而归破灭；近年更由于在西藏地区发现多处旧石器时代的遗物，证明约在5万~1万年前的旧石器时代中、晚期，在今西藏高原已经有了古人类的生息和活动，而其后卡若文化、曲贡文化和藏北细石器文化的陆续被发现，又可进一步说明上述几种文化的构成，在土著文化的基础上更兼有了马家窑彩陶文化的内涵和色彩，这个问题虽尚待进一步考察与研究，但西藏地区远古文化与中原地区文化的渊源关系，已是无可疑义的事了。更重要的是拉萨河谷地区早期农业的出现和早期铜器的发现，具体证明了西藏地区青铜时代的文明的脚步，也是与中原地区相先后的。说明这一点，在还有些帝国主义和殖民主义分子否定中国是一个统一的多民族国家，而为达赖叛国集团张目的今日，更是有其必要的。

青藏高原古文化遗址和文物的发现，不仅证明这个地区早在四千年前，即有人类在那里繁衍生息（这应当被肯定为土著人群）；同时据中国古史的传说，属于炎帝族的氐羌系先民如唐旄、发羌部落在周、秦时期即已进入藏北高原。这在汉文记载中被称为广大西戎的一部，而所谓戎，据当今的考释乃是指羌人中已从事农耕的群体，当时所谓西戎，是对活动在中国西部广大地区羌人等部族的泛称。《史记·五帝本纪》谓："迁三苗于三危，以变西戎。"而《禹贡》又有"三危既宅，三苗丕叙"的记载，《后汉书·西羌传》说："西羌之本，出自三苗，姜姓之别。"后世《隋书》便以党项为三苗之后。据我考证，古所称三危，实包有今西藏地区，尧迁三苗，本以变西戎，实际一到周、秦时，三苗已为广大西戎所融合。而早先进入中原的羌人，则均被称为戎，如允姓之戎、西落鬼戎，以及骊戎、犬戎，至于不可胜纪。今藏语称从事农耕的藏民为"戎娃"或"戎斡"，则后世的藏民在族源上说与此本有渊源关系，只不过有古今演变之异。笼统地说羌即是藏，是把文化人类学和民族学上的概念和问题混同了起来；而完全否认羌与藏的渊源关系，则又违背了用历史的眼光研究人类及其文化发展的规范和要求。在讨论和撰述藏族史时，这是首先必须要明确的一点。因为藏这个名称来源，始于明代的乌斯藏，也就是后来的卫藏。这就地域来说，只指前后藏而言，到了清初平定准噶尔部侵藏之乱，康熙帝制《平定西藏碑文》，西藏的名称才被确立。而在此前，则自宋迄辽、金、元仍均称吐蕃、西蕃或蕃部，明时又称西番，亦为蕃之异写。自元以来，西藏的疆域，也只限于喀木、卫、藏、阿里四部，但藏民则分布于青、甘、川、滇等省。以藏民的居住所在，妄立外藏、内藏名目，则是帝国主义及其走狗的狼子野心和阴谋，而且是与历史相违背的。因此我们写西藏史时，是以政区为范围的，而写藏族史时，则必须以民族为中心，这里所谓的民族，又必须以社会历史为范畴，因为当今的民族学，已是人类学的外延和发展，就其广义而言，它包括原始民族中的氏族、部落和部族，所以最初称为“人种学”，而现在所称的民族学，则是指研究民族和其发展规律的科学，其研究对象已不是人种了。我们这里所说的藏族，主要是指现代民族，既不把它混同于羌，也表示它与吐蕃有发展关系，揭示出这点，是与当前现实有密切联系的。

其次，关于“南来说”把佛教的传入吐蕃，与雅利安人种和印度王系联系起来的说法，只是吐蕃僧伽的仰攀，为殖民主义者所利用的一种借口，并不符合事实。而佛教的传入吐蕃，几乎是同步由印度（通过尼泊尔）与长安两路进行的，更经过与当地原始宗教——本教相结合后便形成有吐蕃地区特点的藏传佛教，再由此分别传入今青、甘、川、滇和广大的蒙古地区，产生了巨大的社会影响。这个藏传佛教的源流与发展演变，也与印度佛教大异其趣，更谈不上人种与王系的关系了。

近几十年内，国内学者关于藏族历史的研究，在两个方面有了新的发展和突破。即：一是把它置于人类共同的社会发展规律中去加以考察研究与分析，解除了狭隘的民族主义观点和宗教的束缚；一是把藏族历史的发展与整个中华民族历史发展相结合加以考察与论述，从而证明其与中华民族整体密不可分的关系。这是在新的历史条件与党和政府正确的民族政策指引下所取得的成果，大有利于当前安定团结、振兴中华的伟业与壮举。

以上所谈是有关我国整个藏族历史和当代西藏的考察研究问题，而藏族分布遍于青、甘、川、滇一些地区，有关上述各个地区藏族历史的著述，则尚未见有成书问世。青海民族学院陈光国教授，积十数年的时间与精力，查阅了大量藏汉文和外文有关资料，并通过多次实地考察，几易其稿，编写成了这本《青海藏族史》，可说是地区藏族史的嚆矢，为研究地区少数民族史者树立了先声。他这本书也贯穿了把青海藏族的发展演变过程，放到整个藏族和中华民族历史发展的总进程中去加以考察和叙述的这条主旨，既探讨了青海地区藏族历史发展的特殊性，也阐述了它与整个藏族和中华民族历史发展的共同性，以证明相互之间血肉相连、不可分割的关系，尤为得体和切于致用。

就地方民族史来论，青海地区羌、吐蕃、藏族的发展史，又独有其特点和历史意义。首先是马家窑文化、辛店文化和卡约文化遗址的发现，把这个边远的西徼广大地区与中原的仰韶文化联系了起来，说明羌族的先民在远古的洪荒时代，就已同中原地区的仰韶文化有了接触或是同步开展起来了。传说中的黄帝族，原散居在中国西北部地区，而据古籍记载，传说中的炎帝族先于黄帝族进入中原地区。据现在对安阳后冈仰韶文化遗址的发掘，发现在那里累叠着小屯、龙山和仰韶三种文化，这就是黄炎两族所创造的灿烂文化。黄帝以姬水成，炎帝以姜水成，黄炎合流，便有了夏、商、周三代彬彬灿然的华夏文化，可以说是中国文明的起源。后世中国人自称是黄炎或炎黄子孙，即是由此而来的，这是就中国远古人类和文化来说的。再就古羌人的活动来说，其进入中原的诸戎于此不论外，前史所称秦穆公用由余谋伐戎王、益国十二、开地千里的记载，正是指今甘、青地区的羌人活动而言的。《后汉书·西羌传》所载羌人无弋爰剑为秦人所拘执，后得脱亡入三河间，成为当地羌人的领袖，他教民以田、畜，湟中羌由此便得以发展强大。他的子孙在秦献公兵锋的威逼下，率其种人向南发展。其后一部由今甘南进入川滇，一部分出赐支河曲西数千里，约计到了今西藏的东北一带地区，而留在湟中的羌人，到爰剑的玄孙研时，势力更进一步强大，以致引起西汉王朝怕他们与匈奴联合起来和汉作对的忧虑。到了汉武帝开河西四郡，这种形势，才有了缓和。接着赵充国屯田湟中，汉人随军队初到了湟中，郡县的建置，也开始成立，但除了湟水和浩门河流域外，仍是羌人的天下，不过较为安定罢了。到了东汉时代，由于河湟羌人更进一步的强大，致使东汉王朝执行把一部分羌人内迁入秦陇地区的措施。这看起来是分散了河湟羌人的势力，但东西环境迥异，而游牧与农耕生活习俗又一时难于谐和，致使酿成东汉的“羌祸”。从此时起把内迁的羌人称为东羌，而把仍留在河湟地区的羌人，叫作西羌。他们前后分属于吐谷浑和吐蕃。与吐谷浑同时在河湟地区建国的，还有鲜卑族秃发氏的南凉；西秦乞伏氏灭南凉，便奄有今湟水流域和黄南一部地带。吐蕃初兴，屡曾要求与唐联姻，并受封为驸马都尉、西海郡王。随后在统一青藏高原和趁安史之乱的机会，奄有今青海全部土地，并曾一度进入秦陇地区。吐蕃为藏族的前身，羌人则因所处时代不同，只作为一个民族共同体，以氏族、部落、部族而存在，到吐蕃松赞干布时代，则已进入阶级社会的奴隶制社会阶段，建立了吐蕃王朝，并由于唐蕃联姻，其间虽有争战，但在文化与政治上广泛地进行了交流，加强了两方的往来，顺应了历史发展的潮流。吐蕃王朝本部，虽在今西藏，而青海却成了唐蕃两个王朝、汉藏两个民族、两种文化交流的枢纽和桥梁，真正形成了合则两利、分则两伤的互相依存关系，这是青海地理位置和羌人活动在藏族史上独具的特点和作用，而为其他藏族地区所未有的历史因素，是与历史上河西走廊沟通中西文化交通的作用大体相近似的。

自吐蕃王朝崩溃，河陇之间，吐蕃边地守将和部族封建头领互相混战，干戈扰攘，民不聊生，最终引起嗢末的起义。到 11 世纪初年，河湟地区的藏族封建头人李立遵、温逋哥等，趁机拥立了自称是吐蕃王朝赞普后代的唃厮啰，被宋朝加封在今乐都地带，建立了一个地方封建政权，这个政权也即以唃厮啰命名。北宋王朝联合它的势力，共同抗御了西夏的进犯。这个政权，自是以藏族为主，在河湟地区延续了一百多年。与唃厮啰政权同时兴起而与之相争锋的还有党项族拓跋部所建立的西夏。西夏国虽在今宁夏银川，但它原系居今果洛的党项族的一部，在银川立国，并占有河西走廊后，曾一度进入今门源等地区，对唃厮啰和北宋王朝政权，有一定的影响。

除了羌人的远古文化和羌人、吐蕃、唃厮啰以迄党项各族在河湟地区的活动与影响外，在近世青海史上，以藏传佛教的兴起与其社会影响尤为突出。而藏传佛教的创立人，又是出生于青海湟中的宗喀巴大师；并且藏传佛教又兼有转生和政教合一的特殊制度，一直传留到现代。同时藏传佛教后弘期传人又是今青海化隆丹斗寺的高僧喇钦贡巴饶赛。朗达玛灭佛，佛教在吐蕃沉寂了一百余年，到宋初吐蕃僧人卢梅·喜饶楚臣等到青海师从喇钦大师受戒，学习佛法，返回吐蕃时收徒，进行传习，史称“下路弘法”。结合由阿底峡大师从阿里传入印度佛教，是谓“上路弘法”，佛教因而又在吐蕃复兴。这是藏传佛教史上一宗大事，而传人之一是青海的喇钦大师，为青海藏族史放射异彩。明清之间，三罗喇嘛、西纳国师“率修善道，阴助王化”；而章嘉国师且以藏传佛教化导蒙古，促成清王朝最终完成了统一的多民族国家的新格局，真正达到了“内安诸夏，外抚四夷，一视同仁，咸期生遂”的安定团结、统一富强的宏伟目标。在这个历史阶段里，青海地区藏族中的名僧大德，比肩相望，著述事功，炳炳烺烺，不仅为别的藏区所未有，也是中国统一史上极为辉煌的一页。

凡上所述，陈先生在这本书内均有所论及，而或尚有所未尽。由于我首先读了这部书稿，他便嘱我为之写篇序言。同声相应，我便不揣孤陋，略加引申，借作补充。语云“作始也简，将毕也钜”，继此以往，感发兴起，在此基础上，陈先生和众多这方面的专家学者，必会有更为完美的著述问世，为我们国家的民族团结和建设有中国特色的社会主义宏伟事业做出应有的贡献！

（整理者按：本文为陈光国《青海藏族史》一书之序）

1992年10月于青海民族学院

化隆的地理与人文

青海省地居江河源头，为炎黄文化的渊源所在。而化隆处河湟之间，北依乐都、民和，以拔延山（今小积石山）为分水岭；南滨循化与尖扎，以黄河为天然分界线。自汉武帝开河西四郡，定湟中，此地区便成为中原王朝西向拓边，沟通东西，巩固国防的要区与枢纽。且由于这个地区自来为羌戎故地，传说中黄帝兴于姬水，大禹生于西羌，不仅在地理上为华夏文化的发祥地，同时在族源上也是中华民族的诞生处。追本溯源，则可知中华民族与炎黄文化命脉，均胎息于此，这是青海历史、地理的一大特点。而化隆地居这块地区的东南大门，又是撰写本地方志的要领所在。加上汉唐屯田，唐蕃结盟，元、明、清相继通藏，而藏传佛教普被全省，这又在民族宗教方面，更具有了新的历史因素和意义，尤其值得重视。

姬姓始自黄帝，其后为夏；姜姓源自炎帝，其先为羌。姬姜联姻，便建立了周王朝，由是合姬姜为一。而羌之入于中原从事农耕者，转被称为戎，于是中原地区便有了戎，如九州之戎、伊洛之戎、姜戎、犬戎，都是其例。据当代人依对音推求其音义，戎即今藏语戎娃的对音，或译为隆卜、隆务、隆若。今化隆县上十族即统称为隆卜族，其土官昂贸称为隆卜昂贸或十族昂贸。羌在古时或称羌戎，而又把秦陇迤西的羌民统称为西戎。化隆在秦汉时，为迷吾、烧当、迷唐诸羌出入孔道。东汉时护羌校尉侯霸在东、西邯屯田五部，又增逢留二部。西邯即今甘都川，东邯即今民和官亭马营地带。化隆为山旱地，而以沿黄河的甘都和群科两镇所在称为上、下水地川。逢留则指多巴迤西地区，均为农耕所在，也是渡河处。当时似是军屯，与在今民和以迄浩门一带的归义、建威屯田连成一片，都是水浇地。就此看来，吐蕃时代移民在今化隆上十族和黄南今隆务大河（唐时称九曲）流域屯田，都是与此有渊源关系的。这既以民族、宗教相联系，也与地理有密切关系。

说到民族，今化隆地区，最早即为羌族先民所居地。据近年考古发掘，在今化隆地区发现马家窑文化时期半山、马厂类型彩陶等器物遗址十几处，既具有仰韶文化传统，又与当地卡约文化相联系。卡约文化、卡若文化与西藏近年发现的曲贡文化均属于氐羌文化传统，说明羌族文化的源远流长。就文化层面来说，从氐羌先民到无弋爰剑子孙的活动为第一层；到吐蕃时代融合吐谷浑、秃发氏等鲜卑族为第二层；元以后西域回族和汉族、蒙古族、撒拉族移入化隆为第三层。化隆的民族杂居，更较它地为突出。清末的民族反抗和教派之间的斗争，也最频繁与激烈，作为一个民族地区，由羌而蕃，而藏，而回、撒拉、汉，均各有其民族渊源和文化传统，其消长演变之迹，为我们今天做好民族团结与文化教育工作，提供了不少的经验教训，值得吸取和研究。

在民族问题方面，宗教尤为重要。宗教是一种社会意识形态，它的产生与传播，决定于它所存在的社会历史条件。西藏的佛教，是在公元 7 世纪左右自印度和中国内地传入的，经过与本地原始宗教本教相结合后，便形成一种适应当地社会条件和具有民族性地域性的宗教。我这里要指出的是西藏佛教与青海和化隆有一定的特殊因缘。其一是在公元9世纪中叶吐蕃赞普达玛灭佛，当时有僧人藏饶赛、约格琼、玛·释迦牟尼三位逃来青海，在化隆丹斗寺剃度当地的喇钦贡巴饶赛为徒，传授佛法。喇钦在接受真传后，招徒弘法，教鲁梅·喜饶楚臣等十弟子受戒，在娴习经典后，即先后命其回吐蕃弘法，佛法终于又在吐蕃兴旺起来，史称为“后弘期”。藏饶赛等三法师，后来在今互助白马寺住锡，最终圆寂于西宁。“文革”中被毁的大佛寺，即其灵塔所在，这在藏传佛教史上是闻名遐迩的。

另一桩藏传佛教史上驰名的事是格鲁派大师宗喀巴，最初剃度习经地，就是现在化隆查甫乡南黄河北岸的夏琼寺，他的启蒙师是曲结敦珠仁钦，一般尊称为曲结多仁波切，其灵塔殿先后由三世达赖索南嘉措和七世达赖噶桑嘉措加饰金顶。同时寺院设有显宗、密宗、医明（后改为时轮）三学院。寺僧最多时号称三千人，有大小活佛十五人。其中如德阳仓、夏日冬仓等俱有盛名。夏日冬仓现为青海民族学院与北京藏语系高级佛学院教授。

与夏琼寺相埒而性质略有不同者尚有支扎上寺，这是一个特有的格鲁派日卓巴（苦行僧）寺院。寺僧来自青、川、甘三省，多硕学有行，寺不置产，不养牲畜，更不放债，专依布施和家庭供给生活。僧舍专供静修，不动烟火，茶食由寺院伙食房代放。修持严谨，每年有静坐闭斋期。多高僧，衣黄袈裟。已故前青海省人民政府教育厅厅长、政协青海省委员会副主席桑热嘉措，即出身于该寺。

藏传佛教寺院，原还有属于宁玛派（红教）、噶举派（白教）所建立的，自格鲁派大兴后，这类寺院便多归式微了。

据上所述，藏传佛教自后弘期以还，与化隆地区即发生了密切关系，而自宗喀巴在西藏创立格鲁派，化隆的黄教寺院几遍于全县。喇钦贡巴饶赛、曲结敦珠仁钦与宗喀巴都成为藏传佛教圣哲，而丹斗寺与夏琼寺，虽几经沧桑，至今仍被视为圣地。以人弘教，以教化民，成了化隆历史上民族文化的又一特点。

自唐以还，伊斯兰教随阿拉伯商人与使者来华。到了元、明，由于蒙古西征等原因，大批西域回回民族因征发、迁移和贸易等原因，进入中国西部地区，几遍于今青、甘、宁、陕各省。自清初康熙时起，回回民族陆续由民和与河州地区移入化隆，而早先已定居循化的撒拉族部分户落，也移入化隆上、下水地川一带，寖假而成为循化撒拉八工之外的外五工。回族与撒拉族都是信仰伊斯兰教的，而甘、青的回族大多分属于阁的目、伊合瓦尼和苏非三个教派，其中苏非派中又分有虎非耶等多种门宦，一般称为老教、新教、新新教。虎非耶派中华寺门宦创始人马来迟于乾隆间来化隆传教，并劝化卡日岗等地区部分藏民改信了伊斯兰教。继之这派哲赫林耶门宦的马明心来循化传教，影响又及于化隆。随后因此派的苏四十三以教派斗争起而反清遭到镇压而趋于衰落。最后伊合瓦尼派的创始人马万福（俗称果园哈智），以甘边宁海镇守使马麒的支持，在青海推行了他所倡导的新新教教义，这在化隆也吸引了一大部分教徒的信仰。以上各教派之间，虽不免时有龃龉，但总的来说，自光绪二十一年（公元1895年）变乱之后，反抗活动和教派斗争，基本趋于平静，民族关系逐步恢复正常。

关于化隆回族反清斗争，始于道光二十三年（公元1843年）黑城子回民因建拱北引起民族之间纠纷，当地政府处置不当，黑城子回民在循化、洮州、岷州地带部分回民的支援下，曾围攻当时巴燕戎格厅城，遭到清军镇压。继在咸丰、同治年间，西北回民纷起反清，声势浩大，化隆回民在昂思多人马文义（俗名马尕三）号召领导下，联合循化地区回民进攻西宁府城，兵锋遍及贵德、湟源、大通、乐都等地。最后更与陕西白彦虎、宁夏马化龙、河州马占鳌相呼应，成为当时反清斗争的四大中心之一。清政府被迫改剿为抚，以马文义族侄马归源（桂源）为西宁知府，以其兄马本源代行西宁镇总兵职务。直到太平天国革命失败，湘军首领左宗棠率军西征，这次以化隆回民为首的反清运动，才被平息下去。最后一次反清斗争，爆发于光绪二十一年(公元1895年)。循化地区发生的新老教争，清政府采取“不问新老，一律剿办”的政策，致使又引起化隆、循化回、撒拉群众的纷起反抗，导致西宁、大通、门源等地回民起事，共同围攻西宁，清政府疲于应付，最后由甘肃调董福祥等部来青，变乱始归平定。

公元1227年，成吉思汗进军洮州，青海东部地区被纳入蒙古汗国版图。其后继为阔端、奥鲁赤和镇西武靖王以及章吉驸马领地。化隆地当通吐蕃等处宣慰使司都元帅府孔道。至明东蒙古亦卜剌等部和俺答汗入青，化隆地区先后有其部众活动。特别是俺答部和达尔加部，在化隆地区活动时间较长且留有遗迹。迨清初和硕特固始汗移牧青海，继统一唐古特四部，包括化隆地区在内的青海全境，俱归其统治。追溯化隆诸民族关系，这也是不可忽略的一环。

从以上历史事实，使我们憬然省悟化隆、循化地区民族、宗教问题的复杂性与敏感性，而其地居海东军事地理的枢纽这一点，至关重要。1949年，中国人民解放军第二军取道循化，由侧翼与取道民和的第一军合攻西宁，西宁便不战而下，也足可证明化隆居军事地理的要冲而为兵家所必争，是古今一致的。

说到这里，化隆在古代军事地理上所居的战略地位，已很明确无疑了。这里有几个实例，值得提出来加以阐释。自汉武帝开设河西四郡，打通中西交通路线后，湟中地区也相继进行了郡县的建置，那时的西行路线，从长安出发，都取道秦长城终点的临洮，从凤林上渡临津关(今积石关)和下渡(今永靖)渡河，然后或取道金城郡治的允吾县进入河西走廊；或取道今古鄯进入乐都直达西平，经由张掖往西域。魏晋以还直到隋唐，或又在临津渡河后，取道化隆转由今查甫、雄先入尕让沟，西向由千户营进入湟中，直趋今海南河曲。如北魏伏罗征吐谷浑，即取道于此。而隋炀帝征伏允，更于渡临津后，分兵两路：炀帝随主力军由今古鄯峡门入乐都，而另分兵自临津南向，由今化隆县塔加、金源，经初麻、石大仓、巴燕镇、德加、札巴、查甫、雄先进入尕让沟，更由千户营越拉脊山（小积石山脉）进入湟中，与炀帝大军在长宁川会合，史称大猎拔延山，实际上是一种临战前的耀兵演习，有震慑伏允的作用。设炀帝不取踏白道（即今塔加、白加），则无所谓大猎拔延山。拔延山为乐都与化隆的界山，居乐都之南，因此乐都至今称化隆为南山后，二县在地理上是唇齿相依的。明清间在民和（民和原属乐都）设巴暖三川营，在化隆设巴燕戎营、扎什巴营和甘都堂营，都一线相连。至于县城的建置，始于唐初把廓州从今贵德境移到今化隆群科镇，改建为县，化隆之名自此始（后又改化成、广威）。到清乾隆三年，又从碾伯县（今乐都）分出，改建巴燕戎抚番厅于今治所在，民国二年（1913年）改为巴戎县，民国十七年（1928年）青海建省后，改巴戎为巴燕，民国二十年（1931年），又恢复化隆旧名，实属不当。在以上二千多年的历史时期内，化隆一直设防驻军，当代又为马家宁海军发祥之地。民情风俗，亦尚勇武，易生变和反抗，这也与其所处地理位置与地瘠民贫密相关联，与古所谓四战之地，守河以固，相差仿佛。本县地理位置除其在军事上的意义外，就东西文化交通方面，也向来居重要地位。今宁临公路南通甘、川，五河公路直达青南，皆取道于化隆。而西去新疆，东下兰州，则又具有通途可循。古代仰韶文化的西衍，藏传佛教的北传，都与化隆地区相呼应。看来化隆所在，虽系区区弹丸之地，而有关于地方历史文化的发展者却相当重大，是写化隆方志者所应大力弘扬的。

再版后记

2001年6月，李文实先生的《西陲古地与羌藏文化》一书由青海人民出版社出版。当时，李文实先生在编后附言中曾说，他已是“老病缠绵”，言外之意是再也没有精力整理出版其著作，但最后还是在“马万里、喇秉礼主任和民委李庆主任的关注和赞助”下得以出版发行，“所有稿件统由邢海宁同志编集和安海民、阿忠荣同学悉心校订”。《西陲古地与羌藏文化》的出版，在学术界和社会上引起了巨大反响。2002年获第十三届中国图书奖，2003年获青海省第六次哲学社会科学优秀成果一等奖。2003年，青海人民出版社重印了本书。

时至今日，《西陲古地与羌藏文化》出版虽已近20年，但其在西北史地研究上的重要性有目共睹，更不用说在青海民族大学学科建设和科学研究方面的重要价值了，故一直受到各方关注。可惜2003年第二次重印之后再未印行，实属学界之憾事；而自2004年李文实先生溘然长逝，也已有十数载了，每每想起先生的音容笑貌，特别是其礼贤下士的儒士修养和温柔敦厚的善良品格总是感佩之极。如今，青海民族大学已经成功获批博士授权单位，同时获得了民族学一级学科博士授予权，急需为高层次人才培养提供文实先生的大著作为青藏历史文化研究的参考，同时也为省委省政府以及社会各界提供经典著作，以为文化大省建设服务。为此，经征得文实先生孙女李葆春同意，青海民族大学决定将本书列入民族学博士点建设文库，并加以资助，由青海人民出版社再版发行。

对于本书的再版，青海人民出版社以2001年的初版为基础，重新录入、排版、设计，精编精校，特别是对原书引用的古籍文献资料做了进一步的核实、校对，以做到内容准确、体例规范。我想，这些精益求精之举，假若先生仍在世，或许也是他所乐见的。本书再版之际，遵照青海人民出版社副总编辑戴发望先生之托，寥寥写上数语以为后记。

马成俊

2018年12月